U0523312

A ZONE OF ENGAGEMENT
交锋地带

著 [英]佩里·安德森 (Perry Anderson)

译 郭英剑 郝素玲等

中国社会科学出版社

图书在版编目(CIP)数据

交锋地带／［英］安德森（Anderson, P.）著；郭英剑，郝素玲等译．—北京：中国社会科学出版社，2008.7
（知识分子图书馆）
原文书名：A Zone of Engagement
ISBN 978-7-5004-6246-0

Ⅰ．交…　Ⅱ．①安…②郭…　Ⅲ．西方马克思主义—文集
Ⅳ．B089-53

中国版本图书馆 CIP 数据核字（2007）第 090436 号

责任编辑　汪民安
责任校对　石春梅
封面设计　每天出发坊
版式设计　李　建

出版发行	中国社会科学出版社
社　　址	北京鼓楼西大街甲 158 号　邮　编　100720
电　　话	010—84029450（邮购）
网　　址	http://www.csspw.cn
经　　销	新华书店
印　　刷	北京君升印刷厂　　装　订　广增装订厂
版　　次	2008 年 7 月第 1 版　　印　次　2008 年 7 月第 1 次印刷
开　　本	640×960　1/16
印　　张	28.5　　　　　　　　　插　页　2
字　　数	355 千字
定　　价	48.00 元

凡购买中国社会科学出版社图书，如有质量问题请与本社发行部联系调换
版权所有　侵权必究

《知识分子图书馆》编委会

顾　　问　弗雷德里克·詹姆逊
主　　编　王逢振　J. 希利斯·米勒
编　　委　（按姓氏笔画为序）
　　　　　J. 希利斯·米勒　　王　宁　　王逢振
　　　　　白　烨　　弗雷德里克·詹姆逊　　李自修
　　　　　刘象愚　　汪民安　　张旭东　　罗　钢
　　　　　章国锋　　谢少波

总　序

　　1986—1987年，我在厄湾加州大学（UC Irvine）从事博士后研究，先后结识了莫瑞·克里格（Murray Krieger）、J. 希利斯·米勒（J. Hillis Miller）、沃尔夫冈·伊瑟尔（Wolfgang Iser）、雅克·德里达（Jacques Derrida）和海登·怀特（Hayden White）；后来应老朋友弗雷德里克·詹姆逊（Fredric Jameson）之邀赴杜克大学参加学术会议，在他的安排下又结识了斯坦利·费什（Stanley Fish）、费兰克·伦屈夏（Frank Lentricchia）和爱德华·赛义德（Edward W. Said）等人。这期间因编选《最新西方文论选》的需要，与杰费里·哈特曼（Geoffrey Hartman）及其他一些学者也有过通信往来。通过与他们交流和阅读他们的作品，我发现这些批评家或理论家各有所长，他们的理论思想和批评建构各有特色，因此便萌发了编译一批当代批评理论家的"自选集"的想法。1988年5月，J. 希利斯·米勒来华参加学术会议，我向他谈了自己的想法和计划。他说"这是一个绝好的计划"，并表示将全力给予支持。考虑到编选的难度以及与某些作者联系的问题，我请他与我合作来完成这项计划。于是我们商定了一个方案：我们先选定十位批评理论家，由我起草一份编译计划，然后由米勒与作者联系，请他们每人自选能够反映其思想发展或基本理论观点的文章约50万至60万字，由我再从中选出约25万至30万字的文章，负责组织翻译，在中国出版。但

1989年以后，由于种种原因，这套书的计划被搁置下来。1993年，米勒再次来华，我们商定，不论多么困难，也要将这一翻译项目继续下去（此时又增加了版权问题，米勒担保他可以解决）。作为第一辑，我们当时选定了十位批评理论家：哈罗德·布鲁姆（Harold Bloom）、保罗·德曼（Paul de Man）、德里达、特里·伊格尔顿（Terry Eagleton）、伊瑟尔、费什、詹姆逊、克里格、米勒和赛义德。1995年，中国社会科学出版社决定独家出版这套书，并于1996年签了正式出版合同，大大促进了工作的进展。

　　为什么要选择这些批评理论家的作品翻译出版呢？首先，他们都是在当代文坛上活跃的批评理论家，在国内外有相当大的影响。保罗·德曼虽已逝世，但其影响仍在，而且其最后一部作品于去年刚刚出版。其次，这些批评理论家分别代表了当代批评理论界的不同流派或不同方面，例如克里格代表芝加哥学派或新形式主义，德里达代表解构主义，费什代表读者反应批评或实用批评，赛义德代表后殖民主义文化研究，德曼代表修辞批评，伊瑟尔代表接受美学，米勒代表美国解构主义，詹姆逊代表美国马克思主义和后现代主义文化研究，伊格尔顿代表英国马克思主义和意识形态研究。当然，这十位批评理论家并不能反映当代思想的全貌。因此，我们正在商定下一批批评家和理论家的名单，打算将这套书长期出版下去，而且，书籍的自选集形式也可能会灵活变通。

　　从总体上说，这些批评家或理论家的论著都属于"批评理论"（critical theory）范畴。那么什么是批评理论呢？虽然这对专业工作者已不是什么新的概念，但我觉得仍应该略加说明。实际上，批评理论是60年代以来一直在西方流行的一个概念。简单说，它是关于批评的理论。通常所说的批评注重的是文本的具体特征和具体价值，它可能涉及哲学的思考，但仍然不会脱离文脱离文本价值的整体观念，包括文学文本的艺术特征和审美价值。而批评理论则不同，它关注的是文本本身的性质，文本与作者的关系，文本与读者的关系以及读者的作用，文本与现实的关系，语言的作用和地位，等等。换句话说，它关注的是批评的形成过程和运作方式，批评本身的特征和价值。由于批评可以涉及多种学科和多种文本，所以批评理论不限于文学，而是一个新的跨学科的领域。它与文学批评和文学理论有这样那样的联系，甚至有某些共同的问题，但它有自己的独立性和自治性。大而化之，可以说批评理论的对象是关于社会文本批评的理论，涉及文学、哲学、历史、人类学、政治学、社会学、建筑学、影视、绘画，等等。

批评理论的产生与社会发展密切相关。60年代以来，西方进入了所谓的后期资本主义，又称后工业社会、信息社会、跨国资本主义社会、工业化之后的时期或后现代时期。知识分子在经历了60年代的动荡、追求和幻灭之后，对社会采取批判的审视态度。他们发现，社会制度和生产方式以及与之相联系的文学艺术，出现了种种充满矛盾和悖论的现象，例如跨国公司的兴起，大众文化的流行，公民社会的衰微，消费意识的蔓延，信息爆炸，传统断裂，个人主体性的丧失，电脑空间和视觉形象的扩展，等等。面对这种情况，他们充满了焦虑，试图对种种矛盾进行解释。他们重新考察现时与过去或现代时期的关系，力求找到可行的、合理的方案。由于社会的一切运作（如政治、经济、法律、文学艺术等）都离不开话语和话语形成的文本，所以便出现了大量以话语和文本为客体的批评及批评理论。这种批评理论的出现不仅改变了大学文科教育的性质，更重要的是提高了人们的思想意识和辨析问题的能力。正因为如此，批评理论一直在西方盛行不衰。

我们知道，个人的知识涵养如何，可以表现出他的文化水平。同样，一个社会的文化水平如何，可以通过构成它的个人的知识能力来窥知。经济发展和物质条件的改善，并不意味着文化水平会同步提高。个人文化水平的提高，在很大程度上取决于阅读的习惯和质量以及认识问题的能力。阅读习惯也许是现在许多人面临的一个问题。传统的阅读方式固然重要，但若不引入新的阅读方式、改变旧的阅读习惯，恐怕就很难提高阅读的质量。其实，阅读方式也是内容，是认知能力的一个方面。譬如一谈到批评理论，有些人就以传统的批评方式来抵制，说这些理论脱离实际，脱离具体的文学作品。他们认为，批评理论不仅应该提供分析作品的方式方法，而且应该提供分析的具体范例。显然，这是以传统的观念来看待当前的批评理论，或者说将批评理论与通常所说的文学批评或理论混同了起来。其实，批评理论并没有脱离实际，更没有脱离文本；它注重的是社会和文化实际，分析的是社会文本和批评本身的文本。所谓脱离实际或脱离作品只不过是脱离了传统的文学经典文本而已，而且也并非所有的批评理论都是如此，例如詹姆逊那部被认为最难懂的《政治无意识》，就是通过分析福楼拜、普鲁斯特、康拉德、吉辛等作家作品来提出他的批评理论的。因此，我们阅读批评理论时，必须改变传统的阅读习惯，必须将它作为一个新的跨学科的领域来理解其思辨的意义。

要提高认识问题的能力，首先要提高自己的理论修养。这就需要像经济建设那样，采取一种对外开放、吸收先进成果的态度。对于引进批评理论，还应该有一种辩证的认识。因为任何一种文化，若不与其他文化发生联系，就不可能形成自己的存在。正如一个人，若无他人，这个人便不会形成存在；若不将个人置于与其他人的关系当中，就不可能产生自我。同理，若不将一国文化置于与世界其他文化关系之中，也就谈不上该国本身的民族文化。然而，只要与其他文化发生关系，影响就是双向性的；这种关系是一种张力关系，既互相吸引又互相排斥。一切文化的发展，都离不开与其他文化的联系；只有不断吸收外来的新鲜东西，才能不断激发自己的生机。正如近亲结婚一代不如一代，优种杂交产生新的优良品种，世界各国的文化也应该互相引进、互相借鉴。我们无需担忧西方批评理论的种种缺陷及其负面影响，因为我们固有的文化传统，已经变成了无意识的构成，这种内在化了的传统因素，足以形成我们自己的文化身份，在吸收、借鉴外国文化（包括批评理论）中形成自己的立足点。

今天，随着全球化的发展，资本的内在作用或市场经济和资本的运作，正影响着世界经济的秩序和文化的构成。面对这种形势，批评理论越来越多地采取批判姿态，有些甚至带有强烈的政治色彩。因此一些保守的传统主义者抱怨文学研究被降低为政治学和社会科学的一个分支，对文本的分析过于集中于种族、阶级、性别、帝国主义或殖民主义等非美学因素。然而，正是这种批判态度，有助于我们认识晚期资本主义文化的内在逻辑，使我们能够在全球化的形势下，更好地思考自己相应的文化策略。应该说，这也是我们编译这套丛书的目的之一。

在这套丛书的编选翻译过程中，首先要感谢出版社领导对出版的保证；同时要感谢翻译者和出版社编辑们（如白烨、汪民安等）的通力合作；另外更要感谢国内外许多学者的热情鼓励和支持。这些学者们认为，这套丛书必将受到读者的欢迎，因为由作者本人或其代理人选择的有关文章具有权威性，提供原著的译文比介绍性文章更能反映原作的原汁原味，目前国内非常需要这类新的批评理论著作，而由中国社会科学出版社出版无疑会对这套丛书的质量提供可靠的保障。这些鼓励无疑为我们完成丛书带来了巨大力量。我们将力求把一套高价值、高质量的批评理论丛书奉献给读者，同时也期望广大读者及专家学者热情地提出建议和批评，以便我们在以后的编选、翻译和出版中不断改进。

王逢振
1997年10月于北京

目 录

作者前言 …………………………………………（1）

第一章　杰弗里·德·斯蒂·克罗克斯和古代社会 ………（1）
第二章　马歇尔·伯曼：现代性与革命……………（30）
第三章　艾萨克·多伊彻的遗产……………………（67）
第四章　迈克尔·曼恩的权力社会学………………（90）
第五章　诺贝托·波比奥和他的主义 ……………（103）
第六章　罗伯特·昂格尔与授权政治 ……………（148）
第七章　W. G. 朗西曼的新进化论 ………………（170）
第八章　论安德烈·希尔格鲁贝尔 ………………（194）
第九章　马克斯·韦伯与恩斯特·盖尔纳：科学、
　　　　政治、魅力 …………………………………（210）
第十章　夜间探究：卡罗·金兹堡 ………………（239）
第十一章　艾赛亚·伯林的多元论 ………………（269）
第十二章　费尔南·布罗代尔和民族身份 ………（294）
第十三章　历史的终结 ……………………………（327）

作者前言

本书书名中的"交锋"一词，其所指需要加以解释。本书收录的文章，都是论述战后时期各式各样思想家的。就学科范畴而言，这些人物包含了从古代到现代不同领域的史学家；包含了把各种人类社会当作自己研究主题的社会学家；还包括对现代性所引发的政治、文化问题进行研究的哲学家和批评家。从地理分布来看，这里所涉及的作者出自过去和现在都是智力产品的主要生产地：西欧四大国——德国、法国、英国和意大利——以及美国。如果说这里探讨的每个人物的个人兴趣与观点各不相同、差异很大的话，那么，这里所展示的各种观点却以各式各样的方式，在历史与政治之间有所交叉。这是我长期的知识分子生活所涉足的领域，同时也为本书的内容做了一个很好的脚注。

之所以选取本书中的这些作者作为探讨的对象，部分原因是应景之作，如机缘或是应邀而写。但是，它同样符合一种多变的选择。就写作探讨他人著作众多可能的动机而言，一个综合的因素特别吸引着我。在这些文章的背后，最主要的动力来自于一种钦佩的心理。没有这一点，就不可能写出这些文章。在做了一番智性的考察后，如今我能够像任何人一样——对毁灭的观点——表示敌意或是不屑一顾。然而，每一次具体的交锋仍旧是充满了敬意，尽管我需要感受到一份特殊的异议。没有了这一点，对我来说，急就章的形式就会显得缺少点什么。因此，这本书虽说是记录了各式敬佩之意,但它却决不是反映自己产生共鸣或是深受影响的清单。一个例外是讨论艾萨克·多伊彻(Isaac Deutscher)的那篇文章。当时它是为多伊彻死后出版的文集所作的一篇前言,并不是专门论述他的主要著作的,因此被单列出来。大体而言,我很难去评论那些自己明显感到在某些方面跟自己思想上特别接近的人物,这也可以说明为什么我在本书中没有包括那些我应该加以讨论、应该表示赞赏的作者,如埃里克·霍布斯鲍姆(Eric Hobsbawm)、弗雷德里克·詹姆逊(Fredric Jameson)、塞巴斯蒂亚诺·廷潘纳洛(Sebastiano Timpanaro)等。激发人的写作爱好,或许也需要某些反抗的种子。

近年来,人类思想的历史变成了竞争过程的舞台。我所采用的方法是与大多数人的方法保持一定的距离。总括地说,三个对抗性的方案目前主宰着我这里所讨论的学术领域。首要的、也是最长久存在的,是把单纯的概念或是主题视为探询的有机整体,追溯前后不同时期的思想家著作中跨越时间的不同变化。这种方法是艾赛亚·伯林(Isaiah Berlin)所使用的,在本书专有一章是讨论他的。第二种方法研究了"话语",把它当作任何一个时期意识形态倾向的集体语言,它拒绝从"话语"中特殊的定义作出任何推断,同时使个体作者的贡献服从于自身带有历史局限性的行动。昆廷·斯金纳(Quentin Skinner)一直是力主以此看待特别是政治观点的主要倡导者。当然,还有第三,即雅克·德里达(Jacques Derrida)所发展的文本的解构,它对任何写成文字的东西都否认其意义的确定性,努力去展示所有的文字对其所声称坚决加以拒绝的东西都具有系统的依附性,展示文本在作者消亡之后如何成为未经作者授权的意义的一个无穷的链条。本书中的文章长短不一,发表的刊物各异,但它们都暗指了一种共同的阅读准则,与上述模式截然不同。上述模式都以作者为中心——而不是以概念、话语或是文本为中心,他们的目的在于尽可能地解构这些作者的作品,把它们视为一个有意识的整体,置于他们时代的思想与政治潮流之中。他们假定,在他们写作各自的主题时,既没有机械的一致性,也没有内在的分散性。相反,当争端纷起、出现了具体的矛盾时,他们试图对此加以定位,一般来说,不把它们当作随意出现的偏差,而是当作有征兆的张力点,要么存在于思想本身的机体之内,要么存在于思想之外的证据里面。此类矛盾可以以意义颠覆的外貌出现,但它们并不需要这么做。它们有可能指出推论的局限性,或是推论的复杂性;可能成为一种批评弱点的符号,或是呈现出争鸣中一种总是无法加以解决的复杂局面。要推断他们的结论,没有一个统一公认的原则;必须具体问题具体分析。

我所涉足的这类思想历史的第一个尝试,是我论述安东尼奥·葛兰西(Antonio Gramsci)的文章,它写于1976年。① 葛兰西这位作家的《狱中札记》充满了极端的矛盾,有概念的矛盾也有论点的矛盾,仿佛它取自一个慎重的二手文献。但仔细阅读它们会把我带入某个解析的场面——时刻要为他主要概念的滑动的基础进行定型:霸权、市民社会、阵地战等等——与此同时,还把我带入到历史争论详尽的重建之中——涉及的人物有戴尔布鲁克(Delbruck)、考茨基(Kautsky)、卢森堡(Luxemburg)、列宁、卢卡契(Lukacs)、博尔迪加(Bordiga)等等——这证明是理解他的摇摆不定的条件。结果是联结可以视为解构与话语因素的一种方法,服务于一个(绝对深思熟虑的)思想家的原创性的理性阐释。对我来说,这篇文章的历史方法及其发现并没有失去它们的有效性。但其目的仍旧具有政治色彩。那篇文章写于20世纪70年代中期葡萄牙革命刚刚结束之后,也是在西欧激烈骚动

---

① 《安东尼奥·葛兰西的自相矛盾》,发表于《新左派评论》杂志100期,1976年11月至1977年1月,第5—78页。该文后来发行了单行本,以《葛兰西的自相矛盾》的名称于1978年在意大利的罗马出版。

最红火的10年的后期,所以它是对葛兰西的一种解释,试图为国际工人运动最后的决策性争论画出一个资产负债表,因为斗争还悬而未决。无论如何,这就是我所表达的意图。但当文章面世的时候,我接到了我的朋友弗朗哥·莫莱迪(Franco Moretti)从意大利的来信——当时的意大利依旧受到社会动荡的骚扰——他告诉我,说我用恰如其分的文体写了一篇与革命的马克思主义传统分道扬镳的告别词。那些日子里,这不是我倾向于接受的一个定论。但是,截止到那时为止,他的判断证明比我自己的更准确。

在以后几年里,经过再度思考,我忽然发现自己面对着一大堆思想史的问题。假如欧洲马克思主义的传统是我所成长其中的一个传统,并且因此导致了我对葛兰西的反思,那么,英国的新左派的经历则是我的另一个背景。新左派的重要思想家是雷蒙德·威廉斯(Raymond Williams)与爱德华·汤普森(Edward Thompson)。1978年,我与威廉斯共同编了一部访谈录。① 这是一次批评的对话,透过文本与语境,评论了截止到那时为止,威廉斯所有的作品——这是一次至今也许依旧不同凡响的交流;当然,对理解作者至关重要。不久,一本研究爱德华·汤普森的著作试图要采用辩论的形式(而在辩论方面,汤普森是个大师,书中有这方面的描绘),提倡另一种平衡,试图把他的记载当作一个推理者。② 当时的理论问题与历史事件都处于危机之中。从政治角度看,那本书的结论尽管没有不适当地坚持葛兰西的回顾,但依旧与葛兰西的回顾部分密切相关。

大体上说,这就是本书文章的出发点。书中首先的三篇文章,论述的是杰弗里·德·斯蒂·克罗克斯(Geoffrey de Ste. Croix)、艾萨克·多伊彻与马歇尔·伯曼(Marshall Ber-

---

① 见雷蒙德·威廉斯《政治与信函》,伦敦1979年。
② 见《英国马克思主义内部之争》,伦敦1980年。

man），它们分别写于20世纪80年代初，从本质上讲彼此相连，所使用的都是70年代的材料。第一、二篇文章论述了前两位著名的马克思主义历史学家。第三篇论述的是著名的文化理论家伯曼，他的著作的标题就取自《共产党宣言》。可以这么说，这三篇文章是从一个独特的角度对革命左派思想世界的内部考察——其中一篇受到了马歇尔·伯曼的批评，他在我对他的批评作出的回应中，进行了反批评。① 现在，显而易见，从政治上看，最近时期的骚乱结束了——葡萄牙法西斯的终结是一个结束，而不是一个先兆；从思想上看，拉丁派马克思主义无论如何已经终结了。我的观点是，牢记这些当时的巨大变化，历史唯物主义的传统只能从丧失其主张中获益，而其吸收社会主义文化的主张往往是站不住脚的；但是，它将保留其在左派思想地图中的中心位置，只要没有出现其他历史发展的理论对它进行挑战（特别在范畴上可以加以比较的）——哪怕是最伟大的经典社会学也没有产生出这种理论。② 与此同时，国际上仿佛再次出现了60年代骚乱以前的情景。

正是这些条件，造成了80年代后期的剧变。本书中的第四篇和第五篇文章，标志着我自己对80年代后期产生历史性剧变的反应的一个转折点。随着迈克尔·曼恩（Michael Mann）的《历史的权力社会学》（*historical sociology of power*）第一卷的出版，人们很快就明白了，现在存在着一种发达的解析理论，专门用于分析人类发展的模式，它阐释的目标与经验的细节上都超越了任何马克思主义的论述。源于此种理论的某些批评在此被记录下来；其他的在另外的地方有所阐述。但是，任何一种来自马克思主义传统的著作都不能忽略它所代表的理论事业的重要性。与

---

① 参见《街道上的符号：对佩里·安德森的回应》，载《新左派评论》第144期，1984年3、4月，第114—123页。
② 参见《在历史唯物主义的轨道上》，伦敦1983年，第86—88页。

此同时，以改革为背景，战后世界的政治协作开始发生转移，西方的社会优势地位逐渐开始变得无人可以匹敌。在这新的历史转折时期，左派哲学家中敢于站出来的只有诺贝托·波比奥（Norberto Bobbio）。他坚持自由主义与社会主义的综合，这种综合与众不同，在其他地方没有准确的对应物。自从1945年以来，通过解放与冷战，它首先在意大利获取了影响，当时因为葡萄牙革命的影响产生了各式各样的论争——我对葛兰西的考察也出自这同样的背景，而波比奥的论证完全应该能够导向葛兰西所得出结论的反面。10年后，他的情况出现在完全不同的场景中，他的洞察力成为了难以直面左派的水准基线。波比奥研究的起源，和他对研究的确信不疑（也包括他的迟疑不决），都是拙文试图重述的对象。波比奥对此在一次通信中进行了评述——该信后来在意大利出版——它澄清了我们两人之间的差异点与趋同之处。①

讨论中心的转移实际上指明了本书中其他文章的内容。对任何在广泛比较意义上探寻过去的人来说——就我而言，集中探讨的是专制主义时代之后欧洲的分离——一个令人生畏的历史社会学本体的产生才是近年最有意义的智性发展。这里论述朗西曼（W. G. Runciman）与恩斯特·盖尔纳（Ernest Gellner）的文章——把韦伯（Weber）视为共同的祖先——就显示了本人在这方面的兴趣。对这部分文章所探讨的三位英国社会学家的进一步思考，可以从本书的姊妹篇中找到答案，在那本书中，我讨论了在本书中没有提及的著作。② 这些年对政治的关注以重叠的形式得以反映，主要体现在两个领域内。波比奥寻求结合社会主义的自由主义不再那么激进，但仍旧具有显著的独创性，也形成了艾赛亚·伯林与恩斯特·盖尔纳的写作。最近，最富于想像力的挑

---

① 见《诺贝托·波比奥与佩里·安德森书信集》，载《政治学原理》第5期，1989年，第2—3、293—308页。

② 见《英国问题》，伦敦1992年，第205—238页。

战来自于罗伯特·昂格尔（Roberto Unger），他的政治观是建立在对过去的历史阐释之上的，而这种历史阐释类似于另一种宏大社会学。与此同时，当代形形色色的自由主义都不约而同地赞同价值多元化，而它们最突出的问题则是由民族主义的本质及其记载所造成的。自由主义与民族主义两者之间的关系是一种周期性的讨论主题，在本书中论述韦伯、盖尔纳与伯林（Berlin）的著作时都有论述。除此之外，民族身份的问题一直是当代欧洲争论不休的一个难题，在两位主要的历史学家费尔南·布罗代尔（Fernand Braudel）与安德烈·希尔格鲁贝尔（Andreas Hillgruber）最后的著作中，这至少不是个小问题。

另一方面，对文化差异的所有主题加以对比是人类的天性。多年来，对此问题加以历史性研究最著名者莫过于卡罗·金兹堡（Carlo Ginzburg）了，他对大众想像中千年持续不变的虚假的动机的论述最为引人注目。我这里对他著述所作评论的文章没有顾及友情，但依旧得到了他热情的回应。① 我在文章中没有提及的是——尽管我是对一系列作家做了一篇综述——一个意义重大的研究计划永远不会像批评家所想像的那样很快完结。这证实了结构主义传统的真实性——当然是经过金兹堡改变了的结构主义；证实了进化论的真实性——是经过朗西曼加工的进化论；证实了机能主义的真实性——盖尔纳使之更加生气勃勃；证实了存在主义的真实性——是昂格尔使之社会化。最近几年，所有这些学说都被认为是过时了的东西。今天，在这样的情景之下，正是他们的活力令人印象深刻。马克思主义的未来也没有不同。马克思主义最有力的挑战者们——许多历史社会学家现在都团结起来反对这些挑战者——分担的是未加防备的一面，而这一面正在日益显

---

① 参见他在《伦敦书评》13期上的答复，见1991年10月1、10号；《微兆》第3期1991年，第225—229页。在他即将发表的论文中，有对金兹堡主题的进一步精妙论述。

示其重要性。他们对左右当今世界命运、没有任何对手的资本主义经济的动力无话可说（——如果说应该有的话）。这里，伴随其胜利的规范的理论同样——也的确公开承认——是孤寂的：哈耶克给出的综合结论尽管在其他方面颇有影响，但他拒绝对长期的成长之路或是结构性的危机作出系统性解释。历史唯物主义的卷土重来将来就可能在此领域兴风作浪，其困境也正在日积月累。

  本书的最后一章没有像其他文章一样论述大量的作者，而是把他们思想的组成部分放在一起，用不同的方法加以考察，从而看看自黑格尔以来人们是如何想像历史的终结。最有力的当代版本就是弗朗西斯·福山（Francis Fukuyama）所作出的，他的右派自由主义思想试图把当今时代视为资本主义民主的最后胜利。有了这种胆量，另有一种智性的传统——已经消失很久了——开始展示其意想不到的力量——德国理想主义。历史的终结同样一直被视为竞争性的学说，我的文章试图为它们定位，探讨它们同黑格尔式变体的关系以及在自由资本主义长期发展过程中的地位。自19世纪中期以来，这是常常暗示社会主义命运的一个话语，对其未来的调查时常有着深刻的洞察力，本书最后对当今社会主义传统的定位谈了一些看法。

（郭英剑 译）

第一章

杰弗里·德·斯蒂·克罗克斯和古代社会

杰弗里·德·斯蒂·克罗克斯（Geoffrey de Ste. Croix）的《古希腊社会的阶级斗争》一经问世，就出人意料地大大改变了英国唯物主义历史学的形象。这种改变，也有点出乎作者本人的意料。当时人们有理由认为，在二战前夕及二战期间形成的、由马克思主义历史学家组成的辉煌团体早已成为了固定的星座，《历史研究》杂志的每一个读者熟知他们的名字。然而现在看来，这样一种设定，其错误该是多么显而易见。与希尔（Hill）或是霍布斯鲍姆（Hobsbawm），希尔顿（Hilton）或是汤普森（Thompson）相比，斯蒂·克罗克斯必然要被视为同样重要的人物。奇怪的是，他比所有这些人都年长。① 我们面前的这部著作——它公开宣称是为专家、学者、"马克思的学生"和"普通读者"而作——就是在他七十多岁时完成的。

斯蒂·克罗克斯的《古希腊社会的阶级斗争》这部书带来的第二个变化，就是再次拓宽了——人们希望是一劳永逸

---

① 斯蒂·克罗克斯出生于1910年；希尔生于1912年；希尔顿出生于1916年；霍布斯鲍姆生于1917年，而汤普森出生于1924年。

地——历史唯物主义的视野，使之把古代社会生活放在知识研究的中心地位。拉斐尔·塞缪尔（Raphael Samuel）已经指出，"古代的阶级斗争"对马克思主义者在1900年前后进行文化、政治辩论时所使用的那些术语是极其重要的——然而后来却"几乎完全被忘却了"。① 这种转化的原因是非常复杂的。但颇具讽刺意味的是，恰恰是在他们中间会产生现代意义上的"人民的历史"这一术语。这一术语——也许无可逃避地——会比其他普通的术语更容易适应于民族的视野与界定：由于显而易见的原因，你很难把这个定义从（比如）英语中的"人民"拉回到罗马时代的概念"平民"中去。从古代社会幸存下来的特殊证据来看，它们对被剥削和受压迫的人们而言，同样是保持缄默的——它所提供的与"来自下层的历史"相关的材料，其细节和能够激发人想像力的调查，其价值都是极其有限的。但无论出于何种原因，这种敏感性和兴趣的转移，其结果是在很多马克思主义者的脑海中，把"古典的"与"欧洲的"——且不说英国的——历史分割开来了。当然，这种智性的分割本身，实际上是深深扎根于学术领域的"古代历史"和"现代历史"的机构分化的翻版。斯蒂·克罗克斯此书的影响，就是颠覆了目前的这种格局。在马克思主义者的阐释领域中，它把古代社会恢复到了一个自然、中心的地位。

它的确产生了这种效果，尽管是以极其尖锐和富有挑战性的方式达到了这种效果。因为它提出的复古建议所包含的绝不仅仅是唯物主义编年史工作的一种"暂时的"扩展，它同时招致了对其概念的重新建构。《古希腊社会的阶级斗争》是这个国家所出版的最富有理论性的历史学著作。它对马克思主义的诸多概念

---

① 见《英国的马克思主义历史学家：1880—1980》，《新左派评论》第120期，1980年3—4月号，第29页。

做了坦率的剖析、批评性的讨论，并且具有严密的分析水平，这在斯蒂·克罗克斯对该书的总体设计中占有一席之地，也是他的同行们望尘莫及的。仅此原因就足以使人们在记载历史学时——只要社会各阶级及其冲突成为一个有机的主题——充分感受到它的影响力。看来也只有这样说才合适，即斯蒂·克罗克斯著作的附带特征（与意向）之一，就是其抛开主要论题——谈论有关保守党或是福利国家，冷战或是基督教的问题——时的自由挥洒和直言不讳。

两个内在相联的事实，似乎把斯蒂·克罗克斯从他那一代的马克思主义历史学家中区分开来。他立业很晚，30岁以后才在伦敦大学的大学学院（1946—1949）读大学本科，师从A. H. M. 琼斯（A. H. M. Jones）；二战前（1931—1939）做了10年的专职律师，然后才开始了古典历史学研究。① 他的处女作——是其《古希腊社会的阶级斗争》之前的惟一一部著作——是1972年出版的《伯罗奔尼撒战争的起源》。其精辟的研究已经展示了他的诸多才能与风格，他提出要彻底重新解读公元前5世纪雅典与斯巴达之间冲突的根源，其结论是把战争爆发的主要责任从前者推向后者，同时，他强调了雅典与斯巴达这两个奴隶制社会中民主与寡头政治间长久对抗、令人难以忍受的实质。从方法论的角度看，该书的显著特色是，它在调查和审视伯罗奔尼撒冲突起源的事实时，对文本做了异常精密与准确的分析。在本书中，斯蒂·克罗克斯的研究方法在两个方面别具一格——一是在技术上，一是在哲学上。也就是说，一方面，他消除了传统观念上的麦加拉学派②的法规一般认为，雅典对邻国的恶意经济报复引起了希腊的敌意，而他则认为，

---

① 见《名人录》中的词条，1982年。
② 麦加拉学派是古希腊小苏格拉底派之一，由麦加拉人欧几里得（Euclid）所创立。——译者注

这十有八九是一种微不足道的宗教制裁,只不过被斯巴达人用于了宣传目的罢了,另一方面,他最大限度地重构了修昔底德(Thucydide)① 的历史观。他对修昔底德思想世界的叙述——特别是对城邦之间关系的不道德深信不疑——充满了忧郁的色彩,使人过目难忘。② 对普通读者来说,仅此一点,《伯罗奔尼撒战争的起源》就具有不朽的价值。

综观全书——以及在篇章段落中——那种经过了最高层次的法律训练的痕迹是准确无误的:其分析问题的能力透露出极度的机敏与警觉;使用比较的方法或是援引先例去展示在相互矛盾的书面文件中最细微的意义差别和最难理解的上下文,其目的是为了说明:他所给出的意义或是谈到的事件都是最有道理的。同时,众所周知,即使是对外行来说,律师的诉说也并不总是易如反掌。《伯罗奔尼撒战争的起源》回避了各种叙事的诱惑。它的各个章节都紧紧围绕着问题而展开,章节之间的联系极小,甚至是互不相联的。有关丰功伟绩的讨论,以一种更适合于专业论文而不是著作的形式,不断地交织着对他们的批评:作者在文中以大量的篇幅仔细地摘引、研究了其他权威人士的著作。书名与其实际内容有某种随意的关系,它包括了对伯罗奔尼撒战争结束的反思,甚至还包括对一个世纪后斯巴达或雅典衰亡的思考。另外,在书中所谈到的近代历史学家中,对传统的故事性的期待不屑一顾、甚至漠视设立论点的方法,在主体部分叙述之后,产生出至少47个附录,覆盖了一百多页——这对任何读者,甚至从某种程度上讲,对当代的古典主义学者来说,都成为了高不可攀的峭壁。最后,对此书最为实质性的评论大概是,斯蒂·克罗克

---

① 古希腊历史学家。伯罗奔尼撒战争中,他曾率军抗击斯巴达人,因失败而获罪并被驱逐出雅典。在流亡期间,他写成了《伯罗奔尼撒战争史》。该书对这次战争进行了客观记载和分析。——译者注

② 见《伯罗奔尼撒战争的起源》,伦敦1972年,第22—25页。

斯在对伯罗奔尼撒战争责任的分配上，流露出一种不自觉的袒护成分：无论如何，是斯巴达的政策赢得了一系列的评价与称号——"自私"、"玩世不恭"、"扩张主义者"、"具有侵略性"、"镇压性"①——而雅典人却被赦免于外，甚至有时直接得以开脱。这里，这位历史学家所表现出来的同情之心，同他从修昔底德那里得来的政治准则是相悖的。修昔底德准则的主要训诫是，古代社会各个城邦之间的争论逻辑是难以缓和的，因此，他们对外政策的本质只能是残忍的和掠夺性的。由于修昔底德亲身经历了这场灾难，所以，尽管有很多理由去分摊政治责任，但修昔底德没有为此让步。

《古希腊社会的阶级斗争》是一部与众不同的书。它规模宏大，纵贯1400年的历史——从"远古的希腊到阿拉伯的征服者"——长达七百多页。那是怎样的七百多页呀！斯蒂·克罗克斯以令人耳目一新的尖锐、明晰的散文体，开始了阐明古代社会进程中各个阶段的阶级结构的奥秘这一艰巨的工作。为此，作者在书后列举了惊人的资料来源。研究古代历史的历史学家在某些方面总需要比他们大多数的同行更博学，因为从古代遗留下来的事实资源可以全方位加以审视——它们都有效地保留了考古的痕迹——被作为已定型的文物资料来看待。正因为这些资料在众多的用途中显得如此有限，它就给探讨它的人们强加上了一种特殊的灵巧性，即在不同的事实之间具有变通——和仲裁——的能力，而这种事实在以后的历史进程中一般不会被引入任何研究项目的范畴内。在《古希腊社会的阶级斗争》中，这些特别的技巧以艺术家的风格表现了出来。斯蒂·克罗克斯调动了所有他能运用的材料：抒情诗、市政铭文、法律大典、帝国宪法、早期教会领袖的辩论、叙事体编年史、哲学对话、医疗佚事、《圣经》

---

① 见《伯罗奔尼撒战争的起源》，伦敦1972年，第158—166页。

读本、元老院议员间的通信、普通的墓碑、政府文稿、古币标记——这些并非是随意的堆积,在每个切题的例子中,它们都显得深刻而又尖锐。这里依然可见他早期作品的文风。同时,该书的书名又带有一定的误导性——或许更为严重。的确如此,因为斯蒂·克罗克斯从不把自己局限于"希腊"社会:他对罗马历史的阐述实际上更多也更丰富。它的结构比前者更和谐,从普通的理论学与社会学部分(第一部分)出发到有序的历史叙述(第二部分)。但是,第二部分的布局结构却不太合理,在内容里插入了一些无关紧要的材料,作者把自己以前所写的部分文章融入到了其中。这种随意性倒是给本书增添了一些最有趣的段落——比如有关耶稣与希腊—罗马城邦①社会之间的关系,再如论述犹太人和基督教派对妇女的态度的精妙附录;② 但它同时给整部作品带来了一些专断的色彩,倒是与其著作的严肃性和谐一致。

如果说《古希腊社会的阶级斗争》上述这些方面令人想起了《伯罗奔尼撒战争的起源》,那么,这两者之间最显著的区别就在于新作的理论范畴和远大抱负。当然,我们还是很容易看出其中斯蒂·克罗克斯所受法律的影响的。自然,历史学家在做编年史、临时调查、取证和评判工作时,他们总是常常趋于运用法律中的类比法——即恰恰与科学的方法背道而驰。最近就有两个众所周知的例子,一个是爱德华·汤普森(Edward Thompson)的《理论的贫乏》,他在其中涉及历史与法庭时,使用了扩展了的隐喻;另一个是奥斯卡·汉德林(Oscar Handlin),他对上述两大学科做了更早、更全面的比较,它在某种程度上也是某种反

---

① 见《古希腊社会的阶级斗争》,伦敦1981年,第 426—433 页。《古希腊社会的阶级斗争》,以下简称 CSAGW。

② 见 CSAGW,第 103—111 页。

响。① 然而，尽管如此，至少在 20 世纪，对于一个大历史学家来说，依然是很少会有真正的法律体验的：甚至那些最权威的法律历史学家们通常也不可能是身体力行者。这就有可能解释司法效应所依附的一贯准则总是会具有偏袒性这一事实。传统的类比着重强调了法律或是司法程序中经验主义的范围：运用相应的论证草案进行案件对案件的事实调查。但是，法律自然而然也包括了——甚至主要包括了——概念。换言之，真正的法学要求对已定型的范畴——它们的差别、内在联系及其修订——所施行的严密的抽象分析具有高度的包容性。在这一方面，它更接近于古代社会学科，而不像人们通常所描述的那样，是属于描述性或是叙述性的历史的变体。因此，斯蒂·克罗克斯对任何真正的历史唯物主义的双向需求——即要求马克思主义历史学家，"完全、认真地专注于他所选专业的各种事实形式，专注于与之相关的现代文学的研究，用普通的历史学方法与社会学理论结合起来，从而使他能够最大限度地取之所长"②——表现出了极大的兴趣绝非偶然。斯蒂·克罗克斯对事实的把握在学界已经久负盛名。这也就是说，他把握住了概念，掌握了他公然宣称的、深思熟虑的方法，也就是"社会分析范畴的方法，在我的定义中，它们不仅简单明了，而且同样具有普遍意义，因为它们同样适用于其他社会的分析"③。《古希腊社会的阶级斗争》

---

① 比较爱德华·汤普森《理论的贫乏》（伦敦 1978 年，第 237 页）与奥斯卡·汉德林的《历史批评的原则》（载《哈佛美国历史指南》，坎布里奇，麻省 1954 年，第 23—25 页）。后者最后总结道："的确，如果法官和陪审团必须把他们判案的证据建筑在看上去令历史学家们更满意之上，那他们一定会气得发疯。但无可逃遁；对于历史学家来说，只要他准备阐释一切，那么，他就会调查和判定那些被法庭当作是偶然因素或是道听途说的事实。历史学进程的牺牲品不得不在历史提供的、带有更为机动灵活的上诉程序的事实当中寻求补偿。历史学家的判决总是处于持续不断的评论的状态，他的评判极少是最终判决。"

② 见 CSAGW，第 34 页。

③ 同上书，第 35 页。

的很大一部分内容,都是有关系统分析和建立马克思主义社会范畴基础的,这部著作没有在基础研究上下工夫,而是带有一种自然的理论气质的活力。

斯蒂·克罗克斯著作的主旨,在于展示了压迫和剥削的物质结构,而正是压迫和剥削奠定了古代层出不穷的城邦和社会形式的历史基础。这是凡·高《吃土豆的人们》的完整再现,因为斯蒂·克罗克斯把对土地原始生产者的"意义深远、艺术上的生动再现"作为了本书的卷首插页。"他们是无声的劳作者,他们是绝大多数——让我们不要忘记——是希腊、罗马社会的占绝大多数的民众,正是他们创建了伟大的文明,而这种文明却鄙视他们,并且竭力去忘却他们"[1]。为了给这些劳作者以准确的、不同的身份,斯蒂·克罗克斯首先探讨了阶级以及阶级对理论与历史的深远影响。与六七十年代大多数马克思主义历史著作的思路相反,他坚持认为,阶级不应该首先被定义为是一种主观的"发生"(happening),而这种"发生"的基本标准是文化意识或政治自治——即自我意识或自我奋斗。斯蒂·克罗克斯恭敬但却坚定地反驳了他在马克思主义历史学家同伴的著作中所发现的这种立场及其各种翻版的观点。他辩驳说,阶级首先是客观形成的,是由剥削的社会关系来定义的,剥削就是从直接生产者手中榨取剩余劳动。这种剥削或许会——或许不会——在被剥削者中生发一种集体团结和集体利益的意识——其结局取决于压迫在他们身上的限定条件。换句话说,阶级身份的意识在被统治阶层不尽相同、变化巨大——相反,统治阶层会永远占有它。然而,永远不变的是对剥削的抵抗:对斯蒂·克罗克斯来说,这是建构社会阶级本身关系的、同样客

---

[1] 见 CSAGW,第 209—210 页。

观的又一支柱。而这种抵抗，既不需要有意识，也不需要集体性，更不会在偏见与特权之中留存下来的历史记载当中显露出来。阶级斗争存在于阶级关系内部，犹如剥削以及对剥削的反抗一样。它甚至还存在于"双方都没有明晰的阶级意识、根本没有特别的政治斗争，以及或许没有丝毫斗争意识"的地方。① 斯蒂·克罗克斯完全明白这种立场的理论和政治含义。"采用那种除非它包括阶级意识和活跃的政治冲突，否则就拒绝关注它的极为普通的阶级斗争的概念（正如一些马克思主义者所做的那样），就是要淡化它，使其在许多指向上都消失得无影无踪。这样，就有可能彻底否认在今天的美国、在北欧的雇主与移民工人之间，乃至于在古代奴隶主与奴隶之间存在着阶级斗争，那是因为，在上述关系中，相关的被剥削阶级没有（或者说过去没有）任何的'阶级意识'，除了屈指可数的几次外——尚且是在极小的范围之内——他们也没有（过去也没有）采取任何的政治行动。但我要说，这种观点不仅歪曲了《共产党宣言》，也歪曲了马克思的大部分著作"②。

在给阶级下了一个总的定义以后，斯蒂·克罗克斯紧接着讨论古代社会的奴隶制问题以及它在希腊、罗马经济中的地位问题。众所周知，近年来围绕这个问题引起了多么大的争议。粗略地看，争论的观点分为两大阵营：一方认为，奴隶制是古代文明实质的组成部分，他们指明了奴隶统治高峰时期的结构规模；另一方则否认奴隶制的中心地位，他们的依据是，独立的和非独立的小生产者实际上比奴隶的数量要多得多。持后一观点的人中，有些仅仅把他们的争辩话题限制在古希腊，甚至

---

① 见 CSAGW，第 57 页。
② 同上。

是仅仅限制在雅典,而反对把它延续到随后的罗马社会之中。①常常如此——尽管不是一成不变——处于二等地位的佃户意欲把奴隶状况归纳为一种普遍的文化或是法律现象,恰恰与经济划分相反——而经济划分更接近于某种韦伯(Weber)的"地位"划分而不是马克思的阶级划分。斯蒂·克罗克斯明确地区分了这些概念从而解决了争端。他辩驳说,在古代,人力操作的大部分劳动也许总像那些非奴隶生产者的工作一样——无论是小农、工匠还是非独立的佃户都一样。然而,直至罗马帝国晚期普遍推广的农奴制出现为止,为统治阶级提供衣食财富的剩余劳动力主要来源于对奴隶的敲诈。斯蒂·克罗克斯提醒我们,正是这后一范畴被马克思明确理论化了,并且以此作为他在《资本论》中及其他地方划分生产模式的历史时期的依据:"我的观点常常被人忽视的一点是,马克思所关注的每一社会的真正特点,并不是大量的生产劳动的生产方式,而是其剩余价值是怎样从直接生产者那里汲取的。"②

---

① 参见埃伦·米克辛斯·伍德(Ellen Meiksins Wood)的《马克思主义与古希腊》,载《历史研究》1981年春季11期。伍德曾经一直是富有独创性的批评家,她在自己的著作《农业公民与奴隶》中,对斯蒂·克罗克斯的雅典奴隶制度的观点提出了批评。她在《雅典民主制的基础》(伦敦1988年,第64—80页)中提出,在雅典的农村,最主要的剥削形式一定是租赁制,其租赁是发生在富有的地主与佃户之间,而不是地主与奴隶之间。这种取舍的难点在于,它忽略了古代阶段奴隶和公民在数量上的巨大差额——大约比例是3:1。为了把奴隶制划分到城市的家庭服务业中,伍德忽视了一个显而易见的问题,那就是,在该领域还保留着一支数目巨大的非生产性的劳动力,它要求租赁剥削的水平远远超越了租约不明之处所允许的范围,而农民受压抑的程度则无法与坚强的雅典的小农形象相提并论,而这是该书的主旨。尽管该书有着许许多多的优点——它为从迈锡尼(迈锡尼时代约在公元前1500—1100年——译者注)风格的臣属王国到早期希腊城市的演化,重新提供了可能的道路——它仍然保留了太多的否定性的辩驳,因此无法为雅典社会的原动力作出令人满意的论述:它从未论述农民自治与普遍的奴隶制之间的结构性的内在联系,没有兑现它标题中所要实现的诺言,仿佛雅典民主的基础会轻而易举地会在前者而不是后者中得到,更不会出现在两者之间的联系中。这个错误,斯蒂·克罗克斯永远都不会犯。

② 见CSAGW,第52页。

第一章 杰弗里·德·斯蒂·克罗克斯和古代社会

在罗列了罗马共和国（或称罗马帝国）以及雅典城邦农业庄园奴隶劳动现状的不均衡却又是无可争议的事实后，斯蒂·克罗克斯指出，如果说这还不足为凭的话，那么在这些时期要找到富人剥削农民的其他形式就难上加难。他质问道："如果不是通过奴隶劳动，农业生产怎能为有产阶级服务？这个阶级又是怎样获取剩余价值的呢？"[①] 他提出，不仅从来没有迹象说明雇佣劳动力或出租土地这些选择形式非常普遍，就是从逻辑上讲，在当时的条件下，它们也不可能产生与奴隶劳动力相应的剥削效率。因此，结论是不可抗拒的。现在，以最现代的学术为基础，再度审视古典的马克思主义对古代奴隶制作用的观点之后，斯蒂·克罗克斯总结道："在剥削阶级的控制下，奴隶制使剩余价值增加到了一个很高的幅度，这种幅度的提高通过其他途径是达不到的，并且因此成为古代文明伟大成就的一个重要前提。"[②] 他明确表示，这对雅典民主本身是有益的，而很多善意的作者有时在努力使自己免于奴隶制的侵扰。斯蒂·克罗克斯不相信任何人的观点，对那种民主心驰神往，并对它作了令人难忘的阐述。[③] 他坚持认为，那是一种"被少数人控制的专政"，而且还不是极少的少数派；"正因为它是一种民主，更为贫穷一些的市民在某种程度上受到保护免受强权的侵犯，而绝大多数市民还要属于市民以下的阶层"；因此，"当我们发现雅典奴隶制度的发展比希腊的其他任何地方都要快得多的话，我们也不必感到惊讶；如果更为低贱的市民没有受到全面的剥削，而对古希腊城市中享有部分公民权的外侨（metics）施加太大的压力则是不明智的，那么，依靠对奴隶劳动的额外剥削就成为必不可少的了"。[④] 因此，下

[①] 见 CSAGW，第 172 页。
[②] 同上书，第 40 页。
[③] 同上书，第 283—284 页。
[④] 同上书，第 141 页。

述结论就绝非偶然了：正是奴隶主们——"这些摆脱了苦力劳动的人"——"实际上创造了希腊的一切艺术、文学、科学和哲学，并且提供了大量的军队，而正是这些军人在公元前490年的马拉松战役和在公元前479年的普拉提亚①两次战役中成功抵御了波斯的入侵者，取得了伟大的胜利。奴隶主们大都实实在在地寄生于他人身上，主要是他们的奴隶身上：尽管他们提供了绝大多数的领导人，但他们中的大多数人并不是由古希腊创建、并对其政治进步做出了巨大贡献的民主的支持者"——"我们所了解的希腊文明在他们身上并通过他们表现了什么是希腊文明"②。

当奴隶制的中心问题被详尽地作了文献记载后，《古希腊社会的阶级斗争》巨大的力量之一在于，斯蒂·克罗克斯既要全心全意、又要恰如其分地关注古代剥削特性的其他形式，还要关注其中反复出现的小生产者的不同类型。他对独立的小农主、自由手工艺人、农村的地主（也就是后来的农场主）的详尽讨论，为我们展现了一幅上述有着显著特色的次等阶层的全景图画。在这里，或许从两个方面显露了斯蒂·克罗克斯对待他们的态度。第一，他有一个论点：地主或是农场主——也就是仰仗土地的非独立劳动者——完全可以被称为是"农奴"，但这个名词因为其古老的内涵而常常不能用在他们身上。第二，他宣称，古代妇女一定要被看作一个特殊的阶级，因为她们在"各种劳动的最早及最基本的分工"中占据着特殊的地位，垄断了再生产的功能（在最广泛的意义上这么说），而这种特殊的地位使她们成为了被剥削的群体，因为她们仅仅拥有少数的财产和其他法律赋予的权利，所以当然还得依靠男人。

无论这些其他形式的被剥削阶层在数字及人性上有多么重

---

① 指希腊东南部彼俄提亚古城，是公元前479年希腊海军打败波斯的战场。——译者注

② 见CSAGW，第115页。

要——甚至在多数情况下的人口调查中占有优势——对斯蒂·克罗克斯来说,它们都没有为古代历史提供指导性的线索。它就存在于奴隶劳动本身的剥削结构中。因为这就是《古希腊社会的阶级斗争》的部分主题:奴隶制不仅为希腊、罗马鼎盛时期有产阶级的利益提供了剩余劳动,而且还为古代社会长久的变革作出了注解。斯蒂·克罗克斯对比了马克思主义理论(这是一种把在对抗冲突中产生历史变革的社会阶级联系在一起的理论)和韦伯的理论(这是一种把各个阶层按等级制度机械地并列在一起、没有内在倾向或力量的理论),他认为,对前者的测验方式就是测验他阐释——而不是看重他描述——罗马帝国文明兴衰的能力。该书的第二部分有很大一部分篇幅都是论述阐释问题的。如我们所见,他首先提出的观点是:一般来讲,奴隶制是古代榨取剩余劳动的最有效形式——它使有产阶级把剥削的效率提高到了最高程度,因此,常常是只要条件许可,他们就总是愿意采用奴隶制。接着,就像在他之前的其他学者(特别是韦伯)所作的研究那样,他注意到在图拉真①之后,一旦罗马帝国的边境稳定下来,为战争猎取奴隶量就减少了,其结果是奴隶大量、泛滥地繁殖,因为地主们要竭力保留自己庄园上的劳动力。至此,斯蒂·克罗克斯引入了关键环节——在他看来,迄今已经消失——是松散的链条上的关键环节,是它导致了后来隶农的出现,并导致了帝国秩序自身的毁灭。

他认为,为了促进更规律的再生产,奴隶主必然要给女奴隶更多的方便,让她们生养孩子,而不是让她们去耕地,并且尽量保留更多的女奴隶,同时,还允许男女奴隶之间建立稳定的同居关系。共和时期这种来自不均衡的 ergastulum② 的变化,只能降

---

① 图拉真(53—117),古罗马皇帝(98—117),他曾改革财政,加强集权统治,发动侵略战争,向东方扩张领土,直抵波斯湾。——译者注
② 古罗马囚禁奴隶的私人监狱。——译者注

低作为整体的奴隶劳动被剥削的程度。"那么，在经济体制之内繁殖奴隶而不是从外部引进的方法，要么是廉价的，要么（作为战俘猎取奴隶的结果）就是无偿的，它必然对整体经济增加更大的负担，特别是在像古希腊（和古罗马）这样婴儿及母亲死亡率很高的社会。"① 因此，有产阶级的逻辑性对策，就是试图增强（迄今仍为）自由劳动的机械化榨取程度，并把它抑制到农奴一样的水平上，从而补偿日趋下降的奴隶劳动的利益："其不可避免的结果是，有产阶级不能保证从奴隶劳动中获得同等的利益，并且，为了避免生活水平下降，他们很可能被迫加强对卑贱的自由人的剥削程度——我相信，当时的罗马统治阶级正是这样逐步实施的。"②

结果就是，自2世纪以后出现的一系列社会与司法的变革，不断地降低了帝国中低级阶层的地位——后来被称作 humiliores（弱小阶层），这个名词是在安托万时代出现的一个法律词汇，最终成为了一个固定的阶层，包括前奴隶和直到4世纪所出现的小农田主在内：这是一群备受束缚的农奴大众，既要给地主交房租，还要给国家交税。新制度下的平均剥削率一定有所下降：但随着更大规模地在农村榨取剩余劳动，它的剥削量毫无疑问是上升了，古罗马上议院财产规模的日益增长可以为此佐证，更不要说高额的帝国诉讼费用或是牧师的俸禄了。其结果是，罗马后期社会极端的两极分化，甚至把外省的中产阶级都挤垮了，以至于它致命地削弱了它的保有共和形式的强有力的军队（这是从独立的小农田主中组建的军队），或者无法再产生面对外来敌人所应有的真诚与抵抗能力。野蛮的入侵者因此可以利用它自身内在的逻辑，从内部毫不费力地摧毁其社会秩序。

---

① 见 CSAGW，第231页。
② 同上。

第一章　杰弗里·德·斯蒂·克罗克斯和古代社会

*　　　　*　　　　*

这些便是《古希腊社会的阶级斗争》的中心议题。受篇幅限制，它不可能对丰富的细节做详尽地描述和进一步的发挥。除了提出一些疑问或是限制条件而外，一般读者似乎也不可能从斯蒂·克罗克斯庞杂的辩论大厦中得到更多的东西。这些并不涉及该书的核心的理论性阐述。斯蒂·克罗克斯对阶级的重新定义以及对古代阶级社会中奴隶制的重新定位，都具有使人非相信不可的力量。很难想像可以找得到对这两者一模一样的论述了。当然，还是可以作进一步探索的，探索的基础始自他概念框架内那些更为严格一些的历史提法。这里我想提三个方面的问题，分别涉及阶级的领域、阶级斗争的作用，以及这种斗争可能引发的生产方式的原动力。

阶级的领域问题，实际上是斯蒂·克罗克斯整本书中的一个边缘性问题，却也是个引人入胜的问题。我们姑且认定他对社会阶级的定义是正确的，但是，古代妇女能构成一个阶级吗？斯蒂·克罗克斯分两步陈述了他的理由。首先，他把"再生产"比作"生产"，认为它只是后者的另一种形式。其次，他强调了古代妇女同样作为再生产者的低下的法律地位——特别是，她们拥有很少的财产权就是受男人剥削的标志。"我已讲过，古希腊的妻子们，可能包括所有古希腊的女人，在严格的马克思主义的意义上，她们都应被视为一个特殊的经济阶级，因为她们生产性的角色——一个重要的事实是，她们是支撑起了再生产主要重任的人类的一半——直接导致了她们在政治上、经济上以及在社会中依附于男人"[①]。

[①]　见 CSAGW, 第 101 页。

斯蒂·克罗克斯理由充足地谈论到，在这种关系下，个人如果集多种社会角色于一身，那么他们大体上可以属于一个多重阶级：但这些角色中的其中之一要占主导地位，这样才能够确定此人的阶级身份。因此，假如在这些阶层中男女都是贫民，而以阶级地位来划分，奴隶主的妻子以及女性后代首先应该是女性；假如承认她们与她们的丈夫或父辈之间有着明显的权利差别，那么，奴隶和农田主的妻子、女儿，就首先应该是奴隶或农田主。"我看到，在古代的雅典，一个属于最高阶级的女市民的阶级地位，主要是由她的性别决定的，事实是她只属于妇女阶级，因为她的父亲、兄弟、丈夫和儿子们都是财产的所有者，而她最终没有财产权，因此，她的阶级地位大大低于他们。而贫贱的农民妇女，却不会与家中拥有极少财产的男人有如此悬殊的地位差别；其中部分原因在于，她在某种程度上要参与男人的农业生产活动、同他们并肩劳动（只要生养孩子这个前提允许），因此，她作为贫苦农民阶级的一员，可能要比她的性别更能决定她的阶级地位。"①

人们可能会怀疑上述两个论点的力度。因为，无论一个人在生命延续中的地位多么重要，再生产显然不是传统意义上的生产。它不提供生活必需品，也不产出生活必需品之上的剩余物，也经不起任何"生产率"标尺的测量——而这是马克思分辨一种历史经济形式与其他形式有所区别的标准。而且，如果仅仅只是争辩"构成了真正独立的被剥削阶级的女性大都来自特权的背景"，这显然有些自相矛盾。因为她们就是要处理家庭仆人——通常是奴隶——的女人，更不用说安置那些富足家庭里的其他物质资源了。那么，以斯蒂·克罗克斯的标准来衡

---

① 见 CSAGW，第 100—101 页。

量，从她们身上能获得什么剩余劳动呢？当然，她们在古希腊所遭受的社会、文化歧视是真实而又严重的。而说到"经济剥削"就有些牵强了。也许不应忘记，古罗马的上层妇女——这些却被斯蒂·克罗克斯排除在了他的话题之外，显得非同寻常——实际上享有相当大的司法权与财产权，她们享有与她们的男人同等有效的平等权，这使得自西蒙·德·波伏娃以来的女权主义批评家深感震惊。斯蒂·克罗克斯对这些问题的探讨远比对他主题的探讨要模糊得多，他明智地期盼着进一步的研究能够对此加以辨明。

我要谈的第二个问题涉及到"古代阶级斗争"本身。一些读者可能感到，斯蒂·克罗克斯对论述范围的选择多少有些令人迷惑不解。除了该书颇具特色的题目以及它在第一部分的显著地位外，应该说，第二部分对阶级斗争的实际展示——即历述了希腊罗马文明的历史发展过程——给人以拼凑的感觉，有时甚至是轻描淡写。此处最明显的欠缺，是缺少对罗马共和国伟大的奴隶反抗运动的描述。斯巴达匆匆出现了不到三次；而对格拉古暴动时期以前的西西里起义领导人尤纳思（Eunus）则根本就没有提及。人们也许会说，这不在斯蒂·克罗克斯探讨之列，因为它属于希腊东部联合以前的罗马历史。但事实上，斯蒂·克罗克斯用了一章的篇幅，引人入胜地探讨了罗马共和时期市民内部的阶级斗争，从"贵族"与"庶民"的冲突谈到了西塞罗①和克洛丢斯时期反对后期寡头集团的普遍的骚动。假如说他坚持奴隶制的中心在于阶级斗争，那么他在这里所关注的问题似乎前后不一。同样，也许有人会反驳说，对希腊阶级斗争的特别讨论——这在书名中已经表明要加以探讨——相对来说过于简洁了。当然，两件重要的事件——与底

---

① 古罗马政治家、演说家、哲学家。——译者注

比斯侵入伯罗奔尼撒相呼应，墨西拿（Messenian）[①]的农奴成功地反叛了斯巴达；用暴风雨般的改革项目进行社会复兴的伟大尝试——仅只占据了有限的篇幅。这些改革项目包括解放拉哥尼亚的农奴和公元前2世纪的斯巴达国王纳比——该项计划引起了斯巴达政权内部激烈的阶级斗争。这些空缺肯定会令人感到特别遗憾，因为再没有历史学家像斯蒂·克罗克斯那样熟知斯巴达社会，也没有人能够像他那样在《伯罗奔尼撒战争的起源》的重要章节中给我们展示激动人心的斯巴达社会的错综复杂与模糊难解。

《古希腊社会的阶级斗争》第二部分中心议题的明显偏差，毫无疑问部分地反映了作者本人的反叛性格，就像他对约定俗成的文章的传统规范以及对任何公认的概念表示反感一样。但这种偏差同样预示了如何看待文明的发展曲线——这为进一步阐明提供了依据——这样一个潜在的问题。阶级斗争是否像斯蒂·克罗克斯系统阐述的那样，为绵延不断的阶级社会的原动力提供了直接的关键点？在第一部分中，他着重强调了：它的确如此。第二部分的不规则——就像对反抗剥削的直接描述显得凌乱一样——则可能是他上述声明难点的征兆。这些症结显然就是"希腊民主的毁灭"和"罗马帝国的衰亡"——这是古代政治历史上两个最重大的变革。斯蒂·克罗克斯是怎样解释这第一个变革的呢？为什么古希腊的阶级社会发展到公元前4世纪就黯然失色了呢？他给出的一个总的答案似乎是：当时有一种内在的趋势，竭力要在城邦中建立经济上更为强大的组织，并且不顾贫穷市民的利益，肆意扩大他们的政治权力，长此以往，最终导致了民主机制的萎缩和颠覆。"正是如此，基本经济结构最终会自己表现出来：希腊的有产阶级，在他们的

[①] 西西里岛上的一个城市。——译者注

马其顿君主和后来的罗马主子的先后帮助下，逐渐破坏直至最后完全摧毁了希腊的民主制度。"① 他指出，4 世纪以后，希腊开始了"一次缓慢的侵略"，当时"在人民大众中贫穷是如此普遍而又严重，而与此同时，极少数富人却日富一日"。——这是一个从来没有丰富自然资源的地区。其结果是，在很多城邦出现了日趋严重的社会对抗和自相残杀。这些后来被马其顿君主所利用，他以其特有的贵族特性，在向希腊进军时同当地的有产阶级结成了同盟。

这样压缩的内容有怎样的说服力呢？它的一个显著缺点，似乎是缺乏特别具体的时间逻辑性。斯蒂·克罗克斯在他的两本书中都论证说，希腊民主首先应被看作一个机制，在这里，贫贱的市民能够保护自己不受有产阶级对他们的经济威胁。假如在 5 世纪就可能有类似成功的抵抗，那么，在 4 世纪为什么就没有呢？实际上，雅典的民主在伯罗奔尼撒战争之后的确相对稳定多了。这种进程中最大的变化，与其说是更有权势的人变成了城市中富有的人，倒不如说，随着雅典帝国的灭亡，相对无权无势的富人和穷人现在更喜欢生活在城市之外了。斯蒂·克罗克斯引证了由帝国纳贡终止而引发的经济危机，以及雅典在调动相应海军军队时接踵而至的重重困难。但这些因素没有被包括在他对"希腊衰亡"的解释之中。然而，也可能建构另外一种有关希腊民主衰亡的叙述：与其说是在古希腊城邦内产生了社会两极分化，不如说是受到了古代民主城邦的外部限制。也就是说，它——正是由于它激进、直率的特点，这一点首先在雅典得以充分的体现——如果不对其他地区构建一种霸权统治，它就不可能扩大城邦的领土。只有这样的统治才能给它提供充足的土地和物质资源，从而保证它在军事上与中央

---

① 见 CSAGW，第 97 页。

君主和寡头政治相抗衡。从这个意义上讲，失去帝国就等于雅典走向毁灭，随雅典一同毁灭的还有在它的阴影庇护下、有着更大众化政体的小城市。

然而，造成雅典等城邦灭亡的直接原因是马其顿君主，斯蒂·克罗克斯把他视为城邦整个毁灭过程中一种或多或少的外在力量。但这没有充分的表述都市希腊与边缘部落的共生程度：菲力普二世统治时期，马其顿政体与贵族不断增长的力量与复杂关系，是半岛上古代文明范围内累积的文化移入的产物。也可以说，古希腊自己是引狼入室。关系到生死存亡的斗争，应该是统治阶级——势力强大的贵族寡头与平民百姓——之间的斗争。马其顿政治在希腊历史上确实在社会与政治上都很保守，它统治着归属于它的城市的改革。值得注意的是，一旦它的权利建立于它之上，它并没有对雅典民主本身产生任何敌意。斯蒂·克罗克斯也承认，菲力普二世和亚历山大都没有与雅典机构发生任何冲突。直到拉米（Lamian）①战争爆发——那是亚历山大死后的一场希腊反抗马其顿统治的斗争——安提帕特②才断断续续地给雅典强加以寡头政体——哪怕是根据当时的重兵团来统计，这在当时也是相当宽松的。然而，任何地方政体的生命力最终都难以不被外在的自治所取代，因此，希腊民主的古代机制在效忠君王的新希腊化时代变得动荡不安、日渐衰落，直至最后被罗马的统治者实实在在地结束了生命。

如果我们现在回首罗马帝国制度本身的衰亡，就会发现斯蒂·克罗克斯并没有把阶级斗争本身当作其叙述的出发点。是一种系统性的矛盾而不是阶级斗争造成了它漫长的灭亡过程。奴隶劳动力供给量的下降、内部再生产低效率的后果，抵消了

---

① 古希腊塞萨利亚的一个城市。——译者注
② 安提帕特（398？—319BC），马其顿将领，拥戴亚历山大继承王位，后为马其顿王国摄政。——译者注

通过多生奴隶而减低剥削效率的企图,因此,这就需要增加自由劳动力以保持榨取剩余价值的总体水平。奴隶与奴隶主之间的阶级斗争的主要表现形式——奴隶反抗——在此并没有起到前因后果的作用。显然,它们无足轻重——这就是斯蒂·克罗克斯在文中对此一带而过的原因。就经验而论,斯蒂·克罗克斯判断的正确性真是无懈可击。试图了解奴隶反抗——在最近的版本中,它不是暴动就是大规模出逃[①]——以及古代社会减少奴隶的手段都是同样令人难以置信的。斯蒂·克罗克斯暗示说,真正的手段足以形成历史唯物主义其他基本主题的一个例证:就是说,当生产力和生产关系进入一种相互起决定性的矛盾状态时,那种生产方式就改变了。虽然从某种角度看,它的结局可能是对峙双方无止境的社会斗争,但是,这种矛盾状态的形成不需要涉及(剥削者和被剥削者)任何一方有意识的阶级代理人——不必为经济和社会的未来设置战场。实际上,这正是斯蒂·克罗克斯关于古代最后几个世纪的阐释中所要暗示的结局。这里所列举的理论、历史事件与一千年后封建主义的瓦解所带来的问题何其相似,真是引人注目。而且,马克思主义作家们——最突出的要数莫里思·多布(Maurice Dobb)——常常会把中世纪后期的经济危机看作是庄园主与农民之间阶级斗争的直接产物,前者日益增强的剥削导致了后者生产的衰退。实际上,在对其进行矛盾的逻辑分析中,不能忽略西欧封建生产模式的人口状况与生态的局限性:他们置于14世纪社会之上的是客观的负荷,就像生产力在现存的生产关系内部遇到了不可逾越的障碍一样,它加速了当时的经济灾难,而这些灾难又引发了大陆上固有冲突中最奇特的事件。

---

① 见皮埃尔·多克思(Pierre Dockes)的《中世纪的奴隶与自由》,伦敦1982年,第216—217页,这部书的背景是法国一个曾经一度很有影响的毛族。

当然，中世纪和古代这两个进程的最主要区别是，一个解放了农村社会中直接的生产者，另一个使他们普遍降服——实际上，它最初进入了奴隶制、最终又退却出来、进而进入了农奴制（假如人们还记得农奴和隶农之间的差异的话）。提及这一点，是为了将罗马帝国后期劳动制度缓慢变革过程中尚未解决的问题记录在案。斯蒂·克罗克斯对奴隶制到隶农作为榨取剩余价值主要手段的重新建构具有很强的说服力；这种说服力是建立在逻辑推理之上的，而不是建立在经验主义的文献之上。如果缺乏资料，结论依旧如此。但他论证的本质，就是要提出有关它要解释的过程中的一系列问题。首先关注的就是奴隶的再生产问题。斯蒂·克罗克斯论述的中心要害是：一旦停止掠夺，奴隶生育问题就变得越来越重要，但从经济上讲，这比捕获奴隶获利要少得多——所以，如果特权阶级的收入要保持平衡的话，就必须降低租户和小庄园主的数量。这种变化里面可能有文化刺激的作用吗？斯蒂·克罗克斯在讨论希腊奴隶制问题时强调，对奴隶主来说，一个劳力的最大优势在于，他在种族上既是异类又是异教，能够被人立刻从其他人群中分辨出来，而且被剥夺了反抗的原动力。[①] 他写道，正因为具有这样两个特征，使得马其顿的农奴要比（古希腊城邦）阿提卡的农奴危险得多。随着帝国的扩展，罗马的大部分奴隶当然来自非罗马民族的人民。当任何一个地区的俘虏——他们被当作了奴隶贩运到意大利——出现不同寻常的集中时，这时的共和国就会爆发起义：比如，尤纳思领导的暴动，就是聚集了大量新近从叙利亚和小亚细亚捕获的、参加过西西里抵抗运动的犯人。然而，奥古斯丁时代后，劳动力的相对稳定——此时还没有对有色人种产生歧视——在西罗马帝国大部分地区的奴隶和自由穷人之间，一定招致了广泛的同化现象，尤其

---

① 见 CSAGW，第 93 页。

在语言与习俗方面。斯蒂·克罗克斯引述了一个例子，认为足以解释尼禄①时期的罗马反抗制裁家政奴隶的平民起义这样的文化趋同现象。在这种状况下，人们可能会产生疑问，加速奴隶生育以弥补劳力的短缺，其进一步的局限性是否并不是要减弱对奴隶人口在思想和观念上的控制，只不过随着时间的推移，这一点会变得不那么明显而已——如果不解放农奴的话（斯蒂·克罗克斯认为，可能由于与罗马庇护方式的原因有关，古罗马人要比希腊的人数多），他们也许会飞逝而去，② 而与此同时，贫穷的自由人口与奴隶之间也变得更加难以分辨了。这可能成为解释安东尼时代社会与司法变化的原因之一。

无论如何，这些变化的结果很有可能广泛地扩展了农村剥削的范围。斯蒂·克罗克斯明确叙述的第二个问题是，这种剥削是怎样构成的。这里面包括了两个明显的问题：剩余价值是怎样从直接的生产者那里榨取的？最终的剥削者又是怎样获利的？"直接的"、"最终的"这两个形容词需要加以强调，因为每个进程中的模糊成分主要在于保证他们获利的中介商和机制。斯蒂·克罗克斯没有直接阐述第一个问题。但我们从科拉梅拉（Columella）详尽的描述中得知，公元前1世纪奴隶住宅的建设也可能说明问题：通过对劳动力本身精心的分工，包括统治集团的等级制度、熟练工、非熟练工和受束缚的奴隶，在各自的管家带领下，分成不同的劳动分队，由工头协调，受管家或管理庄园的人（villicus）的指挥。等级的分类、劳动的合作、监

---

① 尼禄（Nero）（37—68），罗马皇帝（54—68），即位初期施行仁政，后转向残暴统治。因帝国各地发生叛乱，逃离罗马，图穷自杀，一说被处死。——译者注
② 见CSAGW，第174—175页。斯蒂·克罗克斯没有探讨基斯·霍普金斯（Keith Hopkins）提出的令人信服的观点：对许多主人来说，罗马的农奴解放在经济上可能有一个双面的原理：解放的前景可以保证奴隶出色的工作，而在他们出色工作之后，又可以在购置中获取丰厚的收益。参见《统治者与奴隶》，剑桥1978年，第125—129页。

督、皮鞭与各种桎梏的驱使，构成了奴隶农业生产惯例的模式，其劳动单位一般不超过150—200英亩的土地。然而，一旦焦点转移至奴隶主出售庄园产品的方式，这种透明度就会消失：正如斯蒂·克罗克斯在一个重要的段落中讲到的那样，"对这种行为，我们几乎没有证据可以佐证"。① 接着，他说他同意这种说法：地主都会在当地的市场上出售他们的产品（包括谷物、油、酒）。而这只是解释了土地上大量财产自主权的谜团，因为这些时常包含了广阔的庄园领地——在共和国早期或罗马帝政早期，它们可能会随着意大利范围的大小而浮动分配。这些收入的来源大相径庭，它们是怎样有效地被搜集起来、然后又被集中起来的呢？

  这个问题，在大规模奴隶农业生产时期一点都不明晰，一旦转入隶农就变得更加错综复杂。因为，一方面，由土地所有者对劳动过程的直接监管必然减弱了，而直接从生产中榨取的剩余价值也一定随之减少。另一方面，如果剥削率降低了，剥削的领域实际上随着帝国后期土地归属的普及而扩大了。斯蒂·克罗克斯在书中最引人注目的一部分中写到："有一种特殊的现象特别能说明，罗马帝国的农民要比其他主要依赖农业人口提供粮食来源的社会中的农民，受到更彻底、更有效地剥削。人们常常注意到，农民总是比居住在城市里的乡下人更能忍耐饥饿，因为他们会为自己储藏些自己生产的粮食，因此，当城市在闹饥荒时，他们仍有东西可吃。而在罗马，情况却不同。"——在那里，一次次地——"在饥荒到来时，我们会发现农民蜂拥到离他们最近的城市，因为只有城市里才可以找到可吃的食物。"② 然而，或许他没有充分强调的是，他所列举的事例都出自奴隶制衰亡后的时

---

① 见 CSAGW，第 129 页。
② 同上书，第 14 页。

期,要么就是公元前4世纪至6世纪的例子。这一时期统治阶级对土地剥削的特殊"效率"得到了证实,但在另一方面,到4世纪,西罗马帝国议院规模庞大的资产数目比1世纪时多出了5倍。

然而,这些数额巨大的财产是怎样从直接生产者那里征收的呢?是怎样庞大的征收系统、在何种形式的压力下、有多少层的中间商、扼杀了多少农民的生命、在没有良好的运输条件下,安全有效地使罗马巨商家族获利的呢?这个过程的地域范围达到了它尽可能大的范围,它更像一个现代化的跨国集团,而不是一个可以想像的到的中世纪的团体。梅拉尼这位5世纪初的贵夫人,在坎帕尼亚区、阿普利亚区、西西里、突尼斯、努米底亚、毛里塔尼亚、西班牙和英国等地都拥有庄园:可以说,她的资产横贯大陆。在这些庄园里仍然有成千上万的奴隶;而更多的将是隶农。但是,是什么渠道把他们的产品转化成她每年1600磅的黄金收入呢?斯蒂·克罗克斯把隶农称为"农奴",但他们同地主的关系从来没有达到中世纪农奴制那种强有力的观念上的契合,或者,要么缺少庄园主对农奴家庭的封建权力,要么缺少农奴对主子法律权威的忠诚。然而,由于对土地的依附减少了,罗马制度的效率也就更高了。

之所以如此,部分原因完全是由于后帝国政府本身的权势所致。这一点,斯蒂·克罗克斯本应在其结论性的章节里多加阐述,但他却没有直接论述。无论如何,他对公元前3世纪亚历山大·塞维鲁死后和戴克里先①即位之间罗马旷日持久的危机没有加以分析,而当时的地方君政、外来侵略、瘟疫和通货膨胀威胁着它的存在达50年之久。斯蒂·克罗克斯选择的结构方法——

---

① 戴克里先 (243?—316?),罗马皇帝(284—305),由近卫军部属拥戴称帝,开创四帝分治局面,改革内政,加强军队,整顿税制与币值,迫害基督徒。——译者注

以问题为主，而不是以时期为主——回避了这个分界线。或许，原因在于这些年的相关资料确实缺乏——琼斯（Jones）把它们比做一个黑色通道①——以至于不可能对它们的整体意义作出假想。但是，他们在农村对时间的选择和过渡之间，其巧合好像不可能如此偶然。任何叙述失之于简朴的历史，都会为其分析的明晰程度付出一定的代价。就我们所谈论的古希腊社会的阶级斗争而言，代价就是没有对3世纪帝国政府的变形作出任何密切的反应，而这应当是斯蒂·克罗克斯阐释目的之中心议题。看起来好像有一种辅助机构在这一时期起着作用。帝国军队和官僚主义的迅速增长与统治阶级对农民剥削日益提高的能力必然有一定的联系；这些年代末期，压榨和统治的中央机构加强了。另一方面，这种机构的强大反过来对直接生产者又给予更无情的压力，为了保养它便采取施加更强大财政压力的形式——他们的经济状况太令人沮丧，因此致使他们更容易陷入奴役的境地。第4世纪和第5世纪的境况明确指向了这个辩证法：农民"自愿地"任凭地主的摆布，以保证他们摆脱征税者的关注。有必要记住这个循环的复杂逻辑。如果芬利（Finley）——斯蒂·克罗克斯同他进行了不懈的、夸张的笔战——将他所称的"在数量和费用上都大量

---

① 最近的历史学家重复并夸大了这个意象：在罗马历史初期最鲜为人知的那段时期，人们首先感到的是冰冷的阴影，就像前往阿尔卑斯山的游客在秋末的一天到达一样。再也没有日落照耀在安东尼王国；塞维鲁时期更加黑暗；随着年轻的亚历山大在235年遭到暗杀，他们的末日到来了，这也正是黑暗的时代来临之时。此后，由于所收集材料的模糊不清，使得许许多多的历史大事不被人所知，一切成了一个大谜团。历史学家对此做了进一步的研究。逐渐地，他感到豁然开朗了，但却涉足到了一个完全不同的国家——仿佛他踏上了勃朗峰（在欧洲西南部，具体位置在法国、意大利边境，是阿尔卑斯山脉的最高峰——译者注），却在那里发现了一个出口。见拉姆齐·麦克马伦（Ramsey Macmullen）的《古罗马政府对公元前235—337年间危机的反应》，纽黑文1976年，第vii页。麦克马伦主要强调——这与其标题相呼应，他更为关注的是官方反应，而不是关注社会—经济危机本身——戴克里先以来国家征用能力的新颖与功效，第207—208页。

增加的、专制主义者官僚的铁的法律"过度人格化,① 以此作为实际上独立于这种官僚明确的功能之外的神圣进程,那么,斯蒂·克罗克斯本人并没有充分估计到帝国从它服务的贵族阶级那里能得到的自治权的程度。

在统治者官僚的篷盖之下,后期帝国贵族的社会—经济特权大大地被增强和扩展了,它的政治势力被削减到了它应有的地步——在国家的军事机器中,它现在有个新比例(超过60万的军队应有大约3万平民官僚)。元老院的命令被戴克里先排除在军队指挥权之外,并且再也没有恢复。其结果好像是,在西罗马帝国这样贵族最富裕、最有权势的地方,当面对外来压力或危机时,富人普遍对国家的防御需求漠不关心——这种不关心表现在普遍的逃税、拒绝征募和对那些企图在该地区掌握帝国势力的职业官员(当时主要是针对外籍人)抱有敌对情绪。斯蒂·克罗克斯说,正是独立农民的消失,才逐渐破坏了5世纪罗马部队的活力。但实际上,统治者所行使的征兵权力,产生了大量和相对可靠的军队机器,它的士兵享受一系列的物质特权,使他们高于自己的农民兄弟。在论证了由于农民素质的下降、"军队的道德(或许还有身体)退化"② 之后,斯蒂·克罗克斯接着说到,帝国晚期的军队"有着最严谨的纪律和个人精神:普通老百姓出身的士兵已经完全摆脱了他们的出身,成为他们身边官员(如果不是他们的皇帝)驯服的工具"③——这更接近现实。对外来入侵明显、普遍的冷漠态度是一种平民现象,正是贵族的变异

---

① 见 M. I. 芬利的《古代的奴隶制与现代的意识形态》,伦敦1980年,第146页。另参见《古代经济》,伦敦1973年。一般来说,自遭到马克思责难的拉萨尔(Lassalle)的工资理论出现以来,"铁的法律"有着令人不愉快的祖先。但芬利的大部分总体议论与斯蒂·克罗克斯的观点和谐一致,尽管它的论点并不是那么明晰。有关剩余劳动力的问题,可参看《古代的奴隶制与现代的意识形态》,第81—82页。
② 见 CSAGW,第261页。
③ 同上书,第265页。

直接影响了西罗马帝国的军事能力。只要军队保障有力,他们就能干得很好。因此,在第 4 世纪的最后 10 年,当他们被人忽视、在连续几个只能说是贵族的挂名首脑的领导下,灾难就发生了。

即便如此,帝国也不仅仅是由于它自身内部的削弱而衰亡的。外部的侵扰是它灭亡的重要因素。在此,斯蒂·克罗克斯对于衰亡的叙述需要再次补充一些帝国周围野蛮人的历史变化的材料。从 3 世纪以来,北方的德意志民族受到的日益严重的压力,不可能不与其南方诱人的文明所带来的经济、政治、文化压力发生联系。日渐加深的社会分歧和军事矛盾必定成为长久以来原始部落社会和先进的、古典式城市经济文化的相伴物。斯蒂·克罗克斯还应该补充上他的同行、马克思主义历史学家爱德华·阿瑟·汤普森(Edward Arthur Thompson)有关这一进程的重要文献——他是二战以来对古代研究最有独特性贡献的一位历史学家。① 实际上,他自己整理的事实——在有关帝国衰亡前野蛮人居住者的极其有价值的附录里,他估算这些人的数量是"成千上万"——直言不讳地讲到了两个世界缓慢的相互渗透。在这个意义上,它可以视为希腊衰亡的一个翻版。正当后者在发展其马其顿落后边界的时候,最终由此引入了他的侵略者,因此,当德国最初的边境开始扩充、社会和军事力量能够颠覆并发展的时候,罗马就完全衰亡了。差别显而易见:马其顿在政治上是中央君主制、文化上是希腊化社会,它享有古希腊文化发达时期的语言和传统——其结果便是古希腊文明的急剧扩张;而德意志入侵者并不是拉丁语国家的兄弟,而是松散的部落联盟,而古罗马社会早已从内部被瓦解了——其结果就是欧洲中世纪的早期那愚昧

---

① 见爱德华·阿瑟·汤普森《早期的德国》,牛津 1965 年;《乌尔斐拉时代的西哥特人》,牛津 1966 年;《西班牙的哥特人》,牛津 1969 年;《罗马人与野蛮人》,麦迪逊 1982 年。

黑暗时代的来临。

然而，综观这些导致西罗马帝国毁灭的外在因素，也不能改变斯蒂·克罗克斯在他长篇巨著的结尾给我们下的结论。"我认为，"他写道，"罗马政治制度加速了对人民大众——无论是奴隶还是自由人——毁灭性的剥削，它使根本的改革成为了不可能。结果是，特意为了自己的利益而创造了这种制度的真正富裕的有产阶级耗尽了自己的生命，并因此摧毁了帝国大部分的希腊—罗马文明——5世纪时的英国、高卢、西班牙和北非；6世纪时的意大利大部和巴尔干；7世纪时的埃及、叙利亚和美索不达米亚，还包括北非，它在6世纪时曾被查士丁尼的将军们再度征服。我相信，这些是古代文明毁灭的主要因素"①。这个结论——加上对整个进程概况的强调——完全可以被接受。斯蒂·克罗克斯的同事、一位才华出众的非马克思主义者彼得·布朗（Peter Brown）的观点简明扼要："地中海国家的繁荣到4世纪时似乎已经彻底毁灭了"。与此形成鲜明对比，斯蒂·克罗克斯总结到："如果让我用一个比喻来描述上层阶级手中财富的积累，我不会想到像排水泵一样简单、机械的东西：我会联想到更有意图、更深思熟虑的词汇——或许是吸血蝠。"② 这种判断不容易被忘记。

（郝素玲　郭英剑　译）

---

① 见 CSAGW，第 502—503 页。
② 同上书，第 503 页。

第二章

马歇尔·伯曼:现代性与革命

在本世纪的绝大部分时间里,"现代性"思想与"革命"思想的关系一直是学术界争论的焦点,也是人们政治热情的焦点。最近出版的马歇尔·伯曼(Marshaull Berman)的《一切固定的东西都烟消云散》,以重燃的热情和无法抵御的力量再次掀起了这场争论。当今对"现代性"与"革命"问题的看法没有能够绕道而行的。把这部书的主要论点摘引出来加以总体探讨对它是不公平的,也不是本文的要旨。任何要对其总体计划压缩式的重建都要付出代价,如:纯粹想像的视野、文化交感的广度和才智的力量,这些给《一切固定的东西都烟消云散》增色不少——这些品质将使本书经受时间的考验而成为该领域的经典之作。首先,让我们简单地说一句,对该书重要论点论据的条分缕析,并不妨碍该书的重要性以及所探讨问题的引人入胜之处。

伯曼梦幻般的论点是这样开始的:"有一种重要体验的模式——时空的体验、自我与他者的体验、生命的生存与危险的体验——为当今世界的男男女女所共有。我将把这个体验的主体称之为'现代性'。要现代化,就是要把我们置身于能允诺我们以冒险、权力、快乐、生长和使我们自己和世界产生转变的这样一种环境——而与此同时,这种环境又威胁要毁灭我们拥有的一切、我们所知的一切和我们人类本身。现代的各种环境和人的体验穿越了所有的分界线：地理与种族、阶级与民族、宗教与意识形态。在这个意义上，现代性可以说联结着整个人类。但这是一个矛盾的统一体、不和谐的统一体，它把所有事物都融入到了永恒的解体与更新、斗争与矛盾、含混与苦恼的大漩涡之中。要现代化，就是要成为某领域的一部分，在此，正如马克思所说，"一切固定的东西都烟消云散"。①

是什么产生了这个大漩涡？对伯曼来说，大旋涡就是众多的社会过程——他列举了科学发现、工业骤变、人口统计的变化、城市的扩张、民族国家、群众运动——这些都在群众运动中被"永远扩张、跌宕起伏"的资本主义的世界市场所推动。为便于速记，他把这些过程称之为社会—经济的现代化（modernization）。出于源自现代化的体验已经轮番出现，伯曼把它们描述为"令人眼花缭乱的视野与思维的多样化，这种视野与思维旨在使男人和女人既成为现代化的主体，也成为现代化的客体，同时给予人们力量去改变正在改变着他们的世界，使人们在大漩涡中前行并且走自己的路"——"视野和价值在'现代主义'的名称下被松散的组合在了一起。"因此，伯曼的著作就是企图揭示"现代化（modernization）与现代主义（modernism）之间的辩证关系"。②

我们看到，在这两个概念之间有一个至关重要的词汇"现代性（modernity）"——它既不指经济过程也不指文化视野，而是介于现代化与现代主义两者之间的历史体验。那么，是什么形成了它们之间联系的本质呢？对伯曼来说，主要是发展（development）的思想。其实，这是他著作中的中心概念，也是其大部分论点——书中有些论述明晰而令人信服，有些则少有涉及——

---

① 《一切固定的东西都烟消云散》，纽约 1982 年，第 15 页。以下简称 ASMA。

② ASMA，第 16 页。

似是而非的根源。在《一切固定的东西都烟消云散》中，"发展"同时具有两方面的含义。一方面，它指由于资本主义世界市场的出现而导致社会产生了巨大的客观变迁，也就是说，它指的是（基本的但并不是专有的）经济发展；另一方面，它指在其影响下个人生活和人的个性发生了重大的主观变化：一切都包含于自我发展的概念之中，它加大了人的力量，扩大了人的体验。对伯曼来说，在世界市场的强劲冲击下，这两者的结合必然招致（在这双重意义上经历发展的）个体本身的一种戏剧性的张力。一方面，资本主义——这是马克思的《共产党宣言》中一个令人难忘的词汇，正是这个词形成了伯曼著作的主题——在全球性的清洗文化和习俗残余的强大的行动中，将所有祖先的界限和封建的制约、社会的不稳定和思想狭隘的传统撕得粉碎。那个过程与个体自我产生了一次巨大解放的可能性与敏感性相一致，它现在不断地从前资本主义（pre-capitalist）往昔固定的社会地位和僵化的等级角色中解脱出来，虽然还带着狭隘的道德观和拘谨的想像力。另一方面，正如马克思所强调的那样，恰恰是资本主义经济发展的等量冲击，又滋生了一个完全异化了的与原子化了的社会，无情的经济剥削和冷酷的社会关系是其标志，它摧毁了本身的潜力已经形成了的文化或政治价值。同样，在心理水准上，在这种条件下的自我发展只能意味着一次深刻的迷失方向和不安全感、失败和绝望，与之相伴的还有——的确不可分割——拓展感和兴奋感、新的能量和新的情感，这些都同时得以释放。伯曼写到："这种氛围——焦虑与骚动、心理迷乱与陶醉迷失其间、体验的可能性的扩展、道德界限和个人枷锁的毁灭、自我拓展和自我精神混乱、大街上和心灵中游荡的幽灵——正是现代感受力产生的氛围。"①

---

① ASMA，第18页。

那种感受力最初的显现形式始于世界市场本身出现之时,也就是1500年前后。但在它的第一阶段——对此伯曼追溯到1790年——它仍缺乏通用词汇。19世纪是其第二阶段,正是在这个阶段,现代性体验转化为现代主义的各种经典视角,他也正是通过紧紧抓住资本主义发展矛盾的两方面而下定义的——既庆贺又谴责资本主义史无前例的物质和精神世界的转变,但未曾把这些态度转变成固定的或不可改变的对立面。歌德(Goethe)在他的《浮士德》里展示了典型的新视角,伯曼在很有说服力的一章里,在这种双重意义上把《浮士德》解析为一个开发者的悲剧——在绑回大海时解脱了自我。马克思的《共产党宣言》、波德莱尔(Baudelaire)描写巴黎的散文诗,都被视为是发现(被拖延了的)现代性的姊妹篇,前者预示了一个黑暗社会无可自主的现代化的特殊条件,后者则展示了圣彼得堡悠久的文学传统从普希金、果戈里到陀斯妥耶夫斯基和曼德尔斯特姆(Mandelstam)。伯曼认为,这样产生出来的感受力,其条件之一是需要一个或多或少统一的公众群体,人们依旧对他们在前现代化(premodern)世界中的生活情景记忆犹新。

到了20世纪,那些公众分子都发生了巨大变化,有发展也有分裂,其比例都毫无规则可言。此外,典型的现代性体验之辩证关系经历了一场重大的转变过程。随着现代派艺术比以往取得了更大的胜利,伯曼放胆说道:"20世纪在世界历史上也许是最辉煌、最具有创造性的。"——现代派艺术已经不再和普通生活有关联了。伯曼说,"我们并不知道怎样运用我们的现代主义。"[①] 结果是关于现代性体验的现代思想迅速两极分化了,同时展示出其模糊或是辩证的特点。一方面,从韦伯到奥特加(Ortega)、爱略特到泰特(Tate)、利维斯(Leavis)到马尔库塞

---

① ASMA,第24页。

（Marcuse），都无情地谴责 20 世纪的现代性是一致和平庸的铁笼，是人们精神上的荒原，使任何有机的社会或其自主性都失去了生机。另一方面，与这些文化绝望的洞察力相反，有另外一种传统，从马里奈蒂（Marinetti）到勒·科布西埃（Le Corbusier），从巴克敏斯特·富勒（Buckminster Fuller）到马歇尔·麦克卢汉（Marshall Mcluhan），更不用提资本主义"现代化理论"坦率的辩护者们了。在他们眼中，现代性被过分地吹捧为感官刺激和普遍满意的最后一个词，建立在机器工业上的文明保证了艺术刺激和社会幸福。两派的共同点在于都简单地用技术来辨析现代性——完全排除了创造现代性与被现代性创造的人们。正如伯曼所说："我们 19 世纪的思想家，都既是现代生活的热衷支持者，同时又是它们的敌人，终身与其含混不清和自相矛盾作斗争；他们自我讽刺和内心的张力恰恰是其创造力的主要源泉。而他们在 20 世纪的继任者却突然倾向于僵化的极性和单调的完整叙述。他们要么盲目地欢呼现代性的到来，要么就带着新奥林匹克式的冷漠和轻蔑加以斥责。无论欢呼还是痛斥，现代性都被想像为一块封闭的巨石，现代人无法塑造或是改变它。对生活的开放性看法已经被封闭的看法所代替。"① 伯曼著作的主旨是，通过再度回顾上述典型的观点，帮助我们恢复对现代性的感受。"那么，事实可能会证明，回顾可能是一条通往未来的道路：牢记 19 世纪的现代主义思想可以给我们以洞察力和勇气去创造 21 世纪的现代主义。这种记忆行为可以帮助我们对现代主义追根溯源，也能使我们在面对前方的惊险、刺激时丰富和更新对现代主义的认知。"②

这就是《一切固定的东西都烟消云散》一书最要害的思想。

---

① ASMA，第 24 页。
② 同上书，第 36 页。

然而书中还包含了非常重要的潜台词值得引起我们的重视。伯曼著作的书名及其有机的主题都取自《共产党宣言》，而书中论述马克思的部分是全书最有趣的一章。他在结尾时说，他认为，马克思对现代性动力的分析最终破坏了他认为的导向共产主义未来前途的思想。因为如果从资产阶级社会解放出来的实质将是第一次真正的个人的无限发展——资本的各种丑恶现象正在遭受冲击——那么，什么能保证如此解放的个体和谐或者由这些个体构成的任何社会的稳定性呢？伯曼问道："即使工人们的确发起了一场成功的共产主义运动，即使这场运动产生了一次成功的革命，那么，他们将怎样在现代生活的洪流中建立一个稳固的共产主义社会呢？什么制度能够遏制消灭了资本主义的社会力量不再消灭共产主义呢？如果所有新型的关系在僵化之前都已过时，那么，团结、博爱、相互帮助该怎样保持活力？共产党政府也许通过激进的限制手段来阻止这个洪水猛兽，不仅仅要限制经济活动和企业（所有的社会主义政府已经如此行事，与之相对应的是资本主义的福利社会），而且要严格限制个人的、文化的和政治的言行。但是，一旦这样一种政策大功告成，它不是背弃了马克思求得个人自由和所有人自由发展的目标了吗？"① 另一方面，"如果一个成功的共产主义有一天水过闸门流出了自由贸易，那么，谁知道还有什么更可怕的动力从此觉醒、充斥其中乃至奔涌而出？很容易想像，一个适合每一个人和所有人自由发展的社会也许会生发出各自鲜明的虚无主义特点。的确，共产主义的虚无性也许最终会证明要比其资产阶级的先驱者更具爆炸性和崩溃性——尽管它也更大胆、更有独创性——因为，当资本主义正在用有限的底线分割现代生活无限的可能性时，马克思的共产主义可能正在把解放了的自我带入一个巨大的、未知的、无限的空间

---

① ASMA，第 104 页。

之中。"因此伯曼总结到:"具有讽刺意味的是,我们可以看到马克思的有关现代性的辩证法,重新界定了它所描述的社会的命运、产生了使之烟消云散的能量和思想。"①

伯曼论述精确、引人入胜,而且技巧高超、富于热情。他把一种丰富的政治态度和温暖的智性热情统一在了他的主题之中:可以说,"现代"和"革命"的概念在他的字里行间得以恢复其道义上的原意。对伯曼来说,现代主义在概念上永远都是革命性的,正如该书在护封上所宣称的那样:"和传统的信念相反,现代主义的革命远未结束。"要对此番宣言背后的逻辑进行再思考,首先必须搞清楚伯曼的关键术语"现代化"和"现代主义",然后再看看这两者又是如何通过"发展"的概念联系在一起的。如果这样,那么首先给我们留下深刻印象的是,当伯曼以其非凡的想像力抓住了马克思在《共产党宣言》中的历史观察力的一个至关重要的方面,但与此同时,他忽略或是忽视了对马克思并不是不重要、甚至是补充其理论的另一方面。对马克思而言,资本积累和通过市场商品形态的不停扩大,对旧的社会来说确实具有普遍的消解力,用马克思的话说,就是可以合理地被看作是"产品的持续革命化、未间断的干扰、永无穷尽的不确定性和骚动"的一系列过程。注意这三个形容词:"持续的"、"未间断的"、"永无穷尽的",它们表示了一个同质的历史时间。其间的每一时刻,都因有其下一时刻而永久地不同于其他时刻,但是——具有同样的特征——作为无限循环过程中可替代的单位,这每一时刻又是相同的。从马克思资本主义整体发展的理论去推断,这番强调迅速而又简单地让位于严格意义上的现代化的模式——这当然是政治上的反马克思主义理论。然而对我们的目的来说,恰如其分的观点是:现代化的观念包括了基本的二维发展

---

① ASMA,第114页。

的概念——一个持续流动的过程,在这个过程中,纯就时间的旧与新、早与晚而言,一个紧急的时刻与一个时代之间没有真正的差别,随着时间的流逝、后变成前、新变成旧,范畴本身在同一个方向的位置上不停地更迭交替。这自然而然就是对市场暂存性和在其间流通的商品暂存性的准确描述。

但是,马克思的观念"资本主义的历史时代是一种生产方式"与上述观点截然不同:现代性是一种复杂的、有差别的暂存性(temporality),在这种暂存性中,各种事件或是各个时代互不关联,其本身具有异质性。这种特异的时代进入到马克思所构建的资本主义模式之中,其最显而易见的方式,当然是在社会秩序的水准上由其引发而出的。总的来看,人们可以说类似的阶级在伯曼的论述中根本就没有涉及到。一个意味深长的例外是,他对马克思在《共产党宣言》中的假说"资产阶级常常无法与自由贸易的专制主义相适应"作了很好的探讨,可惜在他的整本书中没有加以展开论述。书中少有一边谈论经济一边谈论心理学的,只有在讨论现代主义文化时才把二者联结起来。但是,如果看一看马克思对那种社会的描述,我们就会发现一些和任何二维的发展进程完全不同的东西。更确切地说,马克思所构想的资产阶级秩序的轨道呈曲线形状——它描绘的不是一往直前的直线,也不是有限度的向外扩张的圆形,而是一个明显的抛物线。资产阶级社会将经历上升、平稳发展和衰落三个阶段。在《纲要》的那些段落中包含了对经济发展和个体发展相结合的最富有诗意、最绝对化的断言,而这恰恰是伯曼论述的中枢环节。马克思把资本主义生产方式的基础描写为"顶点",因为"在这个顶点,它可以与生产力的高速发展相结合,并且也可以和个体的全面发展相结合"。伯曼继续论述到,"恰恰也是这个基础,这个正在花开的植物,自然而然地在花开过后凋谢了,而这正是花开花落的结果"。而"一旦花落,任何进一步的发展都将呈现败落的局面"。① 用当代的学术术语来讲,我们可以说:如果我们对资本主义"发展"的确切意义有个清醒的认识,那么资本主义的历史必然是划分时段的,它的特殊道路必须得以重建。现代化的概念如果不加以批评性的吸收,那么它必然会阻挡现代化的各种可能性的出现。

还是让我们重新回到伯曼的用词"现代主义"上来吧。虽然"现代主义"出现于现代化之后,但在某种意义上,它象征着在它之前已经出现了一种现代性体验的相关词汇,而现代主义同样不了解适时变化的内在原则。它仅只是在复制它自己而已。伯曼被迫宣称,现代主义的艺术已经兴旺发达而且正在蒸蒸日上,这在20世纪以前从未有过——甚至在人们抗议各种思潮当中(它们试图阻止我们恰当地把这种艺术融入我们的生活中),也没有出现过。这种说法值得注意。但伯曼的这种立场显然有诸多难处。第一,现代主义作为一套特殊的艺术载体,一般被确切地追溯到20世纪——人们对它的阐释往往要比照19世纪、18世纪或更早时期的现实主义和其他古典形式。事实上,伯曼所深入细致加以分析的所有文学作品——无论是歌德还是波德莱尔,无论是普希金还是陀斯妥耶夫斯基——都先于严格意义上的现代主义。就这个词的普通意义来说,仅有的例外是对20世纪早期两位作家贝雷(Bely)和曼德尔斯特姆所作小说的分析。换句话说,以更传统的标准来衡量,现代主义同样需要在历史长河的某些更有差别的观念范围内来加以想像。第二点与第一点密切相关,一旦人们以传统的方式来对它加以创造,那么它在地理方面的分布很不均匀就显得引人注目。即便是在欧洲或西方世界里,许多主要领域并没有出现现代主义的势头。作为资本主义工业

---

① 《政治经济学批判纲要》(*Grundrisse der Kritik der politischen Okonomie*),柏林1953年,第439页。(文中简称《纲要》。——译者注)

化的开拓者和主宰了100年全球市场的英国,自然而然是一个恰如其分的例子。对艾略特(Eliot)或庞德(Pound)来说,英国是滩头堡,对乔伊斯(Joyce)来说,它远离海岸。但在20世纪最初的几十年里,英国——不像德国或意大利、俄国、荷兰或美国那样——并没有产生一个类似于现代主义的运动。因此,在《一切固定的东西都烟消云散》中伯曼漏掉了英国也就不再令人感到奇怪了。在这个意义上,现代主义的空间也是异质性的。

第三,反对把伯曼的现代主义作为一个整体来进行阅读,原因在于它既没有在具有强烈反差的美学倾向上作区分,也没有在(包含艺术本身的)美学实践范围内进行区分。但是,事实上,它是与资本主义现代性相关的各种变化多端的变体,典型地聚集在现代主义的大旗下、在广泛的各种运动中显得格外引人注目。象征主义、表现主义、立体派、未来主义或者构成主义、超现实主义——在20世纪早期几十年中,也许有五六个"现代主义"的主要潮流,几乎此后的所有的东西都是其中的一个派生物或突变体。一个人可能会想到,对这些潮流来说,它们的学说和实践本身的对照特征足以排除这种可能性:即可能会有某种特殊的大众看法,会界定通向现代性的经典的现代主义方向。从此间产生的大部分艺术已经涵盖了形成它们的那些倾向,伯曼在当代理论或是随后完整的现代文化理论中对此进行了猛烈地抨击。德国的表现主义和意大利的未来主义反差极大、调子各异,都是典型的例子。伯曼叙述的最后一个难点是,它不能利用自己的参考术语,为自己研究的分歧——20世纪现代性的艺术与思想之间、实践与理论之间——作出任何解释。在此,时间实实在在为他的论点作了划分,显得不同寻常:已经出现了衰退的迹象,主要是智性方面的,而这正是他的著作所竭力要推翻的,要在整体上回复到现代主义的古典精神上去,无论是艺术还是思想,都是如此。但是，在他的《纲要》里不易领悟那种衰败的迹象，因为现代化本身曾被理解为一种延长和扩展了的线型过程，这必然促使现代主义的艺术源泉不断更新。

认识现代主义起源和艰难发展的另一个方式，是更细致地考虑它被铭刻于其中特异的瞬间。在马克思主义的传统中，以此研究方式最著名者莫过于卢卡契（Lukacs）所采取的方式了。1848年革命后欧洲资本的政治态度发生了变化，与此同时，作为一个社会阶层的资产阶级，在其权力范围或由其产生的文化形态的命运也摇曳不定。卢卡契在这两者之间迅速读出了平衡。对卢卡契来说，19世纪中期以后资产阶级已经完全走向了反动——它在整个欧洲彻底放弃了与贵族的冲突，转而全力与无产阶级作斗争。自此，它进入了一个意识形态的堕落阶段，其最初的艺术表现形式主要就是自然主义，但继而就最终产生了20世纪早期的现代主义。这个纲要现今被左翼分子大肆贬低。事实上，在卢卡契的著作中，它常在哲学本身的领域内作出敏锐的地方分析：尽管该书为其附言所累，《理性的毁灭》仍是一本不容忽视的著作。另一方面，在文学领域内，卢卡契的贡献则被证明相对缺乏独创性。卢卡契从来没有论述现代主义艺术作品的著作，可以在细节上或深度上与他论述谢林（Schelling）、叔本华（Schopen-hauer）、克尔恺郭尔（Kierkegaard）或尼采的思想结构的著作相提并论；与此相比，他论述乔伊斯（Joyce）和卡夫卡（Kafka）——仅举他的文学创作中的两例而已——只不过是借景抒情罢了，他从来没有对作家本身进行研究。在此卢卡契视觉的基本错误是其进化论思想：也就是说，一个时代与另一个时代大不相同，但是在每个时代里，社会现实的所有成分都彼此同步前进，在同一层面上的衰落必然会在另外的下降中反映出来。其结果是一个明显过分概括化的"堕落"的概念——这个词汇当然深受德国社会及其大部分固有的文化（而卢卡契也正是在这样的氛围中成长起来的）最终发展到纳粹主义衰落场景的影响（甚至可以说它的意义已经有所减弱）。

但是如果伯曼的反复论（perennialism）和卢卡契的进化论都不能为现代主义提供令人满意的说明，那另外还有什么解释呢？我在这里将简要地给出一个假设，那就是我们更应该去寻找一个同步的解释，同时阐释美学实践及其随后形成的、被统称为"现代主义的"共同的原则。这样一个解释会涉及不同历史瞬间的交叉，描绘出一个非常武断的构造形式。这些各异的时代是什么呢？我的建议是，最好把"现代主义"理解为分别是由三个主要同等物所形成的一种文化的力量领域。这三个同等物中的头一个，就是伯曼可能在某章节中暗示过的某种东西，但是在时间上把它追溯得太远了，因而没能准确无误地把握它。这是一种对视觉和其他艺术所作的高度形式化了的学院式的编纂整理，它本身已经在国家官方制度内被体制化了，而社会依旧到处是贵族或是土地拥有阶级，而且他们常常主宰着社会。在某种意义上，阶级毫无疑问已经在经济上被"取而代之"了，但在其他意义上，阶级一词仍为第一次世界大战前的欧洲的一个又一个国家确定了政治和文化基调。通过阿尔诺·迈耶（Arno Mayer）新近出版的重要著作《旧体制的延续》，人们可以生动、彻底地了解这两种现象间的联系。该书的中心议题是：自古以来至1914年的欧洲社会，一直都被土地或贵族的统治阶层（二者并不一定像在法国那样完全一致）统治着，在经济上，现代重工业仍然只构成劳动力或是输出模式的很小一部分，这非常令人惊讶。第二个对等物是第一个的逻辑补充：也就是说，在发生了第二次工业革命、产生了重要的技术或发明的社会中，一些新生事物（当然也是新奇的）不断出现，如电话、收音机、汽车、飞机等等。以新技术为基础的大众消费工业尚未在欧洲的任何地方形成，当时（一直到1914年），服装、食品和家具仍然在需求和流通领域占据着最大的份额。

可以说，现代主义联结点的第三个同等物，是社会革命的想像性临近物。此类革命前景所诱发的希望或忧虑，程度大不一样；但在欧洲的大部分地区，在"美好时期"①"广为流传"。原因同样足够简单易懂：古代王朝的体制，正如迈耶所说，依旧保留着，如俄国、德国和奥地利的封建君主制，意大利的不稳定的王室秩序；甚至在英国，在第一次世界大战之前的几年里，大英联合王国受到了地区分隔和内战的威胁。没有一个欧洲国家完成了其资产阶级的民主形式，劳动者的运动也没有结合或是增添成为一种力量。因此，旧秩序解体所可能产生的革命后果，依旧是模糊不清。那么，一种新秩序将会是更纯粹、更激进的资本主义性质呢，还是会属于社会主义性质呢？俄国1905年至1907年的革命——它吸引了全欧洲的目光——就是这种模糊不清的典型象征，它一度是动乱，然后就是资产阶级和无产阶级难以划清界限。

上述三个同等物对解释现代主义在力量领域的出现，各自有什么样的贡献呢？简言之，可以提出以下观点：保留旧体制以及伴随它而存留的传统主义，为反对反抗性的艺术形式能够衡量自身提供了一个文化价值的批评范围，另外，据此它们也可以部分地表达自我。失去了官方的传统主义的共同对手，新的美学实践广泛的跨度就几乎不能或完全不会一致起来：它们与眼前固有的或已经神圣化了的经典之作的冲突，在它们的定义本身已经一目了然。然而，与此同时，很明显仍带有部分贵族色彩的旧秩序，给出了一套可利用的法规和资源。而作为文化、社会组织原则——这些全都被现代主义的所有类型所唾弃——的市场的破坏性同样可以对旧秩序加以抵制。高雅文化的经典作品——即使是

---

① 指从普法战争结束到第一次世界大战爆发前的一段时期，以法国社会百科繁荣及巴黎上流社会歌舞升平的生活为特征。——译者注

变了形、失去了往日的光泽——依旧保存在19世纪后期的传统主义当中，可以重新被用于现代主义，就像人们常拿许多这样的运动来反对那个时代的商业气息一样。从诸如庞德这样的意象主义者到爱德华式（Edwardian）的传统或是同样的罗马时代的田园诗，抑或后来的爱略特到但丁（Dante）或是玄学派诗人，他们之间的关系都典型地属于这种状况的一个方面；而从普鲁斯特（Proust）或缪塞尔（Musil）到法国或是奥地利的贵族所有的反讽的临近性则属于这种状况的另一个方面。

同时，对于一种不同的"现代主义的"感受力而言，一个新机器时代的能量和吸引力完全是一个强有力的想像性的刺激物：这已经在巴黎的立体派、意大利的未来主义或俄国的构成主义中足够清晰地反映出来了。然而，产生这种兴趣的条件是来自于（生成它们的社会生产关系的）技术和制造物的提炼。贴了"现代主义"标签的所有形式，都未曾欢呼过这样的资本主义。但是很显然，提出这种推断的完全可能是仍旧无法看出庐山真面目的早期的社会—经济模式，尽管它后来坚定地巩固了自身的一切。新装置和发明将引向何方，这并不明显，由此，可以这样说，从右翼到左翼两方均对它们的到来表示欢迎——如马里内蒂（Marinetti）或马雅科夫斯基（Mayakovsky）。最后，跨越这个时代界限的社会革命的朦胧难辨，给了现代主义潮流以启示之光。这些潮流在反对整个社会秩序中持续不断、狂热激进，其最有代表性的自然是德国的表现主义。因此，欧洲的现代主义在20世纪最初几年里在这样的空间中发扬光大：仍可利用的古典的过去、仍未确定的技术性的现在和无法预测的政治未来。换句话说，它兴起于下列背景的交叉之中：半贵族的统治秩序、半工业化的资本主义经济和半隐半现、时有暴动的劳工运动。

当第一次世界大战到来时，它改变了所有这些同等物，但并未消灭它们。在以后的20年里，它们生活在一种兴奋的来世当中。政体上,东欧和中欧王朝国家当然消失了,但是在战后的德国,容克阶层仍把持大权;在法国,由农民组成的激进党继续统治着第三共和国,与以前的共和国体制步调一致,没什么两样;在英国,两个传统政党中更具贵族气息的保守党,实际上消灭了它们的对手、更具资产阶级气息的自由党,继续在整个战争时期占据统治地位。社会上一种特有的上流社会的生活方式一直延续到 30 年代末,其标志——完全把它与二战后富人的存在分开了——就是雇佣仆人,这是大都市历史上最后的真正有闲阶层。英格兰实际上是这种体制最具延续性的国家,正是它后来产生了一部描述有闲阶层世界的最伟大的虚构性作品,即安东尼·鲍威尔(Anthony Powell)的《跟着时代的音乐跳舞》,这部非现代主义的作品是对其后续时代的追忆。经济上,以 20 世纪早期的新技术发明为基础的批量生产工业只在两个国家站住了脚——即魏玛时期的德国和 30 年代后期的英国,但是两国都没有普遍或大规模地注入葛兰西(Gramsci)所称的"福特制"(Fordism),而"福特制"那时在美国存在已长达 20 年之久了。就其民用工业结构和消费模式而言,欧洲在二战爆发以前整整比美国落后了大约 30 年时间。最后,当时革命的前景要比它以往的情形更接近真实——在俄国已经胜利实现的革命前景,触及了一战以后的匈牙利、意大利和德国,而在接近这一时期后期的西班牙,更是采取了一种新型的、戏剧化的直接的革命行动。正是在这样的空间范围内,总称为"现代主义的"艺术形式延续了它早期的基础,并继续显示出巨大的活力。在德国,除了在这些年出版的文学代表作(它们都是在早期的作品上培育出来的)之外,布莱希特的(Brechtian)戏剧是两次世界大战中特别令人难忘的产物。另外一个令人难忘的现象,是建筑学上现代主义运动的首次出现,这以包豪斯建筑学派(the Bauhaus)的出现为标志。第三个令人难忘的现象是在法国出现、后来事实证明是欧洲先锋派的最后一个代表：超现实主义。

是第二次世界大战——而不是第一次世界大战——破坏了上述的三种历史同等物，而且随之切断了现代主义的活力。1945年后，旧有的半贵族秩序、土地秩序及其附属物在所有的国家都被废止了，资产阶级民主最终得到了普及。某些与前资本主义的过去具有的重要联系突然中断了。与此同时，福特制蜂拥而至。批量生产与消费开始使西欧经济转向北美的轨迹、同步发展。人们再也不怀疑这种技术会巩固什么样的社会：它沉闷、稳定、完全工业化了，已经确立了资本主义的文明。弗雷德里克·詹姆逊（Fredric Jameson）在其《马克思主义与形式》中有一段精彩的段落，他捕捉到了资本主义——它曾经是衡量二三十年代现代主义梦幻般摇摆不定的潜力、新奇性的标准——之于先锋派传统的意义，真是令人佩服。詹姆逊说，"超现实主义形象，是一种震人心魄的努力，通过以猛力互相敲击对方而敲开客观宇宙的物品形式"。① 但是它成功的条件是"这些客体——作为客观机会的和超自然展示的场所——作为还没有完全工业化和体制化经济的作品是可以立即被辨别出来的，也就是说，这一时期人类作品的缘起——人类与他们所从事工作的关系——还没有完全被掩藏住；在他们的创作过程中，他们仍然显出劳工的工匠组织痕迹，而他们的分类仍由小店主的网状系统来保证……使这些作品准备接受超现实主义的心理能量特征的东西，不过是人类劳动半素描性的、不可抹掉的痕迹而已；他们仍处于静止的态势，还远未与主观相分离，因而像人身体本身一样潜在地保持着神秘性和表现力"。② 詹姆逊继续写道："为了能认识到超现实主义的客体没有痕迹地消失了，我们只需要作一番交换就可以了，把小作坊及其

---

① 《马克思主义与形式》，普林斯顿1971年，第96页。
② 同上书，第103—104页。

商店柜台的那种环境、旧货市场和街上的小摊,变成美国高速公路边的加油站、杂志上光彩夺目的照片或是某家美国杂货店的玻璃纸乐园。从今往后,在我们可能称作后工业资本主义的社会中,我们所提供的作品完全失去了深度:它们塑造的内容完全不能作为精神能量的传导器。在这类客体中投入所有的里比多从开始就被排除在外了,而且我们很可能质问我们自己:如果我们的客观宇宙今后真的不能再产生任何'易于激起人们敏感力的符号',那么,我们是否还处在一个符号比例的文化转型时期,是否还处在一个难以预料的激进型的历史间隔时期。"①

最后,革命形象或是革命希望在西方消退了。冷战的爆发和东欧的苏维埃化在整个一个历史时期抹去了推翻先进的资本主义制度的任何现实的前景。贵族政治的模糊性、墨守成规的荒唐、第一批汽车或电影的诞生所带来的快乐、一种社会主义的选择明显可见,现在都随风而逝了。现在取而代之开始盛行一种惯例性的、官僚主义的普遍的商品生产经济,在这种经济模式当中,大众消费(mass consumption)和大众文化(mass culture)实际上已成为了可互换的词汇。人们对战后先锋派的认定基本上都基于这个新颖的背景。没必要用卢卡契式的判断去断定显而易见的现象:这个时期的文学、绘画、音乐或建筑几乎没有可以与此前时代的同类相媲美的。佛朗哥·莫雷蒂(Franco Moretti)反思了他所谓的"对第一次世界大战前后文学经典异乎寻常的关注",他在最近出版的《奇迹的标志》一书中写道:"所以异乎寻常是因为作家人才济济,哪怕是最粗略的统计也足以令人称奇〔乔伊斯(Joyce)和瓦莱里(Valery),里尔克(Rilke)与卡夫卡(Kafka),斯维沃(Svevo)与普鲁斯特(PrOUSt),霍夫曼斯塔尔(Hofmannsthal)与缪西尔(Musil),阿波里耐(Apollinaire)

---

① 《马克思主义与形式》,普林斯顿1971年,第105页。

与马雅科夫斯基（Mayakovsky）]，但令人感到更加异乎寻常的是，丰富多彩的文学作品（在迄今半个世纪之后的今天，这一点已经是清楚明了的了）构成了西方文化最后的文学季节。在几年的时间里，欧洲文学达到了巅峰状态、似乎处于开垦新的、无垠的水平线的边缘上；然而它消亡了，空留下一些孤独的冰山，还有众多的东施效颦者，就是没有什么可与过去相提并论的。"① 在把这个判断概括到其他艺术上时，这种说法有些夸张，但是——啊——并不过分。就个人而言，个别的作家或画家、建筑师或音乐家，当然在二战后创作了重要的作品，但是几乎没有或是再也没有达到20世纪最初20年或30年代那样的高峰期。在超现实主义之后，具有集体效应、跨越多种艺术形式的、新的美学运动再也没有出现过。仅只是在绘画或雕刻上，专业学派和口号相互衔接、快速更迭：但在抽象的表现主义以后——这是西方最后的、真正的先锋派——它们大部分都成了美术馆的工具，定时推出新时尚，成为季节性商业展出的材料，与时装表演并列在一起，完全变成了在这些特殊的领域内，符合"原创"作品之非再现性特色的一种经济模式。

然而恰恰在当时，20世纪早期创作出的经典艺术消亡了，而现代主义的思想和时尚应运而生。现代主义的观念本身广泛地流行，它并不比50年代的观念陈旧。它预示着在先进的资本主义体制与机制和先进艺术的实践与纲领之间紧张关系全面地土崩瓦解了，就像一方合并另一方作为它偶尔的装饰[aal]或是娱乐，或者就是慈善性的荣誉之举。而这一时期仅有的例外则说明了规则的威力。60年代让-吕克·戈达尔（Jean—Luc Godard）的电影也许是这方面最恰当、最突出的例子。由于第四共和国推迟过渡到第五共和国，而农业的、褊狭的法国忽然一夜之间被一

---

① 《奇迹的标志》，伦敦1983年，第209页。

种戴高乐主义的工业化所转变，挪用了最新的国际技术，这很像早期的危机时刻所出现的一种短暂的余晖夕照重新焕发了青春，而当时曾经产生了众多的本世纪一流的、革新的艺术。戈达德的电影以自己的方式具有我们前面描述过的所有三个同等物的特征。它回溯到了高雅文化的过去，总是引经据典、引喻不断，颇有艾略特的风格；在汽车上或是飞机上出现了言辞暧昧的主持弥撒的神父，带着照相机与卡宾枪，具有莱热（Leger）的风格；期待来自东方的革命的暴风雨，很像奈泽（Nizan）的风格。法国1968年5月至6月出现的风暴终结了这种艺术形式的历史的合法性存在。雷吉斯·德布雷（Regis Debray）后来在事件过后讽刺性地描述了当年的经历，称之为做了一次中国之行——就像哥伦布的航海一样——仅仅发现了美国，而最重要的是，在加利福尼亚上了岸。其实，那不过是一次社会和文化的动乱，错把自己当成了中国的文化大革命在法国的翻版，而事实上，当时的"五月风暴"只不过标志着法国期待已久的一种随意的、保护用户利益主义（consumerism）的到来。但恰恰是这种模棱两可的意义——它实际上是一种门户开放，在这里，未来的状况可以两者择一：要么是一种新型的资本主义，要么是爆发社会主义——构成了已经被称作是现代主义艺术的最初的感受力。因此，在戈达德的电影或是其他艺术种类中，现代主义没有在随后的蓬皮杜联合政权中生存下来就不足为怪了。然而，人们也可以说：恰恰相反，能够标志西方当代艺术家的典型境遇的闭关自守：在一个没完没了、循环往复的现在，它既没有一个合适的过去，也没有可以用来想像的未来。

很显然，这不是第三世界的真相。伯曼列举了众多的例子，都是他认为我们时代所取得的伟大的现代主义的成就，值得注意的是，这些例子来源于拉丁美洲文学。一般而言，在第三世界，某种一度流行于第一世界的阴影轮廓在今天仍旧存在。前资本主义各式各样寡头政治的统治者大都拥有土地，他们遍布第三世界；而在这些地区，资本主义的发展突飞猛进、充满活力，其发展速度远比大都市地区要快得多。但另一方面，它又既不稳定也不巩固；社会革命萦绕在这些社会的上空，似乎随时都可能发生，人们可能已经意识到了是哪些国家——古巴或尼加拉瓜、安哥拉或越南。这些都是最近几年产生了真正的一流作品的先决条件，如哥伦比亚的加西亚·马尔克斯（Gabriel Garcia Marquez）的代表作《百年孤独》、印度的萨尔曼·拉什迪（Salman Rushdie）的小说《午夜的孩子》，还有来自土耳其的伊尔米兹·冈尼（Yilmiz Guney）的电影《哟》，而它们恰与伯曼的划分范畴相一致。然而，这类作品并不都是曾经扩展的现代化进程的永恒的表达形式，他们只不过出现在了划定范围的星座之中，出现在仍旧处于特定的历史关口的社会当中。第三世界并没有给现代主义提供使之永葆青春的源泉。

到目前我们已经了解了伯曼的两个重要概念——现代化和现代主义，现在让我们来探讨一下联结这两者的术语：现代性。人们将会记得，现代性被定义为是在引发了现代主义的现代化内所经历的体验。这种体验是什么呢？伯曼认为，它主要是一种无约束力的自我发展的主观历程，作为传统的习俗障碍或角色障碍分崩离析了——这样的体验必然存在于解放与考验、得意与绝望、恐惧与欢欣之中。正是这种不停发展的冲击力，走向了未知的心理新领域，而这种未知的心理新领域确保了现代主义在世界范围内的历史连续性；但也正是这种冲击力，似乎事先淡化了共产主义制度下的道德或是体制的稳定性的所有前景，的确，也许根本就不允许共产主义所必需的文化内聚力的存在，从而在词汇上给它以某种自相矛盾的东西。我们应该就这个论点作何解释呢？

要搞清楚这个问题，我们需要自问：伯曼的那种完全无拘无束、充满活力的自我发展的洞见究竟来自何处？他的第一部著作

《真实性的政治》——它包含了两种研究：孟德斯鸠研究和卢梭研究——为此提供了答案。从根本上说，自我发展的观点来自于卢梭的人性概念，伯曼在其著作的副标题中正确地指明它是一种"激进的个人主义"。伯曼对卢梭思想逻辑轨道的分析绝妙无比，他是在寻求与贯穿了前后作品的这个观念的矛盾结果中进行论争的。但就我们的主旨来说，关键点在下面。伯曼展示了他归之于马克思的反论同样存在于卢梭之中：如果不受限制的自我发展是所有人的目标，那么社会怎么可能出现？对卢梭而言，答案是这样的（让我们使用伯曼引用卢梭的话吧）："人类的爱源于爱自己"——"把对自己的爱延伸到了他人的身上，它就变成了美德。"① 伯曼评论道："是自我延伸之路而非自我压抑之路把人类领进了美德的宫殿之中……随着每个人学会表达自己与开放自我，他认同他人的能力就会得以发展，他对他人的同情心与爱心也会有所加深。"② 这里的要点一清二楚：首先是个人发展自己，然后是自我可以进入与他人相互满意的关系之中——而这种关系是建立在自我认同的基础上的。卢梭在建构某种自由社会时曾试图——用他自己的语言——从"人"转化到"市民"。而伯曼的推论也遇到了同样的难题，但他对此作了精彩的论述。然而，引人注目的是，伯曼自己无处否认他所展示的困境的出发点。恰恰相反，他下结论时说："19世纪的社会主义和无政府主义的计划、20世纪福利国家和当代新左派的计划，都可以被看作是孟德斯鸠和卢梭打下基础的思想结构的进一步发展。而这些大相径庭的运动的一个共同点是，它们对即将到来的重大的政治任务所作的阐释方式是相同的：都使现代自由社会恪守它所做出的承诺，去改革它——或使之革命化——为的是实现现代自由主义自

---

① 《真实性的政治》，纽约1970年，第181页。
② 同上书，第181页。

身的理想。两个世纪前孟德斯鸠和卢梭提出的激进自由主义的议事日程至今悬而未决。"① 同样在《一切固定的东西都烟消云散》中，伯曼提到了"成为马克思的共产主义基础的个人主义的深度"②——这个深度（他在以后的著述中对此继续予以关注）必定包括一种激进的虚无主义的可能性。

然而，如果我们回过头再来看马克思的原文的话，就会发现一个完全不同的关于人类现实的概念在起作用。在这里，自我从一开始并不是在它与他人的关系之前而是由他与其他人的关系所构成的：女人和男人都是社会个体，他们的社会性并不是后来才有的，而是与他们的个性同时产生的。马克思写道，毕竟"只有在社会中与其他人在一起，个人才会有全面磨炼其才能的手段：因此，只有在社会中才谈得上个人自由"。③ 伯曼引用了这句话，但他明显没有看出它的后果。如果自我的发展天生就与他人的关系交迭在一起，那么它的发展（在伯曼想像出的）在单子论的意义上就永远不可能是一种无拘无束的动力：因为与他人共存总会有界限，没有界限，发展本身就不会发生。这就是伯曼的基本原理，而对马克思来说，它在措词上是自相矛盾的。

对此的另外一种说法是，伯曼——当然还有许多其他人——并没有看到马克思掌握了一个人类本质的概念，这个人类本质排除了他所假想的无限本体论的可塑性。假使其是在众多标准观点（人类的本质是什么）的对立面从而具有反动性质的话，这个观点听上去好像令人极为反感。但是，这是个简单的、语文学上的真实，只要粗略地检视一下马克思的作品就可以搞清楚，而诺曼·吉纳斯（Norman Genas）的新著《马克思与人性——对一

---

① 《真实性的政治》，纽约 1970 年，第 317 页。
② ASMA，第 128 页。
③ 《德意志意识形态》，伦敦 1970 年，第 83 页；ASMA 中的引述，第 97 页。

种传说的驳斥》也是无可辩驳的。① 对于马克思来说，人类的本质包括一系列的基本需求、能力和气质——他在《纲要》中、在他论述封建主义、资本主义和共产主义制度中的人类的可能性的著名篇章中，提到了 Bedurfnisse（需求）、Fahigkeiten（能力）、Krafee（力量）、Anlagen（天资）——所有这些都可以扩大、发展，但不能被抹掉或被代替。自我的发展完全是摇摆的、虚无的朝向一种无拘无束的发展，这种观点纯粹是一种幻想。而且，如果人类具有共同的本质，真正的"每个人的自由发展"才能够在"全体的自由发展"过程的前提下得以实现。在伯曼所依据的《纲要》的那几页里，马克思毫不含糊地谈到了"人类对自然力控制的全面发展——包括他自己的本质"，还谈到了"详细阐述人类的创造性的倾向"，在这种创造性的倾向中，"个人的普遍性……就是他的真实与理想关系的普遍性"。② 伯曼不知道共产主义是否表现出的内聚力与稳定性，对马克思来说，恰恰存在于最终要获得解放的人类的本质上，这是一种远离任何无形欲望潮流的本质。尽管其言语丰富有力，伯曼对马克思的洞察力，在对自我释放的特别的强调上，他令人不安地接近于——虽然它的语调激进、正派——自恋文化的假想。

作一下总结：这把革命引向何方呢？伯曼在这儿的回答前后衔接一致。在他看来，革命的概念在其持续期间加以扩大了，对于今天的众多左派阵营的其他人来说，他们也是这么认为的。实际上，资本主义在我们现行的生活状况下已经给我们带来了不断的剧变，在这个意义上说就是——像伯曼所阐述的——一场"永久性的革命"：它迫使"现代的男男女女"去"学会渴求变化：不仅仅是在他们的个人生活和社会生活中迎接变化，而且要

---

① 见诺曼·吉纳斯《马克思与人性——对一种传说的驳斥》，伦敦 1983 年。
② 见《纲要》，第 387、440 页。

主动去要求变化、积极寻求变化并将变化持续到底。他们必须学会不去怀旧似地渴望真实的或幻想的历史之'固定、速冻关系'，而是要学会在他们的生活状况下和在与他们同伴的关系中，为流动而欢喜、为复兴而兴旺、盼望未来的发展"。[1] 社会主义的到来不会中断或阻止这个进程，恰恰相反，它极大地加速和推广了这个进程。这里，60年代激进主义的回响在此是准确无误的。这些概念的诱惑力已经证明是甚为广泛的。但事实上，无论同严格意义上的历史唯物主义的理论相比，还是同无论怎样理论化的历史本身的记载相比，他们都是无可比拟的。

革命是一个意义精确的词汇：来自下层的力量在政治上推翻了国家秩序，使之被另一种秩序所代替。无论是靠跨越时间淡化的方式，还是靠跨越社会空间扩展到各个部门的方式，你都什么也得不到。首先，它从简单的改革变得毫无特征可言——政治变革，无论它是循序渐进或是零敲碎打，比如在现代的欧洲共产主义的话语中或者社会民主的同源词的变体中所表达的那样。其次，它缩小到仅只是一个隐喻——一个可以缩减到只是一个假想的精神转化或道德转化的隐喻，就像毛主义（Maoism）的意识形态及其"文化大革命"的宣言一样。有必要坚持认为，革命是一个点状而非持久的过程，应该反对对革命词义的不起眼的贬低，也反对它们所带来的响应的政治结果。这就是说：一场革命就是震撼人心的政治变革的一个插曲，时间紧迫、目标明确，当旧的国家机器仍然完整无损的时候，它有着明确的开始，而当旧的国家机器被粉碎、新的国家机器初具规模的时候，它有一个限定的结尾。使（创造了真正后资本主义民主的）一场社会主义革命不同寻常的特点是，新的国家会真正具有过渡性，它会转到本身自我分解的通行的界限内，

---

[1] 见 ASMA，第95—96页。

然后转入整个社会的有机生活之中。

在当今发达的资本主义世界，表面上缺少类似的一种近似的甚或是远距离见识的前景——很显然，消费资本主义的帝国现状缺乏想像的选择余地——这妨碍了（任何与20世纪前30年的伟大美学发现相媲美的）深层次的文化革新的可能性。葛兰西的话依旧有道理，他写道："危机包含了这样确切的事实，即旧的正在灭亡，而新的无法诞生；在这种空白期，各种各样不健康的现象从此滋生。"① 然而，人们有理由询问：是否可以提前预测这"新的"究竟是什么吗？也许有一样东西是可以预测的。现代主义的概念是所有文化范畴里最空洞无物的。同哥特式、文艺复兴、巴罗克风格、风格主义、罗曼蒂克或者新古典主义完全不同，现代主义在自己的范畴之内根本就没有可明确描绘的对象：它完全缺少确切的内容。实际上，正如我们所见，在现代主义的标签下是丰富多彩、风格各异的——实际是互不相容的——美学实践：象征主义、构成主义、表现主义、超现实主义。它们确实阐明了特殊的纲要，且统一在多性质的概念之中，其惟一的所指就是空白的时间通道本身。从字面意义上讲，没有其他任何美学标志是如此空白、如此空缺。曾经的时尚很快就销声匿迹了。从目前新发明的一个词汇"后现代主义"——它试图固守现代主义的残骸，同时又顺水漂流、游移于现代主义之外——中，可以明显看到现代主义的无效性及其与之相随的意识形态。现代主义流派一个比一个无用，沦落到自我标榜、成为一连串的年表。如果我们问自己，革命（理解为同资本秩序的点状的断裂）和现代主义（理解为上述短暂的、无益的潮流）究竟有什么关系，答案是：革命肯定要终止现代主义。因为真正的社会主义文化应

---

① 见安冬尼奥·葛兰西《狱中笔记选》，昆廷·霍尔与杰弗里·诺埃尔—史密斯编，伦敦1972年，第276页。

该是这样的一种文化,它决不贪得无厌地寻求新的东西——所谓新的东西是指后来存留下来、又很快表明自己抵押给了旧的残渣碎砾的东西,它要寻求的是一种增大了差异、以前没有出现过的更加多种多样的、并存的风格和实践:那会创立一种多样性,这种多样性是建立在更大程度上的多元化、生活方式复杂化的基础上,在这里,自由的社会完全平等,人们不再以阶级、种族或是性别来划分高低。换言之,艺术生活的轴心就此将平行发展而不是垂直发展,时间表不再主宰艺术意识或是使之有机化。在这个意义上,革命的使命就既不再是"延长"也不是"完成"现代性,而是取缔它。

附　　录

"现代性"和"革命"这两个词看起来有共性。现代的东西比继承的东西新颖:革命的东西要比推翻的东西更先进——一方是"传统",另一方是"消遣"。这两个概念之间的联系在于一个进步运动的共同启示,它们分别以不同的方式体现了这种启示。这种关系的最著名的象征是近似于艺术和政治"先锋"的观点。这些概念在20世纪初期巴黎的艺术世界和俄国革命运动中得以独立发展,它们曾几何时甚至联合起来自我命名为"超现实主义",试图同时站在文化和政治变革——当时在某种程度上消除了这两者的区别——的最前哨。在第二次世界大战后,当超现实主义已经消亡时,"现代主义的革命"和"现代性的革命"变成了西方词汇里的标准词语。

然而,应该同样重视"现代性"和"革命"概念之间毫无联系的一面。这两个词汇并不是同时问世的。"革命"一词——其原始意义是星球沿轨道运动或命运之轮——的首次使用是在17世纪的晚期,意指在政治上推翻国家的基本结构,然后以新的秩序取而代之。在英国专制主义的古代政体历史上第一次、也是真正没有取得成功的内乱——即1640年爆发的内战——在当时仍简单地被称作是"伟大的反抗"。而到了1688年,成功的反抗获得了一个永久的命名——为了那些发动这场反抗的英国地主和商人们——"光荣的革命"。到18世纪,所有人——甚至到最后连路易十六本人——都知道1789年的事件应该被怎样定名:不是暴动,陛下,而是一场革命。但另一方面,"现代性"(modernity)和"现代化"(modernization)——区别于简单地用"现代"(modern)对应"古代"(ancient),它只不过是"当代的"(contemporary)或"最近的"(recent)的意思——是19世纪中期的新生词。它们不是资产阶级政治解放的规划——自由、平等、博爱的理想——的产物,而是其后资本主义社会—经济转型的影响的产物,那就是:一言以蔽之,向着工业化和机械化无情地进军。

从语文学角度分析上述词汇的用法,可以看出在后来的"现代性"和"革命"这两个概念之间在20世纪产生了重要的分歧。它们对暂存性(temporality)的理解是完全不同的。"现代性"的特定时间是延续的、全方位的,像工业化进程本身一样:最大限度地扩展,完全是时代本身的全部。另一方面,"革命"的时间则是非延续的、划定界限的:是在已确立秩序的再生成过程中的有限的决裂,从概念上看,它始于一个危机时刻同时也止于另一个危机时刻。对英国资产阶级而言,1688年"革命"的"光荣"之处,首要的在于暴动的速度和定局,以及最终事件的圆满解决。这个区别同时也在语言的习惯中有所反映。在20世纪,人们可以无拘无束地谈论现代主义——说它是现代性永不停息的体验的一个普通的艺术表达方式;而与此同时,革命的体验却无法产生语义上的对等词语——"革命主义"一词,很简单,在伟大革命的词汇中只有非常可笑的意义,表示空洞的修辞和词语组合而已。因此,"革命"和"现代性"两者的观念历来被视为来自对立面的重要概念而具有威胁性。现代性的含义广泛,因此总是有被淡化、流于庸俗的危险。倘若现代(modern)仅仅是个新词,时间又能保证它的进程,那么,最近或当前的体验都已取得相等的合法性和相同的意义。一种深深的消极状态和尊奉主义仍残留在角落抱残守缺。相比较而言,革命的含义很深刻。它所遭遇的危险不是意义的消解而是承担超负荷的意义。就是说,作为社会变化的主要政治障碍,推翻已经建立的国家机器的明确行为,负载了对价值的全面重新评价的启示意义,在这种全面评价中,所有历史的终极目的成了人们关注的焦点。在这种观念下,能动主义变成了唯意志论,唯意志论变成了救世主论。"现代性"和"革命"两者意义的扩充最终导致趋向了完全相反的方向。但是,值得注意的是,在欧洲思想家沃尔特·本杰明(Walter Benjamin)的著作中,这两者又可以相互替代,变成了一个奇怪的混合词。本杰明比任何思想家都更加努力地要把"现代性"与"革命"的主旨结合到一起。他使用的概念(Jetztzeit)把新秩序的延续的流动性(这是现代的标志)与介入其中的救世主的理想化的冲击波(这是革命的信号)这两个跨度极大的概念结合在了一起。本杰明在30年代末所撰写的《历史哲学》交织着对现代主义的警觉与太平盛世的期望,并没有详尽地论述"现代性"与"革命"的丰富的内涵。今天,知识环境已经大大不同于本杰明的时代。现代性和革命的观念都受到了普遍地攻击,但程度不尽相同。西方对政治和社会革命观念的拒斥,要早于更近期的对现代性的质疑,而且其态度更专制。但这两种现象是紧密联系在一起的。在这方面,其领衔人物是"后现代性"的当代预言家、法国的理论家让-弗朗索瓦·利奥塔(Jean-Francois Lyotard)。利奥塔原本是极左集团"社会主义或野蛮"的斗士,毕生从事自由意志论的社会主义革命目的的研究,后来成为法国五月风暴的先驱者和大力支持者。70年代晚期，他对吉斯卡尔·德斯坦（Giscard d'Estaing）的保守主义原则表示欢迎，认为它可以作为抵抗共产主义威胁的一个障碍。今天，他又是密特朗（Mitterrand）政体下的文化机构的代言人。对革命的否定为废除已受到污染的现代性——在利奥塔看来是这样——铺平了道路。那么，这个后现代的理论家又是怎样定义现代性的呢？

首先，是寻求使历史概念化、使之成为一种发展进程的叙事性结构。自然，其中最重要的是马克思主义。对利奥塔来说，这种叙事带有一种普遍主题和预定目标的设想——即人性及其最终的解放。从哲学上讲，它们的对应物是个体同一性（它坚持和恢复甚至是最极端的精神骚动和分裂）的前提。现代主义美学上的这种同一性的相互关联，是意义的幻觉和再现的余渣。同样，现代科学想像着有一个总体的科学探讨逻辑，包括研究的一般规则和最终协定的共同目标。上述所有这些正在消失的现代性的定型，都遭到（紧随其后的）惊人条件之裁决的谴责——历史没有叙事；个体没有同一性；话语没有意义；艺术没有再现；科学没有真实。利奥塔提议玩弄无限的语言游戏、互不相容的概念阶段的谬论、见不得人的含沙射影、缩小历史，还有——最重要的——减少力比多到来那一瞬间难以名状的狂热，据此替代上述内容。这样，最后剩下的就只有独断者和后现代的存在了。从政治上看，这种贬低的狂喜的结局显然已足够了。任何其他的事情都可能消失，在后现代主义的搅拌器中挥发掉，可是资本主义却像它的动能学的发动机一样完好无缺。"资产阶级是享乐阶级"——这是利奥塔的训诫①——是狄俄尼索斯（Dionysu）在迪斯尼乐园的标语。从智性上讲，对现代性的这种批评是微不足

---

① 让－弗朗索瓦·利奥塔：《力比多经济学》，巴黎1974年，第117页。

道的。元叙事（meta-narrative）中没有什么像所谓"后现代状况"那样更彻底或是更有思辨性。其中有一个肯定不在我们探讨范围之内的特点是作者本人的，他随时准备声明他的意思没有被正确地理解，同时又随时准备好在图片或电视上露面。人们总在说现代性出现了危机、后现代已经到来。但这些特别声明永远是那么软弱无力，这在他们试图隐身于现代主义显赫的声名之下完全可以看出来，最后，后现代主义要么以先期条件要么以已经完成的面目出现，因此给了它一张多余的证书。

马歇尔·伯曼在《一切固定的东西都烟消云散》中对现代性的探讨，在精神和物质上恰恰是与上述后现代性的寄生性构建相对立。伯曼的中心思想是资本主义的社会——经济发展——自19世纪以降的一切都可以被指称为"现代化"——与个体自我发展（马克思在《纲要》中认为，这是衡量真正现代性的标准）之间的结合。马克思说，个体自我发展把"导致人类权力发展的创造性潜力作为一种绝对的计算方法，以此作为本身的限度"，比如说人"奋斗并不是为了维持他已经具有的品质，而纯粹是处于成长的运动过程之中"。马克思写到，在资本主义生产时代，"这种对人类能量的圆满的计算方法是以一种空洞无物、完全异化的面目出现的"，与之相对，可能出现的是"古代幼稚的世界"——也的确如此——"在所有事情上显得更高傲，在此人们寻找的是封闭的形状、形式或给定的限制"。可是这种前现代性（pre-modernity）只能"从有限的立场提供满足"。相比之下，"现代社会没有提供满足；或者它表现出对自己满意的地方，其实很平庸"[1]。面对那个异常现代化的不满足（dissatisfaction）的壮观场面，伯曼的著作对此作了持续不断的辩护和描述，并且在后来的现代派艺术形式那里找到了对应的表现内容。

---

[1] 《纲要》，第 387—388 页。

伯曼把这个现代性的基本特点定义为，在资本主义现代化的漩涡中，由传统的、惯例的生活方式之毁灭所带来的个人解放和迷失方向、兴奋和苦恼的一种同时体验——这是同时感受到解放和危害的自我感觉，既没有前资本主义社会秩序的压制，也没有它所提供的安全保证。现代主义是在美学上捕捉到了现代性体验的这种基本的模棱两可、意义不明的解释。正如伯曼所说，自波德莱尔以来的艺术家都既是现代生活的"敌人"、又是现代生活的"热心人"，在现代生活里，所有坚固的——再次这样保证——都挥发到了空气中。

人们可以看到，从歌德、马克思、波德莱尔到陀斯妥耶夫斯基和曼德尔斯特姆，再到罗伯特·摩西（Robert Moses），伯曼对现代主义的叙述忽略了后现代主义意识形态的所有禁令，他还特意在结论处加以否定。其作品产生了一种强大的历史叙事，它本身建立在有古典特色的一系列的艺术作品之上，其目的不是要抽象的取消个人的身份，而是为了追溯（在巨大的非个人力量——把它从习俗的系泊处挪走——之中以及贯穿始终的）深远的社会改革。伯曼的洞察力来自于深远的想像力，它抓住了成千上万人们被——并且继续被——投入到资本主义工业化、甚至现在的非工业化（de-industrialization）的漩涡时，他们生活所发生的实质性变化。它绝不仅仅是一种智性的构建，或多或少肤浅地与历史上的美学拖网（trawl）相比照。政治上也是同样，它呼吸到的是未来各种各样可能性的无畏的宽厚和信心，对后现代的特殊话语的存在没有任何讨好的迹象。

然而，我认为，伯曼的著作里有个尚没有解决的张力问题。他认为，产生了现代主义经典之作的现代性体验今天还在不断地延续。那么，它是否还会继续再产生相对当代的现代主义吗？在这里，他显得犹豫不决。一方面，他暗示它会——我们现在并不缺乏完全等同于19世纪和20世纪早期的想像性作品。另一方面，他坚持强调怀念古典现代主义的重要性，目的是为了在今天恢复更广泛的文化活力（除了一些孤立的例子以外）。正如现代主义从来没有单方面地与它先前的传统割裂开来一样，当代的现代主义也不能背离它的前辈——如后现代主义的话语会要求我们做的那样：在宣告全新的感觉和纪元的时候，明确地表明了对过去的冷漠态度。伯曼强调的这个观点不大容易同他前面的观点一致起来。现代主义是有待恢复的传统——因此在某种程度上是被暂时错置或者忘却——还是一种源泉，从当代普通生活的根源时常更新自我？

我本人倾向于这些立场中前者的观点，可是不同之处在于，我认为很难相信古典现代主义能够被恢复，因为看起来它很像是特殊的历史时刻的产品，这个历史时刻从美好时代（Belle Epoque）到第二次世界大战为止，现在进入到了大都会的世界——即使在今天的不发达国家都可以找到它的翻版。另一方面，它也不能轻易地强调说，继西方古典现代主义之后的独特的艺术完全可以同它的活力和高度相媲美——且不说某些总体水准高（拥有更高的历史、哲学、科学和政治的形式）的文化已经出现了。恰恰相反：以1900年至1945年期间的水平判断，最后10年应当被看作发达资本主义国家的黄铜器时代——只要人们不忘记，这样的判断并没有把世界各地的艺术高峰排除在外就行了。这种相对的停滞——或许只是短暂的停顿——可能会反过来令人联想到一个障碍，即西方基本社会变革所带来的希望或者恐惧。

马歇尔·伯曼对这种批评予以了有力的批驳。① 他回答的内容是双重的。为什么革命梦想的失望应该谴责艺术家，使之保持沉默？法国大革命的失败终究没有宣告浪漫主义高潮的到来吗？

---

① 《街头的象征：对佩里·安德森的一个回答》，见《新左派评论》144期，1984年3—4月号，第114—123页。

与此同时,对当代主流文化的任何折扣(以更好的历史的名义,带着某种令人熟悉的优越感)——不是更适合于右翼而不是左翼吗?既然现代性的基本的社会和存在主义的体验(如马克思或波德莱尔所描述的那样)仍然明显地在持续着,那么,作为对此创造性回应的现代主义不是同样应该坚持吗?伯曼贴切地评论道,同日常生活的实质和潮流失去联系是知识分子的一种职业障碍。可是如果我们关注它——他就是这样,在纽约有诸多的生动活泼的快照——而不是徒劳地寻找已经失去的代表作或仅仅是留恋革命,那么,我们就会发现,根本就没有理由过早地为现代主义书写讣告。"生活是狂暴的,"伯曼写道,"可是人们并没有放弃:现代性依然富有活力和生命力。"①

这个回应的威力是不可否认的——像伯曼写的大多数作品一样,他的回应生动而有说服力。特别是,他的观点引起了一种对所有文化来自时间的反作用持完全可以理解的、充满敬意的态度的共鸣,这一点在左派那里有特别强烈的感受。我们都只有一次生命,有可能有一套直接与此相关的文化体验。如果我们不欣赏其中的一个,难道我们就一定不能贬低另一个吗?在对一个人所处时代的集体性的自我表述所做出的局限性的判断上,出现了某种固有残缺的、自我表现毁灭的东西。但对于这种本能反对意见的所有威力来说,社会主义者能够并且应该在这里作出某种区分。伯曼没有考虑历史时机,而是强调了人类创造力本身不尽的源泉,这是完全正确的。如果有什么的话,他也可能早已不自觉地倾向于在《一切固定的东西都烟消云散》一书中不予充分地论述这些问题。在书中,所有自然人性的概念本身通常都被分解了。但是,这种创造性潜能在不同的社会和时代会有极其不同的

---

① 《街头的象征:对佩里·安德森的一个回答》,见《新左派评论》第144期,1984年3—4月号,第121页。

实现（realization）状况。从极简单、最日常的层次上说，在团结和友爱的直接关系上塑造生活的能力，在历史上并没有平等地被加以分配。第三帝国就不像第二帝国那样会允许这么多的机会，这里仅举一个暴虐的阶级力量的两种形式为例——就像最近史诗性的德国电影《故乡》提醒我们的那样，即使处在纳粹的统治之下，体面的、有尊严的、毫无政治性可言的生活也是能够实现的。里根执政时期的美国充满暴行和剥削，仍允许更多的空间去从事那种实现的工作——这对我来说，好像就是伯曼在他的纽约快像中所显示的内容。当代瑞典人将会再提供同等质量的更多的内容。

艺术创作的历史条件与那些少量的大众完成的艺术是不相一致的。一个必须公诸于众，而另一个则可以为私人所拥有。最重要的是，在划分阶级的社会里，劳动的分工把大范围的艺术形式的产生——它们要求最专业化的技巧性——特别限制到了全体人之中一个相对狭小、赋有特权的人员集结区。从这种意义上来讲，没有必要把大众的体验转换为艺术创作。当伯曼辩论说，因为"人们并没有放弃"，"现代性依然富有活力和生命力"，那就没有必要继续说，此后的现代主义依旧一切都好——就像他自己有时承认的那样。文化活力的社会根源各不相同，常常是不可思议的——尽管我们必须认为，它们最终并不是不可辨认的。但是我们应该根据一个又一个时机、一个又一个国家的不同情况作不同的探索。那就是在20世纪更加细致地讨论现代主义的根源显得合情合理的原因。通过限制生成更具体的种类的"现代性"，我们也许还可以看出为什么它以后衰落了。持衰落态度的判断几乎不能被认为是含有诽谤性的。对一个人自己所处时代的依恋从人性的角度讲是可以理解的，从政治角度来讲，是与每一个人想改变它的动机不可分割的。因此，不足为奇，战后最伟大的保守主义政治家夏尔·戴高乐（Charles de Gaulle）表达了他的矛盾心理。他是想像力以许多方式深深植根于历史的一个人。他说：结婚是需要时光的——即使这是一个婚姻的隐喻，也并不完全使人愉悦，但毕竟表达了他的心声。但是从文化的角度讲，可能有更多的分离。没有人会怀疑19世纪的英国绘画大概与法国绘画比起来数量又少、又平庸，或者西班牙哲学无法与德国哲学相提并论，也不会有人对这些论点感到大惊小怪。也很少有人会就公元1世纪的罗马文人比第3世纪的高贵、公元6世纪的希腊雕塑根本不如第四世纪的发达这样的问题提出质疑。这种对比——无论是跨国度的还是纵穿各个时期——都是艺术发展史上的一般现时性：这不仅很自然，也是不可避免的，如果要人类来书写的话。所以我们根本没有理由把以前的艺术排除出20世纪。

最后，政治暴动再次与艺术表现或是私人生活体验区别开来，它是人类潜能得以实现的一个记录。像1789年或1919年的那一代人所发现的那样，在被反革命势力统治着的世界里，革命进程不会给革命的参加者自动带来胜利。另一方面，它们自身也不会产生伟大的艺术——有着神圣同盟和三国协约这样的背景环境是极为不利的。更通俗地说吧，这些伟大的艺术产生之前，首先要有主要的美学流派或发现者，还要经历反反复复痛苦的考验——如：法国的大卫（David）和布耶（Boullee）、俄国的马尔维奇（Malevich）和利希茨基（Lissitsky），或许还有西班牙的马沙朵（Machado）和拉卡（Larca）。但是上述两者的时代根本不相同。安东尼奥·葛兰西警告说："思维方式的变化并非通过迅猛的、同时并存的、概括性的剧变而产生"，而且在一场革命巨变中"政治激情的剧变"也不应该"与循序渐进的文化转型混为一谈"。如果在现代性和革命的节奏与本质之间有这样一个基本的断裂，那么，在20世纪现代性与革命两者之间存在着什么联系呢？

现代主义作为一套复杂的美学实践最初主要出现于1900年

前后（尽管50年后才被人接受），但它毕竟是社会的一种历史性不稳定的形式和一个未决时代的产物，在这个时期中，各种各样的前景和可能性急剧地变化着——其中，突出的但并非孤立的便是社会主义革命。这种环绕的并且持久的不确定性对后来被称之为现代主义的事物来说是基本要素。由于第二次世界大战，西方已经进入到了一个完全相反的星座之中。除了60年代末出现了强烈而短暂的社会骚动外，主要工业国的所有基本的体制依旧未变，资本主义已经抛锚于自由民主和消费繁荣的结构之中——无论它有多么不完整和不完美，开始形成一种它在1945年以前几乎从未有过的自我再生秩序。所有未来还可能有另外的选择这些曾广为流传的感觉已经消失：今天人们大概能感觉到的惟一一点就是核战争，准确地讲，把它作为背景是不适宜的。就是在这种背景下，古典现代主义——正如可能已被推测过的那样——逐渐衰退了。这并不意味着在资本主义的中心地带，早已进入长期常规化的政治、经济状况的社会发现自身处于同一形势之下。很明显，像今天的土耳其或巴西那样多样化的国家——在那里，在一个短暂的历史时机之前、在众多的较差选择中，宪法民主本身是它们未来惟一可能的选择，而福特制仍然极不稳定、充满危险——情况并非如此。在那里，人们对艺术和社会秩序之间的关系同样很不相同。甚至在当今的资本主义中心国家，现代主义的流逝并不因此意味着，一种对抗性文化的所有源泉已经干涸。至少随着仍在进行的性别劳动分工的逐渐转变，西方大部分稳定的国家里发生了一次重大的变革，妇女解放运动已经——首先在美国——产生出了自己艺术的新的范畴，其中一些应归功于现代主义传统，另一些则相反。女权主义作家当然产生了他们自己的、新的美学种类。

但是，我们仍然与20世纪早期的现代主义聚集的高峰期有一定距离。在此间隔时间，这些社会之中的资本与文化的关系已经被转换,艺术与商业、公众的关键距离已大大缩短,固定秩序的吸收和腐化的能力也令人眩晕地天天增加了。在这些情况下,标志着现代主义艺术的所有概念性的、美学的突破都再难想像了,因为零碎的成就和个人的创新很快被再循环回到(靠它们过活的)官方的庆典当中去了。后现代主义的某种意识形态从那个必要性中创造了一种虚假的美德,进而赞扬所有的赝品和(作为那一个时代的解放精神的)适时的折衷主义。利奥波德·兰克(Leopold Ranke)喜欢说,每一时代都同样靠近上帝。准确地说,那又是一个社会主义者一定反对的观点,因为一种必然的文化相对主义一定很保守。如果所有文化在原则上一样有价值——如列维·斯特劳斯(Levi-Strauss)曾断言的那样——那为什么还要为一个更好的文化去奋斗呢?现代性的能量——它生成于资本主义——现在更落于资本主义的圈套并深受其害。这是为了真诚要在这个世界秩序之外留出一条希望通道的另外一个原因。这条通道在其有限范围之内,被清醒地理解为是一种激进的政治——而不是形而上学的——转换。

(郝素玲　杨建玫　译　郭英剑　校)

第三章

艾萨克·多伊彻的遗产

17年前故去的艾萨克·多伊彻（Isaac Deutscher）是本世纪伟大的社会主义作家之一。他既是位马克思主义者，又是位历史学家，但是，其行文方式（他在著作中这两个行业密切相关）与他在学界的地位（他在这两个行业中都占有一席之地），却无人可以匹敌。多伊彻的声望当然是建立在他的两部反映俄国革命命运的代表作之上的，即《斯大林政治传记》与《托洛茨基传》。在这两部传记中，多伊彻所有的才能都集中在了他毕生研究的对象上；对他著作感到陌生的读者也正是从这里开始对他的著述产生了兴趣。《马克思主义、战争与革命》一书则另有意图。该书所选取的散文与演说给我们描述了传记作者本人的一幅智性肖像——才智过人的多伊彻。对散文家来说，散文的风格特点决定了其言说要比历史学家更直接也更富个性化，其话题也更多样化、更出乎人们的意料。在这些篇章段落中，主观经验与确信不疑要比在对往昔主要的客观重建中得以更多地发挥和阐述。从此我们可以看出，多伊彻要比他毕生背负的名声复杂得多，他是个具有多维性的人物：不仅仅是个学者，更是位左派思想家；不仅仅是形形色色事件的评论员，还是个参与者。较之以前，该书是一个全面的描述，能使我们对艾萨克·多伊彻有更深入的认识：他是位战士、批评家、知识分子和富有战斗精神的人。

那么,多伊彻的著作展示了什么呢?首先,通过这个棱镜,培育多伊彻的环境展现在了我们面前。成熟作家的普遍特点就是隐藏自己成长的渊源;但事实上是一个非常特殊的区域性的体验促成了后来的世界主义。同英语散文的另一个大师约瑟夫·康拉德(Joseph Conrad)一样,他在波兰的历史被部分地掩盖起来,因而很容易被误读。多伊彻1907年出生在克拉口(Krakow)省,生长在波兰传统的文学实践和政治解放的环境中。可是他的家庭并不属于爱国的贵族阶层,而是属于犹太中等阶层,他的父亲是印刷商;他年轻时期的政治信仰是社会主义。在他的祖辈中,罗莎·卢森堡(Rosa Luxemburg)就生长在相邻的卢布林(Lublin)省,她的父亲是木材商。① 同她一样,多伊彻在十几岁就参加了波兰革命运动,早在1927年初就加入了波兰共产党。当然,在这两者当中,波兰的独立彻底改变了多伊彻的世界观。然而,多伊彻在《波兰共产党的悲剧》中这样解释道,使他成为勇士的主要政治环境仍旧是卢森堡。削弱传统、妥协乃至最终消灭的方法,实际上形成了他不断呼吁的主题——既尖锐又敏感——即波兰战前共产主义的命运。可是,多伊彻自己思想的形成却是卢森堡遗产的延续。他从中学到了道德独立、自发的国际主义、不妥协的革命精神——一个古典与历史唯物论并存的马克思主义者(卢森堡是第一个批评《资本论》中再生产纲要的马克思主义者),因为它同工人运动的现实生活有密切联系。

这些历史遗产还有特殊的地域因素。波兰位于德国和俄国之间,自从拿破仑时期,两个大国已经决定性地形成了——或者错误地形成了——它的命运。作为一个社会主义者,卢森堡的一生经历了三个国家:完成学业后,在波兰组织秘密劳工运动;在

---

① 两者的主要区别就在于语言的使用上:卢森堡使用的是波兰语,多伊彻则说依地绪语。

1905年至1907年的革命中，调停俄国运动的争端；在他生命的最后10年里，领导德国的左翼运动。这不是个孤立的例子。与他同时代来自布雷斯特的卡尔·雷德克（Karl Radek）从不莱梅到莫斯科同样往返自如。作为多伊彻时期的社会主义者，凡尔赛、波兰不再提供这种可能性了。可是国家的地理位置保证了以某种形式而不是永远形成对抗德国和俄国视野的马克思主义者：因为十月革命产生了东方的俄国，而共产国际则寄最大希望于魏玛德国在西方的第二次突破。因而很自然，多伊彻为波兰共产党的服务行将结束，不是由于国家问题——如他所回忆的那样，尽管这些是在苏联压力下导致党的错误引导——而是由于相邻资本主义国家法西斯的生长。1932年，他组织了小股的反对势力，攻击德国共产党在共产国际的斯大林领导下趋向纳粹主义兴起的宗派消极状态，——还批评了"第三时期"路线的结果，以及波兰党内的官僚统治。这些立场与托洛茨基流放时期的立场（他警告说希特勒发起的运动对欧洲劳工的威胁已达到顶峰）一致，结果多伊彻被波兰共产党开除了。

如果说苏联是多伊彻同官方共产主义运动决裂的直接诱因的话，那么苏联则是他作为马克思主义者的最后关注的对象。早在1931年，他就为波兰党的事宜前去苏联，亲眼目睹了集体化和饥荒带来的创伤以及第一个五年计划的业绩。这时，由于斯大林无情地加强他在苏联的力量，第三世界的政策完全服从于苏联党迂回曲折的领导。随着1933年纳粹主义在德国的胜利，苏联革命的方向开始对整个欧洲劳工运动的命运起决定性的作用。文集的第一篇文章是多伊彻于1936年10月完成的关于第一次莫斯科大审判的一个小册子。其内容展示了他的未来生活和研究范围。多伊彻对审判义愤填膺，他写作时——如塔玛拉·多伊彻（Tamara Deutscher）所说——"气得手直发抖"。多伊彻作品中义正词严的抗议展现出他后来成为马克思主义历史学家的显著特点。

在审判中，他并不满足于仅仅披露斯大林主义所谓"事实"的荒谬：他更具总结性地详细论述了所谓"恐怖主义"在它的谴责者面前谦卑心理的不可能性，冒险的"同谋"不可能颓然变成一种可怜的自责，并且据此推测出迫使季诺维也夫（Zinoviev）和加米涅夫（Kamenev）及其余党认罪的途径——格伯乌（GPU）① 私下许诺，只要他们在受审过程中出于道德目的而自杀，审判后便给予原谅，还可以免除现在的体罚。多伊彻在这里所表现出的深刻的观察力——与他同时期人们过分的猜测相比——被后来得到的有关审判的事实所证实。对一位要重构历史的天才而言，这无疑是一曲美妙的颂歌。他用一句热烈的话语结束了这本小册子："历史仍给社会主义留有时间拯救燃烧的大厦。我们不要失去理想的信念。"

3 年后，多伊彻离开华沙到达伦敦。波兰小股共产主义的反对势力已经孤立并瓦解；他反对成立由托洛茨基领导的新共产国际，认为在一个"强烈的反应和失望的时期"对冒险是"完全不利的"；随着第三帝国野心的扩张，一场新的欧洲战争一触即发。多伊彻开始学习英语，并到国外开始其新闻记者的生涯。② 数月后，德国侵略波兰，战争爆发。纳粹在西方胜利之后，紧接着就是苏联占领波兰东部，相伴而来的是 1939 年莫洛托夫—里宾特洛甫条约。这样的划分，使多伊彻的家乡再次从欧洲地图上销声匿迹。2 年以后，希特勒派遣的德国军队直接进攻苏联，几个月之内就逼近了莫斯科的大门。多伊彻在苏格兰的波兰军队里停留了一段时间之后，成为了伦敦《经济学家》报社的记者。该文集的第二篇文章是他对苏联艰苦斗争的记载，于 1942 年 2

---

① 苏联国家政治保卫局。——译者注
② 多伊彻的这一段历史以及他的整个青年时期，可参见丹尼尔·辛格有巨大价值的传记性文章《以笔为武》，见大卫·霍罗威茨编《艾萨克·多伊彻其人其作》，伦敦 1971 年。该书是理解多伊彻的基础读物。

月写成。当时斯大林格勒的胜利还渺然无期,多伊彻的文章——为流放中的波兰读者而做——用充满激情的雄辩语言表现了他对斯大林领导下的苏联那戏剧效果的截然相反的反应:对臭名昭著的审判表示嘲讽和厌恶之后,多伊彻对"苏联工人、农民的英勇抵抗"表示了尊重和敬仰。正是他们的抵抗使历史剥去了它官僚主义的面具,展示了"革命的真正本色:流血却保持尊严,艰苦却坚韧不屈"。他严厉抨击了"苏、德两种极权主义完全一致、休戚相关"和"是斯大林的罪行导致了一切"这两种随意、荒诞的说法。接着,他强调指出了苏联和德国之间冲突的真正的历史意义——那是一场"为工人生存而战斗"的运动和一场为欧洲人民自由而战的运动——没有这种自由,社会主义就不可能实现。"世界命运现在就悬在苏联宽广地域的均衡之上,"他这样写到。"在简明扼要的战争公报上,我们社会主义者不仅读到了'正常'战争进程的报告,还在其字里行间读到了革命和反革命之间的殊死搏斗。"

上述这些文章早年用波兰文写成,作者用炽热的情感描述了苏联的大清洗和红军处于绝境的情景。《俄国革命的反思》发表在1944年初的《政治季刊》上,当时纳粹军队在苏联军队的挺进下全面溃败,德国进犯已近尾声,因此文章的语气也截然不同。这里,多伊彻放弃了一切有关时事的报道,用历史的观点通观俄国革命的发展,把它同以前的英国和法国的革命加以比较。他是这样总结的,斯大林的独裁从它矛盾地继续十月革命暴动之起源中的压制和等级制制度这方面看,更类似克伦威尔的摄政政体,而非拿破仑帝国。可是仍看不到稳定的曙光。多伊彻写到,"潘朵拉的革命魔盒依然开着",释放出"它的魔鬼和恐怖"——和"在最底层的希望",只有这才可能在纳粹入侵的前几个月里"保存并统一一个已经尽尝失败的国家"。斗争一旦结束,在斯大林领导下形成的(革命后的)官僚主义的未来难以预料。"历史学家对此问题只会画个问号,而无法作出确切回答。"这些总结性的文字说明多伊彻作为作家的体验将在和平后很快改变。1945年后,多伊彻没有考虑返回波兰,① 正像马克思从来没有考虑重新居住在德国一样;他放弃了对后来政治事件的评论,而开始撰写《斯大林政治传记》,该书出版于1949年。第四篇文章《两种革命》系为俄国而作,是他为法语版作的前言。它在上本书的权威性的基础上进一步展开了对俄国和法国革命的比较,特别把各自超越自己本土的扩张与欧洲大肆制造卫星国家做一类比——后者是解放和压迫的混血儿。同盟国和卫星国内部的暴动加速了拿破仑的垮台,这应该成为一个在斯大林开始在东部欧洲建立苏维埃秩序时就应该给以"严重警告"的先例——早已开始反抗铁托(Tito)的暴乱了。他说,拿破仑的一个当事国曾经是波兰的公爵领地,在那里,他的传说一直流传到他失败后很久,到多伊彻上学时这故事还依然在流传。法国的体制没有因其重新恢复本来面貌而得以挽救。但是对斯大林对手方的历史裁决却不比拿破仑更严厉。

多伊彻的《斯大林政治传记》出版的时候,西方的政治格局已经发生了改变。从1946年冷战就开始了:全面反对共产主义主宰着西方发达资本主义国家的官方文化和政治体制。在尊奉和恐惧双重心理的情形下,苏维埃的体验成为一场广泛的意识形态运动的对象,通过对政府官员、政党、工会和知识分子团体的分析,表明俄国威胁着——不断地侵略和颠覆——自由世界。换句话说,很像我们现在这段时期。多伊彻对此的反应,构成了该书第二部分的主题。《前共产主义者的意识》是对《失败的上帝》所作的一篇冷酷而诋毁性的书评。该书是一部论文集,是

---

① 只有一次例外,那是在1956年波兰十月革命以后——当时官方向他发出了非正式的提议要他返回波兰。他的回答是:如果允许他作一系列关于波兰共产主义历史的演讲,随后成书,他就回去。从此再也听不到官方的任何消息了。

忏悔者对在共产党过去的所作所为的专论文章。多伊彻把他们的转变——无论是开明的还是保守的——同诸如华兹华斯（Wordsworth）、柯勒律治（Coleridge）这些幻想破灭了的法国革命的早期追随者作比较，这些人在同拿破仑的斗争中与保守党寡头组织和神圣同盟联合。他用这种降低身份的方式以三个截然不同的人物为例来加以比较——杰斐逊（Jefferson）、歌德（Goethe）和雪莱（Shelley）——他们拒绝在自己生活时期的两种阵营中作出选择，因为他们认为"历史被证实高于他们时期的畏惧和憎恨"。

接下来的文章直接是对冷战时期畏惧文学的经典之作、乔治·奥维尔（George Orwell）的《1984》的解读。多伊彻非常了解奥维尔这个同行记者，他出色地刻画出了自己的肖像，认为斯大林完全是为了个人利益而残暴癫狂、滥用权力、制造痛苦，其初衷乃是因为：人类的恶是超乎历史或社会原因的。在当今对奥维尔天才预见的诸多称颂中，缺乏对《1984》的客观对象、经济状况和当时严重状态的足够认识，因此，《残暴的神秘主义》是对真正意义上的批评功用的一个提示。可是如果说这本书产生了良好效果——用多伊彻的话说——乃是由于冷战的"社会需求"的话，那么作为一次国际冲突，冷战的真正特点是什么呢？这一部分的第三篇文章概括性地回顾了波茨坦后20年的历史。多伊彻还把这篇文章作为1965年5月在华盛顿举行的一次讨论越南战争的国内宣讲会上的演讲稿——越战是西方（法国、英国和美国）1945年干涉印度支那冲突所带来的直接后果。不得不接受在资本主义政体、社会力量和反资本主义整体、社会力量之间的世界范围内的冲突，在轴心国联合失败之后，多伊彻指出，在两大战胜国——美国和苏联——之间，其地位和力量存在着极端的不平等——"这两大巨人，一个热血沸腾、精力充沛、意气昂扬，一个疲惫不堪、精疲力竭"；当时有种荒谬的说法，宣称在经历了二战的磨难后，苏联决意对西方发动军事袭击，还说斯大林在寻求——而不是害怕——在国外大肆拓展革命。然而，尽管冲突初发时两国经济势力和各自的政治责任不均衡（冲突之初的责任主要在英美势力一边），"效果远远超出了原委"，而"危险近在眼前，此次冷战很可能以核战争的形式结束。"而且，多伊彻接着写到，从另一决定性的方面看，"冷战已经给我们预示了全面核战争的后果；它的附带结果不可能仅限于敌人的领域；它玷污了道德本质，摧毁并歪曲了我们国家大众的思想进程，所涉及的这些国家都在忙于冷战"。反对冷战并不意味着摒弃阶级斗争，而是把它从已经变得孤立乖僻的"歇斯底里、疯狂无聊、神话传奇"的状态中解脱出来，使它——用马克思关于"公社"的一个词语来说——以最理智人性的方式走完艰苦历程，① 因此"分裂可能发生在国家内部，而不是在国家之间"。

斯大林去世后，曾经有一段时期云开雾散，似乎真的有希望出现缓和东西方冲突的前景。多伊彻是第一个预言 1953 年后非斯大林化的苏联将会发生骚乱的观察家。当解冻最初迹象出现时，他的著作《斯大林后的俄国》便探讨了苏维埃国家和社会发展的各种可能的发展趋势。在这些年里，看来人们允诺要在国际共产主义运动中恢复前斯大林主义的传统，那时他正准备为托洛茨基写作传记，其中的第一卷——《全副武装的预言家》——于 1954 年问世。该文集第三部分的那些文章，不仅反映了上述事件之间交错连接的关系，而且使人们认识到了多伊彻对波兰与东欧斯大林主义的危机、德国与中欧社会主义的命运，

---

① "公社并没有抛弃阶级斗争，正是通过阶级斗争，工人阶级努力要废除所有的阶级，并因此废除所有的阶级纲领，但公社同时还提供了理性的手段，使得阶级斗争可以以最理性和最人道的方式在其不同的阶段依旧存在着。"见卡尔·马克思:《第一国际及其以后》，大卫·费恩巴赫（David Fernbach）编，伦敦 1974 年，第 253 页。

以及对西欧斯堪的纳维亚局势的看法和态度。如我们所见,《波兰共产党的悲剧》重新营造了战前波兰的共产主义世界,正是这个世界形成了多伊彻的思想。但它受到了1956年波兰复苏的激励,当时在哥穆尔卡(Gomulka)领导下的改革浪潮,不顾苏联的威吓,在波兰解除了在政治与思想上的束缚,这种解放在当时极其引人注目。多伊彻以一种批评的同情眼光看待这些发展,希望波兰能返回到过去的优良传统中去。他的结论旗帜鲜明地证实了他的精神已经完全脱离了国家的斜面。他坚持认为"波兰与苏联革命之间存在着牢不可破的纽带"——这种纽带于1918—1920年、1939年、1954年和1956年,从"正反两方面"被得以证实。想想看,历史是怎样经常"嘲弄、侮辱波兰的国家尊严,首先是波兰革命运动的尊严和独立",因此波兰人民"在民族主义的传奇中寻找庇护"就不足为奇了。他辩论到,波兰人民终究会明白"把他们的命运同苏联和其他革命的命运联系的纽带是不会崩溃的",只是要在"他们从过去危害他们的打击中解脱出来之后,那时他们认识到没有什么再能威胁他们的独立和国家的尊严了"。10年之后,多伊彻给哥穆尔卡写了封措辞严厉的《公开信》,谴责了第一次审判(审判中的一些人在80年代成为了KOR组织的领导人),他警告说,这种迫害说明哥穆尔卡在"为社会主义的未来让步"。多伊彻对每件事情的判断后来都证明是准确无误的。哥穆尔卡政府最终沦落到在1968年施行了卑鄙的镇压,这为放任他的国家在共产主义国家中名誉扫地铺平了道路;然而如果没有苏联反对官僚制度的相应运动,接踵而至的团结协作则不可能改革波兰的国家和社会。波兰和苏联经验的"反面纽带"依然占主导地位。

多伊彻同海因里希·布兰德勒(Heinrich Brandler)的对话和通信代表着一种截然不同的文献,同样也显示了他们自身的强烈爱好。布兰德勒是卢森堡、列宁时代和多伊彻时代之间的一个过渡性人物。他出生于 1881 年，后来作为一个年轻的撒克逊建筑工人加入德国社会主义民主党，并且在第一次世界大战前成为罗莎·卢森堡的朋友和追随者。1918 年他参加组建了德国共产党，1921 年成为它的领袖。第二年发生"德国十月革命"——这是在季诺维也夫和托洛茨基的敦促下、由莫斯科共产国际发出指示、在德国中部发起的一场注定要倒霉的起义。布兰德勒生性谦虚谨慎，既不寄希望于德国 1923 年革命的胜利，也不认为自己有能力领导这样一场革命。可是作为忠诚的共产党员，他接受了指示，然后因为革命的失败而受到指责。1929 年他因反对"第三阶段"的路线而被开除出党，在纳粹期间，他被流放到法国和古巴。多伊彻是在他于 1948 年回欧洲时同他认识的。塔玛拉·多伊彻生动地描述了他们之间随后的友谊。在最初的接触中，多伊彻记录了他同布兰德勒讨论的谈话内容，后者回忆了 20 年代他做领导时一些重大事件的细节。多伊彻描述人物的能力——这次完全是间接的——再次引起人们的注意。回到西德后，布兰德勒组织了一个小型马克思机构献身于革命的社会主义。两人继续保持书信联系。布兰德勒在 20 年代倾向于布哈林（Bukharin）的右翼反对党，而多伊彻则同情托洛茨基的左翼反对党。这种区别反映在多伊彻在战后对斯大林主义所持的旗帜鲜明的敌对态度上。然而，1953 年东德爆发了反抗乌布利希（Ulbricht）政府的工人阶级暴动时，是布兰德勒无条件地拥护、关注这场动乱，集中注意德意志民主共和国（DDR）本身的社会学特点，与此同时，多伊彻提醒他注意国际背景，说这场动乱在意识形态领域受到了西方的控制，还提醒他注意东德的政治改革事业时常遭受挫折的原因，说这场动乱反倒把乌布利希从政治灭亡的边缘拉了回来，当时苏联领导人放弃了抛弃他的念头。两人就当前危机的严重性展开了争论，并且就这场动乱在（自从太尔西特［Tilsit］时代以来）德国历史发展整体中的地位问题阐述了各自的观点。这里的最后一篇,是布兰德勒对多伊彻在其《托洛茨基传》第二卷《手无寸铁的预言家》里对30年前"德国十月革命"问题论述的一个回应。① 他欣赏此文稿的文风,试图理清自己在当年灾难中的角色。当时很多人相信革命的惟一机会已经丧失。多伊彻对布兰德勒反对观点的回应很有趣,正是在他的回应中——他是在同一位与列宁本人谈过话的人进行直接对话,双方都目睹了过去,现在又是同一战壕里的战友——他以自己充满革命同情的那些事件为例,对自己作为马克思主义历史学家的实践做了令人难忘的解释。

多伊彻同挪威社会民主党特里格维·赖伊(Trygve Lie)的交往提供了一个颇具讽刺性的对比。赖伊曾是劳工政府的司法部长。劳工政府最初——勉强地——于1935年为托洛茨基提供了避难所,然后就孤立他进而骚扰他,最后在资产阶级和官僚主义的双重压力下,于1937年驱逐了托洛茨基。在为《托洛茨基传》第三卷《被流放的预言家》所作的研究过程中,多伊彻于1956年就此事采访了赖伊。他的发现、他的记录都展示了某种西欧社会民主的卑鄙和虚伪之处,因为它面对的是挪威以托洛茨基为代表的布尔什维克的伟大传统。当然,特里格维·赖伊体现了斯堪的纳维亚传统中最恶劣的品质,对多伊彻来说情不自禁地联想到易卜生笔下的凶残形象。在托洛茨基流放期间,赖伊大大超越了自己的角色,后来被美国任命为联合国秘书长,成为冷战中美国政策最忠实的官员。他把麦卡锡主义引入国际公民机构里,使它混乱了10年之久,甚至自由派都对他深恶痛绝。布兰德勒和赖伊之间的道德、政治鸿沟,使人深切感受到在第一次世界大战结束伊始,第三国际已经与第二国际分道扬镳了。

---

① 有关多伊彻与布兰德勒通讯的详细情况,见《新左派评论》105期,1977年9—10月号。赫曼·韦伯(Hermann Weber)编辑了两人的全部书信集,柏林1981年。

多伊彻著作的中心焦点在于俄国革命的命运、从中产生的苏维埃政府的变迁，以及对欧洲劳工运动的影响。对此，他都有直接的体验和第一手资料。作为波兰共产党中的一个马克思主义学徒，多伊彻通晓德语和俄语，熟知拉丁文化，又是个英语写作的能手。古典马克思主义就生长于欧洲本土。然而，1949年中国革命的胜利拓展了这个古典马克思主义世界的边界，把马克思主义的问题延展到了亚洲的背景中。亚洲有着悠久的古代文明，它比欧洲任何地方的历史都更富连续性，其传统文化自给自足。多伊彻当时很快就意识到了推翻国民党的世界性历史意义。他在《两种革命》的最后已经对此作了着重强调。这篇文章是在毛的解放军进驻北平后几个月内写就的。他在文章中说，法国革命和俄国革命之命运的比较随着中国革命的到来自然而然地结束了。"我们在法国革命时期找不到同样的现象。法国革命到最终只能孤立无援。"多伊彻密切关注着共产党中国的最初几年，可是直到赫鲁晓夫的苏联在50年代后期的改革动力衰竭、60年代初中国挑战苏维埃领导的国际共产主义运动之后，他才真正把注意力完全转移到毛主义的特定的历史角色上来。其研究结果就是他最出色、最有创意的文章《毛主义的起源和世界观》，它综观了中国依照苏联先驱模式进程中所出现的国内紧张局势和内外矛盾。他在文章中的评价公正合理、复杂多样，虽然没有借用专业语言或学术上的技巧，但后来的文章难有与之相媲美者。他以为，毛主义应该被看作是对马克思预言的补充。马克思说，19世纪末期的俄国通过一场以农民及其公有传统为基础的革命，能够直接从原始农民社会进入到社会主义；假如西欧的先进工业国家中工人阶级掌握了权力，就能够对落后的俄国产生吸引力。在细节上已经作了必要的修正，这样的结果已经出现在中国，只不过——颇具讽刺意义的是——新兴工业化的俄国扮演了马克思给予西欧指派的角色。因此也产生了毛主义的矛盾。一方面，就其农村根源而言，中国革命得到了比布尔什维主义更多的群众认可，因为这是场大多数农民的运动：最初，同农民更有信心的关系也有益于后来国内战争之后（而不是之前）的掌权，这就容许毛的政府——同列宁政府不一样——能够直接进入经济复苏的建设任务。另一方面，同古典布尔什维主义的传统中那气势磅礴的国际主义精神和充满活力的文化多元性相比，毛主义的农业背景同时也就意味着狭隘的文化传统和无人抵制的政治独裁主义。就其社会意义而言，在革命后建设中的这个阶段，中国政府比苏联更讲平均主义；可是它组织上的大一统极权统治原则，没有能够受到更民主的过去遗风的影响，因此它给人一个明白无误的影响：它更"近似斯大林主义"。在国际上，中国所鼓吹的水火不相容的阶级斗争的口号和它积极反对帝国主义的运动，可能具有有效的号召力。但是多伊彻指出，与此不协调的音调则是对斯大林的崇拜，他似乎有先见之明地质问到，在美国对中国不断封锁下，"毛的革命国际主义教条"究竟在多大程度上真实地反映了"中国大众的思想状态"，而"不仅仅是对西方挑衅的回应"？因此早在1964年毛主义者对西方帝国主义决不妥协的高潮时期，多伊彻就清醒地预言到，"如果西方势力要打中国牌以对抗苏联"——"北京会抵抗这种诱惑吗？"不到10年，答案就会不言自明。

　　多伊彻没有能够看到毛的晚年北京同华盛顿的拥抱。可他的确目睹了中国所发动的"文化大革命"，并且认为这场大革命为北京与华盛顿的联姻打下了基础。"文化大革命"被誉为带有巴黎公社的激进观点、宣称这是场对抗等级制度和官僚主义的暴动，因此受到欧洲和北美左翼知识界的广泛关注和热情支持，并且在西方形成了一代毛的拥护者。西方过于轻信中国政府的官方宣传，但随着在党内、国家直至整个民众中的一次次清洗一直到毛的去世，这种轻信也就到此为止。多伊彻丝毫没有受到这种流行的时事幻象的影响。从一开始他就指出，1966 年由"伟大舵手"所发动的"文化大革命"造成了知识界赤裸裸的虚无主义、没有头脑的畏惧和残酷迫害。这在他笔锋犀利的文章《"文化大革命"的意义》里表述得一清二楚。他警告说，除了明显的滑稽的方面外，"毛的'文化大革命'是件极其严肃的事件。它对中国的精神生活和知识界的影响，十有八九和斯大林的政治迫害有着同样毁灭性的、持久的后果。两者的政治意义大致相同。正如苏联在斯大林统治的最后岁月一样，中国也投入到自我为中心的孤立主义和民族主义之中"。其结果将是"对国家无法挽回的损失：文化意识产生鸿沟、生活水准降低、精神生活贫瘠。后斯大林苏联目前还在为此损失而懊恼不已，毛主义者和后毛泽东时代的中国也将如此"。多伊彻的洞察力还远不限于此。他继续作出预言（仍旧是惊人地准确）：中国政府会有意降低社会的经济标准——因为它没有像斯大林领导下的苏联那样成功地推进中国的工业化、无力解决农村的过剩人口、无力解决就业问题——而经济低下不可能为政治稳定提供保证。"他们会感受到要求加大经济发展的压力"，"很可能会出现对后毛主义的反拨"。他总结到："毛就是中国的列宁和斯大林。而在他的晚年，他越来越像斯大林；最近对他的个人崇拜就标志着这两人的相似之处。看起来好像他已经超越了自己，变成了过去的遗风，成为中国落后和孤立的标志。当人们在落后和孤立方面反对毛的时代到来的时候，他的接班人或者接班人们——无论是谁——都会扮演他的代言人和代理人的角色。"在此，邓小平及其助手们的形象已经鲜明地刻画出来了。

该书收集的最后一组文章与其他相比风格迥异。在这些（包括最早写于 60 年代的）文章中，多伊彻提出了 20 世纪后期社会主义所面临的四个最普遍、最基本的问题。怎样历史地看待迄今为止产生在落后国家每场革命之后的官僚主义体制？马克思主义的古典理论对分析发达国家的资本主义起什么效应？发展到资本主义社会以外的某个社会中，暴力的位置在哪里？社会主义文明的构成形式是什么样？多伊彻曾在《官僚主义的根源》中探讨过第一个问题。人们常说，多伊彻在他的系列文章中对苏联在赫鲁晓夫时期的政治发展、苏联的民主化前景和苏维埃政府过于乐观。通观苏联整个社会结构的全面改变，他认为60年代早期改革的失败不可能持久的观点是正确的。很遗憾他没有活到去分析勃列日涅夫主义（Brezhnevism）延续的稳定过程。可是在他最深思熟虑的、对官僚主义的历史现象的理论反思上，他对苏联（更不用说对中国）这样的社会会有短期的替代物不抱任何信心。在他长篇大论的阐释中，他把官僚主义的社会根源定位于脑力劳动和体力劳动的分工上，这种分工随着阶级社会最初胚芽的出现，"被掩埋在原始社会部落和文明社会的边缘"。在刻画了变异的官僚主义专制的肖像、剖析了从法老和波旁家族以来的绵延不断的生产模式之后，多伊彻接着论述到，在资本主义制度下"官僚主义的政治力量一直与构成一个设定的资产阶级社会阶层自治政府的成熟、活力、能力成反比。另一方面，当高度发展的资本主义社会的阶级斗争到了僵局的时候、当对立的阶级在经过一系列使人精疲力竭的社会和政治斗争溃败不堪的时候，政治领导地位便几乎是自动地落入官僚主义者手中"。这就是为什么维多利亚时代的英国和杰克逊时代的美国（领导着充满自信的资产阶级），成为19世纪重要资本主义势力中最不具官僚性质的国度；在1848年后，资产阶级和无产阶级的"共同衰竭"促成了法国第二帝国的兴起，而德国的年轻贵族、工业主义者和工人的"多方面的僵局"促成了俾斯麦（Bismarck）的官僚统治。

现在进入到资产阶级本身已经被消灭、工人阶级仍然支离破碎、柔弱不堪的社会，正是这种逻辑解释了，革命后官僚主义势力在周围资本主义冷酷的敌对背景下是如何增长和长命不衰的。然而，尽管他们专横、傲慢、富有特权，这些后资本主义的官僚并没有组成新阶级。多伊彻观察到，直到今天，"苏联的官僚主义还没有形成那种使我们称为新阶级的阶层，也不具备社会、经济和心理的特征。这有点像自己掩盖革命后社会的一个变形虫。它是个变形虫，因为它缺少自己的脊骨，不是完整的整体，不是一股以某种方式（比如像法国革命后老资产阶级那样）登上历史舞台的历史力量"。它被自身的矛盾所摧毁，终将不复生存。在一个全面自动化的社会里，工作时间更短，有着休闲的文明和独立的文化，"脑力劳动和体力劳动之间的对抗将会消亡，组织者和被组织者之间的对抗也将消亡"。然后（也只是然后），他预言说："人们将会看到，如果官僚主义是阶级社会一个微弱的前奏，那么官僚主义必将成为阶级社会强有力的后记——只能是后记。"

这一组的其他三篇文章都是多伊彻在现实政治中干涉左翼活动后的产物。在他的晚年，随着反对美国对越南发动战争的情绪日益高涨和校园内外的暴动日渐增多，西方年轻一代中兴起了半革命性的大规模群众运动。这三篇文章中的言论证明当时他在试图解决当时最富有的资本主义国家内部的社会主义问题，同时也说明：仅仅把多伊彻看作历史学家是多么错误，尽管他富有本世纪主要的革命经验。他从没有停止过历史地看待问题，同时还为原来的政治和道德立场进行辩护。《我们时代的马克思主义》在《资本论》出版后的一个世纪里，把历史唯物主义看作一种社会解放的理论，他认为，这种理论展示了"上升和衰落并存"的情形。对"马克思主义过时了吗？"这个问题，多伊彻回答道："马克思主义对资本主义的批评只存在一个基本要素。它非常简单明了，但却集中了对资本主义制度全面的分析。这个基本要素就是：生产过程中日益增长的社会因素和资本主义财产中反社会因素之间的尖锐矛盾。古老的独立生产者不能再像在资本主义之前的制度下那样,一代又一代地独立生产,就这个意义来讲,我们的生存模式,也即整个生产方式,正在逐渐变得社会化。我们社会中的每个因素、每个细节、每个细小的环节都相互依赖。整个生产过程变成了我们社会的生产过程——不仅是一个国家的而且是一个国际性的生产过程。同时,你又拥有某种反社会的财产,即私有财产。这种反社会的财产和生产的社会性之间的矛盾是所有资本主义暴政和不理性的根源。"这种矛盾不可能时间一长就此被化解——"冲突势必要发生"。但冲突的性质无法详细预料:可是它的基本形式毋庸置疑。一方面,多伊彻——在肯尼迪—约翰逊的繁荣昌盛时期——表示他不相信任何"西方资本主义会进一步顺利、循序渐进的发展"的说法:经过20年的繁荣,衰败必将再现——过去就是如此。另一方面,西方的阶级斗争应当被看作一种"持续了几代人的反对资本主义的战争",它看到了"全世界反革命的总动员,其形式各异,从法西斯主义到最出色的社会—民主改良主义,但所有的动员都声称是在维护现存的社会秩序"。接着,他用一令人触目惊心的段落继续写道:"除了巴黎公社那场特殊的运动外,还没有工人阶级把自己完全调动到这样的强度和深度,以至于统治阶级不得不时刻把他们的动员保持到几乎永恒的地位。甚至在巴黎公社时期,起义也从来没有真正动员要为一场生死之战而斗争——我们有太多的描述证明他们是多么轻率、性情是多么温和、脾气是多么和蔼可亲的乐观主义者。"

多伊彻在最尖刻、最令人不安的文章《暴力和非暴力的辩证法》中对此作了评述,这既是乐观主义者的力量所在,也是其弱点所在。在文章中,他一开始就在马克思主义的古典世界观范畴内大力强调传统的冲突:一方面,政治暴动被视为推翻资产阶级统治的必要手段,另一方面,无阶级社会的目标就是要在历史上首次真正摆脱暴力。然而，那个基本的、防御性的辩证法却在俄国革命的悲剧变迁中被压倒了，当时"在势不可当、惨无人道的压力下"恐怖似脱缰的野马，"本应只是小小的暴力冲突酿成了大的暴力冲突，直到血流成河"，以至于"最后马克思主义的非暴力意义完全被斯大林主义大规模的千钧重压所压倒"。但是这两者又不可分割。因为，多伊彻辩论说，"马克思主义缺乏一种道德勇气与之一刀两断，说我们对斯大林主义不负责任，他的所作所为不是我们的目的所在"——"我们不能把斯大林主义从我们的记录中抹去，尽管我们对斯大林的罪行不负责任。"为什么会这样？多伊彻以极其罕见的坦率态度继续写道："从某种程度上说，我们（当我说我们的时候，我指的是那一代马克思主义者。我作为一个个体，在他们身手找到了相同的道德观。我指的是列宁、托洛茨基、布哈林、季诺维也夫、欧洲早期的共产党领袖）都为这种暴力唱过赞歌，把它美化成一种自我防御的机制。罗莎·卢森堡意识到了这一点，因此在它刚刚出现苗头的时候，她就持批评态度。"然而，这仅只是自我批评，而不是彻底否定。革命的暴力，既令人遗憾又令人羞愧，对从来不怕走极端的敌人来说是必要的，就像发生在越南的那场凶残的战争一样。可是在像美国这样的发达工业社会里，与落后、孤立的苏联相比，阶级力量的潜在平衡力对没有被歪曲的革命斗争的结果更有利。在那里，即便是绝大多数被压迫者准备使用暴力来粉碎压迫者的力量，那这样的暴力也只能是"充满理智、小打小闹"，不可能有大的作为。

在《论社会主义的人》最后一篇文章当中，多伊彻没有沉醉于乌托邦式的幻想之中。他展望未来，问到：无阶级的社会一旦实现，我们该怎样评说人们的潜力及其局限性。（《论社会主义的人》中的"人"不能理解错，多伊彻明确指的是"女人的依赖和孩子对父亲的依靠"：这应该是个中性词，可以用俄语的

cbelovek 和德语的 Menscb 表示。）他对此的回答有两个突出特点。第一是他推测时的冷静态度：社会主义无法"解决人类所有的困境"——特别是托洛茨基所说的三位一体"饥饿、性、死亡"的问题。它只能缓解第一个问题。超越了阶级之后，人类仍将——对不起，雪莱——忍受罪恶和痛苦、感受文明对本性动力束缚的不愉快。而这些动力本身——这是他的第二个主要观点——既无法给予历史的稳定性，也无法给予弗洛伊德的理论所赋予它们的社会重要性。在他表达了对精神分析"在一定的、有限范畴内具有合理性"的尊重后，多伊彻对精神分析对历史（且不说它充斥了政治学领域）解读的过分断言予以斥责。在谈论弗洛伊德有关侵略理论的时候，多伊彻冷冷地指出，"综观历史，男人们组成军队，掠夺彼此的财产和财产权；可是迄今为止他们并没有（除非在神话里）因为'性别关系领域的特权'而战斗"。当马克思主义试图"从正确的一端解决我们的社会所面临的任务"，而且在解决的过程中克服了重重困难——无论在胜利中还是在失败中，与此相比，精神分析的实际社会效果则是收效甚微。像在目前这样的阶段里，当人们从任何形式的历史唯物主义中推出、不加批判地接受精神分析时（哪怕它是以炫耀的理想主义的形式出现），多伊彻冷静地提醒人们注意"真理"与"力量"两者之间的关系大有裨益。他认为，社会主义既不会把人类从劳役中完全解放出来，也不会让人类本性的想像力就此止步。

多伊彻 1967 年 8 月去世，当时年仅 60 岁。他的去世对此后的马克思主义文化所带来的损失是无法估量的。产生这样一个特殊的、革命的社会主义者的历史时代已经一去不复返了。对此后的几代人而言，同列宁或卢森堡世界的联系、一个旧有的中东欧的世界主义，都已是明日黄花。然而，多伊彻的著作因其独特的包容性品格，继续传承着社会主义的文化和政治。

在众多的品质当中，最突出的要数多伊彻坚毅的政治立场了。他在自己生活的时代偶然发现了它——从此忠实于他青年时期的政治理想，即便经历了诸多的灾难、左翼大厦一个接一个地被摧毁或者不得不加以重建，他都始终矢志不移。这种矢志不移是他在思想上完全独立的结果：他在左派知识分子左右摇摆的时候、在流派分呈令人眼花缭乱之时——先是斯大林主义或者毛主义，又是结构主义或者后结构主义，接着又鼓吹新工人阶级或者新社会运动，然后又是欧洲共产主义或者欧洲社会主义——始终保持了个性和世界观的独立不羁。但这种独立决不是宗派性或是伪善者的孤立所能同日而语的。恰恰相反，与同时代使用英语的其他社会主义作者相比，多伊彻与读者的交流更多、更广泛。他的著作在世界范围内被广泛翻译，他的文章被人们广泛阅读。这样的广泛性源于它作品强有力的文学魅力。但他的天分绝不仅仅表现在艺术上：他的作品反映了他在思想上真真正正把握了古典马克思主义在欧洲文化及其启蒙这样大背景下的根源，它无需特殊的词汇——根本不需要技术性的词汇——来寻找自己的言辞。采用传记文学的方式写作历史与此有类似的意义——这种类型在抒写过去的不同文学种类中最具有广泛的感染力。就多伊彻而言，传记形式有特殊的、深层含义。在传主的个人生活中，他可以把道德话语和必然性话语加入进去，而马克思主义总是很难做到这一点。他笔下的斯大林和托洛茨基，在（他们表达过的或是拒绝过的）决定论这样更广泛的社会力量的前提条件下，都可以称得上是卓越的历史人物；可是他们同时又是道德代理人，为他们自己的所作所为及其后果承担责任。伦理传统上指个人；因果动力指集体。多伊彻特殊的心理把握是个媒介，两者——因果关系和责任——可以在他作品中起到综合作用。今天的社会主义政治家们需要用同样的尺度看待双方。换一种说法就是，回忆一下所作的真实的比较，就可以明白多伊彻的意义。多伊彻挑选了拿破仑时期反抗尊奉的三个人：歌德、雪莱、杰斐逊来加以比较——一个是平静的奥林匹亚人、一个是空幻的反崇拜偶像者、一个是世故的政客。多伊彻的性格中包含了上述每一个人的一点成分。他们对左翼文化来说都需要。

附　　录

历史学家多伊彻的妻子塔玛拉比他多活了 20 年。在多伊彻生前，塔玛拉是他的智性伴侣和助手。他去世后，她成为他著作的编辑和他的道德卫士。她对多伊彻深沉的爱给了她勇气去扮演这样的角色，尽管开始时她很胆怯。可是她的背景——她来自波兰东部一个激进的知识分子家庭——和她的不妥协的性情最终使她成为了这样的战士。20 多年来，她以自己的热情和美丽使多伊彻表述过的文化极富个性化。多伊彻最后出版的关于苏联的评论把勃列日涅夫—柯西金政府（最近仍然在调配中）看作赫鲁晓夫领导下的非斯大林化失败的乏味的后记。它寿命短暂，而且将无果而终。后来的事件证明结果相反，她也开始感受到在捷克斯洛伐克入侵之后、在无情专政外壳下的俄国所带来的日渐增多的压抑感。她密切注视着俄国知识界和政治上的每一步觉醒，以多伊彻所可能运用的方式，带着警醒与希望，迅速对国内那些自从十月革命以来命运急转直下的各种反对派别作出反应。当改革最终到来的时候，尽管对所有官僚主义的首创精神都持怀疑态度，但她还是表示欢迎。苏联民主化进步带来的道德复苏使她对未来充满信心。彻底同布尔什维主义的衣钵决裂没有取得成功，但这并没有使她感到幻灭。她怀着喜悦和悲伤的复杂心情关注着戈尔巴乔夫（Gorbachev）领导下的俄国事态的发展。她拒绝前往苏联，多伊彻的著作还不能在那里出版，但在她生命的最后几个月里，她参加了在巴塞罗那举行的一个会议，参加者是苏联的流亡领导人和国内的新派人物，他们对俄国出现的舆论发表了意见。她在表达其异议时所表现出来的个性谦虚、尊严和独立，给人留下了深刻的印象。她去世的前几天在电视上看到一部记载托洛茨基在莫斯科生活的档案影片中，纳塔利亚（Natalya）带着面纱，她只说了句："尼俄伯。"①

1年后苏联宣告终结。其他的历史学家更多地把苏联的历史保存在自己的政治记忆里，与他们相比，多伊彻则客观地评价它，以其丰富的想像力既想到它最初的宏伟，也预料到它后来的腐败。他从来就没有失去信心，认为1917年的革命动力终将从驾驭它的命运中恢复过来，并以自由而告终。他希望有一天他的著作对这种解放能够有所贡献，相信他最广泛的读者最终将是俄国人。1991年8月前，莫斯科出现了他的第一本书——那是他的《托洛茨基传》的第二卷和第三卷，是没有经过正规出版渠道的缩印版，由当地一个贬低托洛茨基的人为此作了注释。他真是个历史反讽的鉴赏家。多伊彻通常被公正地看作是革命的、保守的乐观主义者。可是他的眼光也很独特，他也直接、冷静地思考过重建的历史前景。他想，苏联人民也许不得不经历他们曾经失去的现代资本主义的经验。"这50年的绝大多数历史，在人们的眼中都完全丧失了信誉"，他在1967年写到，以至于"有时苏联看起来充满了道德和精神重建的潜力，但却总是无法变成政治现实"。② 如果这种可能性变成了现实，它将——如其他国家的重建一样——在通往人类自由的、复杂而长期的

---

① 意为"丧失亲人而终身哀痛的妇人"。——译者注
② 见《未完成的革命》，牛津1967年，第105页。

道路上占据自己值得令人尊重的一席之地。对此，多伊彻确信无疑。

（郭英剑　郝素玲　译）

第四章

迈克尔·曼恩的权力社会学

迈克尔·曼恩（Michael Mann）所著的三卷本《社会权力来源》，自言"不仅对人类社会中权力关系的历史进行描述并提供一个可资借鉴的理论框架，更是要针对人类社会本身进行历史描述和理论分析"。① 对于曼恩这个宏愿，人们曾颇多疑义，如今却大多烟消云散了。因为出乎人们意料的是，著者的意图在书中居然被处理得脉络清晰，气势不凡。一阅之下，还有谁能对其宽广的视野无动于衷呢？

曼恩的权力历史以对史前社会进化的概述开始全篇，分析了当时的人类社会为何普遍未能形成几种社会阶层的固定模式。接着，书中描述了美索不达米亚平原上文明及城邦的兴起，捎带回顾了近东、亚洲及美洲。撒尔贡的阿卡德人征服被视为一种新的权力构成，即"统治王国"的发端。后来，亚述人和波斯人曾分别受到它的统治。古希腊在崛起时，其身份是近东河域文明、北方铁器农耕文明及地中海沿岸斐尼基人先导的商贸文明的继承者，它史无前例地把皇家步兵团作为其等级制城邦组织的关键部分。曼恩把古希腊之后兴起的罗马统治区称作"地域性帝国"，

---

① 《社会权力来源》第一卷，《从起源到1760年的权力历史》，剑桥1986年，第1页。

它能够在一个广袤的地理空间内贯彻它的统治，而无须像"统治王国"那样依赖于形形色色的中间人。罗马人统一地中海地区造成了一些混乱，这促使基督教作为一门拯救宗教得以传播，这种宗教为欧洲中世纪建立在湿土农业和沿海商业上的分散型经济的增长提供了至关重要的道德盔甲。在这种情况下，许多"有机"的国家城邦发展壮大并向资本主义过渡，就显得势不可免了。这些城邦由于战争的需要而得以建立，一经建立又马上受到战争的考验。虽然它们的正式领地可能没有老帝国多，但其势力却能够超出领地范围，而且有效得多。

曼恩的概述显得雄心勃勃，我的简单摘要只不过沿着他的时间大纲走了一遍，而其真正引人之处还在于它高质量的分析性叙述。谈到对历史的把握，许多当代的社会学家显得心有余而力不足。曼恩则相反，对于他在书中列出的大大小小、五花八门的话题，曼恩的叙述准确到位，文献性强，表现了令人敬佩的才华，加之他对论据的处理现实直观，令人信服，又为该书增色不少。不得不承认，要表现从比克法官到汉诺威政治寡头的宏阔场景，使现实性、文献性、客观性等所有特点得到平衡展现，而不致令某一方面有所偏废，这不得不说是一项了不起的成就。

然而就社会学研究本身而言，达到这一点并不是一项额外的要求，相反，它还是从中发展起来的。恰恰是曼恩的权力理论引导他进入他笔下的历史。曼恩的四种社会权力来源分别是经济、意识形态、政治和军事，就某一方面来说，这种理论比较笼统，也很传统，而且这种四分法存在不妥之处。无疑，曼恩希望在第三章回归到一个更宽广的背景基础上去，但"政治"权力（或者对于该书跨越的时间段来说，最好称之为"管理"权力）在其书中未能获得与其他三种权力同等的地位，无论何时，政治权力总是依赖于对意识形态或军事权力的掌握才发挥作用，通常情形下是依赖于权力和信仰的结合。曼恩书中描绘的僧侣或强贼向我们显示，相反的情形不会出现，因为政治权力在真空中不具备权力的效用。

不过，即使有如上缺点，曼恩的初步分类还可算作无懈可击，只是不太有创见。他的原创性体现于一个更低层次，即明细程度。他对各种权力的"切实的基础构造",① 或者说权力的具体组织技巧考虑周到。通过对军队转移的后勤管理、社会文化程度的广度和质量、农业技术和贸易流通量、司法手段的作用方式和影响范围、财政收支模式等方面的描写，曼恩使我们了解到权力的历史可能性与现实性，以及它们在数千年间是如何成长变化的。

曼恩在这些研究中表现得十分出色。他竭力反对把唯心主义和唯物主义作为社会学阐述模式而错误对立起来的做法，认为这是一种毫无益处的二分法，需要消除。② 他的同事约翰·霍尔（John Hall）（此人曾写过一篇名为《权力与自由》的论文，与曼恩百科全书式的著作放在一起，堪称是它的袖珍姐妹篇）把他的独特研究方式恰当地形容为"组织唯物主义"。③ 正是因为他把精力放在了不同类型权力的组织上，才使他的研究取得了丰富的成果。而大多数研究者，不管他们构建或区分不同类型权力的理论襟怀多么宽广，通常也只能对其中一两样得心应手。社会学家与历史学家或其他任何人一样，一般只与某种精选的气质类型相投。韦伯（Weber）似乎是个了不起的例外，曼恩也颇具他的风范。他有效地解决了唯物与唯心的分野，关键不是因为他在哲学上找到了其他替代品（这方面自以为是的先例有的是），而在于他成功地叙述了包括宗教教条、税制结构、军事战略、土地

---

① 《社会权力来源》，第 30 页。
② 同上书，第 369 页。
③ 《权力与自由》，哈蒙兹华斯 1985 年，第 75 页。

生态、阶级关系、国家外交在内的各方面，不偏不倚，流畅自然。所有这一切都在一种单一的权力分析中结合起来，听起来有点不可思议，因为对权力太过倚重往往导致言过其实。曼恩的理论框架虽然不无缺陷，但他叙述时语言中正平和，毫无霸气，很少主观臆断的痕迹。他的著述若能不朽，原因大概在于其风格上的不拘形迹，令人愉悦，像是句子轻短、活泼有力的散文，不见修辞迭起，术语泛滥。那种让读者一头雾水的写法，韦伯早就呼吁不用了。

曼恩认为人类权力和人类社会不是通过持续增长发展演化而成，而是在前后不连贯的各种突发性事件中变化着，用恩斯特·盖尔纳（Ernest Gellner）的词来说，其发展是"新插曲性"的。曼恩在书中始终强调，社会的累积性增长都有偶然性。因此选择哪几个历史瞬间加以勾勒和如何勾勒非常重要。

书中的第一个关键之处是对文明与城邦的兴起的阐释。曼恩认为，史前社会里那些有可能沦为次一等人的人群不稳定，他们也许会继续存在，也许会消失，这导致社会向等级制及不平等方向发展的趋势总是走向具有嘲讽性的反面，因此社会进化一般很难形成文明与城邦，除非历史提供一个"生态限制"，或者历史走向别无它途，这样文明才会兴起，其种种不尽如人意之处才能被忍受。[①] 但这只是一个逻辑推断，不能算作地理学和历史学上的推论。曼恩在文明起源概述中将精力过多地投入了美索不达米亚地区，很快他就发现生态限制并不如想像中的那么显著，倒是边缘界限不甚清楚的地形空间滋生出边界相应模糊的文化混合物，即由生态多样性所决定的"多样交流网"的产物。[②] 默默地修改了应用于美索不达米亚地区的分析模式之后，曼恩用它来分

---

① 《社会权力来源》，第 75 页。
② 同上书，第 92、102 页。

析埃及。然而这一次，他发现情况又有所不同，埃及沿尼罗河一带被隔离起来，缺乏"相互交叠的地区性交流网络"。[1] 这些矛盾在他提到中国、印度河谷、克里特及哥伦布到达以前的美洲时仍悬而未决（中国与印度河谷是以冲积平原农耕文化为主的地区，克里特与哥伦布到达以前的美洲则不是）。曼恩对这些地区的讨论有些散漫不经，甚至明显有损于他对前述各点的分析（"玛雅人没有被特殊地装入笼子里"）。[2]

文明的起源是社会科学中最古老的谜题，所以曼恩的观点虽未让人十分信服，对其过失倒也无可厚非。曼恩的理论走了弯路是因为他的方法有问题，应该说，只有比较分析的方法才可能给人以合理的解释。与曼恩的相比，比较分析法对城邦兴起时宗教组织的发源地关注更多（这一点也是马克思主义者毛来斯·戈德里耶[3]所着重强调的），并将对经济剩余幅度进行更系统的观察。总的说来，比较分析不会仅仅突出某一地区，而把其他地区当作可有可无的附庸。不过，曼恩开篇时选择美索不达米亚地区也非任意而为，尤其对后面的分析将深具意义。

书中第二要点是关于"统治帝国"的实质和含义。萨尔贡、阿述般尼帕及居鲁士是这部分的重头戏：他们都是在底格里斯河和幼发拉底河流域成长起来的皇家城邦，虽然身处交通交流受限之地，伦理文化地方色彩严重，但仍建立了具有向外扩展能力的统治机制。曼恩对其机制的分析极为出色，理论上敏锐精到，亦不乏经验性的生动自如，使这一部分成为我们读过的关于近东早期帝国的最佳评述。曼恩把重点放在城邦的"强制性合作"（他

---

[1] 《社会权力来源》，第 108 页。
[2] 同上书，第 119 页。
[3] 毛来斯·戈德里耶（Maurice Godelier）：《理想与物质》，伦敦 1986 年，第 156—163 页。

是继赫伯特·斯宾塞［Herbert Spencer］后又一位使用该词的人）上，或是放在由于加强军事压制而获得更大经济剩余的抽取上。他论述的皇族的剥削和压迫给生产和流通领域（如果不是给生产者的话）带来的潜在利益使这一过程获得了前所未有的清晰翔实的展示。但他声称他对"统治帝国"的看法在这一方面是反传统的，却有失妥当。即便他个人有什么看法，那也是大多数权威一直沿用的标准性判断。E. P. 汤普森在描写秦始皇的诗中就曾讥讽道："无论多少朝代更迭兴亡/科学理性的历史学家/（尽管已看到事物的矛盾之处）/却仍相信生产力未曾停止增长。"①

曼恩的第三个主要议题关涉古典世界，进一步可以说是古罗马帝国的时代特征和历史兴衰。他对希腊充满了崇敬之情，而一旦认定阶级划分意义重大，就运用技巧展开阶级分析，这一点在背景分析中体现得较为明显。他把那些分布广泛、彼此有别的阶级斗争与希腊的作为"权力跃升"手段的阶级斗争区别开来，所提出的不同阶级斗争间的差别显得极为在理和有用。② 不过他对希腊和罗马两个历史阶段的衔接处理得不够好，使前者在整个叙事中如同一个插入语。他的全部兴趣都在罗马对地中海地区的征服和统治上，认为这是地域性帝国第一次在历史上出现，意味着历史进入了帝制的高级阶段。他说，罗马帝制的两把"战斧"分别是地方军和统治阶级文化。前者为当时堪称无敌的步兵，能带来经济倍数效应，其结果是在奥古斯都君主帝国的头两个世纪里，国家高度繁荣。后者已达到前所未有的高度，能同化任何被征服的精英集体或个人，其产生的观念形态划分效应超越统治阶级，一旦得到文化广泛传播的物

---

① 《权力与姓名》，《伦敦评论》，1986 年 1 月 23 日。
② 《社会权力来源》，第 195 页。

质条件（即文化水准、语言、贸易的发展超出统治阶级范围），就会覆没官方时尚，并使基督教顺利发展。凯斯·霍普金斯（Keith Hopkins）也曾对此加以强调。

然而曼恩所论述的这些过程没有涉及罗马帝国的衰落，他只简要讨论了一下城邦与拥有土地阶层的关系，而且与克里斯·威克海姆（Chris wickham）在这方面的近作一样，① 叙述平淡模糊，令人难以捉摸。同时，他也很少讨论在西方帝国日渐普遍的社会极化现象。曼恩找不到帝国衰落的重要内因，不得不在描述、解释罗马帝国统治末日时，求助于人们熟知的逐渐增强的外在压力。但这样做无济于事，正如野蛮人入侵无法解释拜占庭的大难。曼恩最后只得在叙述时略去东帝国后来的全部境况，甚至采取了连吉本（Gibbon）也不敢贸然尝试的方法——使拜占庭湮没于无。所以书中对罗马之崛兴的描写远比罗马之衰败鲜活。

出现这种结果有一个原因，那就是曼恩志不在此，他被其他问题吸引住了——基督教为什么会在罗马帝国的区域内得以发展，它又是如何发展的？曼恩对这个问题的回答显示了他非凡的技巧，他的回答成为全书最新颖、最引人注目的地方之一，其中挖掘新信仰如何能在社会中立住脚跟的一部分尤其出色。但是这其中也存在着一种误导。所有的宗教都有两种存在意义，一种是作为个人在宇宙中获得拯救的一套体系，另一种作为某一群体内部连接的纽带。其实，无论是人与自然的关系还是人与社会的关系都是神圣的，只不过韦伯着眼于前者，而后者为杜克海姆（Durkheim）看重。曼恩对基督教的看法完全是杜克海姆式的，"基督教并非源自对物质危机的反应，亦不是与物质世界对应的

---

① 克里斯·威克海姆：《另一种转变——从远古到封建社会》，《过去与现在》，1984年，第103页。

精神世界。真正的危机乃社会归属感的缺乏：我究竟是哪一社会的成员？"① 这种粗略的断言缺乏对细节的把握，与他书中常见的处理复杂论据的方式形成鲜明对比。这有可能是受到他总体研究角度的影响，毕竟在一本论述社会权力的专著中，宗教不过是其中的一个形式，即使我们已经从中了解到了部分真相，而且是关于基督教兴起的极为重要的一部分，我们也不可能通过它了解社会权力的全部真相。因为"权力历史""终究不能简单地等同于"人类历史，而这与他最初的想法有很大出入。在他试图用权力历史的理论阐释整个的人类历史时，他也差点犯了现代的一种典型的概念错误，即把权力与文化混为一谈。这种错误的始作俑者为米歇尔·福柯（Michel Foucault）。曼恩在论述基督教时，毫不犹豫地把基督教所处的古典思维世界的知识环境撇在一边不谈，这种环境将会体现当时的理性主义和末世风尚之间的道德与哲学裂沟，和基督教用一种新的宇宙观对之加以阐释利用的最大可能限度。当时的理性主义文化产生了伊壁鸠鲁、卢克莱修等哲学家，而末世哲学则在图密善或埃拉加巴卢斯手中日益堕落，直至帝国的灭亡。曼恩没有把超自然作用与基督教联系起来，"奇迹"一词就从未在他的书中出现过。但当时异教徒关于信仰问题的焦点正是神对自然秩序的介入，而不是人类社会秩序的排划。曼恩却对这个敏感问题始终表现得很漠然，以至于他后来写出了一段非常缺乏史识的话，说基督教教会自17世纪以降拒绝接受科学理性主义，只关心"人的小社会，不重视物质自然"，②是"犯了一个严重的错误"，如果临时教区牧师更有活力的话，教皇说不定也能接受伽利略和达尔文。

曼恩在该书结尾处追溯了欧洲自800年至1760年的发展历

---

① 《社会权力来源》，第309页。
② 同上书，第464页。

程，试图站在世界史的高度追寻这一段独特历史后面的决定性力量。他的重点依然停留在可简约成三种的权力"来源"的形成上。当叙述到生产流通在中世纪与启蒙时代之间的过渡阶段的转变时，他的行文简洁通畅，但对我们理解封建社会如何转化到资本社会却没有什么新的贡献（这一点他自己也注意到了）。对埃里克·琼斯（Eric Jones）事件的描写不折不扣是在环境学、人口学和科技领域内的炫耀，而且粗糙难解。① 更严重的是，他对财产关系的叙述过于粗疏，以曼恩之博识，居然没有把有关的法律包括进去，在该书中，这种情况已发生不止一次了。

从另一方面来讲，曼恩那另辟蹊径的国家政军结构模式（从奥法到腓特烈二世）确实难得。该结构从以英国为范式的皇家及公众财政的详细分析中得出，它对欧洲城邦制度缓慢成长的解析鞭辟入里，是书中最有分量的专门阐述。其精要之处在于它指出城邦的形成与演变乃是出于对外军事竞争而非内政的需要，这种处理历史因果逻辑的智识是罕见的。这一经验主义的论述虽然是全书最后一部分的中心主旨，却仍非本书的理论支点。谈到多城邦制，它在西方世界兴起中的作用不比封建农业非中心化的说法更有独创性和说服力。曼恩承认，所谓多城邦制不过采用了德国一个重要的学术流派的地缘政治分析法，这一流派在辛则（Hintze）时期已见端倪。

曼恩书中对第三种权力来源即意识形态作用的看法很独特。依他的观点，这种作用当归功于基督教教会。说到底，是基督教教义约束并软化了城邦之间或城邦内部的暴力斗争。而且规范了远距离商品交换的方式。教堂所宣传的"关心、宽容、友爱地对待所有基督徒"使欧洲居民具有一种"普遍的人性"和"社

---

① E. L. 琼斯：《欧洲奇迹》，剑桥 1981 年，第 3—103 页。

会认同感",这有效地替代了过去大社会中通常所需的强制手段。① 简言之,没有宗教宣传就没有和平,也不可能有贸易。宗教信仰成了经济发展、政治进步的前提条件。曼恩指出,这不是一个韦伯式的观点,因为它不诉诸任何教义与人力或自然的特殊关系,它只是把这种社会性的生活的优点都归结到了意识形态身上,但这无疑更为极端。在对中世纪宗教作出这种断言之后,曼恩从他的所有论点中,毫不含糊地得出了一个结论。该结论再次重申了"四大权力交互作用网"(只有三个,这一章的题目就叫资本主义、基督教精神和城邦)对欧洲发展作出的贡献,"我认为基督教精神对后来的历史来说是必不可少的一个因素。其他的因素,历史证明也起到了重要作用,但是不是必不可少就很难说了"。② 基督教精神是促使西方文明获得胜利的主要原因中最关键的一个。社会学重新挖掘西班牙征服者的最初信仰,也是明智之举。

但是曼恩的论述里也有非常明显的两大缺陷,按理曼恩不应视而不见,当然也有可能其著述的特殊结构使之被遗漏了。第一点就是"基督教精神",似乎曼恩偏爱这个词,那我们也姑且用一下吧。"基督教精神"不仅仅限于欧洲,但曼恩对大量有关东正教的历史只字未提。甚至有一次提到拜占庭的历史时,曼恩也表示不值一提。假如东正教没能使安那托利亚或巴尔干半岛呈现出差可比拟的发展态势,那么它作为宗教,能够使经济和政治生活活跃的效果又体现在哪儿呢?曼恩并没有解释在基督教教义或组织变化的历史中,哪些因素造成了这种差异。因为不论拜占庭缺少什么别的条件,它也不可能缺少宗教的规范和约束。伊斯兰教世界也是如此,只有早期的中华帝国除外。由于以杜克海姆的

---

① 《社会权力来源》,第 381 页。
② 同上书,第 507 页。

形式对基督教的催化作用作了实质是韦伯式的评价,曼恩便不可能为基督教的特殊作用找到任何有利于他辩护的理论基础。每一种较有影响力的信仰的最大目标是规范性安定。阿拔斯王朝或中国唐朝推行规范性安定的方法比法兰西查理一世的手段更具效力,为什么曼恩把这样显而易见的事实排除在他的考虑之外呢?不难发现,个中原因是他理论中的潜在偏见。曼恩认为,他的研究本质上为"历史社会学,而不是比较社会学",① 因此曼恩着重构建的是一个连续的权力谱系。尽管他在书中也曾做过一些横向比较,如较好地分析了印度特权阶级,但整部书无非逐渐展开了一个从苏美尔到伦敦城,从美索不达米亚到现代欧洲的故事。曼恩把这种连续性看作长期历史变迁中的"大框架",开始的时间远早于中世纪;又将之比作文明前锋变化的"大模式","前锋"在面对政治滞后又蠢蠢欲动的东方强邻时不得不起而自卫,有时自卫失败,便只好寻找适当的生态机会西进,最后演化为西方及西北方文明。② 这一番关于西进旅程的元历史叙述暴露了曼恩历史观中的诸多弱点与盲目:埃及被视为文明初崛之时的一个异常现象,以至于曼恩在点数统治帝国时竟将它遗漏;中国虽然是一个地域性帝国,在书中只不过扮演了一个脚注的角色;拜占庭无故被逐出基督教的影响范围,而伊斯兰教则根本没被当作可以产生规范性安定的力量之一。

　　书中尤其令人不解的误失是给予中国历史的关注太少,简直不成比例,仅这一点就足以使曼恩的副标题名不副实。商代文明是否曾受环境局限?罗马统一是否距秦定天下不久?以家庭为核心的社会体系真的在权力基础结构的目录中排不上名位?汉武帝时代中国人的文化水平就比哈德良的低?把孔家儒教当作"拯

---

① 《社会权力来源》,第503页。
② 同上书,第508—509页。

救宗教"合不合适？在12世纪欧洲已经取得自"铁器时代"以来最发达的农业文明时，南宋的农业仍然行动迟缓？① 假如是约瑟夫·尼德海姆（Joseph Needharm）的著作引得曼恩有这样一番感慨，那么尼德海姆的心血恐怕是白费了。曾有一段时间，人们把社会状况基本不变归于中世纪早期的经济状况。这种观点早应得到纠正，如今却只怕又落入另一极端，曼恩竟写道："在公元1000年，欧洲的盎格鲁·萨克逊人和法兰克人已经萌发了取得我们的科学工业资本主义时代之主要成就的势头。"② 在告诫读者欧洲自我贬损的危险之余，曼恩恐怕忘了自傲自大、自我陶醉会有加倍的危险呢。

这一系列的误失既不是文化上的，也不是我们所熟知的欧洲中心主义的，它们源于一种理论上的谬误，即认为社会学不可能同时是历史性的和比较性的。曼恩没有给出将两者对立的充足理由，他对于这一问题的答案飘忽不定，有时说比较社会学"过于艰难"（自穆罕默德之后从各个层次而言），又说要做比较性的文章却"难以找到足够的例证"。③ 然而对曼恩的许多假设来说，一旦真正的比较被回避，原本不可或缺的那些经验性的论证分析也就此失去。这始终让人觉得，放弃比较研究不是不能，而是曼恩不为，他出于篇章结构的考虑而选择了一个相形较窄的角度。正是因为要独自回溯工业革命跨越千年的历史动因，曼恩的权力社会学才获得了一种与传统社会学经典著作完全不同的一往无前的叙述动力。他的书在分析社会发展水平上未见得比《经济与社会》逊色，在文学性方面还远胜一筹。

当针对《社会权力来源》的方法与结论的批评声随着时光的消逝而渐渐淡去，很可能正是以上所谈到的那些特性吸引了读

---

① 《社会权力来源》，第500页。
② 同上书，第378页。
③ 同上书，第371页。

者的目光。对此书的所有批评或许将成为盲人摸象的可笑之举，因为这毕竟只是三卷本中的头一卷，剩下的两卷将探讨自古至今国家与阶级的命运。（似乎这样重要的讨论未有不受到隐或显的政治热情的激发。）无疑一部伟大的著作正在诞生之中，对此人们翘首以待。

（王云娟　译　郭英剑　校）

第五章

诺贝托·波比奥和他的主义

1948年初,欧洲革命的前夕,两篇观点相反、结论对立的文章在伦敦先后发表,其间相距不过数星期。一篇是卡尔·马克思与弗莱德里希·恩格斯合写的《共产党宣言》,另一篇是约翰·斯图亚特·穆勒(John Stuart Mill)的《政治经济学原理》。前者宣告共产主义的幽灵正在欧洲上空徘徊,并将最终占领欧洲;而后者几乎以同样的信心,同样的意象,但却是以相反的态度预告了社会主义的命运,说那不过是一个臆想出来的怪物,不可能生长成熟得足以替代财产私有制。[①] 这两篇文章的相悖之势今天已不再让我们莫名不解。很久以来,自由主义与社会主义就被理解为两种相反的哲学思潮和政治思潮,它们的理论出发点一个是个人,一个是社会,无法互相包容。而且在两种政党之间,或在由两种思潮引起的运动当中,现实的冲突也十分激烈。不过,在这一历史性争论的最初,穆勒自己的思想倒绕了一个大圈。穆勒希望影响的对象是哈里·泰勒(Harriet Taylor),当时欧洲主要首都里市区穷人的叛乱和随之而来的大大小小的血腥战

---

① 《政治经济学原理》卷1,伦敦1848年,第255页。穆勒的言论中特指的是圣西门计划,他认为该计划是社会主义最认真的模式。在其自传中,他也总是用"臆想的怪物"一词来指代他对任何社会主义的原初看法。《自传》,伦敦1873年,第231页。

役，使泰勒当中出现了可喜的团结现象，泰勒的这个转变促使穆勒用崭新的眼光重新研究公有制。很快，在《政治经济学原理》1949年的修订版中，穆勒就宣称社会主义者的观点是现存关于人类发展的最宝贵的主张之一。① 政治观点像这样一百八十度大转弯的恐怕史无前例。其后，穆勒认为他自己既是自由派，又是社会主义者。他在自传中写道："关于未来社会，我们现在所能想到的是如何把个人行动的最大自由、世界资源公有、利益平均以及联合劳动结合在一起。② 穆勒为巴黎公社辩护，临死前还在写作论述社会主义，并寄望该书能比他那些对议会制政府的研究更有价值。

穆勒的例子虽然很突出，但也不是绝无仅有。在穆勒之后，这样的事居然还多次发生，英格兰最著名的哲学家罗素就步了穆勒的后尘。1895年，罗素在亲自去柏林考察之后，写下了研究德国社会民主党（第一国际领袖党）的第一本英语专著。当时罗素欣赏的是社会民主党更温和的主张，而在书中批评了该党埃尔富特计划（Erfurt Programme）所体现的"无限制的民主"，他担心如果不能认真对待"自然的不平等"，③那么"具有灾难性的愚蠢的实验运动"就会接踵而来。70年后，他写道，"我那本书的角度是正统自由派"。④ 然而仅仅不到20年，一次大战使他彻底改变了看法，就像1948年扭转了穆勒一样。

---

① 《政治经济学原理》卷1，伦敦1849年，第266页。在几种社会主义理论中，穆勒最欣赏傅立叶的社会主义计划。后来，在谈到《政治经济学原理》第二版中的态度转变时，穆勒说："在第一版中，我总是强调社会主义实践会遇到的困难，整本书的调子是反社会主义的。在其后的一两年中，我仔细研究了欧洲最好的社会主义理论家的作品，花时间分析了有关社会主义各个方面的探讨争论。结果我在第二版中把第一版中关于这个问题的基本看法撤去，并给予它更积极的支持。"《自传》，第234—235页。

② 《自传》，第232页。

③ 《德国社会民主》，前言第5页。

④ 《德国社会民主》，伦敦1965年（再版），第141—143、170页。

罗素原准备与 D. H. 劳伦斯合作撰写《社会变革原理》，而当时正在呼吁用一场革命就使所有产业、交流渠道以及土地都国有化的劳伦斯认为，即使书中写了一些攻击国家、私有财产制和战争的话，也还是不够坚决的。① 等到写下一本书《通向自由之路》（该书在他因反战而被捕入狱的期间完成），罗素开始对马克思主义、独裁主义和工会组织主义进行全面的讨论，毫不犹豫地宣扬工会组织主义是"最可行的制度"，这种制度下的财产公有能充分促进个人自由，同时可以抑制国家权力的过分膨胀。②

另一个发生类似转变的例子是当代杰出的经济学家 J. A. 霍布森（Hobson）（肯尼斯在其《概论》中对他的影响十分肯定）。霍布森的《帝国主义》非常著名，列宁曾经引用过，他自己在后来同类的研究中也对该书作过批评。在 1912 年《帝国主义》发表的时候，霍布森还对自由主义确信不疑。③ 但第一次世界大战过后，他也改变了观点。到 1917 年，他已经站在左派的立场上来批评西欧的社会民主党了："1914 年夏天，各国社会主义的退缩说明它还不足以担当推翻资本主义的重要任务。"战后，霍布森致力于社会主义经济理论的研究，希望把适应社会基本需要的标准化产品的结构性需要与个人自由和技术创新的局部情况结合起来，并撰写《从资本主义到社会主义》。④

最后在美国还有一个例子。美国的大哲学家约翰·杜威曾经

---

① 罗纳德·克拉克：《罗素的一生》，伦敦 1975 年，第 263 页。
② 《通往自由之路》，伦敦 1979 年，前言第 11、12 页。"土地和资本公有制是社会主义和无政府主义的基本原则，也是摆脱目前社会带给他们的痛苦，实现理想社会的必由之路。"正文第 211、212 页。
③ 《为民主而战》，曼彻斯特 1917 年，第 9 页。
④ 霍布森既提出生产方式社会化的理由，又列举这样做可能存在的缺陷。他的理论是典型的现代怪圈。见《从资本主义到社会主义》，伦敦 1932 年，第 32、48 页。

直言不讳地说自己是个坚定的自由分子，但是也走上了与前者相同的道路，只不过影响他的不是第一次世界大战，而是美国二三十年代的经济大萧条。①杜威注意到美国一直没出现过与洛克学说相对的边沁学说，认为这是自由主义传统的长期结果，他于是在1935年发表的《自由主义与社会行为》中，坦率地提出放任的自由主义不能"作为现行经济体制的理论基础"，否则就会掩盖它的"残酷性和不平等性"。他站在新经济政策的高度，进一步写道，"少数有产者对生产方式的控制会造成对大多数人的长期压迫"。这种压迫在美国正积聚社会变革的力量时，由于有暴力在后面撑腰，显得尤为突出。"我们对宪法赋予的言论自由、出版和集会自由的崇敬之情，随时可能会走入极端"。杜威认为就他护不懈的这个传统，历史可能仅仅给出了一条出路，"如果迟迟不把现有的生产力社会化，甚至在必要时利用知识的力量来控制和削减少数顽固分子，自由主义也会气数殆尽"。古典自由主义的目标现在应该在社会主义的成就中实现，"社会化的经济也是个人自由发展的途径"。②

今天回忆这些典型的例子正是时候，因为关于自由主义和社会主义的争论在平静了一段时间之后，居然重又燃起，而且新的时尚是要融合自由主义和社会主义两大传统。谈到这儿，C. B. 曼克菲森（Macpherson）的近作，特别是《自由主义民主的生活与时代》立刻跃入脑海，它对约翰·罗尔斯（John

---

① 杜威，曾率先反对美国参战，1917年时不顾他的门生如兰道尔夫·勃纳的苦苦反对，站到了威尔逊总统一边。杜威：《德国哲学与政治》（1915年）与托马斯·曼：《非政治的人》（1918年）在多方面形成对比。杜威在该书中引借了海涅的著名预言，认为德国理想主义与德国军国主义之间颇有干系，以此反对应美国民主而生的美国实验主义运动。但杜威最终断然否弃了"孤立国家主义理论"，并呼吁建立超越孤立国家主权的国际法，使"文化爱国主义"受到一定程度的限制。20年代，杜威到全球其他地区的游访极大拓展了他的政治同情的范围。

② 《自由主义与社会行为》，见杜威：《后期著作1925—1953年》第11卷，卡那德尔与爱德华维尔，伊利诺1987年，第22、46、61—62、63页。

Rawls)《正义之论》中模棱两可之处的研究可以被而且已经被有的人视作为同类课题奠定了理论基础。罗伯特·达尔（Robert Dahl）最近不仅提倡政治多元，而且呼吁经济民主。在美国，新一代的盎格鲁裔美国作家出版了一系列书，如大卫·黑尔德（David Held）的《民主模式》，约翰·杜恩（John Dunn）的《英格兰社会主义政治》，约书华·科恩（Joshua Cohen）和乔·罗杰斯（Joel Rogers）的《民主》，以及萨缪尔·鲍尔斯（Samuel Bowles）与赫伯特·金特斯（Herbert Gintis）合作的《资本主义与民主》等。它们目的不同，口气不同，但在政治观点上却颇可比拟。在法国，包括皮埃尔·罗森瓦伦（Pierre Rosanvallon）在内的一些人积极寻求为第二左派恢复自由主义传统，呼吁不仅要重新考虑托克维尔，而且要考虑基佐（Guizot）的现代意义。①

I 波比奥的背景和事业

当代有一位具有突出的道德和政治威信的人物，他就是意大利哲学家诺贝托·波比奥（Norberto Bobbio）。

尽管他在意大利是最有影响力的政治理论家，在西班牙和拉丁美洲也知者甚众，然而在盎格鲁—萨克逊世界里了解他的人迄今为止还是寥寥无几。最近，他的两本重要著作《哪一种社会主义?》和《民主的未来》被翻译成了英文，希望不久以后能有

---

① 注意下列著作的发表时间：约翰·罗尔：《正义的理论》，剑桥，麻省 1971 年；C. B. 麦克潘森：《自由民主史》，牛津 1977 年。然后是：约书华·科恩与乔尔·罗杰斯：《论民主》，纽约 1983 年；约翰·杜恩：《社会主义政治》，剑桥 1984 年；罗伯特·达尔：《经济民主导言》，柏克莱 1985 年；萨缪尔·鲍尔斯与赫伯特·金蒂斯：《民主与资本主义》，纽约 1986 年；大卫·黑尔德：《民主模式》，剑桥 1987 年。

更多的人了解他。① 任何关于自由主义和社会主义关系的讨论都不能忽略波比奥的全部作品,要理解这一点,首先我们要对他的社会经历有所了解。

诺贝托·波比奥,1909年生于意大利皮特蒙特,在一个他称之为"爱国资产阶级的环境"中长大,认识了"那些坚决抵制法西斯主义的人,以及向法西斯主义缴械投降的人"。他受到的影响首先来自本国哲学家真蒂莱(Gentile),起先并不反对墨索里尼的政策。② 他于1928年至1931年在图灵大学接受政治哲学和法学方面的训练。根据他的回忆,那时马克思或马克思主义的名字在课堂里也不常听到,不过这与其说是因为官方的封锁,还不如说它在学术思想上不受重视。波比奥像他的许多同龄人一样,世界观受克罗齐历史主义的影响而形成。当时他的法律哲学老师,吉埃尔·索拉里正致力于建立一种"社会理想主义",虽然同样受到黑格尔的启发,但在政治统一性方面却比克罗齐更为进步。30年代中期,波比奥在读完德国现象学博士学位之后,顺理成章地成为坚奉自由主义、追随皮埃罗·戈贝蒂(Piero Gobetti)的图灵知识界中的一员。法国罗赛利兄弟在皮埃蒙特创办的反法西斯组织"正义与自由"中的精英分子均来自波比奥等人所在的圈子。1935年,该组织受到警察的扫荡,波比奥作为主要支持者被捕。被释

---

① 坡利提出版社,伦敦1987年;两本都有理查德·贝尔美的前言。人们应该为这两本书的出版感谢编辑和出版人。贝尔美还在他的近作中进一步介绍和分析了波比奥:《现代意大利社会理论》,伦敦1987年,第141—156页。波比奥著作的意大利原版是《哪一种社会主义?》,图灵1976年;及《民主的未来》,图灵1983年。前一本的英文版比意大利原版多收录了几篇。下文引述这两部著作英文版的书名,均缩写为WS与FD。英文版中有些地方作了修改。波比奥的全部著作数目庞大。卡洛·维奥利:《诺贝托·波比奥评传》,米兰1984年,该书在波比奥75岁生日那天出版,里面包括650个条目,而它们还不到他全部作品的十分之六。他的许多作品与法律理论有关,这些作品在《评传》中很少被提到。我十分感谢马德里哲学院的费尔南多·奎萨达及其同事们于1986年举办的现代民主理论研讨会促使我对波比奥进行深入的思考。

② 《老文化与新政治》见《政治与文化》,图灵1955年,第198页。

放之后和到二战之前,他在凯莫里诺大学和西娜大学教书。在那儿,他又参加了由比萨斯库拉诺迈勒的两位哲学家,奎多·卡洛杰罗(Guido Calogero)和阿尔多·卡皮蒂尼(Aldo Capitini),于1937年组织的自由社会主义运动。1940年,他执教于帕杜阿大学,该大学后来成为意大利威尼托区抵抗运动的中心。1942年秋,他协助成立了"运动党",即抵抗运动的政治分支,该组织是原来的"正义与自由"与自由社会主义运动合流的产物。1943年12月,波比奥以威尼托国家解放委员会成员的身份,第二次遭到墨索里尼的拘捕,三个月后重返自由。①

第二年,波比奥依旧愤然战斗在意大利北方,同时他出版了一本争论性的小册子《颓废主义哲学:存在主义研究》。② 该文以民主和社会人文主义的名义强烈指责海德格尔和贾斯帕(Jaspers)的贵族主义、自由主义,体现出北方抵抗运动的主要力量即劳工运动对他的影响。波比奥后来解释道,"我们放弃只能表达一个阶级的意识形态的颓废主义,因为我们也是劳动人民中的一员,希望创造一个新阶级……我相信,若不是我们学会用马克思主义历史观,从受压迫者的角度来读历史,我们就不会对人类社会有如此崭新和巨大的认识,当然也就不会获得拯救"。③ 通过这一番话,我们可以感觉到,经常在"运动党"聚会的青年们的情绪非常热烈,④ 而且波比奥也像其他人一样,坚信共产党之力量无可阻挡,期望工人与知识分子能联合行动,对意大利国家结构来一番激烈的改革。

---

① 见《公民的意大利》,《描述与证言》佛罗伦萨1986年(重版),第70—71、95—96、170、276—277页;《联邦的意大利》、《戈贝蒂的生活》,佛罗伦萨1986年,第157—158页;《良师益友》佛罗伦萨1984年,第191页。这三本被合成三卷本《描述与证言》,其中包括许多波比奥的个人作品。
② 牛津大学出版社1948年出的英文版。
③ 《权力与自由》,见《政治与文化》,第281页。
④ 《政治与文化》,第199页。

在"运动党"里,这些积极分子公开宣称要融合自由主义与社会主义。既然法西斯同时痛恨这两种主义,那么同时为它俩辩护也就显得理所应当。而且在他们看来,"运动党"的这个特点是把它与传统的工人阶级政党区别开来的重要特征。然而尽管它曾在抵抗运动中作出过突出的军事贡献,而且党内人才济济,它还是没能在解放后的意大利政治舞台上为自己留下一席之地。3年后,它默默地消失了。也许没有人比波比奥更清楚它最终瓦解的原因了。10年后,他写道:"我们有清醒而坚定的道德标准,但政治主张含糊不清,容易动摇。我们一直在意大利的政治生活中寻找切入点,但在社会中始终处于无根状态。我们该面向谁呢?作为道德主义者,我们渴望来一次全面的创新,改变意大利政治生活和社会风俗,但又觉得为了创新而搞一场革命没有必要。资产阶级不欢迎我们,因为他们不需要什么创新,而人数更众的无产阶级又不想放弃革命。最终我们只能与小资产阶级达成一点共识,偏偏小资产阶级是最不可能追随我们的。我们原是挑剔意大利文化的顽童,但因孤立无援,不得不与意大利社会中最软弱怕事的阶层混在一起。看见头脑活跃的人努力与最懒惰猥琐的人建立联系,最喜欢揭露丑行的人对最怯懦无能、墨守成规的人心照不宣地默许纵容,最强硬坚决的道德主义者在妥协中喋喋不休地劝说证券经纪人,这种现象实在令人痛心。只有领导人没有军队的'运动党'是一支活跃的政治运动力量,而只有军队没有领导人的意大利小资产阶级对我们漠不关心。这两者的结合将会落得什么样的下场,恐怕你也不难想像"。①

---

① 《运动党调查》,《桥》第八卷,1951年8月,第906页。陶里亚蒂在回答同样一份问卷时,对该党的历史认识不像波比奥这么悲观。他写道:"抵抗运动对法西斯独裁进行了持久有效的反抗,这一运动基本由两大力量组成:一个是我们共产主义者,另一个是'行动'运动组织。可以说我们的力量在任何时候,任何场合都显得更强一些。"《桥》第七卷,1951年7月,第770页。

这段对"运动党"鞭辟入里而又深具讽刺意味的评价，无疑也深刻反映出波比奥在 1947 年该党解散后的真实心态。他撤出政治舞台后，在图灵大学执教法律哲学。尽管他将大部分精力投注到了学术领域，但并不是两耳不闻窗外事。在其后的时间里，他写了一系列雄辩文章，批评在冷战期间意大利的政界和思想界都出现了极化现象。文章中，他非常尖锐而又不失风度地对官方共产主义和反共产主义，对文化自由委员会（从其最初起）和和平党人的观念体系都提出了异议。不过，他在文章中的主要对话人是意大利共产党。波比奥希望说服他们不要对他称之为集权国家之一的苏联无条件地表忠，"它目前还没有被丑闻困扰，但它的情况是历史造成的"；① 他劝意大利共产党一以贯之地重视西方世界现存的自由政治制度。那个时代的欧洲已经很少有其他人在笔下还能保持这种彬彬有礼的温和语气了。② 但人们对他的劝告反响平平。1954 年斯大林去世后，意大利共产主义运动中的意识形态因素才开始有所松懈，也就在那个时候，波比奥发表了《民主与专政》一文，其影响力比过去明显大得多。这篇文章保持了波比奥的一贯作风，口气平缓但批评有力，它涉及传统马克思主义对民主与专政的看法，指出历史上马克思主义对自由主义限制和分立权力的做法评价过低，同时预言说，意大利共产党将会对此有更清醒的认识和认同，因为这将会是以后"与西方世界和平相处"的核心问题。③

这一番言论激起当时著名的共产主义哲学家卡尔瓦诺·德拉沃尔佩（Galvano Della Volpe）的强烈反应。德拉沃尔佩批评波

---

① 《政治与文化》，第 48 页。这个文集收集了对这个时代的思考的力作《对话之邀》、《文化政治与政治文化》、《捍卫自由》、《和平与和平宣传》、《艺术自由与文化政治》、《知识分子与意大利政治运动》、《批评精神与政治无能》。

② 冷战一开始，罗素和杜威就失去了昔日众人瞩目的地位。

③ 《政治与文化》，第 149 页。

比奥退回到19世纪早期本杰明·贡斯当（Benjamin Constant）的温和自由主义的老路上去了。他说，相比较而言马克思主义更像卢梭的激进民主主义传统，卢梭的自由是对大多数而言，而贡斯当的自由仅是为少数人的。针对德拉沃尔佩的这番言论，波比奥立刻写了《比较现代民主与未来民主》一篇比他原来的那篇长得多的文章以作回击。文章中他进一步阐述了自己的观点，坚定而友善地敦促共产主义者警惕"过分激烈的进步主张"，这可能导致为了建立一种实质是无产阶级独裁的、被理想化的模糊民主，而把业已存在的自由民主之优长无辜地牺牲掉。第二篇文章似乎更具分量，连帕尔米罗·陶里亚蒂（Palmiro Togliatti）都感到有必要对此作出回应了（该文匿名发表在《复兴》上①）。在回答陶里亚蒂的反驳性观点时，波比奥以自己的亲身感受总结道，"我们要么在心灵生活的庇护中寻求避风的港湾，要么让自己随供差遣。但在这两条路都不用走的人中，只有一小部分人还保留着一个小小的背囊，里面装着欧洲思想中最有益的成分，包括质询之胆识，怀疑之价值，对话之良愿，批评之精神，评价之公正，哲学之审慎和对复杂情势的直感。在他们投身大海之前，他们会好好地保存这些。然而太多人，根本不理会这份财产，他们或者弃之如鄙，更或者他们从未曾拥有过它们，尚未得到就迫不及待地跳入水中。我不责怪他们，但我倾向于与另外那些人在一起。老实说，我觉得我们的队伍一定会壮大，岁月会带给我们智慧，所有的事情将让我们增长见识"。②

　　经过较长时期后，波比奥上述最后一句话中的平静的自信被证实不是出自虚妄，无疑波比奥也希望用一段较长的时间来证实自己。他与德拉沃尔佩及陶里亚蒂的争论在意大利政治文化中没

---

　　① 《政治与文化》，第194页。波比奥回击文章的标题故意采用了贡斯当1818年那篇著名的题目《古代与现代自由之比较》，以示讽刺。

　　② 《政治与文化》，第281—282页。

有立即引起广泛的回响，而他继续在大学里埋头工作。不过，沉默不是波比奥即将赢得大批关注者的前奏，因为这一沉默就是20年。1964年，意大利社会党刚与共产党脱钩，执政的基督民主党就首次与它结成联盟。此后6年间，意大利由所谓的中左派领导。许久以后，波比奥称这一结合，不管后果如何，是战后"意大利政治发展过程中最幸福的时刻"。① 人们怀疑波比奥对当时死气沉沉的政府是否怀有真正的热情。但有一点可以肯定，1968年，波比奥第一次加入了新近崛起的一元社会党。该党是南尼的意大利社会党与萨拉加特的意大利社会民主党合并的产物。但紧接着，大规模动乱在全国的大学和工厂里蔓延开来，这就是著名的意大利1968年至1969年。投票支持新成立的一元社会党的人数不但没有上升，反而急剧下降。意大利中产阶级担心酿成新的学生工人武装，迅速右倾，中左派很快就大势去矣。波比奥涉及1968年至1969年事件的讲话无不透露着一丝克制和苦涩，他的政治主张被粗暴地从全国民众的面前抹去了。同时他还不得不应付在他的专业活动范围内学生的造反狂流和混乱。② 这段经历对他和他的大多数同事而言都不堪回首，尤其是当时的学生集会不仅令他十分震惊，而且给他留下了一连串不甚愉快的回忆。这份苦涩在其后一个阶段内他所写的小册子中皆有所流露。

波比奥的小册子终于让他第一次成为全国争论的焦点人物，当然，这种事只能发生在60年代末、70年代初的社会运动之后。1973年下半年，意大利共产党宣告与基督民主党联盟，人称"历史大妥协"，并于第2年宣布它的主要理论是对欧洲共产主义的回归。在与陶里亚蒂的争论过去20年后，政治形势终于

---

① 《永远的危机》，《权力》第18卷，1981年，第6页。
② 波比奥的一个儿子曾领导过"坚持斗争"运动，后来他成了研究此运动的历史学家。见卡伊奇·波比奥：《"坚持斗争"——革命组织史》，罗马1979年。这是一本严肃深沉的回忆录。

证明波比奥对民主与独裁、自由主义和马克思主义的看法是正确的，而且证实了他的预言。趁着这一大好时机，波比奥于1975年又在 Mondoperaio（社会党的理论期刊）上发表了两篇重要文章。第一篇论说马克思主义缺乏政治理论，第二篇则感慨现代自由社会居然找不到能够替代议会民主制的政治体制。他还告诫人们，当心在葡萄牙革命进程中出现的危险错觉有可能在意大利革命中也出现。① 这一次，波比奥的议论引起了意大利公众的广泛兴趣，许多来自意大利共产党和社会党的政治家以及知识分子精英都对他作出了反应。1年之后，波比奥高兴地看到，许多人已经在这场争论结束之时就他的基本理论重点达成了共识。到1976年，意大利共产党放弃了他一度批驳的列宁主义，而意大利社会党也开始改变其一贯作风。更令波比奥高兴的是，彼得罗·南尼（Pietro Nenni）在社会党第十四届国会的论坛上公开使用他的论点，这无疑具有官方性质，并带给波比奥前所未有的影响力。② 1978年，他参与起草意大利社会党的新纲领。当有人批评新纲领中马克思主义的成分十分欠缺时，波比奥在自己影响力的支持下，起而为之辩护。这是波比奥影响力的历史性突破，他很快成为在《新闻界》上评论国家政治的专栏作家，这是他解放后第一次固定地在杂志上露面。

几乎在同时，贝蒂诺·克拉西（Bettino Craxi）升到了社会党的顶峰。社会党的最终目标是从道德和政治两方面重建意大利社会主义，把争取在意大利国内取得一个更好的、更长期的公民民主放在首位。波比奥像党内的其他人一样，不相信"历史大妥协"所持有的组合主义逻辑，而对意大利社会党的重建理想，

---

① 《马克思主义国家学说的现状》和《用什么替代民主代议制？》再版见于《哪一种社会主义？》意文版，图灵1976年，第21—65页。现收于 WS，第47—84页。

② 《哪一种社会主义？》意文版，第66—68页；WS 第86—87页。

及其在国家重建中的作用怀有信心。但他很快就不得不失望了。政府的"国家团结"没有让改革取得多大的效果,反而酿成了恐怖主义的祸害,议会的动荡和腐败也未见改善。1981年,波比奥为了唤起人们对国家政治现实的认识,写道,"意大利宪法的黄地图"可以被扔掉了。① 克拉西领导的意大利社会党正在变成一架无所顾忌的专制机器,他的运动完全听命于用卡尔·施密特(Carl Schmitt)的"决策主义"逻辑装扮自己的领导者。80年代,意大利政权由共产主义民主党、共产主义社会党、意大利社会民主党、共和派和自由派五方共执,这是一个"罕见的、不可思议的中右派与中左派的联合"。波比奥认为这个联合没有任何进步的可能,而且也遭到美国的反对。② 如今,波比奥已是总统任命的终身议员,一个受人尊敬的意大利上院议员,但同时他似乎又成了一个游离在外的狙击手和意大利政治生活中的道德良心。

II 观点与位置

以上所述乃诺贝托·波比奥的一生,当然并不完全。波比奥把他的一生称作是"连续的、缓慢的、艰难的学徒生涯,如此艰难,让我筋疲力尽,但仍不能满足,又如此缓慢,到现在还不结束"。③该如何看待波比奥一生的历史意义呢?在那一长串想要调和自由主义与社会主义的思想家中,波比奥在几个方面表现得

---

① 《永远的危机》,第12页,波比奥在此处的语气非常严厉,不过他对宪法原则的重要性一直非常重视,20年前,他曾与人合编一本意大利介绍宪法的公民教育书籍,在意大利中学里使用。诺贝托·波比奥,弗兰扬·皮尔冉德雷:《宪法简介》,巴里1960年。

② "一个无须在上面覆盖神秘面纱的境况",《介绍》,《意大利政治体制的改革危机》,米兰1984年,第21页。

③ 《公民的意大利》,第10页。

十分特别。其中之一是他兴趣所在的领域。波比奥的哲学形成曾受到多方面的影响,他战前反对胡塞尔和舍勒的现象学,战时反对海德格尔与贾斯帕的存在主义,战后反对卡耐普(Carnap)和阿耶(Ayer)的实证主义。他自己的认识论倾向是经验主义的和科学的,与天性偏向推理和理想主义的"意大利思维方式"格格不入。① 在这一方面,他与穆勒、罗素及杜威极为相似。但波比奥与他们不同的是他没有自创一个哲学流派,在经济学方面的素养也不如穆勒和霍布森。虽然他对逻辑、认识论、伦理和经济学的贡献不算大,但他对西方政治思想的主要传统的掌握,却是无人能出其右的。他对从柏拉图到亚里士多德到阿奈或阿尔瑟修斯,从普芬多夫和格劳秀斯到斯宾诺沙和洛克,从卢梭或麦迪逊到伯克和黑格尔,从贡斯当和托克维尔到韦伯或克尔森等诸多传承的理解不仅是时间上的,而且是广度和深度上的。波比奥深厚的政治哲学功底来自他在宪法法律方面所受的训练,及他对政治科学的熟悉,并对他的著作特性有着十分重要的影响。波比奥对马克思主义的成长过程比他师友辈的学者了解更深,但对其他各种历史唯物主义的传统却不尽了然。他可能熟悉考茨基和列宁的作品,然而程度尚浅,不如对经典人物马克思的了解来得深。例如谈到葛兰西(Gramsci)时,他犯的错误简直让人吃惊。但出人意料的是,在 70 年代前左派文化占据意大利国内文化主流时,他的这一局限非但不是缺点,反而倒成了他的长处。当时意大利国内除马克思主义畅行无阻外,其他的学说一概受到排斥,导致"权威论调"横行,气氛令人窒息,这一点深为波比奥所痛恨。② 正如他对陶里亚蒂说的那样,他的学说不是非马克思主义的,就是前马克思主义的,所以离漩涡中心很远。当然他气质

---

① 《20 世纪意大利意识形态》,图灵 1986 年,第 3—4 页。该书重点突出,富于启迪,是波比奥在知识分子史学方面的主要作品。

② 《哪一种社会主义?》意文版,第 25 页,WS 第 51 页。

中的宽容、质疑和民主也是不可忽视的因素。

波比奥的另一异处是他的政治立场较他之前的主要思想家更为复杂，事实上，他站在三种互相竞争的主要传统的交叉点上。他最初的政治思想和信念是自由主义。在欧洲自由主义的传统中，意大利一直是个不太协调的特殊分子。在19世纪自由主义的发源地英国，早在格莱斯顿时代，自由主义就已经在小城邦和自由贸易中得到了完美体现。此后，它在无须努力改进的情况下，于阿斯奎斯及劳合·乔治时代逐渐进入其社会生命的尾声阶段。在法国，情况恰恰相反，自由主义作为复辟时期的重要主张，为宣扬君主制的优越性提供了理论框架。它在奥尔良政权时期声名扶摇直上，在第二帝国时期又摔入低谷。总的说来，它太过软弱，竟未能在初出茅庐的第三共和国及其全民公选制中得以幸存。在德国的俾斯麦时期，国家自由主义居然向普鲁士保守主义缴械，放弃议会原则，转而寻求军事征服奥地利。国家自由主义在政治上主动退位，自由贸易紧接着就被第二德国抛弃了，全国经济顿时一片混乱。意大利与德国则堪称鲜明对比，意大利的国家统一不仅没有把自由主义作为代价牺牲掉，反而是打着自由主义的旗号完成的。另外，在意大利复兴运动中获得胜利的自由主义还有两个不可多得的护身法宝：其一，自由主义是意大利皮埃蒙特温和派的受宪法保护的思想体系，能够作为他们在君主制下实行统治、整理修改政体结构的凭藉；其二，它是意大利为与罗马教廷抗礼而对国家所作的世俗定义。

在很长一段时间内，意大利自由主义的空前胜利似乎使日常的自由主义工作实践显得多余。自由主义已与国家或世俗国家的建设事业高度地等同一致，领导这项事业的政治家及思想家甚至缺乏足够的动力去提高选举的诚信度，推动政治自由向纵深发展。然而意大利也出过乔瓦尼·焦利蒂（Giovanni Giolitti）这样的政治寡头，他的专制政权使制度腐化充斥国内，高压暴力横行,意大利从自由主义一下跌入一次大战的深渊;意大利还出过重要的经济自由主义理论家维尔弗雷多·帕雷托(Vilfredo Pareto),此人曾强烈建议用白色恐怖粉碎工人运动,扫除议会民主;意大利更出过伟大的哲学家贝内德托·克罗齐(Benedetto Croce),伦理自由主义的斗士,但他居然赞赏了一次大战中的大屠杀,并且同意墨索里尼的加冕。不过深具讽刺意味的是,恰恰是这些恶行使意大利自由主义的希望和活力得以保存到20世纪。恐怕再也没有别的国家能够像意大利这样拥有如此形态多样、矛盾迭出的自由主义之表现。自由主义的传统理想既能在这儿受到拥护,又同时会遭到嘲笑,或许这也是为什么它在别处已失去根本的规范力,而在意大利仍然保有这一权力的重要原因。事实证明,意大利自由主义会以最出人意料的方式对现行体制构成巨大威胁。波比奥就是这种摇摆不定的自由主义的一个实证。他对焦利蒂和帕雷托十分敬重,对克罗齐甚至有些崇拜,① 因为克罗齐历史主义毕竟构成了他思想中的一个重要方面。但克罗齐以哲学目的论衡量政治自由主义的体制价值的做法,让坚守政治自由主义的波比奥不满,这种目的论显得十分冷漠,似乎与现代体制的日常实践没有联系。日常实践对克罗齐来说是个禁区,但对于波比奥来说却永远具有存在的必要性,因为他继承穆勒的经验主义传统,把自由主义看作宪法对个人自由和公民权的允诺及保护。② 在波比奥看来,经验主义是英格兰的特色,而凡是他尊敬的意大利英雄式的思想家都与这一传统关系密切,如1848年在米兰抵御过奥地利人进攻的卡洛·卡塔内奥,1924年拒绝向法西斯主义低头的路易吉·埃瑙迪,加埃塔诺·萨尔韦米尼,虽然他们并不是最有代表性的人物。

---

① "本世纪最复杂深刻,富有灵感的历史观点",《公民的意大利》,第92页。
② 见《克罗齐与自由贸易主义》,《政治与文化》,第253—268页。

不管表达上多么鲜明有力，在20世纪，波比奥的观点算不上独创。他的思想乃受到古典政治自由主义与其他理论传统的冲突的引发，而这种冲突又是由意大利独特的历史经验传递出来的。所谓的其他理论传统有两个，一是社会主义，意大利的社会环境曾有助于它的形成。30年代末，波比奥作为左派分子加入意大利知识界和政界。当时的意大利政界流派交错纷呈，表现十分独特。战后的意大利更像一个万花筒，各种社会的和思想体系的元素被抛离原来的状态，融进令人感到陌生的结构中去。自由主义在这种环境下并没有消亡，而是披上了一层新的、鲜艳夺目的外衣。奎多·德鲁杰罗（Guido de Ruggiero）的《自由主义欧洲史》于法西斯掌权之际完成，是这些年中意大利研究上个世纪欧洲自由主义的惟一一本全面的学术著作，其中不仅有历史的比较综合，而且有情势紧张的政治冲突。德鲁杰罗是个曾经在政治中心活动的历史决定论者，对德国为欧洲"法制国家"观念所作的贡献十分赞赏，尤其对康德和黑格尔崇敬有加。然而他也写道，"假如我们还记得，19世纪早期的自由主义者为解决他们时代的紧迫难题曾采用了多么残酷卑鄙的手段，我们就不该责怪和否定社会主义。尽管它的思想体系有这样那样的缺点，对早期个人主义来说，它不失为一大进步；从历史的角度看，它企图用社会洪流湮没个人主义，也是无可厚非的"。① 时常发生暴动的工人阶级的力量（有时甚至是超越工人阶级的俄国革命的力量）

---

① 见《欧洲自由主义的历史》中"实用社会主义的自由主义"部分，牛津1927年，第391页。波比奥的感情与德鲁杰罗的作品始终混淆在一起无法分割。波比奥承认，德鲁杰罗的作品一度对他至关重要，他在一战后对他的斥责，在广义上过分强调了德国自由主义的价值，而且不加批判地特别拔高了黑格尔的贡献。与此同时，他同克罗齐一样，贬低了英国自由主义的成就："意大利理想主义者在密尔顿和穆勒的家乡无法看到之后，他们便想像他们已经在费希特与俾斯麦的国家找到了。"见《政治与文化》，第253—256页。尽管有这样那样的异议，波比奥的一系列主题已经在德鲁杰罗的作品中反映出来。而德鲁杰罗本人在文艺复兴时期就是行动党活跃分子和领导人物。

使更加左倾的年轻一代产生了各种各样的冲动,虽然他们彼此所怀的目的不同,但都希望融合无产阶级和自由主义的价值观,以此塑造一个新的政治力量。第一个把这种冲动变为现实的是皮埃罗·戈贝蒂(Piero Gobetti)的著名的"自由主义革命"纲领。1922年纲领发表之前,戈贝蒂曾用意大利文出版穆勒的作品,支持自由贸易,同时也推崇列宁,并在"新秩序"运动中与葛兰西携手合作。戈贝蒂的自由主义具有极强的革命性,号召工人阶级自下而上地夺取政权,作为惟一能够改革社会的力量成为社会的新统治者。他看不起意大利社会主义,嫌它改良气息太重,而对苏联共产主义很有好感。

戈贝蒂于1926年死于法国。2年前,他的期刊上登载了一位年轻的社会主义者卡洛·罗塞利(Carlo Rosselli)的文章,批评意大利社会党的传统。在墨索里尼的监禁下,罗塞利写了《社会主义自由》一书,之后逃到法国,第2年在法国发动了"正义与自由"运动。罗塞利融合自由主义和社会主义的出发点与戈贝蒂相反。罗塞利十分羡慕他所知道的英国劳工运动,希望能消除社会主义中的马克思主义成分和把苏联当成社会主义化身的思想,并恢复其自由民主的传统,他相信后者才是现代文明的要求和标志。1937年,法西斯刺客暗杀了罗塞利和他的兄弟。同年,奎多·卡洛杰罗(Guido Calogero)和阿尔多·卡皮蒂尼(Aldo Capitini)在比萨掀起他们称之为"自由社会主义"的思潮。名字的细微差别表明他们处于罗塞利和戈贝蒂中间的立场。尤其是卡皮蒂尼,他的世界观更具宗教性,对苏联的历史经历也更加同情。他希望能够在将来建立一种"后基督教",同时也是"后共产主义"的社会,把最大限度的法律和文化自由与最大程度的经济社会化结合起来。卡洛杰罗则与罗塞利更接近,他把苏联当成"集权国家"加以拒绝,并反对任何生产方式的大社会化。1942年,当两股运动的合流形成"运动党"时,他建议把混合经济当作自由与公正的媒介手段。虽然这一建议被纳入该党的正式纲领,但在党内遭到了主要来自自由共产主义分子的反对。自由共产主义理论家奥古斯托·蒙蒂(Augusto Monti)和西尔维奥·特伦廷,(Silvio Trentin)都是戈贝蒂的直接继承者。30 年代在"正义与自由"时,特伦廷就抵制过双区经济的观念,并坚信有必要对财产关系进行社会化革命,同时他与蒲鲁东派一样,呼吁建立消解了中央集权的联邦国家,以保卫自由在资本主义被取消后不会受到政治专制的危害。对以上这些思想家来说,意大利战后很有可能会发动共产主义革命,而他们的重要任务就是考虑用何种形式的民主革命能够解决共产主义革命的遗留问题。①

至此,在意大利已经出现了自由主义革命、社会自由主义、自由社会主义、自由共产主义等流派,除了意大利大概没有别的国家能拥有如此复杂的思想杂交品种。一战后的意大利来不及建立资产阶级民主或社会主义民主,也来不及在资产阶级意识形态下为政治学定一个严格的划分框架,但正是这种环境为意大利国内各种思想的混合提供了土壤。法西斯主义在意大利横行的 10 年说明意大利的自由主义作为一种力量不够成熟,而社会主义逐渐阵线一致。当它们一起遇到强敌时,抵抗的最终办法只能是起义和暴动,意大利抵抗运动因而表现出了广泛多样的思想混合。这样独一无二的历史时刻和政治经验造就了波比奥,并极大地影响了他的政治思想。

在个人因素和道德背景方面,波比奥与卡皮蒂尼十分接近,他的实践倾向则与卡洛杰罗一致,而且出于对战后意大利共产党的信心,波比奥的实践与马克思主义的关系多多少少增强了。他

---

① 有关此方面的复杂历史,可分别参看波比奥的《公民的意大利》,第 9—31 页,《联邦的意大利》,第 45—48 页,《教师与伙伴》,第 239—299 页,《20 世纪的意大利意识形态》,第 151—163 页。

从一个自由主义者变成了一个社会主义者，而且像我们前面提到的那些例子一样，他没有放弃自由主义，而是在思想中保留着明显的自由主义的特征。自由主义是宪法国家的根本允诺，不是自由市场的特殊部件，它是政治的，不是经济的。这种概念差异来自意大利语对"自由主义"与"自由贸易主义"不容混淆的辨别，① 是其他语言所没有的，所以在意大利，从平等主义者过渡到社会主义者并不困难。波比奥后来在书中表达了他对这两个概念的关系的认识，"我个人认为社会主义理想高于自由主义理想"，前者能包容后者，反过来却不行。"如果说平等不等同于自由，那么至少在有的情况下自由可以等同于平等"，也就是说，"社会所有成员因为权力平等而视他们自己为自由的"，② 社会主义是一个包容性更强的概念。

　　这种信念所持的逻辑与穆勒、罗素、霍布森或杜威的逻辑乃属异曲同工。上述学者在他们相对封闭的学术研究范围内经历了从自由主义者到社会主义者的过渡，波比奥与他们不同，他亲自参加了一个在对内对外战争中发挥过重要作用的集体运动，其转变主要来自实践，并且转变背后隐藏着更多的热情、挣扎和回忆。出自实践的决定必定更多地以结果为指向。对波比奥来说，意大利抵抗运动中惟一真实的新思想体系就是他称之为"自由

---

① 克罗齐的文章《自由主义与自由》写于1928年，是直接针对艾瑙迪的。克罗齐认为，自由是一种道德理想，它与一系列的经济政体和谐共存，所以它不仅仅被认为是竞争与自由贸易。10年后，他用同样的理论批驳了卡洛杰罗，拒绝在自由主义与社会主义之间寻求中和的任何概念——"自由容许没有修饰语"。1941年，他拒绝加入行动党，因为它在南方提倡把土地分给农民的主张。参见乔万尼·迪·卢纳的《行动党的历史》，米兰1982年，第25页。

② 见《意大利意识形态与权利危机》，佛罗伦萨1981年，第29—30页。本卷主要收入了波比奥在1976—1980年间在拉·斯坦帕发表的文章。文章公正地指出，他"几乎总是努力在把时下的问题与政治哲学或政治科学的一般主题联结起来。"它们形成了某种公众文体的显著例子，而这早已在欧洲的新闻报业界销声匿迹了。

社会党"的"运动党"所采用的那套。① 他对该党充满希望的黄金时代的恋恋不舍之情一再地出现于他的文章中,但又总是伴随着我们可以感受到的、难以排遣的自嘲。自由社会主义乃是一个"精英准则",其"脱离实际的哲学立场注定要被强大而真实的政治力量粉碎,后者为现实利益的巨大动力所驱动,而不是什么完美的三段论"。②

波比奥所说的主要力量自然是指基督民主主义和共产主义。对基督民主主义,波比奥从未作过过多评论。战后无论在对话中还是辩论中,他批评的重点都是意大利共产党。他在冷战时期于意大利共产党交换意见是流露出的政治思想不同寻常,受到人们的关注。他的言论让人意识到,尽管他与前述学者都经历了一个从自由主义到社会主义的转变,但其中必有不同。那些学者在一个自由主义已经建立的环境里,出于对自由主义性质的暴行或失败的反应,如明显的倒退、帝国主义战争、大规模失业等,寻求可以借以摆脱的社会主义。波比奥则在与法西斯的对抗中,逐渐成为一个自由主义和社会主义者,他从未停止实践。当社会主义在苏联产生出斯大林独裁体制这样的恶果时,他的批评也随即开始了。要了解波比奥的这一特殊之处,我们最好以他的两位先行者,罗素和杜威,与他们当时的革命潮流的关系为参考。1920年,罗素去苏联进行了一番考察之后,写了一部关于苏联内战时期布尔什维克政权的研究,不仅深入,而且预测惊人地准确,是

---

① 见《联邦的意大利》,第 248 页。在这段描述中有一个历史性的漏缺,它意味着那种综合对他、对某种视觉幻象是多么重要。行动党同样具有某种不同寻常的力量,它与社会主义毫无关联——其来源是金融业与商业,由乌戈·拉·马尔法所领导,他是战后共和党的缔造者,共和党在政治上与启蒙的工业资本息息相关。波比奥对行动党的记忆总是有规则的跳跃过去。事实上,是以商业银行为中心的拉·马尔法的组织,才真正创建了行动党,它不情愿地、颇具策略性地接受了自由主义者的纲领性观念,而且,最终有效导致了党的分裂。参见乔万尼·德·卢纳有关其最近历史的精彩论述《行动党的历史》,第 35—42、347—365 页。

② 《联邦的意大利》,第 248 页。

外国观察者所能写出的最好研究。① 杜威于中国五四运动前夕抵达中国，在中国工作了一段时间。他支持广东政府，抨击英国和日本帝国主义对中国的干涉。然后他应基马尔之邀去了土耳其，又去卡列斯时期去了墨西哥，在那儿亲眼见到美国的帝国主义势力（当时这一势力在桑地诺领导的尼加拉瓜也积极地活动着）。他还在集体化运动开始之前到了苏联。当杜威写到这些经历时，他的语言里流露出对上述国家的同情。② 30年代末，他勇敢地帮助揭露莫斯科大审判。

然而，对那些无论从个人背景还是国内环境考虑，距现代革命运动都有相当距离的人来说，这种经历虽谈不上带有个人偏见，但充其量也不过是一连串光荣的美好回忆罢了。波比奥的情况与之迥异，他参加过意大利共产党领导的抵抗运动，这一运动距南斯拉夫革命大约只有数步之遥，与成为东西方阵营冲突战场的德国建立的人民民主相去也不多。波比奥与社会主义的关系因而呈现的完全是另一种形态，既紧张又切近。

除此以外，波比奥独树一帜的思想体系中还有另外一个重要因素使他与其他那些学者表现相异。穆勒、罗素和杜威的最大共同之处是他们对教育的社会影响力寄予厚望。穆勒认为，社会主义的发展建立在工人阶级的文化素质逐渐提高的基础上，这种教

---

① 就其预见性而言，《布尔什维主义的实践与理论》（伦敦，1920）无论在数量上还是在敏锐程度上，都是一部令人吃惊的文本。罗素预见到了布尔什维克政权的民族性与官僚政治的复杂性、未来工业化的范畴，以及基于西欧的俄国体验的第三国际策略的可能的局限性。他甚至依稀看到了核威胁的均衡发展。他对苏联经验的判断并不是前后连贯的，同时他也没有给西方的工人运动提供真正可靠的选择。但瑕不掩瑜，这些缺点并不妨碍它本身的成就。

② 杜威回国以后描述了他在中国的经历，把它称之为是自己一生当中对理性最有益处的经历，可以说是他思想上的一个分水岭。至于他对20年代的大变动的反映，参见他的著作《苏维埃俄国与革命的世界：墨西哥、中国、土耳其》，纽约1929年，特别是其中的《帝国主义是容易的》一章，第181页。1921年，罗素在湖南和北平与杜威相遇，参见罗素：《中国问题》，伦敦1922年，第224页。

育过程需在较长时期内完成，在此之前的所谓的社会主义都是不成熟的。杜威在美国的影响主要来自他在芝加哥建立的实验学校，该校致力于发展进步教育的理性实用的功能，而非浪漫表现的一面。他在美国最畅销的书就是《民主与教育》。罗素在贝肯山建立的教学项目体现了他在《教育与社会秩序》或其他书中传递的思想原则。[①] 以上三例中，教育均占据着不可替代的重要位置，表达了他们把知识分子当作潜在的社会师者的特殊心态。

对穆勒等人推崇的知识分子的社会作用，波比奥十分怀疑，认为这是战前知识分子的特有幻梦，克罗齐、撒尔维米尼（Salvemini）、真蒂莱、戈贝蒂、普雷佐利尼（Prezzolini）以及葛兰西都遭到过它的蒙骗，以为自己的任务乃是要"教育整个国家"。[②] 审慎使波比奥对"知识与道德改革"，及对"教育"（Biudung）允诺的美丽图景有所保留，但对"政治现实主义传统"毫不隐瞒他的敬意。他认为这一传统可被归入保守主义范畴，它关注权力和暴力的历史作用，对他本人也产生过深刻的影响。[③] 欧洲政治现实主义的杰出代表人物、卓越的绝对主义理论家霍布斯（Hobbes）认为，没有武力强制保护的法律不过一纸空文；在黑格尔眼里，国家主权在国内的和平安定中难以得到体现，而对外战争是国家生机的永恒源泉。在意大利这种现实主义没有发展成理性化的玄思，而是积极探索实际的统治方式，从马基亚韦利（Machiavelli）到莫斯卡（Mosca）及帕雷多（Pareto），无不如此。波比奥欣赏意大利精英理论家，他的社会学观点中有一些重要因

[①] 罗素的著作出版于1932年，而杜威在1936年以非常类似的题目发表了一篇文章。

[②] 见《先辈的过失》，《桥》30卷，第6期，1974年6月，第664—667页；《20世纪意大利意识形态》第3—4页。波比奥将此观点的意大利的说法追溯至乔波蒂对赖斯奥吉曼托的贡献。

[③] 波比奥在许多作品中发展了这一主题，可参见《意大利政治学评论》，巴黎1969年，第9、127、217页；《20世纪意大利意识形态》，第17页。

素得益于他们的影响，因此对他们有很多积极的评价。① 但从某种程度上说，波比奥的现实主义观又有别于意大利的传统。意大利社会主义的鲜明特征是对纯政治比较迷恋，即把政治看作纯粹的个人权力角逐，马基亚韦利就持这种态度。比较而言，意大利传统缺乏对国家作为非个人化的客观制度综合体的思索。所以历史上，意大利缺乏全国性国家主体，国家主体在建立后又长期式微。波比奥延续并重新调整了意大利现实主义传统，使之从纯政治（作为赢取权力的复杂手段，曾使马基亚韦利、莫斯卡乃至葛兰西都对它十分入迷，甚至在迄今的国家议会和新闻媒体中有所反映）转向以麦迪逊、黑格尔、托格维尔为代表的对国家问题的探索。

对国家问题的思考重点放在以下两点。一，波比奥坚信暴力始终是一切国家的最后手段。② 这是他从经验中得到的带有保守现实主义色彩的教训，他说，马克思和列宁也都有同样的教训。虽然他们从此对国家的认识变得有些悲观，但其中还是不乏对人性的乐观主义态度，即相信最终人们会通过解放他人而解放自己。不过，现实主义主流传统却认为人的强烈情绪狂放不羁，所以永远需要有权力组织对其严加看管。③ 波比奥尽管未对这个问题作正面回答，但他说过，"政治学从保守主义的客观冷静，甚至有些冷酷的分析中学到的，比它从激情然而易碎的改革主义中学到的要多"。④ 他的第二个重点是用保守主义来反驳马克思主义。国家政治主体的内涵决定国家间的战争暴力与国内各阶级没有必然联系，不受国内政治气候的限制，而马克思忽略这一点势必会产生不良

---

① 特别参见他在《意大利政治学评论》中对莫斯卡与帕雷多的评价，该书出版于学生运动风起云涌之时，驳斥了他们可以成为一种深受欢迎的解毒剂的说法，波比奥认为这只是一种假象而已。
② 《意大利意识形态与权利危机》，第 165 页。
③ 参见《国家、政府与社会》，都灵 1985 年，第 119—125 页；《哪一种社会主义？》，第 39—40 页；WS 第 62—63、187—190 页。
④ 参见《意大利政治学评论》，第 217 页。

影响。波比奥认为,军事冲突的历史和理论也应被纳入对国家的现实考虑,对此黑格尔和特赖奇克(Treitschke)都颇为赞同。然而有趣的是,波比奥关于战争在政治发展前途上具有重要作用的观点,恰恰使他成为了意大利少有的坚定的反核装备竞赛者,并提倡以霍布斯准则建立国际和平。① 与自斯宾塞或马克思以来的思潮不同,波比奥不相信自发进步的必然性和可靠性,他的上述观点更加证明了这一点。总而言之,历史似乎从未让人们的邪恶意志结出好果;相反,它总是荒谬地把人们的善良愿望变成令人难以接受的现实。② 波比奥的自由主义思想可以说兼容并包括了一部分社会主义、保守主义、革命的和反革命的主张,甚至对像麦斯特拉(de Maistre)这样的思想者,他都表示了某种程度的赞许。

Ⅲ 现实存在的民主;两种批评

过去 30 年中,波比奥不仅是一个经历者,而且是一个参与者。为民主辩护,为民主阐释是他的理论基调。他的理论着重于民主实现的程序,而不是民主的实质。波比奥评判民主有四条基本标准:一、全体的平等的选举权;二、公民权中包括言论自由和同一思潮拥护者组织团体的自由;三、决议由数量上的多数人作出;四、保护少数人的权益不受大多数人的侵犯。凭借这四条标准,波比奥坚持不懈地强调民主是一种方法,是政治团体的一种形式,而不是其实质。这一看法作为一种政治价值标准具有极

---

① 它指的是,在一个单独具有全球司法权的超级大国内军事力量的垄断性投资。相对于这种"司法上的"解决方法,波比奥对比了马克思主义所提出的"社会的"方法,后者认为,只有在国家消亡之后,国际和平才会有保障。他没有强调这会导致各种社会关系的总妥协,因为国家是一种"暴力的体制化"。不过,它能提供消灭核武器的各种条件,它提倡的是无条件的、真诚地反对核武器,同时也反对为之辩护的核武器具有威慑性的理论。参见《战争与和平问题》,波伦亚 1979 年,第 8—10、21—51、79—82、114—116、202—206 页。

② 《哪一种社会主义?》,第 102、115、209—212 页。

强的超越性。波比奥以为马克思主义在这个问题上犯了一个根本性的错误,就像历史唯物主义总是与谁来统治一个既定社会的问题纠缠不清,却不关心如何统治。波比奥称前者为主体问题,后者为制度问题。在马克思和列宁主义中第一位的制度问题总是被第二位的主体问题给完全掩盖住。马克思和列宁都把专制定义理解为一个阶级统治另一个阶级,而没有意识到专制是一种政治权力凌驾于所有法律之上的行为。其间的差别在于一个是广义的社会秩序,另一个是狭义的政体。① 波比奥认为在马克思主义之前,已经有人提出用革命性的专制来改革社会,这一所谓的前马克思主义传统,从巴贝夫(Babeuf)延续到波纳洛蒂(Buonarrotti)、布朗基(Blanqui)。马克思主义的新颖之处是改变了这种"专制"的传统含义,在罗马人眼里,专制意味着一个特殊的同时又是短命的政府,而马克思认为专制是一切在共产主义无阶级社会到来之前的政府的实质,具有稳定的普遍性。

  波比奥反对这种理论的异质合并,强调在一个实际上是阶级社会,并由资本家统治的社会环境中,以议会和公民自由为特征的自由主义体制具有无可取代的重要性。这个资本家阶层的统治应当受到规范和限制,保证给社会所有阶层的个人以基本的自由,不应因阶层属性而对他另眼看待。这种政治民主将从历史上和法律上防止权力的滥施。在上个世纪,民主是自由主义的产物,到本世纪,它将在制度化的形式中保持自由主义的风格。波比奥写道,"我所谓的政治民主并不是一个狭义的概念,因为根本就不存在不自由的民主。自由民主是有效民主的惟一形式"②。自由民主的基本功能是保证公民的消极自由不受国家势力的影响,不管其影响是现实存在的还是可能发生的,公民都可以做他们喜

---

① 《政治与文化》,第150—152页。
② 同上书,第178页。

欢的事，而不受外部的法律限制。这一保证机制具有双向效能，两种效能在结构上密不可分，一方面是体现于个人层面的公民权，一方面是体现于国家层面的代表大会。不论历史上每个国家的具体选举权究竟给这个国家带来了什么，这两者的结合点构成了波比奥"宪法国家"的不可削减的核心。波比奥认为自由民主的起源与它在今天的用途无关，既然它现在只不过是一种技术性的工具，就像铁路和电话一样，那么就应当成为任何社会阶级均可利用的宝贵财产。说工人阶级在他们的社会主义框架里不能使用结合了个人自由的代表大会，是完全没有道理的，它不仅应当，而且迫切需要这样做。针对历史唯物主义的教条，他故意写道，"自由主义的各种制度属于任何物质文化阶段的国家或政体，只要它迫切需要把自己的政治技巧从一种文明过渡到另一种文明"。[①]

在与德拉·沃尔佩（Della Volpe）、陶里亚蒂交换意见时，波比奥清楚地把个人与国家相结合的自由主义制度与苏联的国内形势作了比较。他认为苏联公开宣称的无产阶级专政具有历史上一切时代的与任何民主相违背的独裁特性。[②] 但这种比较最初只体现了他政治观点的部分内容，因为自由民主还需要与它的另一个敌人，或者说是它的另一种模式相区分。波比奥认为，自由民主必然是代议制的，间接的。所以当人们想取代它时，考虑的也必然是代表制的，更直接的民主。事实上，70年代在意大利很少有人为无产阶级专政，或其他的专政辩护，但是相信可以而且应该用更直接的民主代替目前的议会制的大有人在。他们呼唤一种结构上与高级社会主义契合无间的政务会民主，就像现在的代议制民主与高级资本主义彼此呼应一样。1975年到1978年间，波比奥把理论重点都放在了这个问题上，他抨击所谓直接民主的

---

① 《政治与文化》，第153—154、142页。
② 同上书，第157页。

"偶像崇拜"。波比奥尽管没有否认直接民主从古时起直到罗梭的思想传承,在其融入历史唯物主义理论之前,它是无可厚非的,但他认为这一思想在现代工业社会缺乏可行性。

波比奥的反对观念从结构和体制两个方面展开。众所周知,现代国家单就其庞大的规模和复杂的程度而言,就绝对不适合使用公众直接参与的方法决策国家问题,这由技术问题所决定,且有史为证。当然这并不意味着现有的代议制国家已达到民主进程的巅峰状态,代议制民主和直接民主并不互相矛盾,而是互相补充形成一个连续体。他说:"没有一种形式会绝对地好或绝对地坏。根据不同的时间、地点、问题和执行人,它们都会表现出或好或坏的一面。"① 对任何事都需要具体问题具体分析,这也是波比奥一开始就详细地比较代议制和直接民主的原因。但实际上,他几乎对所有讨论到的直接民主的制度形式都加以批评,对有的则干脆反对。在战后意大利,公民投票是宪法规定的民主制中的主要部分,它使意大利民主制有别于其他西欧国家的更为保守的民主制度。当然,如果不用经常参询民意的话,它倒也不致于让人无法忍受,因为遇到有些简单的大众型问题,民意可能会分为势力大致相当的两大派。但这一形式恐怕难以应付大量的立法工作,像意大利众议院那样每天对新法律进行表决,远远超出了一个普通公民的承受能力。除非必要,否则谁能对公共事务保持长期稳定的兴趣,谁又能每天为新法律投票而不厌烦呢?而且公民投票使选民被化整为零,被分为一个个单独的原子,从而失去了他们以前作为政党的指导意义和中介作用。波比奥哀叹近年来公民选举不是太少,而是太多了。② 其次,正如卢梭(Rous-

---

① 《哪一种社会主义?》,第98页;WS第112页。
② 《哪一种社会主义?》,第59页;WS第79页;《永远的危机》,第10—11页。在上述著作中,波比奥认为70年代爆发的要求公民投票权的运动应该对"离经叛道的民主"负责任。

seau）曾经指出的，人民大会作为现代社会里直接民主的一种机制很难保证自己的活力。这种机制在古代的小型城市国家里得到过最大的发挥，在人口达到数百万的联邦国家里，它的存在都无法得到保证。即便它被限制在地方一级的小范围内发挥作用，也往往因为太容易受到煽动和蛊惑而惨遭失败，学生运动的历史说明了这一点。马克思或列宁认为，随时可取消委任的做法能在更直接的民主中发挥重要的甚至是核心的作用。波比奥说，由于这一做法与历史上的那些独裁制度一样，允许独裁者随时把他的官员们解职，因而常常带来灾难性的后果。现代欧洲代议制民主中必须执行委任的做法，或许可被用来弥补这个缺陷。不过遗憾的是这一做法正是现行民主的弱点，而非任何未来民主的长处。而把委任随时可撤销和必须执行结合起来的做法，在波比奥看来，则又会与代议制民主的另一原则相冲突，即议员代表全体利益，不代表局部利益。① 虽然波比奥赞同用直接民主的一些做法来弥补代议制民主中的缺陷，但他的赞同只是名义上的，并没有落到实处。他惟一肯定的一个形式是全体人员会议。所以，波比奥对伯恩斯坦和考茨基提出的直接民主的概念，事实上持否定态度，只不过有时在讨论中用这一概念拓展自己的思路罢了。②

　　批评直接民主，维护代议制民主，反对革命独裁。沿着这几条线索，我们可以把波比奥的思想与任何旗帜鲜明的自由主义者相提并论，或者把它当作一种无条件忠于西方体制的反映。除去他的社会主义观，他在其他方面有无推陈出新之处呢？我们或许可以从他对代议制民主的批评——或者说是另一种方式的赞扬中听见一些突破窠臼的新声。这种既是批评又是赞扬的声音透露出

---

① 《哪一种社会主义？》，第59—62页；WS 第80—82页。
② 《民主的未来》，第34—41页；FD 第47—52页；《哪一种社会主义？》，第94—95页；WS 第109—110页。

波比奥思想的真正痛点之所在，且由此可以看出他的政治和理论热情所引发的两难的思维张力。针对其中一方面，波比奥列举出一系列客观存在的历史事件，它们曾试图消除或削弱代议制民主。在波比奥心目中，理想的代议制民主应像传统模式规划的那样，把自由主义宪法国家建立在成年人普选权的基础上。这一模式在战后的发达资本主义国家得到推广，但也遭遇到了日益强大的阻力。其阻力大致归纳如下。

首先，公民个人的自治权力已经被大规模组织的优先权所破坏。现代工业社会的规模和复杂性使个人意愿难以按自由民主的传统理想变成集体意愿。各种寡头人物的分组和结合带来了新的矛盾，结果不论在党派政治还是在社会积极活动中，都出现了以共同契约解决问题的方式，从而损害了伯克或穆勒提出的自由代表的原则内涵。而且全民公选作为公众参与政治体制的媒介并未能改变这一潮流。相反，由于人们需要国家进行福利和公共安全方面的管理，它还直接促成了国家官僚体制的无限膨胀，使这些机构日益冗重，难以运转，任何民主的管理也只能对它望洋兴叹。西方经济中科技发展比重的增加，致使政府的协调和管理越来越精细化、专门化，少数了解某事前因后果的人与大多数对此知之甚少的公民之间出现了理解上的鸿沟。技术专家集团势必会出现，西方民主制下的公民也势必比过去更深地陷入无知和冷淡，这一状态则由提供商业娱乐和政治管理的强大媒体小心翼翼地维护着。结果如我们所见，真正的选民不知怎么滑到了那些受过良好教育且政治积极者的对立面，而后者，在传统的自由主义理论家眼中本是民主实行的基础。最后，波比奥批驳了一个70年代的错误观点，即把社会压力的多元、官僚体制的低能、技术权贵的孤立以及市民阶层的膨胀等问题捆绑在一起，交由政治制度去解决。种种问题对政治制度提出了交叉甚至相反的要求，使它不堪重负，日趋瘫痪麻痹，再也无法迅速作出决定。①

以上只是波比奥对我们当今政治体制所作的第一个层面的批评。他列举了代议制民主没有兑现的诺言，批评它勾画了自由却没有能力实现。然而同时他承认这些诺言永远不可能被实现，因为出现在前进路上的历史障碍不是偶然的，它们总是无情地粉碎传统自由民主的梦想。说到底，人类生存的社会条件瞬息万变，且不以人的意志为转移。因此，现有代议制民主有缺陷是必然的，不足为奇。

在进行上述讨论的同时，波比奥还就这种民主产生的几乎完全负面的影响提出了一系列的批评意见，他的目标从当代议会民主承诺过但没有兑现的诺言转向它应该给予而没有给予的诺言。波比奥注意到当前的西方社会的主要民主限于立法程序，此外普遍缺乏民主；而议会又在它紧绷的结构之绳上摇摆不定，运行起来犹如一把双刃剑。权力主义特性在代议制民主建立之前就早已存在，在其成立之后顽固地渗透在国家机器的各个部分，并抓住一切机会反抗。事实上，人民自治要求的是自下而上的权力程序，除我们简称为'代议制国家'的机构外还存在着一个管理国家。它建立在等级制基础上，遵行的是自上而下的权力逻辑，（这一点是秘而不宣的）。而且"前者从未能够把后者征服"。②"对于当前复杂庞大的国家制度（军队、官僚制度和情报机关都被藏在议会民主的桌子下面。）即便是最优秀的宪法也仅仅揭示了表面，对它身后的或内部的东西则保持缄默，更不用说那些黑暗的地下室了"。③

---

① 参见《民主的未来》，第10—24页；FD 第28—39页。从某些方面看，波比奥在此处的探讨没有平时那么清楚畅达——事实上，在提出的"未兑现的诺言"与"不可预测的障碍"之间，波比奥并没有进行分析和区分。
② 《哪一种社会主义？》，第63页；WS 第82—83页。
③ 《意大利意识形态与政权危机》，第170页。

代议制原则仅代表社会生活的很小一部分，在国家的外部，文明社会的各种制度表现出千篇一律的民主匮乏，专制以这样那样的形式，在工厂、学校、教堂或家庭中占据统治地位。波比奥对上述领域内民主匮乏的现象持传统马克思主义的观点，并不认为这是为了将来的某种补偿而不得不付出的代价。他说，表面上，"公民成功地掌握着各种制度的控制权，但实际上这些制度已成为新的权力中心从而具有欺骗性。现代国家的各种权力中心，如军队和官僚体制已臣服在专制的脚下"，① "每一个社会都有以等级制为基础的大公司和公共事物管理机构，而民主化进程甚至还未接触到这两大等级制权力机构的病灶表面。"② 波比奥对西方社会中的权力较量有非常清醒的认识，"即便在民主社会中，专制的权力也比民主的权力大得多"。③

为了消除制度中的专制弊端，波比奥提出应尽可能地把社会生活民主化。即在社会生活的最大限度内推行代议制原则，不用或少用直接民主原则；把自由组织和决策的基本权利从政治投票的小框框中解放出来，使之融入日常生活的基本方面，包括市民的工作、教育、休闲和家庭，总之要让民主渗透到一切可能到达的地方。波比奥说："现在民主关心的问题不再是谁投票，而是就什么投票。"④ 当前对第二个问题的讨论不再是纸上谈兵，它开始具有现实意义。正如波比奥所说，社会发展总是趋向于解决它自己遇到的问题。他声言，"我们正在经历着广泛的民主化过程"，"传统的民主模式，如代议制民主，已找到并进入新的作用空间，占据了原来属于等级制或官僚制的位置"。⑤ 因此，"我

---

① 《哪一种社会主义？》，第17页，WS第43页。
② 《民主的未来》，第47页；FD第57页。
③ 《哪一种社会主义？》，第100页；WS第113页。
④ 同上书，第100页；WS第114页。
⑤ 《民主的未来》，第43—45、54—56页。

相信现在是该讨论民主制度发展的时候了"。

从上述所有观点中,我们发现波比奥的思想中存在着矛盾之处,在刚才的讨论中,他认为代议制民主的缺陷不是历史或其他任何必然原因造成的,现有民主原则的领域和适用范围扩大并深入到国家及文明社会的各个角落之后,它们是可以被超越的。但波比奥也曾经说过,当前的政治制度并不缺乏主观能动的愿望,只是在不可抗拒的外力压迫之下,往往连小范围内的民主也无法实现。对我们来说,代议制民主要么由于其本质上的矛盾无法最终实现;要么在扩大运用范围的前提下能够得以实现。这两个命题不能同时为真,它们是水火不容的一对矛盾。有时波比奥本人似乎也意识到了这个矛盾的存在,"我们总是寻求比条件允许的更多的民主。①但他又常常忘记或者忽略这一点。总的说来,波比奥好像从未真正认识到他理论中的这个二律背反竞争多么激烈,同时又多么重要,自然他也从未就其本身的含义认真思索过。

我们该对此作何解释呢?这一切或许早由波比奥在三种思潮交叉口的特殊位置所决定。他把自己钟爱的自由主义民主理论汇入两种背反的甚至是敌对的理论——保守主义和社会主义。保守主义者帕雷托和韦伯以社会学现实主义的名义指出,代议制国家被一些难以控制的因素耗干了活力与价值,总有一天会成为自己的牺牲品,这种牺牲可能会比过去任何时候都来得大。而自马克思以来就打着解放全人类(不仅仅是政治意义上的)旗号的社会主义者指出,在许多建立了代议制国家的资本主义社会里,相当一部分领域还保留着原来的专制权力,它们不可能产生出使国家变为人民主体的必要的社会基础。波比奥在自己的自由主义理论中同时培养了两种其他的观点,但没有将三者很好地纳入到同一个体系之中。实际上,它们也具有不可融合性。

---

① 《什么是社会主义?》,第46页;WS 第69页。

如果这两种观点确实难以互相妥协，波比奥将势必在它们中间面临两难选择。起先波比奥给出了一个非常明确的答案，即他所谓的社会主义民主中间路线。他的文章中也反复出现一个对比主题，比较北欧社会主义民主政府的有效改革给人民带来的好处，和挑战傲慢腐败的基督民主政权失败后意大利劳工运动的分裂给人民带来的痛苦。50年代，波比奥通过赞扬英国艾德礼首相的治理成就来影射意大利共产党。[①] 60年代，他通过描述意大利政治在一战后的极端主义的悲剧性发展，向人们展示意大利左派和右派的几种对立又相关的力量曾如何颠覆意大利保守主义和改革主义温和派，压制他们提供的更好的发展动力，对意大利民主进程造成了极大的伤害。[②] 70年代，他批评意大利共产党公开宣扬走斯大林主义与社会民主主义之间的中间道路，认为"第三条道路"在策略上是空洞的，其目的在于掩盖独裁和民主两种社会变革间的水火不容之势，使社会变革在错误的指导思想下惨遭失败。"第三条道路"以意大利特色为其理论基础，好像这个在倒退中的国家真的能以黑手党、逃漏税、官员腐败、政府低能以及保护人制、黑色经济、恐怖主义等现象给欧洲其他的现代国家一点启示似的。[③] 波比奥评论道，事实上，假如没有官样文章吹捧，"意大利两大要党迄今为止的表现还会被看作具有社会民主性吗？人们在说起社会民主时是不是带有一种恻隐和不忍呢？""我之所以说不忍，主要是因为与更先进的社会民主党的作为相比，中左派贡献的不过是退而求其次的代替品罢了，而'历史大妥协'提供的更得算作倒退了。"他总结贝林格尔（Berlinguer）时的"第三条道路"："坦白地说，当我发现在与俄国和中国的先进社会里列宁主义无法实行时，我就预见到意大利劳工运动一定会走上社会主义

---

① 《政治与文化》，第150页。
② 《20世纪意大利意识形态》，第114—115页。
③ 《意识形态与权力》，第124—125页。

民主的道路，并扔掉那些异想天开、不切实际的念头。它们缺乏动力，一定会软弱短寿，假如硬要执行，无异于自掘坟墓。"①

波比奥对社会主义民主的大力推荐清晰明确，但大多只关注于方法，而不涉及目的。他没有指明西方社会主义民主领导的是什么性质的社会，也没有肯定或否定除现存两种对立模式外是否可能存在着更加完善的社会模式。波比奥的思想具有历史现实主义的气质，从不否认在其他时期或地区，人们可以通过其他的方式推翻资本主义。民主不是一个超历史的价值标准。"民主的方法是人类的宝贵财富，但它绝不会适用于一切地区、一切时代。历史有可能上演革命骚乱或制度突变，把一种体制强行过渡到另一种体制。"② 波比奥从不期待自由主义制度经由自由主义的程序自动到来。比如在法国大革命（其契机是英国内战中"宗教教派繁衍，政治运动跌宕"，结果造成了一个"血腥时代"③）期间，自由主义运动在由"知识分子和革命家组成的少数人对传统制度的艰难斗争中缓慢前行"。平等主义者最早憧憬过的大多数人统治，最终奠定了民主制度的社会基础，但它的胜利"也不是大多数人决定的和平成果"。④ 波比奥不再对传统的自由主义观盲信不疑，他认识到法制国家的源头有叛乱的火药味，两厢情愿的民主乃在强制的母体中诞生。波比奥的现实主义观脱胎于意大利精英理论传统。该传统从莫斯卡（Mosca）和帕雷托（Pareto）略显愤世嫉俗的保守主义中起源、发展到第二代时由布尔齐奥（Burzio）和萨尔韦米尼（Salvemini）的民主温和派接

---

① 《意识形态与权力》，第126—127页。
② 《哪一种社会主义?》，第74页；WS第91页。
③ 《政治与文化》，第55页；《自由主义与民主》，米兰1985年，第35页。波比奥在《自由主义与民主》中，极为详尽地探讨了19世纪自由主义的历史变迁和兴衰，还准确地评价了穆勒。
④ 《自由主义与民主》，第36页；《民主与多数派》，见《欧洲社会科学评论》第19卷1981年，注释54—55，第378页。

手，然后由波比奥取之化为己用。有一次波比奥对一个共产主义者说："哪个政体不是由清醒的、有组织的先锋们建立的？"① "历史上质的飞跃和革命性的过程都是少数人奔忙的结果"。②

而民主政治制度一经建立，波比奥立刻否认了它以相似方式转变的可能。他用历史决定论冷静地分析自由主义的历史，却又用绝对主义为当前的形势画地为牢。以对自由主义历史论的冷静研究著称的克罗齐尚能解释波比奥第一种态度的出处；但第二种态度以天生权利理论为基础，这一点恰是克罗齐深恶痛绝的。德国、意大利的理想主义与盎格鲁——法兰西的经验主义骑驿难通，波比奥居然同时驻扎于两地，自然难以自圆其说。但是波比奥的两难态度并不违背一个普通自由主义者的道义，在某种程度上，自由主义者倒也需要把理想主义和经验主义稍作调和。③ 问题出在下一个步骤。所有自由民主实行得较好的国家都是资本主义国家，那么在这种环境中，社会主义怎样才能实现呢？波比奥的诚实坦率使他无法回避或掩盖这个问题，但他作出的回答不甚

---

① 《政治与文化》，第 55 页。

② 《多数派规则及其局限》，见 V. 迪尼编《从属与权力》，那不勒斯 1983 年，第 20 页。

③ 波比奥法律哲学反映了同样的张力。一方面，他比凯尔森本人更是一位法律实证论的大力提倡者，从历史角度指出后者的"基准"所有的偶然性特点，认为这个"基准"只能视为是"自由意识形态"的另一种说法。另一方面，他赞同由凯尔森所发现的价值观，并且因此导向一种原初实证论批评的自然权观——人们可以用波比奥的定义"元司法阶段"来加以对比。对其随后纠缠不清的矛盾之处，可参见瑟吉奥·科托《波比奥：不安分的实证主义者》，乌波托·斯卡佩里编《法学的一般学说——当前趋势的问题》，米兰 1983 年，第 41—55 页。波比奥对自然法规的态度是相互冲突的：既在理性上拒绝，又在政治上运作，这一点同样反映在他对人权的态度上。他固执己见，因此他的言说总是概念有误、摇摆不定，并且常常互相矛盾冲突——它们根本无法被视为是"基础"，因为所谓的基石往往是对特定的时代或是文明具有特定的意义。一方面，既然各国政府都承认《联合国宪章》，那么，解决他们理论基础的各种问题就有待于达成"真正的普遍性"——因此，没有必要从哲学上为之辩护，只要在政治上加以保护即可。要解开这个难题，可参见《人类法律的现状及未来》与《人类法律的基础》，见《战争与和平问题》（初版），波伦亚 1970 年，第 119—157 页。

明确，其中的犹疑一目了然，不过他的大致倾向已毋庸置疑。对他来说，社会主义的实现必须经过两个步骤，即自上而下的结构改革和自下而上的民主参与扩大化，它们具有内在联系，而且是实现社会主义的惟一方法。这两个步骤的实现可行性如何？提到结构改革，他说，"假如全面的转变须经一系列局部的阶段性的改革完成，那么关键问题就在于被改革的体制对此有多大的承受能力。它对改革的承受总有个限度，超过这个限度，它就宁折不弯。一旦某些人的利益受到威胁并以武力反抗，除了用武力对抗武力，难道还有别的出路吗？"[①] 换言之，资本主义积累和再生产的基本机制可能天生无法接受大如宪法方面的改革，对"结构改革"这样的问题，它的答案是，要么保留结构，要么超越改革，波比奥对比利时和法国早于30年就曾争论过的结构改革没有多大兴趣，反而对社会逐渐民主化的前景非常留恋。人们曾猜想，波比奥对第二条道路还是比较乐观的。然而事实上，波比奥对第二条道路的评判同样令人沮丧，"毫无疑问，社会基础的民主化发展刚走到工厂的门口就会遇到一些难以逾越的障碍，我说难以逾越是出于对体制的考虑"。[②] 经济制度呼唤根本而有效的改革，但它的某些原则又不允许进行激烈的改革。各疑点难点间互相牵制、情况复杂，无怪波比奥难以找到由议会民主过渡到社会主义的理论基础。

这些问题进一步受到另一个疑问的困扰，即无阶级的社会主义一旦建立，民主在其中又将是怎样一番命运。波比奥对自由主义的思考不是经济意义上的，他不太关注市场，也很少考虑用何

---

① 《哪一种社会主义？》，第85页；WS第100—101页。
② 同上书，WS第101页。的确，最近波比奥的怀疑主义从工厂扩大到了市民社会。"对我来说，民主范围扩大到市民社会更是一种幻象而不是一种解决问题的方法"，参见《前言》，《危机中的意大利政治体制与改革》，第20页。可以此对比前文注解68中引述的波比奥的话。

种经济方式替代市场。作为一种生产制度的资本主义,在他眼里仅是可供参考的社会背景,并不被看成是体现分配不公的体制。因此社会主义在所有制生产方式上的转变对他来说不能带来什么积极的意义。更甚者,社会化进程如果超越了混合经济的界限,将给人们带来一个同时主宰政治和经济生活的全能政府的幽灵,而这正是老自由主义者所深深惧怕的。最后,波比奥预言民主在社会主义社会里的命运远不比它的资本主义社会里强多少,它所遇到的危险可能更大:"我相信民主在社会主义社会将愈发步履艰难。"① 这结论可真称得上是民主社会主义者的悖论。

然而,波比奥在以上分析中提出的两点看法(即通向社会主义的民主道路有可能行不通及社会主义制度民主将遇到更大的困难)反倒促使他无意中做出了最终的抉择——在自由主义与社会主义道路之间,他选择了前者。有时他分析说自己的选择实际上更激进,因为"民主比社会主义更具颠覆性"。② 今天,持这一观点已不仅仅是波比奥,他对社会主义重新定义的做法广泛流传,越来越多的人认为后者是民主观念的局部发挥,或更高层次制度的一个狭义范式。波比奥说他不敢恭维"生产方式朝集体化方向作根本转变"的社会主义,而更倾向于"通过对行业的宏观的民主管理而掌握经济权力"的社会主义。③ 这一观点成为最近以来的讨论热点,而且正在造成一些变化。对主要是经济民主的社会主义的再认识反映了一个双重需要,既能马上为现有政治制度进行社会改革提供使之合法化的重要理论基础,又能避免在推行改革时私有制所设置的意识形态的障碍。它采取的办法是兜圈子,所以绝口不提"征用"二字。不过这种做法也绝非灵机一动,异想天开。事实上穆勒第一个明确提出社会主义是产

---

① 《哪一种社会主义?》,第83页;WS第99页。
② 同上书,第53页;WS第74页。
③ 《政治学》,采访记,Mondoperaio,1986年1月,第115页。

业民主的循序增长，如果它能使工人"不经暴力，无须强抢"地获得管理权，生产方式就能以无痛方式摆脱资本主义私有制。① 罗素曾出于同样的理由提出"产业自治可使英国走向共产主义"。② 杜威也曾认为，企业中的"专制管理对民主不利"，须被除去，它妨碍了"有效的公平交换"和"自由对话"。③ 如今波比奥也提了同样的观点，证明对想把自由主义和社会主义结合的人来说，这是一个长期的主题。迄今为止它的实践成果尚且寥寥，部分是因为主要的社会制度不可能在平静中被改变。私有财产神圣不可侵犯的天赋神权构成了资本主义主流意识形态的强大防线，工人力量的分散帮助培养了组织等级制是产业效率重要条件的消极观念，使这一防线更加稳固，轻易难以动摇。这两点结

---

① 穆勒希望合作化社会会证明自身非常成功，它的工人们逐渐会不再为一周薪水而工作。在此情况下，"私有资本家与工会都会逐渐发现，有必要让所有的劳动者参与到利润开发中去"。他认为，在这个过程中，最终会出现"社会的变革"，它没有暴力和掠夺，甚至对现存的习俗和人们的期待没有大的震动，同时至少在工业部门，它会领会到最好的民主精神——最终又会敦促资本家"以极少的利息，最终或许就是用有限期的合同来交换资本"的方式从而把资本借给工人。在1852年与1865年版的《政治经济学原理》中，穆勒发展了这一理论，详见《选集》第三卷，多伦多1963年，第793页。在现代作家中，戴尔或许与穆勒的精神最为接近，参见《经济民主简介》中，他对合作化所有制的探讨以及他的实验进展论的观念，第148—160页。

② "资本家看重两样东西，他们的权利和金钱，而其中许多人则仅仅只钟情于金钱。相对来说，看重权利更为精明，它因此可以在工业方面寻求自治，不用没收资本家的收入。资本家通过这种方法逐渐变成了寄生虫，他们在工业上的积极作用也退化为乌有，最终会被剥夺一切，再也没有能力为自身的权利进行成功的斗争。"参见《布尔什维主义的实践与理论》，伦敦1920年，第183页。应该说，罗素在其他地方很少探讨为什么资本家将会为自己积蓄如此少的权力，这与他们的收入反差极大——《权力的社会分析》的主旨却恰恰相反；或者说它假设了，对他们未来的剥夺者们来说，显而易见的结果并非如此。

③ 《德国哲学与政治》，纽约1942年再版，第46页。杜威在此与其他地方一样，已经涉及哈贝马斯作品的主导主题。他认为美国需要能够"阐明民主生活方式之目的与方法"的哲学思想，并且强调指出，"系统阐述那种方法的哲学将会成为一种承认交流重要性的哲学"——只要"经济状况的偏见、种族偏见、宗教偏见危害了民主，因为它们为交流设置了障碍，或是转向与歪曲了它的运作过程"。第46—47页。

合在一起，一下就把他们斥为超越权限的经济民主呼声给压下去了。产业中的共同决定权是在全民公选的基础上被决定的，但公选制扩展之时，共同决定权却无增有减，如果它还确曾增长过的话。它是那么容易被冲淡，被消解，这一切难道是偶然的吗？

现实主义的波比奥不可能没有觉察到这些问题。他的关于民主比社会主义更具颠覆性的说法没有理论上的根据，可能是一时的托词，因为他的真实想法在别处有所流露，证明与此正相反。他说"民主政体首先要求的是稳健温和的意识形态，"① 政治体制中的少数服从多数的原则，即便是建立在全民公选的基础上，也往往仅允许对体制进行改革。② 换言之，资本主义作为社会制度的永久性是代议制国家里人民有效参与的前提。矛盾的是，正如波比奥坦率提出的那样，这一切并不意味着只要资本主义不被动摇，民主就不被亵渎。历史已经表明，"一个人如果不能因民主而大步前进，他至少还会因民主而死去"。③ 意大利和德国以两战之间的亲身经历告诉我们，由议会通向社会主义的道路也会通向法西斯主义。波比奥认为人们必须正视这一令人不悦的现实，这样做即便不会提高自由民主的价值，也会提醒我们用宪法保护它的必要性。

以上问题是波比奥一直以来所关心的事。1975 年，波比奥断然宣告，"怎样统治无疑比谁统治更重要"。④ 因此，在最深刻的层面上，波比奥对自由主义的倾向是明白无误的，并且出于同样的理由，在他过去对代议制民主的两种批评中，是保守主义而不是自由主义占据上风。在波比奥最近的写作当中，保守主义甚至变得更加积极和突出。"对政治冷漠不是民主制度危机的表

---

① 《政治学》，第 114 页。
② 《多数派规则及其局限》，第 20 页。
③ 同上书，第 21 页。
④ 《哪一种社会主义？》，第 38 页；WS 第 61 页。

现，而是健康的迹象",① 它是建立在良好的政治观念上的"善意的冷漠"。因为在民主社会中，主要的社会变革不是大规模的政治运动的产物，而是技术力量与社会风尚不断发展演化的结果，是不自觉不经意的分子运动，而不是人为的立法干预。发明的涓流与风俗的调整所构成的"持续转变"使社会民主一直过高估计其意义的"传统改良主义"都声名渐消。② 人们与其对宪法框架提出过高要求，使其丧失稳定性，还不如让政治在有限度的精英竞争中前进。波比奥用一如既往的活泼语调说道，"没有什么东西能杀死民主，除非你过度使用它"。③

IV 结论、问题

对波比奥华采性的结论，我们可以从两个层次来理解，首先它们无疑反映出波比奥个人经历对他思想的深刻影响，以及他本人清醒地认识到的独特的意大利式惆怅。当大战结束时，没有别的西欧国家像意大利那样允许左派主张成为国内政治主流，并产生了最有影响力的抵抗运动，最活跃的知识界骚动，以及最广泛的劳工激进运动；对那个时代的记忆还远未从人们的头脑中磨灭，仍有一些余火在意大利共产党的政治生活中燃烧。但是也没有别的东西能像这些左派主张一样，在接下来的数10年中遭到如此强烈的打击。波比奥的政治文章恰像这个时代的三棱镜。1945年，波比奥宣称"全民公选的权宜之计会使民主实验以间接民主的方式结束"，他以卡塔内奥的联邦理想的名义，热情敦

---

① 《民主的未来》，第61页；FD第67页。
② 《改革、社会主义与平等》，见 Mondoperaio，1985年5月，第67—68页。
③ 《民主的未来》，第13页；FD第31页。这个思想如同罗马的寡头政治一般古老。比较西塞罗的《共和制》："过度的自由会使一个自由的民族处于奴隶状态。"第168页。

促人们朝"产生自治制度的'直接民主'勇敢前进"。① 这也是一种精英论调吧。

25年后,当这篇文章与其他的一起再版时,他就该文解释道,"我不想自欺欺人,我们这一代所赊的账已难以历数。我们追求正义与自由,结果实现的正义少得可怜,大量的自由可能正在失去"。② 波比奥说这些话的时候正是他感到最难熬的1970年,其后数年,他的担心更是达到了顶点。他害怕解放后赢得的自由终将证明是镜花水月,被现存制度随便打发,更被恐怖分子彻底破坏。到80年代中期,他估计最可怕的危险已经过去,意大利民主终于赢得了相较而言的稳定。但是他肯定这一现实的时候,言谈中却很少赞美当时国内公民的气质。"有人可能因信仰而需要自由,有人只是出于习惯,我不知意大利人民中有多少是真正热爱自由的人,或许寥寥无几。有相当一部分人,他们呼吸自由多年,不可一日稍离此物,他们自己却不知道这一点。卢梭曾经说,意大利人感到'迫使他们自由'的外力比他们身上的自发力量还大,或许正因为如此,他们当中的大多数人对此无知而且冷漠"。③

但是这一结论除了抵消了他在此前10年中所做的更富远见卓识的预言外,并未使他为之奋斗的共和国的情况稍有起色。最近,他在说明抵抗运动的价值,证明"我们没有弄错"时,又一次感慨"昨日理想"与"今日现实"之间的鸿沟,"我们已学会不带幻想地面对民主社会。我们得到的满足不多,要求则比过

---

① 《意大利国家统一》,都灵1971年,第55页。1946年,当行动党正处于内部危机的痛苦之中时,波比奥写道:"我对要出笼一个中产阶级政党的观点感到怒不可遏,那只会恢复已被法西斯消灭的旧有的议会民主制。"详见他最近为《桥》特刊所写的自由社会主义的文章,第1期,1986年1—2月,第145页(文章同样尖锐地评论了意大利社会党的命运)。

② 《战斗的哲学》前言第xi页。

③ 《意大利20世纪意识形态》,第183页。

去更少。我们的普通生活的质量没有被提高,在许多方面还更糟。情况不变,而我们已变,变得更现实,变得不再天真率直,一厢情愿"。① 这一肺腑之言注解了发生在波比奥身上的明显的改变,他变得低调,尽量对意大利代议制不抱任何期望。他为精英统治下意大利人民对政治的冷漠寻找借口,寻找自我安慰的理由,而长期以来这种精英政治已堕落成赤裸裸的利益之争和丑闻。在他提出我们前面引用过的狡辩之理论(即人们对政治的善意的冷漠和约束政治改革的必要性)后,他说:"我不知道我在这儿谈的是否还能算作有几分道理,但肯定有些人会视之为气馁或幻灭。因为他们切实地看到了意大利公众生活的堕落,看到了纯粹的无知,可耻的腐败,看到了我们大多数的职业政治家每日里不是冷嘲热讽、愤世嫉俗,就是忙忙碌碌地向上爬。看到这些怎能不让他们想到体制本身不会产生什么变革,要改变这一切只能从根本上动手呢?"波比奥又写道:"你们眼前的这个作者是属于逝去的那一代人的,30 年前大战刚结束,他们的希望就破灭了。从此雄心只是偶尔光顾,基本上 10 年一次:1953 年废除诈骗法,1964 年形成中左派,1975 年意大利共产党复兴。但这些雄心到头来哪个不是消失于无。""过了这么多年希望破灭的日子,我已学会退回到自己的软弱中去……我相信这些言论绝不会对我们的下一代有什么作用,他们不知法西斯为何物,认识的只是我们所给予的比平庸还不如的民主。他们不会像我们这样赞同两害相侵取其轻的做法"。②

　　这番感言,以及感言背后的历史经验,使波比奥与他的前辈伟人们有所不同。尽管他们的诚意不容置疑,但从某方面来讲,他们对波比奥的评价有失公允。理想不等同于影响。惆怅也不都

---

① 《民主的意大利》,第 6 页。
② 《民主的未来》,第 64—65 页;FD 第 70—71 页。

是软弱的标志。波比奥的早期理想虽然破灭,但他后来发出的警戒却得到了人们的重视。与穆勒、罗素或杜威相比,他不是某个潮流的宗师。但他是他们当中第一个认真处理自己的思想衍生的人,因为他认识到意大利战后社会和文化的特点有别于本世纪初期的情况。① 与上述学者相比,波比奥对他自己的时代影响更大。他曾说服意大利共产党采纳欧洲共产主义,而这是他在20年前就预见到的;他劝说意大利社会党勇敢地抛弃自己的马克思主义传统;他帮助抵制了同一时期左派的挑战;他预料到意大利劳工运动中两大主要政党会摒弃"第三条道路"。迄今为止还没有别的政治家像他那样在本国战后的政治环境中发挥确实的明显的作用。② 在一系列的辩论中,他向人们展示的不仅是能言善辩与博学多才的非凡结合,更是坦诚正直、心底无私的罕有品质。即便在激进对手苛刻不公的批评中为成长中的新温和主义辩护,他也从未失去自己更胜一筹的知识、理智、道德和良知。

当糅合自由主义与社会主义的计划陷入困境,温和主义也随之走到了尽头。穆勒开创了把社会主义构想与自由主义原则进行结合的先河,然而在这一转变之前,他曾称社会主义构想是"臆想出来的怪物"。波比奥亲自参加有同样理想的行动党的实践运动,但事后他也称之为"臆想",说那"不过是高尚单纯、无法实现的愿望而已"。③ 在波比奥政治经验中打上深刻烙印的除了这些讽刺性的历史事实外,另有一思想来源。在他理论形成

---

① "那时所做的一切暴露了它的仓促与匆忙,没有任何原创性。我们至多算是普及者而已。"《教师与伙伴》,第26页。

② 对此记录的惟一的例外只不过带给他了荣誉——他反对核武器。详见《战争与和平问题》中他对意大利官方政治与文化对此的完全漠视做了尖刻的评论,米兰1984年,第5—7页:"那些敲响警钟的人就像仰对月亮吼叫的狗一样。"

③ 《战斗的哲学》,第201页;《自由主义与民主》,第62页:"鉴于自由主义与社会主义的结合至今还只是一个崇高的、不切实际的愿望,大家对有着市场力量的自由主义逐渐了解,成为无可争议的现实。"

的最初阶段，他的思想不光受到社会主义与自由主义的影响，而且受到保守主义的感染。波比奥个人的政治理想及政治同情心始终具有令人敬佩的诚挚的进步力量，但在他的写作中，却有许多可聚可散的思想潮流，有时迎面而来，倏忽之间又失之交臂。

除了思想家本人的爱好取舍，像波比奥这样融合多种思想的情况在当今政治思想界是否具有代表性呢？"自由主义"作为一个新名词最早在法国雾月革命中出现，当时拿破仑正着手把法兰西共和国送下历史的舞台，并宣称他要"保护人民的自由理想"。[①] 此后历史变迁，不复从前，但法兰西第一帝国的最初动力没有丧失，它使别处的人们对自由主义的信仰更加热忱，在自由主义的召唤下，西班牙掀起了第一次欧洲革命，反对复辟运动。1948年，当君主制在欧洲陷入四面楚歌之境时，人们开始着手扩展自由主义的传统领域，企图把它与新兴无产阶级及其价值观融合。数代以来，这种愿望未见止息，但自那以后，人们也惊讶自己头脑中的美好愿望与政治运动的结果居然有天渊之别，感叹他们的精力都白费了。谁不希望实现的社会主义同时又是自由主义的？但这并不说明自由主义与社会主义的结合非得像人们想像的那样不可。眼下这一传统的理想已经吸引了一些新生力量，究竟他们会走一条什么样的道路，现在预言还为时过早。好在读史可以明鉴，对社会主义自由主义结合史的清醒认识，总会为它们将来的良性结合提供积极的条件。

（王云娟　译　郭英剑　校）

[①] 见奥托·布伦纳、沃纳·康兹、莱因哈德·科斯莱克编《历史的基本概念》第3卷，斯图加特1982年，第749—751页。

第六章

罗伯特·昂格尔与授权政治

南半球第一工业大国近来刚刚结束了现代历史上拖延时间最长、引起分歧最多的制宪过程。巴西立法集团19个月努力工作的结果引起了人们强烈的反响。巴西规划部部长、代表将军驻伦敦大使、同时也是马托格罗索的参议员，右翼的罗伯特·堪坡斯（Robert Campos）对新宪章的描述如下："其条款关于就业的部分可与古巴的媲美，关于外国投资企业的部分可与罗马尼亚的相提并论，关于财产自由的部分比之几内亚比绍共和国的也毫不逊色。总之它们不是人类文明的最弱音。"无独有偶，在这十数月当中，北半球也经历了一场雄心勃勃的宪法理论的实践活动，不光寻求一种政体新设计的实施，而且包括相应的经济和社会的变革。其发起人是一巴西裔美国人，名叫罗伯特·曼加贝热·昂格尔（Robert Mangabeira Unger）。昂格尔来自巴西东部港市巴伊亚最有名望的政治家庭，其祖父奥塔维奥是巴西老共和国的外交部长，曾反对瓦加斯，是在法西斯主义与自由主义之间徘徊的善于雄辩的寡头政治家；其叔父乔奥则建立并领导了一个规模不大的巴西社会党。当巴西在伊斯塔多·诺瓦治下时，老奥塔维奥到美国流亡，罗伯特在这段流亡生活中出生，具有两个国家的教育经历。过去10年，罗伯特在哈佛法学院教授立法批评理论。其间，他的祖国巴西一再遭到入侵。罗伯特站在左派立场上尖锐地批评巴西新宪法使军事统治进一步合法化，制造了许多虚假的社会福利。罗伯特面对美国读者时用昂格尔这个名字，面对巴西读者则用曼加贝热。像爱德华·萨伊德（Edward Said）或萨曼·拉什迪（Salman Rushdie）一样，罗伯特也是活跃在当今西方知识界而又不愿被同化的第三世界知识精英中的重要人物，如今这一群人的数量和影响力都在稳步上升。

昂格尔的理论独创性在于对两个目的的结合："《政治》一书提供对社会的理论解释及社会重组计划，在理论上致力于寻找马克思主义的根本性替代物，并计划把这种根本性替代物变成社会民主。"① 昂格尔理论的双面出击使该书获得了一股独特的力量，只可惜他的目的未能在书中得到很好的体现。昂格尔在篇首即开宗明义地提出了自己的理论构想，其理论基础在昂格尔的前一本著作《热情：论个性》中已有所表述，《错误需要》的论述重点即是《热情：论个性》的精要部分。但在后文中，这个构想却由于其论题的多样和主题的重复而被大大地削弱了。《政治》一书乃鸿篇巨制，长逾千页，但却失之庞大，文章的组织方式与理论框架未能互相呼应。为了使之不失可读性，昂格尔的学术雄心付出了相当的代价。当然，任何一部有实践参考价值的作品都面临这样的长度与效果的两难选择。《政治》中其影响力被大量围绕主题的天马行空的想法所削弱，使人们难以认清它那令人耳目一新的纲领性主张。

虽然昂格尔的文章有着非同寻常的气势，自始至终显示了一种从理论术语和政治滥调下解放出来的一泻千里的活力，留给人

---

① 《政治，一部建设理论的作品》，这是昂格尔著作的大标题。该书有三卷，分别为：《社会理论的现状和任务》，又称《批评性介绍》；《错误需要》，又称《第一部分：激进民主派的反必然论社会理论》；《权利可塑性》，又称《主题变奏：关于经济军事胜利的体制条件的对比历史学研究》。三卷均由剑桥大学出版社于1987年末出版。以下《社会理论的现状和任务》简称为 ST；《错误需要》简称为 FN；《权利可塑性》简称为 PP。

们无数值得回忆的可喜之处，但他终究未能化解以上的矛盾。文章中出现如布道家一般的口吻："用想像和同情想想看吧，读者，原本用来解放人、启发人的教义变成了令人感到混乱和束缚的工具，这是多么悲惨的事……这是幻觉转为偏见的典型，而你原不过想写一本书，正确合理地解释一切罢了。""当我的讨论陷入混乱和隐晦，当我在笔下摇摇欲坠、举步维艰时，请帮助我，按照我的本来目的，参照我想写的话来修改我的文章"。①昂格尔对传统列参考书目的方式不以为然，针对《错误需要》，他给出了一份相当庞大的阅读书目。在《错误需要》的结论处，他对研究黑格尔和克尔凯郭尔之后的文化革命的建议是"看《电视导报》"，这是一项极不明智的花哨举动，很难让人们对电视上的说教者留下深刻印象。夸张变调的质询原本为了引起人们的注意，表演过火就会把争论时需要的严肃气氛破坏殆尽。

　　《政治》的核心假设是"现有的分散经济和多元民主模式（以绝对财产权为基础的市场和以公民冷静理性为前提的民主）既不是传统的民主与平等理想的必要表达，也不是最佳表达，反而会使我们为之坚守的目标受到严重挫折"。②昂格尔希望超越社会民主的局限，为已经僵化的组织模式寻找并建立一种令人信服的替代物。"对政府和经济运行模式进行重构，以便更加有效地实现基本承诺的两个方面，即推翻社会分配与等级制，并使人们的意愿不受习俗的限制和其他压制"。对昂格尔来说，体制重建当然不能把文化价值重估抛开，也不能不考虑昂格尔的当代政治理论来自对历史的开阔型审视，他否定了两样东西，为他的理论找到了合理的依据。发展一种"人际关系的根本政治，使左派与现代主义结合起来"。③

---

① ST，第78—79、9页。
② 同上书，第6—7页。
③ 同上。

第六章 罗伯特·昂格尔与授权政治

昂格尔从视野更广阔的历史中，为他的当代政治构想找到了存在的合理性，他否定了两样东西。昂格尔首先而且主要反对马克思主义。马克思主义坚持历史的发展由有限的几种生产模式组成，把它们当作历史的深层规律，也就是说这些深层规律能够在不同的历史时期及环境中得以重现。而不同的时期和环境都是"深层结构"的变体。昂格尔认为每种这样的结构其内部都是可分的，各组成因素间并不一定彼此合适，因此其组合在历史上也是独一无二的。其次，昂格尔反对社会学的或历史学中的实证哲学。这种哲学试图根本否认社会全体的存在，也不承认会有社会质的中断。昂格尔认为具有决定性意义的彼此不同的社会结构确实存在，他称之为"形成性环境"，与从属"形成性环境"的"既定程序"相反。对所有的社会活动都有强制性作用，迫使它们形成了一个独特的可被预见的程序模型，但由于其组成部分之间没有内在的逻辑联系，所以它们同时也反映出深刻的历史偶然性。现代政治学中，局部的逐渐改革与全面革命一向被当作两种对立的概念，而且两者各有自己的尴尬之处，一个很可能就是无效的，另一个则说不定会带给社会致命的打击，这种把两者对立的做法存在着误导性。真正处于矛盾之中的是"环境改进"与"环境保守"，而且它们之间的鸿沟也不是无法逾越的。由于关于程序的争论常常突然升级演变成为结构进行的战争，所以毋宁说它们具有一定的连续性。

为什么争论最后总是会升级呢？昂格尔认为这得归因于"消极能力"的永恒作用，他对这个词的解释与济慈刚好相反。昂格尔的"消极能力"是与一切环境或习俗相抗衡的主动的意志及永不停息的愿望，是人类通过思想或行为否定既有环境。昂格尔认为"消极能力"的活动自文明初始就逐渐扩展，它通过累积的影响，引导历史缓慢地进入了它将要展示的那个方向。政治学的当代目标就是要创造能够永远自我改进的制度环境，拓展消极能力的作用空间，消除社会机构与社会程序间的隔阂，使社会生活恢复为一个整体。

这个思路体现了实用与道德两方面的价值。以往，国家的经济与军事胜利总是有赖于它们实现昂格尔所谓的"可塑性"的程度，即为了适应条件的变化而"无情地结合"生产、流通或破坏的能力。这种政治灵活性通常伴随着剥削和压迫的权力，如游牧民族征服者、农业社会官僚或商业寡头的统治。然而，当冒出地平线时它却摇身一变，名正言顺地成了赢得社会解放和物质富裕的原则，因为现在一切传统等级制及其附属物都不再被视为具有历史必然性，它们随时会被公众意愿所代替，法制国家、全民投票和社会安全只是这一替代过程的开始。但昂格尔超越了以上的公众意愿，把目光投向更加激进的"授权民主"，希望它能够自由地对自己的公众生活加以改进。包括政府、财产、工作及人际关系等方面的重建，并打破自由主义和社会主义之间已被"人们习惯的、盲目相信的对立"。

昂格尔的庞大构想分三个理论层次。第一层也是最基本的一层乃哲学人类学，昂格尔早在其1984年的著作《热情：论个性》中就开始采用这一理论了，所以《热情》可以说是目前这个三卷本的重要基础。在《热情》中，昂格尔提出了双重自我的理论模式，认为一方面总是处于有限的条件中的自我被赋予了无限的运动性，另一方面，自我的构成因素中包含了对他人的渴望。外部世界及其所有的特性最终会被自我超越，但对他人怀有无限需要将使自我"怯懦地依赖别人"，或希望求得集体性的一致，而这常常是十分危险的。世界上或许没有永恒的人性，但对他人既亲近又害怕的两难心情却总是不变。这观点像是对尼采的"人的基督教浪漫主义形象论"的重申，但与其说昂格尔与尼采相似，倒不如说他的观点与萨特的《存在与虚无》中的意识论有更多共同之处。萨特认为，人的为自我的特性具有逃避宿命和一切被动境遇的变动能力，同时人与他人的关系是矛盾的，若即若离，给人带来痛苦烦恼。萨特早期避世，其结论也比较消极。昂格尔却试图在矛盾的生存前提之上建立社会，从而为人们提供一个积极的解决办法。"我们需要提倡一种现代理想，并把它作为社会生活的模式"。① 这种模式所奉行的一致性原则可能就是授权。昂格尔的授权观念既可表示使个人能力升华转化为改造环境的集体力量，又可代表控制个体对他开放度的"支配力"，这种支配力要求在满足于他人进行感情交往的同时，避免对这种感情纽带产生依赖的危险。尽管授权观念的两个含义彼此关联不大，但昂格尔仍然想把他们移花接木，匹配成双，但不管他如何努力，二者的抵触仍是不争的事实。由于他在书里时时想把他们强行拉在一起，结果字里行间难免处处散发出"热切与柔和"、"崇高与甜蜜"这样强烈的对比及不和谐。②

不用公开宣称，昂格尔的存在主义立场明白无误地告诉我们，在他的眼里，第一层含义更为重要。尤其当他在书中从第二理论层面阐述历史问题时，前者的优势就表现得更加明显了。萨特在他的《辩证推理批评》中也涉及过历史领域，当时他认为，人类发展的消极动力是"缺乏"。而从昂格尔的角度来说，动力的消极色彩仅仅是名义上的，济慈发明了这个术语，昂格尔虽借用了名称，但却反其意而用之对济慈赋予它的含义进行了彻底的改造。历史前进的真正动力会永远积极地驱使人们超越旧的生存环境。缺乏和实践惰性（萨特语）不会一起消失，而是分别装扮成"强制性剩余抽取需求"（久已被取代）和持续的"连续效应"（即将消亡）萨特历史理论的乐观翻版。

但与萨特不同的是，昂格尔希望能对一些重要的历史时期进

---

① 《热情：论个性》，纽约1984年，第17页。
② 《热情》，第270页。FN，第595页。

行实质性分析,他提供了一个分析工具,即"形成性环境",用以替代马克思主义的生产模式。他认为生产模式过于僵化,人们甚至常常用它解释不同的历史环境。"形成性环境"有时会相对松散,也更能反映历史的独特性。"形成性环境"往往处于制度和意识形态的偶然结合,不过它能影响人们对重要资源分配的预想和由此而起的矛盾冲突。昂格尔认为,现在的北大西洋地区的矛盾就包括了政府权限的立法分歧,与阶级无关的党派之争,建立在临时私有财产权上的市场经济,政府对商业行为的监督,各种各样的联合组织,或专门设置的组织机构,小团体的流行术语,公民平等和契约自愿等等问题。① 昂格尔推崇概念松散但又不可避免地碰到了各元素间界线不清的问题。因为"形成性环境"全部概念赖以生存的"有形与无形"的来源从未加以划分。结果是,其概念缺乏限定性等级,它惟一的运作规律是周期性的——因为真正的动力打一开始就一直是与"消极能力"环境的运作相一致,而不是与"消极能力"环境的中断相一致。

昂格尔为这样的历史周期提供了两个例子。第一,同时是最持久的,是被他称为土地所有制下官僚主义帝国中的"倒转周期"——汉、罗马、拜占庭、朝鲜、蒙兀儿。他说,这些国家主要依赖于货币经济,而不是强行逼出的劳动或是物物交换。对于一个商业农业,生成现金税款是一个能够抵抗地方权贵的分裂势力的中央政府政治自治的前提。这些贵族的基本基础是庞大的、自给自足的集团;另一方面,为市场提供的产品,都是由小型独立的生产者提供。帝国政权的矛盾在社会上与贵族的统治是相互联系的,可是经济上依赖于农民的生命力。要牵制权贵的压力,国家可以借助有限的政治手段分别在不同的时代和地区不断寻找:征募暴发的官僚主义分子,产生服务性贵族,移入军

---

① ST,第 152 页。

队——农民群体。可是，长久以来，农村的贵族势力仍然是恒久不变地盛行着。这样，其结果是：小农注定的溃败或毁灭，对市场投放产量的减少，国家财政量的削减。最终导致完全的"倒转危机"或者返回到自然经济状态，此外还有帝国秩序的瓦解。① 只有中古欧洲和德川时期的日本避免了这个周期。那里的农民可以抵抗地主的非法要求。因为没有联合势力和一致反对它的特权——欧洲没有官僚制国家，日本没有本地贵族；然而土耳其和清帝国成功地缓和了这个周期，凭他们游牧的背景加强了中央对权贵自治的制止，因此稳定了小农民财产。

这是个独特而优美的图解。可是它却存在着基本的经验主义的弊端。在前现代社会中，农民和昂格尔假设的市场种类间没有一般的联系——完全相反。直接生产者的主要优势基本上是为自己家庭生活需求生产的物质产品。出现的商业农业——远比昂格尔设想的不调和，不稳定——倾向于同生活条件的市场过剩，以及因为他们的物质基础的限制，经营者不受限于他们自己再生产的需求的大型集团相联合。当然，最有力的例子是罗马共和国晚期和帝国君主政体时期的农业，那里，先进地确定法定货币没有带来小农的增强，反而招致了他们的残酷萧条，因为寡头政治为市场生产大量地积累了土地和奴隶劳动，现金关系需要历史上史无前例地加强。昂格尔提出了这种后果，可是没有在他的论文里说明它矛盾的深度。

而且，如果古代罗马的发展有效地倒转了他假设的市场与达贵之间的关系，中古欧洲的变革也不少颠覆农民和国家的方案。他论证了欧洲中世纪早期的中央国家机器的衰败产生了作为封建物力论关键的农村一定程度的村庄自治，之后，对14世纪统治后者的危机程度，昂格尔却没有完好的解释。实际上，为了说明

---

① PP，第13—25页。

他认为是回避"完全"倒转，他不得不违背他的初衷，也就是以农民土地和村庄集体为中心的农村经济的"非商业部分"的效力。① 同时，他说明，危机的消除证明了新君主国中中央贵族势力的加强，而不是削弱。他争辩的原始词汇就这样在他最著名的两篇解释世界历史的章节中颠来倒去。

《错误需要》中对现代性系统的研究是《权利可塑性》里对前现代性分析的延续。昂格尔在这里关注的是建立经济合作区域构成环境的起源和本质。他这样做，采用的方法是批评保守党、自由党和马克思主义共有的他称为"神话历史"的方式——即，他的观点是，在导致当前的市场经济结构、大生产工业和议会民主的长久进程中，存在着一个集中的、不可抗拒的逻辑。昂格尔认为，这一揽子利益是外来的。西方的主要公共机构群体是分散的，没有特别的一致之处。政治上，一个18世纪特色的自由立宪政体不可能同大众党派联系在一起，在19世纪的历程中，它从来就没被如此构想过。之后，经过了与之艰苦的斗争之后，企业控制了私有财产的组织。以福特为代表的流动生产线的工业，兴起得更近代，然而已经衰退。而从这些风格迥异的历史形成了一种已定型的现状。它具有预防性地陷入僵局的政府，无条件地拥有财产权，大型集中的企业和死板的等级工作程序，这个形态受非内在的技术和社会需求的支配。对此，有一个历史性的替代物，其代表为19和20世纪的"资产阶级激进主义"的势力。昂格尔应用这个词的广义，指所有那些反抗精英政治的人们，大资本家，大工厂，不规范的市场，无论以平民主义的名义还是乌托邦社会主义理想的名义。他最重要的观点就是，从现代农业或精良的纺织业来看，以灵便的工作机构形式为基础的小型的财产和生产，同大托拉斯和大生产工业相比，技术上同样先进——因

---

① PP，第32页。

此经济上同样能够生存。然而，他们个体或者集体形式的稳定，都需要国家的支持，这是从蒲鲁东（Proudhon）或拉塞尔（Lassalle）到德马雷斯特·劳埃德（Demarest Lloyd）这些激进分子代言人所追求的典型的目标。不是社会学实现了它的不可能性，而是像他们的计划的政治失败决定了潜在的可行的发展道路。

那么，什么决定了政治问题本身呢？昂格尔的回答基本上是，小资产阶级对传统精英的利益的危害远远超过了它的（我们可否说——资产阶级？）敌手，它流行，因为它遇到的阻力小于来自使自己处于牢固地位的农民和贵族的利益。因此，现实普遍的激进主义受到了强有力的压制和限制。昂格尔普通历史理论的词汇中，这是呼吁"相继效果"的力量——一个形成的语境在构成下一个时间的实践的无效力。与这些相反，小资产阶级代表了现今时代"消极能力"的前线，以昂格尔的看法，就像前现代世界的农民的做法那样——他们是最积极的经济势力的载体。工业无产者——大生产和组织严密的工作组织的创造物——是工具，在这个概念中无声地退出了先锋的角色。然而，古代对它的要求从来没有用直接比较的方法检验。因为，在昂格尔现代性的反历史中，有一个非常明显的脱节。他起初用四个组织来定义当代西方的构成意境：工作组织情结、个人权利情结、政府组织情结和职业结构情结。可是当他解释他的体系的时候，"为了简洁的缘故"，他完全忽略了最后一个。①

这样的简化要求高昂的代价。因为，它意味着，昂格尔根本没有分析他正讨论的、自然发生的社会的社会结构。他反对运用资本主义这个词，理由是它太泛化或太特殊，无助于理解。这种顾虑的优点或缺点同接着发生的这些社会构成缺少完整的阶级图谱相比来说，显得不太重要。就此而言，作为昂格尔寓言中主角

---

① 比较 FN 第69—79页与174页之后。

的小资产阶级本身,完全就从薄云中脱颖而出了。在它涉入的领域周围、结构性对抗或是依存、融合或是矛盾,都没有阶级关系。贵族或是资产阶级,中产阶级或是工人阶级,在地平线上都显得模糊不清。的确,甚至连那些小生产者也都仅只是象征性地勾画了一下,他们只是在"小商品生产"的标题下被始终如一地连贯了起来。"小商品生产"这个词汇,表面上看取自昂格尔所竭力回避的马克思,但在使用过程中,这个概念迷失了方向。当马克思说"简单的"商品生产时,他不是在产出的范畴内定义它,而是从其重要产入的性质来定义的:它是一种生产者销售商品无须借助于雇佣劳动力(或是奴仆)的形式。另一方面,对昂格尔来说,从索林根的刀具制造业到硅谷的电脑业,小商品生产包括了各种缺乏中心性工厂和多分支公司的市场企业。这个经济形式的范围与小资产阶级最大范围的概念之间的联系,确确实实是微弱的。另外,昂格尔完全忽视了白领阶层——他们是自19世纪末期以降来自大城市的、小资产阶级的原型,T. J. 克拉克(T. J. Clark)在对当时巴黎的大众文化的描述中对此作了令人难忘的概述和勾勒。[1]

某些已被忘记的、有关小生产者——无论是民粹派还是社会主义者——解放的洞见,其重新发现是令人神往、早该兑现的计划。就此而言,昂格尔提出(有关小资产阶级激进主义的障碍问题)的热情、过时的请求同样只能产生好效果。当然,他坚持认为,在1840年代的欧洲叛乱时或是1890年代的美国,小资产阶级具有重要的角色,这同样是正确的。但是,要说小资产阶级在重塑更加美好、更大规模的世界,那上述观点就远远不够了。单单是小资产阶级的结构性异质与结构性矛盾,在对此的几乎所有经典的研究中都得到了更多的关注。昂格尔缺乏有关不同

---

[1] 《现代生活绘画》,伦敦1984年,第205—258页。

阶级的集体行动能力的理论，而这又必须依赖于社会结构的一个普遍的描绘。他忽略了这些品性及其言外之意。令人惊讶的是，《政治》并没有对"法西斯主义"作出单独的、实质性的论述，甚至连提都没提。而"法西斯主义"是20世纪一项政治运动，至关重要的是，小资产阶级力量为此提供了突击队。在批判了现代性是一种"神秘历史"观后，昂格尔描述了自己的观点，他把现代性看作是"纲要性的与论战性的"，甚至坦言它是"纯理论的"。① 但是，即使缺乏更完整的经验主义的论证，昂格尔观点的结构仍然要求某种他没有冒险去作的比较性控制力。如果它是传统精英的力量（在维多利亚时代的欧洲，正是它的反对导致小资产阶级激进主义的失败），那么，它在北美的暂缺为什么同样没有使之成功？倘若小的财产生发了漂浮不定的工作组织的品性与民主政府的理想，那么，它怎么会如此迅速地与新罗马和第三帝国结合在了一起？

但是，在这些问题之外，昂格尔选择性的历史在自己的理论中造成了一个更加戏剧性的难题。因为它在一个当代单调无比的图景中达到了顶峰——世界的熟悉的、平凡的荒野。昂格尔认为，在那个全景图中，所有高度的资本主义社会部受制于一种（无力改变它们的"改革圈"之）无效的循环往复——规则性地在改良论者之间摇摆，先是试图指导投资、再分配收入，然后产生出通货膨胀的斗争、导致了商业信心的丧失，随后是反动的动力、以保留市场的主宰和财政的惩罚。这种钟摆式的、可预测性运动，被昂格尔描述为是一种"对意志的首要损害"。② 它们的决定因素是形成环境，最终被结合为战后时代北大西洋与太平洋地区的一种普遍性法则。消极能力生生不息的

---

① FN，第7—176页。
② 同上书，第52页。

生长——昂格尔把它附之于人类发展的整个轨道,而不是服从于社会发明的巨大变体——因此反讽地引发了一个大众一致性的终极国家。他坚持认为,历史的偶然性是真实意志力的标志,这引发的不是创造性差异的游戏,而是必然论的同一性。昂格尔间或感觉到了这个问题,而且格外对此作出了反应,笨手笨脚地引出了同样的问题、要直面社会或是承受主要国家要求后来者模仿它们的压力。但在他的思想逻辑结构内,其矛盾之处似乎激进而又难以解决。

然而,无论是昂格尔提出的哲学反常还是历史反常,都是政治决定着我们对他的著作的判断——正如其标题所揭示的那样。但它的接受一直令人啼笑皆非,因为论争可谓全面、完整,可就是没有讨论政治。对《政治》的所有优点有两个极端反应:一个是10余位令人羡慕的作者组织了一个庞大的研讨会,他们分别来自范围广阔的学科,在《西北大学法学评论》发表文章,篇幅超过了350页;另一个则是来自《新共和》的愤怒地威胁——"哈佛最大的骗局"。①后者的积怨,也许并不难解释。然而奇怪的是,在这两个极端反应中,昂格尔著作中实际的政治立场却被大大地忽略了——仿佛在杜卡基斯和布什时代的美国那样的非政治化的氛围中,它热得难以让人着手处理。但它又无疑是该书最根本、最有力的部分。昂格尔起首就质问,社会民主——他认为它应该是"当今世界社会组织单一的、最有吸引力的、最自然的模式,很少压迫,更多的尊重所感受到的人类需要"——是否就是"人类能够希望得到的最美好的愿望、盼望遥遥无期时代的到来"。他的答案完全是否定的。因为"社会民主使启蒙的自由计划——也就是自由、平等、博爱的过程——无

---

① "研讨会:罗伯特·曼加贝热·昂格尔的政治",见《西北大学法学评论》,第81卷,1987年夏,第4期;《了不起的教授》,见《新共和》,1987年10月19日。

需成为昙花一现、可替换的体制秩序的抵押品"。① 这个秩序的支柱是：需要并生产沉寂的公民的国家；在时间、范围内绝对独立的、财产权所控制的市场；有效与固定的工作过程。社会民主在它们所设定的参数内追求其平凡的目标。与此形成对比的是，昂格尔压倒一切的目标是在环境与程序之间减少这样固定的距离，从而使社会的基本制度适用于"规则的"（与"惟一的"或是"革命的"相对）修订。

接下来的纲领性提议系统地指向现存的权力、财产和劳动这三种形式。昂格尔批评了他所看到的（对有效地制止来自上层、来自下层的巨大变化来说）西方自由国家的模式类型，其机构性的检验与平衡，最初都是有意为18世纪的显贵而设计的。但他并不赞同呼唤任何更直接的、带有政务会或类似组织的民主，他认为这些不过是前期模式的想像性倒置而已。相反，他提倡的是"二元论的"政体，一个是权力的两个中心（总统与议会）——双方的权力与动议权有助于在二者之间形成矛盾冲突；一个是大众协商——它有助于快速地打破僵局。应该在这两者之间形成一种协商制度。这个观念的原则是权力的"叠加"，而不是分散权力——要延伸到创建一种特殊的机构，保证国家内外事体的民主化。这么构建之后，昂格尔的共和制是要用来调动公民的民主积极性而不是阉割它。

然而只要经济得以转型，这个宪章是可以实现的。因为"如果工作、交流的日常世界不仅与民主政府的原则大相径庭，而且限制了范围、削弱了影响、破坏了运作，那么，这样的民主是无法繁荣的"。② 这里，昂格尔批评的目标是市场的同化作用，它分化了交换的活动场所，以财产权分割社会资本。前者必不可

---

① FN，第25—27页。
② 同上书，第483页。

少，因为它自由、有效；后者则是不能接受的机制，因为它不平等、有特权。二者在当前经济秩序中的融合"从有效的民主选择和控制中取消了集体繁荣的基本词汇"。① 昂格尔的补救方法是变控制大多数的财产为"转动资本基金"，这样可以通过资本给予者和资本接受者这个中间阶层向下分解财产权。这个基金是永久的社会基金，由政府控制，把资本借给自主的投资基金会，使其在指定的部门运作，然后，在规定的时间内，可以在有竞争力的生产者中间进行拍卖或是资源配给。以此种方法打破固定的财产权，会在当今或小或中等的先锋企业中激励出现更多灵活多样的工作组织形式。市场的运作——最后的资本接受者都是"自由的赌徒"——会以福利权的形式（为所有公民提供中等收入）得以缓冲。

昂格尔最后说，个人关系的转变是机构变革的必须的对应物。他以此完善他的计划。他把这个前景称为"文化革命"——值得注意，这个词在他的词汇表中引起注意这是惟一的一次。"文化革命"的特征绝对是难以捉摸的，部分原因在于：详尽地论述它们还要服从于"社会生活微观结构"的进一步发展。但他在此勾画了两个因素：一个是非个人关系，一个是集体观念。前者可以在现代主义的精神中以故意的角色混乱和表达习惯的混淆方式进行再造；后者则应该从习俗价值无缝的份额转向增强相互的脆弱性，它把冲突当作一种积极的价值来接受。尽管这些概念仅只是《错误需要》中的试探性的尾音，但它们对昂格尔来说是至关重要的。昂格尔坚持认为，"我们直接的实用、热情的待人的品质常常代表着我们克服社会组织冲突的永久目的"。②

---

① FN，第482页。
② 同上书，第556页。

就受到纯粹的想像性攻击而言，昂格尔社会重建的计划在当代没有对应物。这自然实现了自己的诺言，要大力推进社会民主。也许，要掌握昂格尔的洞见究竟有多激进，应该拿它同一位和他一样思想活跃的思想家的洞见相提并论，而这位思想家的政治同情心又不那么遥远。哈贝马斯（Habermas）也是用二元论的方式、以标准的现代性来构建他对当代资本主义社会的分析、发展与批评。对他来说，社会秩序有两个标准，一是制度——经济与国家，它们是金钱与权力这样的客观媒介所操纵的策略性行动的范围，在个人动因背后运作；一是生命世界——私人与公共领域是通讯联络的居所，主观间的意义与价值在此、在文化传播或是社会化过程中生发。资本主义合理化的趋势以制度的形式——所有自愿的社会活动或是美学游戏都受到管理法则或是现金关系的侵害——趋向于生命世界无情的殖民化。对哈贝马斯来说，这个进程是病态的，必须加以抵制：这是新社会运动（生态学、温和、女权主义）的使命。但就其范围而言，这些行动绝大部分都会是实验性或是防卫性的，用"边界冲突"保护生命世界的空间。它们所难以承担的（在危险复归的痛苦名义下），是要重新占领制度本身的反攻。这些必然超越了对动因的有意控制，把它们作为结构区别——这是现代工业社会产生的条件——的产物。①（由生产者与公民）重新挪用一个异化经济与政治秩序，正如马克思曾经想像的那样，在哈贝马斯看来，完全是禁忌。昂格尔拒绝的正是这种分界：能够改造与不能改造意识的集体控制。环境与程序在此对比鲜明，为的是展示它们之间的边界是易变的、交叉的。民主政治的目的是要修正环境、创造程序。在思想上，昂格尔远比哈贝马斯更远离马克思主义传统，但就此而言，他在政治上却又更加接

---

① 《通讯联络行为的理论》第 2 卷，伦敦 1988 年，第 338—343、393—396 页。

近马克思主义传统。

与此同时，昂格尔创立制度计划的信心、范畴，把他跟当今几乎所有传统的社会主义研究截然分开了。在这个领域，一个普遍的抑制是来自马克思的思想路线、长期存在的映象。哈贝马斯本人的近乎彻底的沉默在此是非常显眼的例子。没有类似对重建细节的反感就标志着可选择的、始自圣西门的乌托邦传统，因此，昂格尔声称自己继承了他们的传统是对的。他重获此道的胆识只能令人钦佩，但他所提出的建议仍旧附带了一连串的难题。昂格尔的法律背景可以被视为难题之一，他过高评价了制宪的独立意义。因为具有真正的重要性，其建议的效果总是受制于国家的客观结构、社会力量的平衡力。第五共和国宪法的出台，很接近昂格尔政府权力的理想，它分为两个潜在的对手政体：总统制与议会制，以同大众协商的方式快速解决双方的冲突。密特朗（Mitterrand）与希拉克（Chirac）的联合、1988年紧张的连选，为此描述作了很好的脚注。但它远远没有调动法国的民主活力，那场经历反倒把他们的热情降到了战后的最低点——有 1/3 到 1/2 的选民弃权。英格兰的例子更是破坏了昂格尔的设想。他继续坚持到底，仿佛美国宪法是整个西方的典范，依然着手去解决一个想像的标准模式，它具有严格的控制力与平衡力，可以妨碍决定性的政治动议权。英国是真正不受约束、自由自在的行政权力，完全缺乏上述模式，但它似乎逃脱了他的视界。决定的能力是最后在此无影无踪的内容。谁会争辩说，结果更接近一种"激进的民主"？具有讽刺意味的是，对英国政府最具破坏性的批评来自左派汤姆·奈恩（Tom Nairn）引起极大争议的著作《迷人的阶级》，恰恰相反，它把美国宪法看作是共和国自由的激励。这不是第一次了，社会主义者之间互相发现外来的美德，而他们的邻居看到的是内在的恶习。一般而言，昂格尔过于重视国家的法制框架，而对其官僚机构与党外工作过于忽视。

另一方面，他经济论述的中心主题有很强烈的说服力。联合财产权的非聚集性——昂格尔指出，财产权名义上既可以是集体的也可以是私人的——当然是任何称得上社会主义的基本原则之一。"租借"的特殊词汇在转型时期同样应该最大限度地扩大化、多样化，就像今日东方已经开始做的那样。昂格尔从总体上看是一位共产主义体验敏锐的观察家，他提前使用了不少改革中的调子。在西方，租借的潜力——是独立的生产者小组公众设备的契约式授权代理，这样就"快刀斩断了推理者和官僚的乱麻"——早期被雷蒙德·威廉斯（Raymond Williams）当作是（交流手段的）国家垄断或是商业主宰的另一种选择。就其概念的原始意义而言，昂格尔唤起了拉萨尔（Lassalle）这个有争议的名字——罗德伯图斯（Rodbertus）和马克思曾对此给予了纠正。但他的"周转资本基金"的普遍准则受到了一个棘手问题显著的意义模糊不清的损害——那就是，资本在企业（主要不破产或是接管）之间是怎样、在什么时候重新分配的。"计划"一词没有在文本中出现，尽管其义已经表达出来了——或许这是一种老练的姿态。也没有对自我经营说得太多，超出了对它的南斯拉夫版的有效批评。劳动的解放更多地委托给了灵活的工作组织而不是给了工业民主。因此，这些空白并没有真的从主要提议的新颖之处转移方向。

最后，昂格尔自然的文化议事日程当然深深地震动了自由的设想。其基本的要求——"政治上最终的利害关系都是个人关系最好的组织结构"，[1] 它担保心理同一性与相同的感情纽带的革命性转型——显然是对（保护不受公众入侵的）私人领域原则的当众羞辱。昂格尔为此辩护说，在实践当中，在个人交

---

[1] FN，第397—401页。

流或是联系模式所有可能的类型之间，没有社会曾经在制度上是中立的。但选择毕竟不等同于决心——有些形式（根据社会秩序发生变化）常常被排除在外这一事实，并不一定意味着其他形式因此必然也被强制执行。自由的要求，简单的说，就是把可允许选择的范围扩大到最大的限度；昂格尔会在更强大的处境上对此提出质疑。他把自己的位置描述为"高级自由主义"。尽管它有着显而易见的矛盾之处，这个术语并没有完全令人误解，至此他把它的古典变体同一种人类的内在不合群模式结合起来了——因为所有个体都有的"消极能力"都先于他们之间共同的联结点。区别之处在于，这是一种失去了人类本性的个人主义。惟有自我短暂的超越能力、一种不祥的对他人的渴望，能够对此加以阐释。自我的超越能力为现代主义铺平了道路，昂格尔把它解释为个人气质、社会角色传统观念的消失，而不是在后结构主义中所预示的主体概念本身的消失。这是授权的很强烈的感觉——抛开错误需要的印记，个人藐视所有自我期望或是外部习俗。对他人的渴望（通过团体——它所包含的不是同感而是冲突——强大的共同方向）导致授权的紧张感，就像"在自我主张的条件上占有优势"那样。上述二者的结合是被迫的，就像萨特《道德备忘录》中包罗万象的术语"自由"一样，为了同样的缘由，它从一种主体的直叙法堂而皇之地延伸到了一种政治的祈使语句。昂格尔"文化革命"的计划把"角色混乱"与"团结一致的权力"结合了起来；但前者是论述详细，而后者则令人难以捉摸——甚至不可想像，就像权力所声称的是"不可强行的"。[①]

批评家并不是没有客观、公正地指出，昂格尔在有关西方政治的论述中遗漏了大量普通的议题。其中，他就没有讨论贫穷或

---

① FN，第 539 页。

第六章　罗伯特·昂格尔与授权政治　167

是失业、种族或是社会性别、军队或是环境等等问题。尽管这些都是昂格尔真正的局限性，但也许他的重要意义恰恰在于与政治力量的实际图景分割开来。消极能力普遍的才能并没有对集体行动进行具体的测算——无论是从社会利益的角度还是从社会能力去实现他们。结果是，马恩格间或可以一本正经地争辩说，他的全盘计划应该对保守派、中间派、社会民主主义者以及激进主义者都同样具有吸引力。① 而有时，他同意说，他的计划还是"有很多机会扎根于改革、劳动、社会主义以及共产主义党派的"，或是认同于某种社会组织——失业的或是非熟练的，小资产阶级或是职业人士的——认为他们比其他形式更贴近于他的计划。② 有时候他又说，政治冲突的逐步升级，其典型性并不是表现在两极分化，而是表现在阶级忠诚的崩溃，革命情景让位于纯粹是"观念党派"之间的斗争——在他们的强烈的思想感情中，伟大的历史性决定的时刻不是显示而是消磨掉了解决的逻辑。③ 在昂格尔的思想中，这些奇特的幻想最终积攒成为政治力量的一个根本的不确定性。其最显著的标志是政治对手范畴的缺失。卡尔·史密特（Corl Schmitt）根本就没有相应的"对手"。激进民主的对手既无形式也无名分。他们真的存在吗？似乎至多存在于妨碍的一般公务的冒险之中。

　　如果主体力量（无论赞同还是反对基本的社会变革）最终依旧是不可思议的，那么它的客观条件就会更少模糊不清。昂格尔在他所谓的当今中级水平的危机中寻求民主授权的机会，在此惯例与环境已经很容易地相互交叉了。排除西方交替的战争或是推翻暴政的影响，昂格尔发现它们深受经济增长与追逐自我完善的指挥。他把它们分别命名为朝向宪法重建的"单调与缥缈的"

---

① FN，第379—395页。
② 同上书，第409—549页。
③ ST，第153—154；FN，第241—243、547页。

跳板。① 对讲究实际的人来说，他们可能禁不住把它们称为"平庸"与"空想"，但毫无疑问，昂格尔会以形成鲜明对比的捷克斯洛伐克和法国1968年的危机来回应。但无论他的描述如何有效，昂格尔实际上并没有在结构性危机的概念上费太多的笔墨。一方面，事情最初的形成环境常常多多少少是任意结合到一起的，另一方面，消极能力的压力又总是在接缝的地方把它撕裂开来。昂格尔一而再、再而三地坚持认为，"社会，对其居民来说无论怎样坚不可摧，都总是站在悬崖的边上"——因为它是"依附于小破坏（它在任何时候都能够逐步升级到更富颠覆性的冲突）无边无际的溪流"的秩序。② 倘若剧变的可能性是永恒的，题目就不再呼唤里科特（Richter）式的作品了。与此同时，部分地也是同样的原因，也就没有不再需要转型的理论了。《错误需要》回避讨论现实的社会进程——民族混乱、国际反应——任何实现其计划的企图都会得以释放。相反，昂格尔仅仅提供了一整套初步的制度性标准，仿佛他的激进重建规划一无遗漏。和谐的暗示为他的策略性思考打了折扣，使之存留在乌托邦传统另一面的遗迹当中。

这另一面属于这整部著作的一大特点。《政治》的庞大体系无可争辩地具有梦幻般的品质。昂格尔本人自由地把他的事业描述为思索性的事业，其大部分的价值在于它很明显远离历史或是政治的现实。然而，与当今几乎所有其他人不同的地方在于，昂格尔的梦幻有益而大胆。昂格尔有权利说，正如他在某处所说的那样，他的梦幻的实现，"将意味着颠覆革命运动失败和第一次世界大战后遍布欧洲的左派实验的局面"——将代表着一种"被剥夺了的胜利"③ 在其他什么地方，还有比这更大胆地论述

---

① FN，第546页。
② ST，第205页；FN，第215页。
③ FN，第508页。

历史与未来的吗?很久以来,第一世界的知识分子一直在判断第三世界——他们依旧是所有写作的重要时尚——的条件、提出处理的意见。现在新的模式出现了:一个来自第三世界的哲学家扭转了局面,成为了第一世界的对观福音书作者(synoptist)和预言家。

(郭英剑 译)

第七章

W. G. 朗西曼的新进化论

在冠以凡人虚名且几经掩饰之后,近年来的一部最为绚丽引人甚至可以说是夺人耳目的思想巨著即将完成。这就是 W. G. 朗西曼的《社会理论专论》,其第一卷主要论述方法论①这一枯燥问题,格调温雅严谨,且以洋洋之言,综合了兰克(Ranke)、孔德(Comte)、普鲁斯特(Proust)和哈特(Hart)著作中的种种理想,为了解社会拿出了一个日程表,报道精确,解释科学,再创作富有想像力,判断公正、仁慈。也许这一专论最为突出的特点就是把一般认为是对立的两个目的联系了起来:其一是一种解释性结构,它与各门自然科学相联系,其二是想像性的再现,它基于文学作品之上。从事社会科学的人很少有信心会同时援用赫伯特·斯潘塞(Herbert Spencer)和亨利·詹姆斯(Henry James)的理想。

在第二卷中,朗西曼接着探讨了其实质性的社会理论。他在一开始便说道,这一卷中他只讨论其全部理论中的解释性部分。但这并不是缩小眼界,而是恰恰相反。因为他力图解释的两个问题即是:在人类发展的某一阶段可能存在何种社会和某一社会在其进程中何以使然。朗西曼接着论述道,

---

① 《社会理论专论》第 2 卷:《社会理论的方法论》,剑桥 1983 年。

他所得出的答案具有深刻的思想意义,为我们对历史的总体解释作出了"远远"多于马克思、韦伯或其他任何人①所作出的贡献。这是因为,《社会理论专论》第二卷对社会结构和一种具有独创性的社会进化理论作了一次全新的论述。朗西曼认为,这两个问题的结合标志着我们领会过去模式的能力有了巨大进步。

那么上述每一个问题的意义何在呢?在朗西曼看来,权力之于社会学就像能量之于物理学一样,是两个基本概念。众多权力分配的不同方式形成了人们对于不同社会的不同概念。这样的权力以三种且仅以三种形式出现,即经济的、意识形态的和强制的权力。这三种权力总是相互依赖,缺一不可。朗西曼早期主要受韦伯的影响,这一权力公理也正是得益于韦伯。但是朗西曼对它进行了重新阐述,旨在达到与马克思的思想相沟通。各种类型的社会就是形形色色的权力分配模式,而这些模式又是以对生产、说服和强制手段的有差别的控制为基础的。正是权力这三个维度的变化为社会形式的科学划分提供了一把钥匙。同时其中的任何一个都是由一套具体的社会惯例组成,而这些惯例则永久受制于选择的压力,生成于社会之中或它所涉及的社会之间,总之,来自于各种可供选择的惯例间的竞争。这个选择的过程反过来构成了社会进化的基本机制。

朗西曼对历史进化理论的赞同是冷静和深思熟虑的,这也是其独立思考的表现。时至今日没有什么理论比进化论更过时的了。一段时间以来进化论对许多社会学家来说一直是一个不光彩的字眼,自从遭到人们的否定以来,一直被认为是先辈们所犯的基本的、惊人的错误之一。最后一位尝试社会进化系统理论的思想家是当时已经步入晚年的塔尔科特·帕森斯(Tal-

---

① 《社会理论专论》第 2 卷:《真正的社会理论》,剑桥 1989 年,第 74 页。

cott Parsons)。① 有意思的是，朗西曼在其庞大的文献目录中根本没有提到他。此外，进化论沦落到不名誉的地步，主要跟仅断言历史发展某种方向性的马克思主义的诸多变种有关。但朗西曼的进化论要具体、严格得多。它是严格按照现代生物学雕琢而成的。自然选择始终是社会选择的范例。朗西曼清醒地意识到了先前几种社会进化论的命运，尽管它们都试图把《物种起源》的理论运用到社会形式的宗谱学上而失败了，但他并没有因此而被吓倒，因为他相信他已纠正了以前理论共有的根本错误。所有这些理论都是要么把整个的社会或是不同的社会群体作为其选择项——即都把"适者万能生存"当作基本材料。朗西曼更换了某些惯例，他坚持认为，这些惯例是生物学中基因的真正对应物。这些惯例的起源外在于选择过程本身，因而与之无关，在此意义上，它们如同 DNA 一样呈现随意变异的状态。那些在权力竞争中被它们赋予优势的群体成了某些角色，而这些角色反过来又成了各个社会群体或社会的象征，这样的社会群体或社会形成了物种的对应物。

有了这样的分析方法，朗西曼然后直接开始讨论历史的记录。其目的有两个：一是建立一个我们已知的所有社会形式的林奈分类系统；展示这些社会形式形成中的进化论机制——即后继的社会形式是怎样和为何从其前边的社会形式进化而来的。其结果是广征博引，令人眩目。在这方面，朗西曼对比较历史记录的掌握几乎是无人能比。古巴比伦王国、部落时代的非洲、古希腊、哥伦布到达以前的美洲、石器时代的美拉尼西亚、古典时期的罗马、中世纪的伦巴底、中古时期的日本、帝国时代的中国、封建时代的波兰、共和政体的威尼斯、哈里发制的伊

---

① 塔尔科特·帕森斯：《社会：进化和比较观》，恩格尔·伍德克利夫 1966 年。

斯兰国家、专制主义的法国、工业发达的英国、革命时期的墨西哥、斯大林主义时代的苏联、平民主义的阿根廷、社会民主制的瑞典、种族主义的南非，所有这一切以及更多史料——出现在只不过中等大小、安排紧凑的一本书里，实在令人惊异，并且每个史料均为其随之而来的目的而得到巧妙、简洁地描述。但是有几处遗漏：古代中漏掉了埃及和亚述，现代中漏掉了第三帝国，而且所利用的原始资料，可能被认为是过于频繁地使用了英语（大约百分之九十的现代引述是英语，这毫无疑问超过了学术上所要求的平衡）。但是这些局限都微不足道。朗西曼处理其宽泛广博的证据时的精确与自信让人叹为观止。其全面的论述既有包罗世事之宏大理想，又在局部问题的操作上从不失清醒和仔细。在其整个论述中很难找出一处疏忽或过分的历史评判；尽管偶尔出现偏离主题的例子，也可以得到读者的谅解。该书通篇语气温和，审慎而客观公正，这样的巨著如果出自别人之手则可能变得过于锋芒毕露，这种语气透露出一种不温不火的成熟与老到。

应如何对这一完整的理论进行评价呢？如果对朗西曼提出的假设进行对比验证，就会产生一个内容丰富且极具吸引力的史料清单。但这一理论框架本身还存在一些难点。首先一点就牵涉到朗西曼所迈出的最初的一步——即他所采用的社会定义的本身。各种社会能否被理想化地、简单地想像成众多相互交织而成的权力网呢？朗西曼认为能做这样的想像，且持有此意见者并非他一个人。同样的假定可以在迈克尔·曼恩（Michael Mann）的著作中找到，而朗西曼是这一著作的严厉的批评者，但朗西曼的尺度和所讨论的中心问题又禁不住让人与迈克尔·曼恩的著作进行比较。[①] 这一偏见的共同根源就来自于韦伯

---

① 《社会权力的根源》第1卷，剑桥1986年。

(Weber),他对这些英国社会学家具有决定性的影响力。在福柯(Foucault)咒语的魔力下,对权力的固恋在法国和美国自然已走得很远。现在,文学理论、甚至文化历史中盛行的思辨哲学的过度和荒诞之处总的来说与较为陈腐的英国社会科学界格格不入。但他们对此自有警醒。无论是在韦伯还是福柯的理论中,对权力的执著看上去很固执,实际上单纯幼稚。(韦伯对鲁登道夫[Ludendorff],福柯对霍梅尼[Khomeini]的种种幻想分别是二者的合适象征)。社会不只是权力之类的东西。集体生活中的三大领域阻碍了这种对社会天真的、简化的认识。这三个领域是人的生产、商品的生产和意义的生产。人口体系、经济体系和文化体系绝非单纯的人类参与者间权力关系的翻版,因为这些领域总产生和自然界的交换关系,这些交换关系充斥着或已超越了这三个领域。权利社会学的特点就是通过扩展其中心概念而力图避开这种异议,其扩展方向是原由帕森斯(Parsons)提出的正量习用。比如曼恩有"分布性"和"共有性"权力之分,前者是由某些施动者施于他人,而后者作为一种共同提高他们地位的手段为施动者所共有。同样地,对朗西曼而言,权力的概念中包含"支配"和"合作"。① 这一字眼的双重含义并非纯粹的技巧问题。技术发明或经济发展均可包含其中,因为这二者均直接带来了社会权力对自然界更多的支配。但对于大多数记录下来的人口学体系、几大世界宗教和重要的艺术形式而言——这里仅提这三个方面——情况并非如此。这种情况没有出现在朗西曼的大纲中并非偶然。就连原则上更能经得起方法检验的经济活动在朗西曼的书里也遭到了冷遇。实际上,值得注意的是朗西曼对其合作性权力形式的强调程度要远低于曼恩对其共有权力形式的强调。这些合作性权力形式在

---

① 《社会理论专论》第2卷,第65—66页。

首次例行式地提及后,几乎从没再被提起过。朗西曼本人是一位杰出的实业家,他应该比其所有的同辈人(即使他们加在一起)对当代经济现实知之更多。然而,作为一种征兆,他却写道:"基本的经济惯例就是商品和服务的交换。"① 好像生产根本就不存在。朗西曼的这一缺省是由这一理论整体的先入之见所决定的,在这一理论整体中,权力实际上是"分布性"的控制力。

同样的嬗变反复出现在朗西曼关于社会结构的意识形态方面的叙述中。一旦社会被视为如此众多的权力惯例,它们之间的竞争应停留在组成社会的个人支配权这一层次。朗西曼为人们占有财富、力量和声望提出了普遍有效的、同等的努力方法。对意识形态领域权力的追求就是追求声望,而意识形态的"基本惯例"就是依从。朗西曼注意到有人可能怀疑对声望的渴求是否真的和对统治权及财富的渴求一样是一种历史力量,他回答道,荣誉具有永久、无处不在的重要价值,洛克(Locke)甚至认为"信誉和荣誉"是人类活动所有动机中最重要的因素。② 但这是一个不合逻辑的推理。因为名誉可以是道德上、智性上和美学上的,它必须而且通常的确是和权力无关。在洛克同辈人中,奥布里(Aubrey)或斯宾诺莎(Spinoza)或弗穆勒(Vermeer)都产生过什么思想影响?此外,在意识形态体系真正起作用的领域是什么呢?在几大宗教的庞大结构中,其主要作用难道通常仅是逐渐灌输社会依从思想吗?显然不是。基督教作为一个文化上的意义综合体,不可能被简化得只剩下神职人员的权威。这一宗教所起的世界历史作用遍及社会阶层的各种形式,因此是不会被套上任何这样的紧身衣而受约束的。朗西曼正确地区分了经济的、意识

---

① 《社会理论专论》第 2 卷,第 71 页。
② 同上书,第 70、34 页。

形态的和强制的权力形式，他还坚持认为这三者之间的变化关系需要按照其不同的历史背景进行经验主义的实际研究。但是他的错误之处在于认为历史本身只是由这三者相互作用而构成的。劳动和信仰从来都不只是权力的附属物，更不用说生与死了。这些方面制度的变化，即对技术、再生产和信念的影响，不能简单地被看成比处于统治地位的惯例对社会进化有较少偶然的影响。这一点必须得到证明。

　　一旦朗西曼接着要建立社会形式的具体的分类学，其限制性的视觉对其自己的调查所产生的压力就显而易见了。因为这些社会形式和权力的分配模式一致，每一个社会形式都是单个的生产、说服和强制模式的具体结合，所以其数量应由后者的实际变化范围所决定。朗西曼接着列出了这样一个单子：八种经济权力形式（农奴制、佃农制、小农场经营、债务关系、徭役、种姓制度、付薪劳动和奴隶制），八种意识形态权力（纯度污染［purity pollution］，世袭地位，神圣官衔，种族地位，年龄层、宗谱、职业、领袖气质），七种强制权力（征募的军队、武士贵族、平民自卫队、权贵招募的士兵、奴隶部队、专业人员志愿者、外国雇佣兵）。正如他所指出的，这就产生了一个有450种可能的社会形式的林奈表格，其中还不包括狩猎采集群体或国家出现前的群落。他接着立刻补充到，表格中每一栏都可能在实际上是重叠的部分，并非所有的组合都可以想像得到，因此历史上已实现的全部社会形式的数量必定会少于这个数字。① 这一附带说明十分合理。但其内容丝毫没有让人们为朗西曼得出的最终数字作好准备：从文明之初到现在，总共才有不到十个不同种类的社会（还有4个是在国家形式出现以前就有的，是后来增补上的）。换句话说，那些理论上称之

---

① 《社会理论专论》第2卷，第59页。

为社会的,在实际中有不足百分之三被列入其中。潜在的和实际的类型间的差距如此之大,对此不能不予以解释。实际上,要么这种对社会变体的初次划分是误导性的或多余的,要么是有某种中间机制能进行从多到少的巨大转换的,但是朗西曼似乎没有记录下其结论中的异常现象。在这里他在一开始所提出的问题——何种社会有历史的可能性?——提得并不模糊,但他并没遵守诺言予以回答,这一问题本身似乎被遗忘了。

在这一分类学的结果之中还有一个异常现象。因为这十四个被划分成孤立权力分配模式的独立社会形式本身,是按一种既控制其顺序却又外在于其本体的发展性顺序排列的。实际上朗西曼对它们作了如下排列:有限权力,分散权力;共享权力,受阻权力;世袭财产;市民、武士、官僚、封建的、中产阶级;自由民主的资本家,独裁主义者,国家社会主义者,种族主义者。上述社会全都是根据其中的权力布局而定义的。但同时每一个社会实际上处于一个根据不同的原则而组成的较大的体系之中。有限权力通行于狩猎采集者的社会。分散的、共享的和受阻的权力是园艺、游牧或原始农业社会的特点。平民、武士、官僚和封建的形式属于农耕文明本身,而中产阶级属于早期商业资本主义。自由民主的、独裁主义的、国家社会主义的和种族隔离的社会是工业国家所特有的。这些相互关系,不只可以从朗西曼的叙述中推断出来,而且他多次承认了它们。事实上对权力进行的明显静态划分的背后,是一个以经济时期为基础的暗动力。① 不赞同后者是毫无道理的,但其不足道的存在必将引起人们对分类学自身的逻辑依据产生质疑。如果人类社会总体发展符合另一种——也许是更为根本的逻辑,那么它们真地只能被看成权力模式吗?难道一种社会进化理论不应当首先致力于一系列的生活基本的历史模

---

① 《社会理论专论》第 2 卷,第 149—168 页。

式，而是致力于由这些模式所支撑的各种有雉堞的权力城墙吗？另一种说法是：尽管朗西曼的分类学意欲对社会进行划分，但其大部分操作单位实际上是国家。这实际上是他致力于权力上的一个合适的层面。

但是在这里，他的明显的"植物"物种的名称不是始终一致的。朗西曼首先说到，任何既定权力分配模式总是由独立的生产、说服和强制模式构成，而且这些模式可以变化，互不关联。他又接着说到，对社会按这些方式的划分应因此采用林奈的多词学名形式——也就是说必须详细说明每种情况中经济的、意识形态的和强制的权力的具体组合，比如用来描述当今西方社会的"自由的、民主的、资本主义的"这一组合。① 但是这条规则在其大部分列出的单子中被放弃了。他并没有作出努力，把这一条规则应用于早期的原始国家或不完全的国家形式。这五个工业前的政权形式并没有落入多词学名的范畴里边，而是基本上依其主要的社会阶层的名称来命名的（朗西曼把这些称之为"系统辞"［Systacts］以避免其特性被抢先利用），这五个政权是，市民政权、武士政权、地主政权、官僚政权和中产阶级政权。权力形式的数量陡然减少，这无疑是一个原因——这些权力形式的标准已暗暗降低下。只有在工业种类中多词学名才起作用，产生了诸如"独裁主义的、民族主义的、资本主义的"和"自由的、民主的、社会主义的"（这种政权形式还没有在任何地方得以实现，但朗西曼认为它在瑞典将来有实现的可能）二项选择。②

但是朗西曼对其自己的正式方案随意轻松处之，这在另一种意义上是其著作的吸引人之处。那些对植物分类学感兴趣的人，

---

① 《社会理论专论》第 2 卷，第 49、57 页。
② 同上书，第 165—166、260 页。

其特点是经常对自己喜爱的细枝末节狂热地抓住不放,这在朗西曼的著作中是根本没有的现象。相反,令人吃惊的是朗西曼使其范畴发生作用的那种豁达开阔的思想——人们也许说是学识的雄厚免去了其结构的呆板。他对自己所讨论的用以阐述其观点的众多社会的真实刻画,正是这本书的主要教诲和乐趣所在。如果这些刻画偶尔激起了不同意见,那也几乎总是因为把它们置放在逻辑划分之内的缘故,而不是任何表述的错误。在这一点上所表明的异议到底有多么重要呢?

如果我们从向国家地位自身的过渡开始的话,那么在朗西曼的叙述中有一点奇怪的不肯定态度。他把最初的原始政权描述成"世袭制的"——即初步的权力形式,在这些形式中那些担任文武职务的官员和统治者是纯粹的私人关系。世袭制就其本身而言,并没出现在他的五个工业前权力布局的原型中,这些权力布局是他高高置放在世袭制层面上的诸多种类。[①] 因为世袭制被归入初级权力形式,它似乎会随着更高形式的到来而从结构上——总的来说也会从时间上——被替代。但是后来世袭制以政权自身的形式重又出现,并且具有很大的范围和潜在的复杂性,其中包括希腊僭主政治和卡洛林帝国,更不用说还有地理大发现时期的都铎王朝和葡萄牙王国。[②] 这些互相矛盾之处永远也不会真正得到调和。这也许和这样一个事实有关:某些常被视为世袭制政权原型的高度文明——法老制的埃及或中国的商朝——是朗西曼在其调查中所避开的极少数重要的历史经历。汉谟拉比的巴比伦是一个例外,他对此给予了特别的重视。但这样做的目的是要论述古巴比伦王国是一种变种,即一种由不同权力分配形式形成的不可划分的杂交品,而惟一能与之对

---

① 《社会理论专论》第2卷,第155页。
② 同上书,第190—191、412、446页。

应的是盎格鲁—撒克逊的英国。因为"这两个社会不能划入上述五种模式中的任何一个",① 所以对它们的评判自成一类。苏美尔人的伦巴底和梅罗温王室社会在时空上邻近古巴比伦和盎格鲁—撒克逊社会,朗西曼在书中别的地方把前三者置于世袭制模式中,但为何后二者不应归入其中呢?古巴比伦和盎格鲁—撒克逊社会偏离主流、独成一类的惟一可察的原因,在朗西曼看来,似乎是汉谟拉比或爱德华国王的帝王政府之大超过了世袭制下统治者的政府。这一点很难让人信服。难道听命于亨利七世或阿维丝王室的政府人员真的较少吗?因此人们不得不得出这样的结论:世袭制这种在有关深层经济的叙述中最不稳固的模式在朗西曼的所有权力形式中仍是一个相对神秘难解的"黑洞"。

当然对于整个调查中这一位居第一的权力结构如何起作用还有明显的反对意见。这只是朗西曼所引证的个案间的巨大的历史差异。庇西特拉图(Peisistratus)、阿肖卡(Ashoka)、西珀里西(Chiperici)和葡萄牙王子亨利的社会,究竟能不能被合理地归为一个标签之下呢?在这种情况下,这一难题因为朗西曼对于世袭制本身简单和粗略的初步定义而变得更加尖锐了。这一难题也出现在他付出更多心血的形式研究中。在此举三个例子足以说明问题。朗西曼是以造诣颇深的古典学者的权威身份来描写"市民模式"的,在其关于这一模式的有趣的讨论中,他把同样的概念用于希腊城市、罗马共和国、瑞士的州县、意大利北部城镇、冰岛共和国。② 在这里,制度上的不同与相似的确构成了一个用以比较的活跃领域,但是,一个自由市民的政治事实多么类似,能否就此声明西塞罗时代的罗马和尼亚拉萨加(Njalasaga)

---

① 《社会理论专论》第 2 卷,第 239—243 页。
② 同上书,第 197—202 页。

时期的冰岛在历史层面上同属一种社会呢？一个是富庶的、横跨几大洲的帝国，其首都 75 万人口控制着全国 5000 万左右的人口，有着庞大的社会分层结构，大量常备军，其税收甚丰，货币化程度很高，还有着先进的文学传统。而另一个则是仅有 3 万农民的弹丸之地，没有铸币、国民军、贸易、行政管理部门或文字文化。其决定性的结构性差异（它也支配着其他方面）在于罗马文明从一开始就是城市式的，而冰岛社会比任何有记载的主权国家更完全乡村化——在共和国的英雄年代，几乎没有村庄，更不用说城镇了。这样大量的社会经济对比自然打破了任何界定。朗西曼认为，"出于社会学理论的目的"，城镇只能被视作"权力的机构表述"形式（这一观点与另一位剑桥社会学家安东尼·吉登斯［Anthony Giddens］的观点相接近。他把城镇表述为"权力容器"）。① 因此，朗西曼把其重要性降到了最低限度。这种方式看待城市历史意义的局限性不需我们费心劳神。

　　封建主义作为一种社会形式提供了一套似非而是的观点。这里有一个重要的现存文献（至少可以追溯到布洛克［Bloch］），它一直试图解决这一文献提出的分类学问题。意见大体上分为两类：一类是把封建主义这一字眼局限于采邑制，包括对依附农民的管辖权的地区，其中采邑制是从封地和臣服的关系中有条件地获取财产。另一类是把封建主义扩展到任何大地产所有者榨取直接生产者租金的任何前资本主义的制度中。就第一类来说，中世纪的欧洲和日本往往可以完全代表这一方面。至于第二类，印度、非洲、中国、近东和中美洲都有其封建主义的例证。朗西曼采取了位于二者之间的立场，他把任何分散富豪权力的制度均视为封建制，在此制度下，地主从依服的耕种者那里榨取剩余产

---

① 《社会理论专论》第 2 卷，第 85 页。比较吉登斯《历史唯物主义当代评述》，伦敦 1981 年，第 144—146 页。

品。这一中间立场看上法是一合理的调和,但其运用却导致了某些奇怪的结果。因为他一方面把中世纪的英国从封建社会中排除了出去,其原因是安茹王朝和金雀花王朝的权力过于集中。另一方面,他又把19世纪的拉美政权包括了进来。① 这一提法所激起的反对意见不只是和"权力分散"这一标准自身的反常使用有关——但这一点无疑是与之有关的:因为无论根据何种标准,像阿根廷洛卡政府、委内瑞拉的古斯曼布兰可政府或者巴西帝国之类的政府都不能被视作弱于鼎盛时期和兰开斯特统治者的政府。但更重要的是卡佩王朝和日本足利武士(这里举两个朗西曼认可的封建主义的例子)的长矛利剑世界与拉美总统们铁路和卡宾枪的世界之间的巨大的发展差距。

在"专制主义"的讨论中也可以见到某种同样的难题。朗西曼把专制主义等同于官僚的权力分配模式,在这一模式中有一个强大的中央政府,其组成人员是和统治者没有世袭关系却享有薪金的政府雇员。然后他把罗马君主政体和波旁王朝作为了两个范例。但这二者之间在物质、文化上已发生了很大变化,致使这一配对失去了分析效力。不用考虑更大的社会,曼恩已用图表明了这两个政权结构自身是有本质区别的,他把它们区分为"领土帝国"和"有机王朝"。② 路易十四能在仅有罗马帝国领土八分之一大小的国土上召集起比图拉真的军队还要大的部队。在亚洲,朗西曼把自宋代起的中华帝国和德川幕府的日本列入其专制政体的主要例子中。③ 但是这两个社会及其各自政权的相异性如此之大,实际上已成为远东学术研究的一个传统主题,这主要是由二者与西方的共同冲突产生了大相径庭的后果。这里仅参阅了双方权力所有者不同的结构侧面:中国官员和日本武士阶级在录

---

① 《社会理论专论》第2卷,第241—315、378、831页。
② 《社会权力的根源》第1卷,第250、450页。
③ 《社会理论专论》第2卷,第225—226、220页。

用为官、效忠的重点、与土地的关系、在战争中的作用及做学问的作用等方面都有所不同，而且其权力机构也完全不同。神圣王国在原则上、在正常情况下和在实际上对武装部队施行的是有效的单独控制。幕府甚至还没有控制日本所征部队兵员的多数，在日本偏远的藩的部队合起来往往会在数量上超过日本幕府部队，这是幕府制被推翻时的一个致命弱点。这种政权能被称之为真正的专制政权吗？人们可能注意到，朗西曼讨论中的最后一个遁词是和英国有关。他先争辩说，安菇王朝和金雀花王朝的统治是封建统治，然后又否认斯图亚特政府是专政政体。他写道，"英国是自身从世袭王朝演化到资本主义王朝的"，"没有真正的专制政权，没有真正的封建阶段"。① 这似乎是再明确不过了。但是在别的地方，出于一次少有的明显疏忽，他自相矛盾地把诺曼征服后的诺曼王朝划为专制主义政权，② 这段时间以来有许多人固执地主张英国例外论，如果过分强调这一特殊的矛盾现象，就显得蛮横无理了。但是它却因此指向了一个更为普遍的问题。

整个类型学上从社会到政权的不言而喻的变化使本欲控制它的权力的三元组合失衡了。因为实际上所有现代以前的政权都把大量资源投入到了强制模式中，朗西曼的意思是，对武装力量的管理几乎总是代价最为昂贵的，而且也是这些政权的首要功能。把重点放在政权上，往往必定会使生产模式和说服模式降到这一视野的边缘。其结果是两方面的。一方面，一旦它们的类型被定位在轻描淡写的背景序列中，归入同一类目下的政权间的经济差异就被大大忽视了。但是朗西曼的许多个案间巨大的发展差距，使得把它们从概念上连在一起的企图拉紧到了近乎破裂的地步。最广义上的技术总是部分地为生态环境所独有，它不能轻易地从

---

① 《社会理论专论》第 2 卷，第 412 页。
② 同上书，第 218 页。

历史的比较中分解出来。大约在 870 年间的法国和大约在 1870 间年的阿根廷和巴西不但是由一个千年和一个半球将它们隔开，而是一场能在全世界进行物质转换的工业革命将它们分隔开来。哪怕是根据朗西曼的标准，它们也应分属不同的权力模式，因为农奴制主宰着法国，有偿劳动属于阿根廷，奴隶制支配着巴西。背景、时代越接近，对之进行共同定义的困难越少。但即便在这一点上也出现了尖锐的问题。爱德华一世的英国和伊丽莎白一世的英国同是一个国家，但在世袭制本身的条条内，当隶农制在二者间消失时，它还真的是同一种社会吗？中国宋朝和诺曼西西里同属一个时代，朗西曼把它们判定为同样的专制政权。但是后者中的自由农佃户和高度商业化的农业何在？——更不用说工业技术和热气腾腾的城市生活了。

在这样的划分中，文化和作为根本差异标志的经济同样没有什么进展。文化出现了同样的双重摩擦。实际上朗西曼首先把其"生产模式"局限于马克思主义者所谓的生产关系上，他把生产力排除在外，然后在构筑其类型学时经常把这些生产关系本身置于一边。同样地，他把"说服模式"局限于种种形式上的依从象征，并且排除了全部更大的意义系统。然后他只是给予这些象征以断断续续的重视。比如说，按朗西曼自己的标准，16 世纪希拉史特（Szlachta）时波兰的合法权力形式是世袭的，但在 19 世纪军事独裁者执政的玻利维亚，合法的权力形式却是神授超凡的。但朗西曼把每种形式都定性为封建的。① 尽管它们在社会变革理论中起作用，但这一种类的特点并没有出现在产生这一种类的前工业形式的分类中。它们只构成了一种特殊的"说服"形式，即统治的合理性。换句话说，这里的区别是意识形态上的而不是文化上的。朗西曼对物质生产问题的解决办法是把它移入类

---

① 《社会理论专论》第 2 卷，第 373—374、381 页。

型以外的类编年史中。他对文化差异性问题的解决办法是只把文化看成权力机构规则的内容,其模式构成了一个社会结构。① 从而使文化与类型相适应。这个定义使朗西曼为其历史性的分类目的从文化中得出了抽象的结构。这一做法令人惊异地就把古巴比伦王国和盎格鲁—撒克逊英国并置在了一起,这一并置需要从整个大背景中去除各自重要的经验主义特点,即楔形文字的文稿和基督教的信仰。尽管朗西曼在其《专论》第一卷中对文化的实质的描述这一例子很有说服力,但在这一步骤中显然有不妥之处。朗西曼自己说,文化和结构实际上的变化从来不是毫无关联的,但对于这一准则他从没有彻底贯彻下去。比如说,他时而评述说穆斯林社会一般来说其结构要么是武士制的,要么是世袭制的,其部分原因是:伊斯兰对封建主义有敌意。② 但是因何原因、在何种程度上、宗教文化有助于界定中东政治结构的界限——也就是说潜在的挑选其形式——而不是只提供其内容,这一问题远未得到解释。诸如此类的问题超出了该书探究的范围。结果朗西曼反复宣称人类社会的多样性随着时间的流逝已大大增加了,③ 但只有把人类社会等同于他所说的结构(尽管它们等同,这一论断似乎还是很奇怪,因为据认为目前只有4种模式存在),这一观点才勉强合乎情理。实际上,与其相反的一种趋势倒是让人吃惊,即在现代资本主义的冲击下,独立的社会模式的数量在大大减少:总而言之,不仅首先从异常丰富的原始文化减少为少量的宗教文明,再缩减为当今全球统一的工业生活方式,而且也从前资本主义的纷繁复杂的生产关系和权力关系缩减为当今世界相对沉闷简单的制度图。

《经济与社会》一书的精神实质,朗西曼的类型坚定地指向

---

① 《社会理论专论》第2卷,第9页。
② 同上书,第382页。
③ 同上书,第39页。

形式的比较——这与曼恩的单向叙述正相反。他们二人都宣称二者互相排斥：曼恩否认一种比较宏观社会学的可能性，而朗西曼则探求了社会历史的前景。① 尽管《专论》在分类做法上忠实于韦伯的思想，而且正是对韦伯分类做法的严格追随才有了《经济与社会》这部内容庞杂的著作，但朗西曼却无暇顾及韦伯遗传论的另一面，即理性的目的。朗西曼的社会进化论旨在替代遗传论及其所有的对应物，包括马克思的阶级辩证法或任何其他理论。这一计划的第二个环节占据了此书的长长的结尾部分，在这一部分中朗西曼以大量的实例对其理论进行了验证。这里所提出的进化论的叙述具有独创性，正如人们所看到的，这一独创性在于其重点不是集中于社会或群体，而是各种惯例。但是朗西曼的进化论也在另一方面有别于其先前的最新理论。在帕森斯看来，决定进化的主要途径就是调整，即使社会适应其环境。朗西曼则认为，决定进化的途径是选择或者是各种惯例间的竞争。这一强调重点的巨大转变使朗西曼的社会学更接近于新达尔文主义的主旨，这就是道金斯（Dawkins）的"武力种族论"，② 即进化的动态因素不是调整物种使其适应某环境，而是物种之间的竞争与冲突。当然这一强调重点的转变也标志着早期进化论社会思想传统的回归，进化论的社会思想曾在19世纪赋予了"适者生存"这一原则以最重要的位置。

最近安东尼·吉登斯③对帕森斯的调整说法进行了十分尖刻的责难，这一反对意见的重点是其"调整"说法过于空乏。因为它从没明确指出社会在进化过程中要调整以适合什么，或者说明被视作"模糊的减少不肯定因素论"的调整本身究竟是什么

---

① 比较《社会权力的根源》第 1 卷，第 30、503 页和《社会理论专论》第 2 卷，第 60、309 页。
② 理查德·道金斯：《盲人制表者》，伦敦 1986 年，第 178—193 页。
③ 《社会的构建》，剑桥 1984 年，第 263—227 页。

意思。朗西曼的选择是不是避开了这一陷阱呢？社会选择的观点自然比调整的观点更准确，而且作为选择内容的具体惯例也比所有的社会更合理。但还有一个难题。在朗西曼的叙述中，选择的过程依赖于"竞争"，但他是如何想像出这一竞争的运作过程的呢？如果人们看一下他所提供的用以验证的例子，就会发现这一问题的答案是非常模糊的。他最常用的方法之一就是讨论欧洲封建主义在法国、意大利北部和德国的起源。这一讨论的目的是说明在上述三地区挑选了每个最终结果的"选择性压力"，即为何法国最终以王朝取胜，意大利北部以城镇为主宰，而德国权贵们成为最终的结果。但在拜占庭政权的不同背景中，王朝和权贵间存在着一个僵局。① 朗西曼对这些变体的叙述简洁而又合理。但这会不会不只是对每个地区各自力量平衡的一次检阅，和对其中一种力量的检阅呢？这一检阅是不以进化论为手段的历史学家们一直想进行的检阅。而以后朗西曼究竟会借助于哪一个呢？产生于竞争性惯例这一思想的额外的解释是模糊不清的。其效果看上去更像一种再描述。

　　朗西曼对日本封建主义结束的分析也如同其上面的分析一样。正如他所看到的——在第一批幕府统治者的统治下出现了幕藩（bakuhan）阶层。在这里他提出了一个非常强烈的主张，即日本孤立于外来压力之外，使其由封建模式到专制主义模式的进化成为"任何这样的转化中最具必然性的"。② 他解释说，允许产生这一转化的关键的惯例是武士从武装扈从到享有薪水的官员的转变。但这些惯例是如何在竞争中被选中的仍没有得到解释：朗西曼满足于说这里当时的潮流趋势罢了。就这一较大论题目前的情况而言，讨论与其相反的论题肯定更合情理，即日本幕府从

---

① 《社会理论专论》第 2 卷，第 370—373、299—301 页。
② 同上书，第 388 页。

没有发展成专制主义,正是因为没有外在危险施以真正军事(或行政)的中央集权化。难怪(尽管是部分原因)一旦一种威胁从外部形成,从内部推翻政权就被证明是很容易的。这样一个例子表明,要使"竞争性选择"这一概念起作用,就必须有某种明确的媒介或战场,在战场中对立的惯例可以争斗,这样才能使一方战胜另一方。

革命似乎为这样的冲撞提供了一种主要的竞技场。朗西曼不同意把革命一词用于创造了明治政权的武装运动,他更愿把明治政权视为(成功的)改良的理想范例。他自己对革命、造反和改良的讨论——他以内容翔实的补论来专门论述这三者——充满了趣味性和创造性的智慧。但这一讨论把林奈主义者而不是达尔文主义者放在主要位置,这是一个有启发意义的类型而不是关于进化叙述的一个不可或缺的环节。事实上,朗西曼对为进行社会选择而进行的革命的重要性始终持怀疑态度,他以大量篇幅进行分析的两个例子是墨西哥革命和法国革命。① 他得出结论说,前者只不过是以更加中央集权化和更世俗的伪装恢复了原状,而后者的起源纯属偶然,结果也无甚重要,因此使法国社会的进化没有受到什么影响。相比较而言,俄国革命具有真正的改革性,但从历史角度看,它也是一个"不大可能发生"的事情,只不过是由第一次世界大战的危险所造成的。②

对社会进化的经典理论而言,社会选择的主要竞技场自然无疑是战争。战场为在可供选择的集体生活形式间的选择提供了最重要的手段。但奇怪的是,朗西曼也对战争这种考验方法表示了十分的沉默,在他的调查中战争几乎或完全没有占据突出的地

---

① 《社会理论专论》第 2 卷,第 355—367 页。
② 同上书,第 422 页。

位。发人深思的是，他所给出的原因也经常出现在他对待革命的态度上。战争是有可能真的"扭转人类历史发展进程"的戏剧性事件。但其"结果往往是一个运气问题"，是"运气巧合"的产物。而且战争往往"不能以进化理论为基础，进化理论只涉及模式差异及生产、说服、强制方式亚类分布的社会学原因"。①依经验而言，军事冲突的结果往往有偶然性这一观点在这里没有得到支持。朗西曼对此的惟一阐述就是第二次世界大战，鉴于取胜的盟国和轴心国间巨大的物质资源差异，可以说这是一场在许多方面都特别不幸的战争。但是从理论上讲，重要的是对战争明显的不重视，可是战争作为竞争性选择的惯常活动范围，可望出现在准达尔文主义的框架中。在这里，朗西曼似乎在过分补偿着斯宾塞对战争的著名论调，他这样做是要尽可能把他们二人对进化的不同叙述区分开来。

最后，还有一种竞争手段，它并不像人们所想像的和朗西曼的社会选择理论中的竞争手段那样引人注目，这就是市场本身。当今最为流行的一种进化观是这样一个信念：随着西方优越的经济惯例明显地胜过东方经济惯例，冷战也会即将结束，这预示着一种已被历史证明了的不具竞争力的某种社会形式的迅速消亡。这自然是冯·哈耶克（Von Hayek）长期以来的一个预见，这位思想家认为经济学的真理总是和生物学的真理相连，这一连接点就是新达尔文主义和他自己理论的综合。② 值得注意的是，朗西曼的保留态度也延伸到了下面这一判断当中。他对共产主义社会的态度始终是冷静和明智的——其中有对斯大林整肃的尖锐评说——他对这个前景没有丝毫暗示，也许他只是在推迟评判。

---

① 《社会理论专论》第 2 卷，第 433—434 页。
② 见《致命的一致》，伦敦 1988 年，第 11—28 页。

这些不确定因素都和社会选择的途径有关。但生物学上的进化自然有另外优先于社会选择的一面，即为自然选择提供原材料的基因变异。任何社会的或同样是文化的进化理论的真正无法克服的弱点就在于此，因为所有的类比都在这一症结上失效了。基因突变是自然进化过程中一个极偶然的因素。换句话说，DNA中误值的原因和选择这些误值的过滤系统毫无关系，因为它们都属于另一种分类。在此意义上，突变体的起源完全和物种起源毫无关系。它们是分属两个不同层面上的理念。但这在社会或文化生活中也行之有效吗？朗西曼在社会进化的解释中，其基因形式对应体是各种权力惯例。他的生物学范例促使他得出了这样的看法：这些惯例——即选中或淘汰的突变体——的起源也是偶然的。结果革新成了"来自另一个偶然序列的入侵"，出于社会解释的目的，这些"入侵"只能被视作"不可抗力"。① 弗兰科·莫莱蒂（Franco Moretti）的大作《奇迹的征兆》中也采用了同样的论述结构（只不过是以古尔德［Gould］而非道金斯为衬托），它提出了一个文学进化的理论，其中体裁起着物种的作用，而单个作品则是偶然的突变体。②

但人类历史并没呈现这种达尔文主义的二重性。因为在历史的展开过程中，革新和选择属于同一层面。这里不存在错层式的因果关系，因为社会惯例的起源和普遍化总带有人类有意识地介入其中的共同材料。制度（或美学）形式的起源永远不会由深邃的理论把它们从其稳定状态分开。相反，二者构成了有意识活动的连续体。所以它们与朗西曼的观点相反，而是符合于同一种社会的解释。一些大的社会革新能被视作关于历史发展可信理论的"偶然性输入"没有意义。实际上近年来一些最优秀的马克

---

① 《社会理论专论》第 1 卷，第 199—200 页；《社会理论专论》第 2 卷，第 42—133 页。

② 《奇迹的征兆》，伦敦 1988 年（修订版），第 262—278 页。

思主义作品致力于阐释如下重要的新惯例：古希腊城邦出现于迈锡尼宫殿王国的残骸中（埃伦·伍德［Ellen Wood］），封建关系出现于衰退的罗马帝国晚期社会中（克里斯·威克姆［Chris Wickham］），资本主义农业出现于英国农庄制的瓦解中（罗伯特·布伦纳［Robert Brenner］），对于朗西曼的社会进化的叙述来说，这些都是最为重要的革新。① 但在这些研究中没有历史唯物主义特有的东西。也许这方面最了不起的现代例子是彼得·布朗（Peter Brown）的代表作《肉体与社会》这本书，它探索了早期基督教中禁欲的出现，这是一个朗西曼的理论所流露的那种有深远意义的惯例。

这样的开端可以被重构成往往产生（非有意识后果的）有意识活动的清晰模式——这当中与其继发之物没有什么不同。但肯定有某些历史阶段带有人为故意的意志烙印。社会保险这一惯例，尽管对当代福利国家的构建有长远意义，但仍然是俾斯麦为具体的政治目的而创立的。铁血宰相的这一首创真能被视作一种不可抗力吗？明治政府的寡头政治家们对官阶制度和土地保有制度的改革难道只是使日本进化为现代社会的"偶然性输入"吗？由凯恩斯和怀特在布雷顿森林发起的国际货币协作组织应该被视作一个认知世界吗？而这一认知世界不同于由美元金本位制标准的运作方法所操纵的世界。这种社会工程学是现代世界一个中心的、普遍性的现象。朗西曼把这比作牲畜饲养，他坚持认为，这对偶然基因突变体的自然选择没有任何反证。但没有一个牧场主或鸽子饲养者曾生产出一个新的物种。但是，在朗西曼的类型中，苏维埃政权的诞生除了是真正的物种形成外还能是什么？而且谁又能去否认列宁和布尔什维克们在缔造这一政权时的重要意

---

① 克里斯·威克姆：《另一个转折：从古代到封建主义，过去与未来》103，1983 年；艾伦·伍德：《农民市民与奴隶》，伦敦 1988 年，第 84—98 页。T. 阿斯顿与 C. 费尔平主编：《勃伦纳辩论》，剑桥 1985 年。

图？在所有这些例子中，这一系列复杂的因果关系是其一。俾斯麦、木户（Kido）、凯恩斯或列宁进行革新的原因——回应社会主义运动的出现、被外国占领的威胁、战前经济萧条的记忆和革命时机的出现——在种类或层次上无异于这些惯例后来成为相应制度的原因，这也几乎达到了其发起者的意图——即：抑制民众的不安全感、促进国家的发展、稳定对外汇兑和社会对工人地位的提高。正因为如此，历史发展和自然进化在革新的速度上没有呈现丝毫的相似之处。达尔文主义生物学的全部意义在于，它强调了自然选择必须以不可更改的缓慢步伐发生作用，这是因为它所能得到的惟一的变化量是一些微乎其微的变动，但单单这些变动连续蠕动般的逐渐积累就能产生进化。但作为朗西曼论题的社会革新，无论在其呈现的变化幅度还是其释放出的变化速度上都和前者完全不同。持续了 30 亿年的原核生物的天下和 50 年内伊斯兰教的兴起是大不相同的。

朗西曼并没有被这些差异所吓倒，他在其著作结尾部分重申了他的宏大主题和主张。"无论还需要怎样的精修和锤炼，这一基本观点至少和达尔文的观点一样明显胜过了（或者这只是我本人的看法）与其对立的观点。这一观点就是：人类社会及其构成作用和各种制度的进化贯穿于不断进行着的权力斗争的始终，这一权力斗争的结果由社会结构的相互依存的三维中各种惯例的竞争选择所决定的。社会进化和自然进化在复杂性上都呈现一种不断增加的趋势"。① 在此意义上，社会进化和自然进化一样是有指向性的。但二者均无可恢复地埋葬了所有的目的论：人类历史，一如生命自身的历史，没有什么模式、目标和意义。二者最重要的区别是，在社会中，是权力而不是生存是成功的标

---

① 《社会理论专论》第 2 卷，第 449 页。

准。① 这一转变是由尼采做出的，他在其《偶像的没落》一书中对为生命斗争这一笼统的概念进行了批评，他说道，"只要有斗争，那就是权力斗争"。②

但尼采本人提醒说，要拒绝目的论不一定非得抛弃形而上学。他的权力意志在一种冒险的本能心理中——传奇般地——得到了解决。尽管朗西曼和尼采在禀性和观点上有很大差距，但在朗西曼身上仍可见到一丝同样的权力诱惑。他盼望有一天心理学的发展能为其社会学提供更完整的理论基础。同时，可以肯定地说，在社会进化过程中只有"人与人之间进行经济、意识形态和强制权力的竞争，而且只要人这一物种存在下去，这一竞争就不会停止"。③ 有此看法的不可知论者几乎是在进行命运预测。有了尼采的理论，我们应不应该说两性之间权力的竞争也是永恒的呢？"永恒竞争论"属于任何理性社会科学以外的回归论。除了这一姿态外，朗西曼对这一科学的信奉是严肃的，这一点不容怀疑。他解释说，正因为他对科学方法本质上的一致性（这一点已在第一卷中给予了令人信服的论证）深信不疑，他才能在其《专论》第二卷中再次把进化当作其总领思想。结果就产生了一个历史学理论，而且无论根据何种标准，它都算得上一个巨大的思想宝库。

（郭英剑　田鹏　译）

---

① 《社会理论专论》第 2 卷，第 291 页。
② 《偶像的没落》，哈蒙斯沃斯 1968 年，第 75 页。
③ 《社会理论专论》第 2 卷，第 448 页。

第八章

论安德烈·希尔格鲁贝尔

4年前西德出现了一场有关历史问题的争论，回想起来，在涉及这场争论的所有著作中有一部非常引人注目。安德烈·希尔格鲁贝尔（Andress Hillgruber）的《两种毁灭》不仅提出了有可能是最为频繁出现的实质性问题，而且还提出了源于这场争论的最重要的形式问题。该著作由两篇文章构成，其各自的主题由这两个副标题表明：《德意志帝国的瓦解》和《欧洲犹太人的完结》。① 这两篇文章原本是分别写成的，后者是主题为"第二次世界大战中对犹太人的杀害"的学术报告会的闭幕词，在篇幅上要比前者短得多。两篇文章都很精练，文笔简洁是这位历史学家的一贯作风。

该书所提出的第一个问题是一个非常显而易见的问题。构成这一著作的两篇文章不是相互交织，而是两者之间保持着一定的距离。那么把二者并置的效果是什么呢？互不关联的双重叙述是历史著作的罕见形式。普鲁塔克（Plutarch）的《古希腊罗马名人传》也许是惟一保留了这种叙述形式的传记性作品。这种叙述形式的作用是什么？用元历史学的术语学说，该书基本的辞格

---

① 《两种毁灭》，《德意志帝国的瓦解》和《欧洲犹太人的完结》，柏林1986年。前文最初发表于1985年，后文最初发表于1984年。

形式是古典修辞学中叫做对照（Collatio）的辞格，① 运用这一辞格就是不加分辨地对两个事物进行横向修辞投射，使其平行并置。海登·怀特（Hayden White）对这一修辞手段未加讨论，但他认为辞格往往控制着历史学家的叙述方法，② 这一说法的效用范围有多大不得而知，但毫无疑问在这里它行得通。就此而言，这一独创性的辞格确切地讲控制着内因。第二次世界大战的传统叙述方式，就是把它表现为以一方幸运取胜的调和方式而结束的一场大的苦难——即用弗莱（Frye）和怀特的术语来说，就是把它的情节构思为喜剧式。希尔格鲁贝尔的辞格与此表现方法相反。他用并置的方法把德国的命运带入犹太人的命运圈子，而后者无疑属于悲剧范畴。他坚持悲剧范畴，尤其是在德国开始和结束战争的重要一段中。"悲剧性这一概念能否适用于最终引发第二次世界大战的那些事件还有待商榷；在此，罪恶与命运、合理要求与公然的非正义、暴虐与混乱错综复杂地搅在了一起。但就1944—1945年德国东部的情况而言，我们的确应该说是悲剧性的过程，因为很明显，当时那些省份的士兵和居民毫无出路"。③

在《形式的内容》一书中，怀特提出，叙述总带有道德化倾向，即历史的内在细节无一例外地体现着伦理判断。④ 普鲁塔克的平行叙述法无疑是很好的例证。希尔格鲁贝尔叙述结构的道德效用是什么？在历史学家们的争论中，他的批评者们把它与厄恩斯特·诺尔蒂（Ernst Nolte）的观点归为一类。这二者都被指控为以比较减轻罪恶，从而使纳粹对犹太人的赶尽杀绝

---

① 见昆体良《论修辞学》5.11.23，8.3.77。
② 《元历史》，巴尔的摩1973年，第427页。"某一位历史学家往往在观点、内因或思想含义的层次上选择一种或另一种解释模式，这要符合语言习惯的主要特征，即辞格的规则。他使用某种语言习惯的目的是预见他选择调查目标的历史事件的发生地。"
③ 《两种毁灭》，第64页。
④ "表现现实的叙述家"，《形式的内容》，巴尔的摩1987年，第21—25页。

相对化，换句话说，就是使邪恶平淡化。这二者的程序却互不相同，诺尔蒂的著作内容正是所指控的，其直接后果是以两种方法抹杀屠杀犹太人的极恶罪行的：其一是认为，这一屠杀从类型上讲——即从规模和性质上讲——并不比20世纪发生的其他屠杀事件更严重；其二是认为，这一屠杀是由共产主义恐怖的出现和对它的畏惧而偶然促成的，并且至多酿成一场欧洲内战。希尔格鲁贝尔并没有提出上述两种观点。他在论述最终解决途径（the Final Solution）的文章中指出，这一屠杀是历史上绝无仅有的，并从本质上把它归于纳粹的种族主义信条。①在对德意志第三帝国种族灭绝计划（这正是这场战争的目标）的所有学术解释中，希尔格鲁贝尔是一个表象主义者（intentionalist），他强调，希特勒对人种纯化和在东部扩张领土的狂热追求是所有纳粹野心的中心目标或核心。② 某种表象主义，由于强调元首本人这一恶魔般的人物，就会暗暗免除德国社会更广泛的阶层或更长的传统对其政权所犯罪行应负的责任。希尔格鲁贝尔并不属这一类表象主义者，他刻意反对任何把纳粹主义置于历史之外的病理学范畴的观点。他把恶意的反犹太人倾向和建立包括德国东部在内的庞大帝国的欲望的起源追溯到了1916年。那时兴登堡和鲁登道夫指挥着驻扎在俄国边境的德国第三军。③ 25年后，当肆意征服和杀戮的关键时机到来的时候，他强调说，对此很多方面都应负责任。在党和政权机构中，不问政治的工作人员和政治狂热分子组织了灭绝犹太人的活动，他们中更多的则参与了驱逐犹太人出境的行动。而大部

---

① 《两种毁灭》，第98页，"历史的惟一性"。
② 参见其重要文章，《在德意志霸权和世界政策中作为纳粹主义种族思想计划核心的"最终解决途径"和德意志东帝国》，杜塞尔多夫1977年，第258—261页。
③ 《两种毁灭》，第81—83页；《德国和两次世界大战》，麻省坎布里奇1981年，第41—44页。

分德国人则对这场战争的压力和困难忧心忡忡,可以想见他们接受了这样一种观念:这是一个永远也无法完全掩盖的过程。① 很难找到一个比这更强烈的具有广泛道德责任感的说法了。希尔格鲁贝尔说,军官团也积极参与了巴巴罗莎军事行动中的大屠杀。自威廉敏娜时代起,集体荣誉感的精神和严格服从命令的义务间那种传统的对立已牢牢地转向了对命令的无条件的执行。屠杀结束时,军方以外的劫掠者们又无视法律,大行暴力。1918 年后,德国士兵可以走自由军团的路线或泽克特领导下的德国国防军的路线。希尔格鲁贝尔严肃地评论说,"这些道路似乎已产生分歧,"但在 40 年代对苏作战中,由于党卫军和纳粹国防军精锐部队的协作,"这些执行不同路线的士兵又或多或少地走到了一起"。② 德国传统的军事领导层身上已毫无道德性可言,如果没有他们当中一大部分人积极或不积极的协助,希特勒不可能在东部发动起这场史无前例的灭绝性战争,这场战争从一开始就带有扩张领土和种族灭绝的双重目的。

不能因此就说希尔格鲁贝尔的二元叙述(dual narrative)是要把最终解决途径同其他大屠杀等同起来,从而使它正常化。相反,二元叙述的作用是要把对德国人的驱逐行动(German Expulsions)也作为一个悲剧而严肃地加以对待,尽管这是历史上与之前后连接的另一种悲剧。这一区别不只是一个技巧问题。正如我们已看到的,它和对待屠杀犹太人的两种态度相一致。但是人们仍然要问,在原则上容许作出种种解释的悲剧的总体范畴内,希尔格鲁贝把东部德国人的命运和犹太人的命运联系起来的具体的、正当的理由何在呢?他在前言中宣称,不只是要对这二

---

① 《两种毁灭》,第 98 页。
② 《德意志大国和世界政治》,第 270 页。

者作为已多次发生的民族灾难进行正式描述,而且他还认为这一对特殊的现象"属于一类"。① 希尔格鲁贝尔对这一共性举出了何种理由呢?他就在上述的几句话里强调说,这两种命运的历史背景和造成二者的责任不同。"激进的种族主义信条在1933年已成了希特勒德国政权的思想方式,就是这一信条造成了对犹太人的杀害"。② 另一方面,对德国人的驱逐不只是对纳粹独裁统治所犯罪行的回应,而且也是对盟国开展独立战争目的的响应,这些目的在形成的时候缺乏对纳粹罪行的充分估计。后来,希尔格鲁贝在其文章中论述到,从长远的历史观点看种族大清洗,已把有组织的大屠杀和强制人口移出欧洲边缘地带这些做法(当时亚美尼亚人和希腊人是这些做法的主要受害者)扩展到了纳粹控制下的整个欧洲,到战争结束为止甚至英、美也不得善终。③ 评论家们已对这种结合历史背景的做法表示反对,但很难否认其全部效用。希尔格鲁贝尔在这里并没有把屠杀犹太人和以前的屠杀、驱逐行动等同起来,而是把它看成一个最终的、绝对惨无人道的事件,这些屠杀和驱逐只是这种残暴事件的最初和相对的表现形式。但这一观点并非是勉强得出的。所发生的灾难已超越了其确切性质和造成它们的大概原因,从根本上看,希尔格鲁贝尔并非依靠其原因和性质而把东部德国人的命运和犹太人的命运联系起来,相反,这一联系靠的是产生于这二者的最终后果。首先,就其彻底摧毁"中心欧洲"这一共同后果来说,这两种命运是同属一类的。一旦欧洲大陆中部在突然发生的战争中支离破碎,整个欧洲就成了输家,其遭受分割和臣属于两个超级大国的命运也就必然接踵而至。④

---

① 《两种毁灭》,第9页。
② 同上。
③ 同上书,第67页。
④ 同上书,第10、73—74页。

那么应如何对这一结构进行评价呢？有关这一结构的诸多讨论都认为，希尔格鲁贝尔的著作在构成上似乎比较单一，而实际上并非如此。事实上它包含几个不同的问题，需要对之作出不同的回答。我们不妨看一看其中的四个。第一个在某种意义上最为显而易见。因为希尔格鲁贝尔从没有直接把其题目所谈到的两个毁灭过程进行对比，而只是把它们并置于一个意义模糊的形容词"Zweierlei（两种）"之下，所以平行叙述结构就不能给予二者其应有的不同比例的分量。不论是出于怎样的疏忽和间接手段，其结果必然是屠杀犹太人的实质这一部分的分量被按比例地缩减了。这一间接缩减的效果在描述德国东部终结的历史记录中得到了更为严重的缩减。众所周知，希尔格鲁贝尔曾宣布说作此历史记录的——可能是德国籍的——历史学家被迫对东部地区德国人民的实际命运表示"同情"，也因此对德国武装部队种种孤注一掷和自我牺牲的做法表示同情，因为这都是为了保护德国东部人民免受苏联红军以一系列的残暴和驱逐行径为手段的报复性推进之危害。①"同情"这一概念属于某一传统的悲剧原则，它虽常为历史学家们所用，但极少如此予以公开承认。尤其是韦勒（Wehler）和梅尔（Maier）已断然拒绝接受希尔格鲁贝尔对同情的作用。② 几乎可以肯定的说，在同情的背后有着某种产生同情的传记式生活经历。希尔格鲁贝尔是在柯尼希贝格长大的，他的父亲曾是当地一所学校的教师，后来被纳粹解雇了。1945年冬，年轻的希尔格鲁贝尔参与了纳粹国防军的东普鲁士防御战，他把这一战役描述为保护两百万难民横渡波罗的海逃往丹麦或石勒苏

---

① 《两种毁灭》，第23—25页。注意主题说明："正如同德国观点中所表现的那样，这就是简单概括为带有几分德国腔调的东方崩溃事件，"第42页。

② 参见汉斯·乌尔里希·韦勒的评论《不再关心德国的过去了吗？》，慕尼黑1988年，第49—53页以及查尔斯·梅尔：《难以理解的过去》，麻省坎布里奇1989年，第21—23页。

益格—荷尔斯泰因。如果希尔格鲁贝尔早已注意到了这一个人背景，并把它作为叙述东部几省德国百姓和军队所面临的形势的主观基础，而不是宣布对他们表示客观上必须有的同情，那么就不会有人对此进行争论。在迈出了这错误的一步时，希尔格鲁贝尔一失足使其观点从可以理解滑落到了站不住脚。他对叙述结构立即进行了修改，因为在这篇文章的姐妹篇中并不要求这位历史学家对犹太人的命运表示同情。也许他认为这是多余的。

希尔格鲁贝尔所谓"同情"的借口是一个程序上的谬误，但这一谬误就其本身而言并没有驳倒他对德国东部陷落所作分析的实质内容。在这里希尔格鲁贝尔提出了三个基本观点。第一个观点涉及德苏军事交锋的最后1年。1944年6月纳粹国防军遭遇了战争中决定性的失败。德军最强大的中央集团军一下子被苏联防御部队打得七零八落，造成中央集团军伤亡人员数达35万——这一数字是斯大林格勒战役中伤亡人数的4倍——而且还在德国边境撕破了一个巨大的缺口，使得东普鲁士立刻暴露在苏军进攻之下。一个月后，冯·施陶芬贝格（von Stauffenberg）发动了一场军事政变，试图杀死希特勒，推翻纳粹政权。希尔格鲁贝尔如何对7月20日的"未遂政变"作出评价呢？他说，到6月20日为止，他们已经错过了此前的许多机会，这场密谋的政变来得太迟了。到目前为止这场战争不管怎样已经输掉了，即使这次政变成功，也只会导致德国领导层的冲突和混乱，并加速东部战线的溃败。抵抗运动密谋者的动机体现了一种伦理标准，其意图耐人寻味，即旨在向全世界表明除纳粹政权外还有另一个德国存在。他说，通过对比可以看出来，很多继续战斗的官兵之所以这样做是出于一种责任感的伦理标准，即力图减轻赫然而至的苏军征服和报复对德国东部人民产生的严重后果。希尔格鲁贝尔事实上认可了许多德国官兵的这一选择。他争辩说，国防军的不停抵抗使两百万德国人得以横渡波罗的海而逃走，东部约百分之六十的部队——

几乎是又一个 200 万的人数——最终向西方盟国而不是向苏联投降又一次拯救了大量的生命。希尔格鲁贝尔的叙述中出现了战争再延长十个月的假设，从严格的德国立场来说，这一延长好像较之早日结束战争是一个更好的选择。希尔格鲁贝尔的这一观点较之《两种毁灭》中的任何其他观点更缺乏正当的历史根据。在这一点上哈贝马斯（Habermas）和韦勒对希尔格鲁贝尔进行的最有力的道德上的反驳是合理的、正确的。① 因为在战争延长的那几个月里，单单德国军民的伤亡人数就会达到 150 万至 200 万，这只是死亡人数，其中有一半是在整个战争中阵亡的，更不用说纳粹恐怖统治下不断出现的受害者和战争另一方盟军的伤亡人员了。如果进行反事实的计算，设想 1944 年 7 月推翻了希特勒，缩短了战争进程，那么希特勒的倒台所拯救的生命，无疑会比继续战争直到投降所假定能拯救的生命要多得多，但这些本来能拯救的生命却都在战争中丧生了。此外，几乎可以肯定地说投降本身是部分地以和谈完成的——尽管有无条件投降这一原则——就像日本的投降是通过谈判完成的那样。1945 年 8 月日本以弱者的身份和盟国进行了面对面的谈判，但如果在 1944 年 8 月格德勒政府决不会如此，更不用说 9 月芬兰议定的与德和平计划了。如果真能做到这些的话，德国战后的灾难和损失也会因此大大减少。

接下来和平条款在希尔格鲁贝尔的第二个论断中起了中心作用。二战后对德国疆土的分割就是把东普鲁士、波米兰尼亚和西里西亚的土地移交给波兰，而希尔格鲁贝尔的主要论题之一，就是不能简单地把德国的领土分割视为对纳粹在东部所犯罪行的地缘政治性的惩罚，因为分割德国疆土早在二战进行期间就被波兰大政治家们视为一个战略目标了，只不过后来在战争中被英美采纳了而已，其目的在于根除人们普遍关心的普鲁士军国主义的强

---

① 详见《不再关心德国的过去了吗？》，第 51—58 页。

大力量，并结束德国作为欧洲主要强国的历史。希尔格鲁贝尔说，这些计划在以国家利益为重而非相互公平的名义下，使多达600万人遭到驱逐而背井离乡。战争结束时，遭驱逐的人数达1100万之多，其中可能有200万人在这一过程中丧命。从希尔格鲁贝尔叙述中可以看出他甚至无需这样申明：这些驱逐行动是不能证明为正当的。这，就是这场战争中德国真正的悲剧之所在。

英国历史学家理查德·埃文斯在其最新著作《在希特勒的阴影中》对有关德国的争议作了全面的述评，书中他力图对希尔格鲁贝尔的上述观点进行反驳，影响极大。埃文斯说，在战前，波兰、捷克斯洛伐克及其他国家境内的德意志少数民族已显示了其潜在的颠覆性，这使西方盟国相信有必要把他们赶走；波兰东部领土被苏联占去，因此必须在西部得到补偿。他还说，不管怎样"40年不间断的和平局面就是对1945年所做出的各种安排的无可争议的辩护，"无论这种和平是怎样产生的，埃文斯承认这些驱逐行动是以"令人惊骇的残酷"手段完成的，但他坚持认为有可能、也应该把执行驱逐行动那些完全不能让人接受的手段和驱逐行动本身所要达到的目的区分开来。① 但是这种区分并不具说服力。那么，强迫数百万人流离失所、背井离乡的可接受的手段又是什么呢？苏台德人的民族统一主义的确为希特勒入侵捷克斯洛伐克提供了借口，但难道因此就可以说战后对这一地区的德意志社区不分青红皂白地大规模驱逐行动是正当的吗？用现任捷克总统自己的话说，那是不正当的。波兰领土向西扩展到奥得尼斯线（Oder—Neisse Line）和其在东部退缩到柯曾线（Curzon Line）后边是同等性质的补偿吗？在其东部失去的领土上，波兰人是仅占当地人口数约30%的少数民族——难怪第一次世界大战后，英法俄三国协约把这些领土授

---

① 《在希特勒的阴影中》，伦敦1989年，第99、95页。

予了俄国，而在西部获得的领土上，德国人是人数占 90% 的大民族。① 这种安排随后带来的和平本身能证明这些事件是正当的吗？无论是从伦理学还是从逻辑上讲，这都不足以说明其正当性。土耳其的东部边境地区是亚美尼亚人的社区墓地，但这一地区 70 年来一片和平景象，这难道就是两国关系的很好明证吗？② 德国东部的人口是被驱逐出境而非杀害的，但和平真的要依赖于这样的驱逐吗？——难道真的不能想出其他解决办法吗？可以说，同盟国的算计杜绝了其他任何结果的产生。但这却证明了希尔格鲁贝尔的评说是非常有力的：传统帝国的利益以及能压倒一切的全球通行的价值观决定了德国 1945 年的命运。尽管那时大规模驱逐中的暴行无法和纳粹政权实施的残暴行径同日而语，但是对数百万驱逐行动中的幸存者来说，他们已经是饱受煎熬了。③ 当希尔格鲁贝尔在一张调查表中被问及最大的理想是什么时，他讽刺性地回答到，"生活在哥尼斯堡（Konigs-berg）"。这一回答赢得了大家的尊敬。这并不是说他认为他的家乡所在的省份消失后可失而复得，但他解释性地回顾了并批

---

① 波兰东部克里西（Kresy）地区的种族构成中，乌克兰人和白俄罗人占绝大多数。这一地区当时的种族结构现在不可能细致地想像出来。1939 年这些地区的人口总数是 1300 万，其中有 100 多万波兰人被苏联驱赶到了东部，他们中许多人都死掉了。二战后大约有 200 万返回了西部。

② 埃文斯错误地宣布说，"希尔格鲁贝尔的（关于这些驱逐行动政治背景的）叙述在细节和总的目标上同最近的研究相矛盾"（见《在希特勒的阴影中》，第 95 页）。关于奥德尼斯线起源的最具学术性的新著作，是萨拉·特里对西科尔斯基（Sikorski）战时目标及其战前背景研究的成果——《波兰在欧洲的地位》一书（普林斯顿，1983）。这部著作澄清了以下问题：波兰流亡政府心怀吞并东普鲁士、波米兰尼亚和西里西亚的目标，但没有提及克里西；丘吉尔在《大西洋宪章》签署后的几个月中一直在保证说，自决原则不会妨碍打碎普鲁士强大力量的措施。第 3—10、272—286 页。应该说，希尔格鲁贝尔的叙述不只是针对其他大国的，从第二帝国到魏玛共和国到第三帝国的几代统治者也包括在其中，他指责他们越来越不关心德国东部人民的安全：《两种毁灭》，第 69 页。

③ 有两首十分著名的诗歌是受《两种毁灭》中描写的事件启发而写成的，他们的尾行有一处词汇上的重复。

评了那些使其家乡消失的驱逐行动。虽然希尔格鲁贝尔的反思至多是专注于自己的民族利益，但它所提出的问题却似乎对犹太人也有最现实的意义——特别是在以色列历史学家们依据正式认可的传说，要恢复在他们的国家诞生过程中驱逐阿拉伯人四散奔逃的复杂而又令人痛苦的历史真面目之时，而时至今日还有人想在约旦河西岸重复这些传说。

最后，除了德国士兵的困难处境和对德国农民的驱逐外，希尔格鲁贝尔认为在1945年的德国大失败中，还有第三个悲剧因素。他说，割去德国东部就把欧洲一分为二，因为从历史上讲德国这一"中间地带"一直是沟通欧洲大陆东西两半的桥梁，它以无以数计的政治、经济、文化和军事手段传播着来自莱茵河以外乃至波罗的海和黑海之间广大区域的各种影响。一旦这座桥梁被摧毁，欧洲的中心就不能稳固，那么欧洲大陆两侧对立的超级大国注定会使欧洲分裂并分别受制于它们自己。德国的瓦解也因此意味着欧洲作为一个整体在世界政治舞台上被打垮了。是否能重新构建一个共同的德意志民族和中心的欧洲，人们正拭目以待。① 这些反思遭到了哈贝马斯的严厉抨击，他指责说这些想法威胁着"我们与西方联系的惟一可靠的基础"。韦勒也对之进行了攻击，他宣称这些想法"比格林的愚蠢之辞更为有效"破坏了对西方的忠诚。② 对哈贝马斯和韦勒来说，"中间地带"的德国这一概念，确切地讲是"中心欧洲"这一概念是断然不能接受的，因为它和西方的联邦共和制这一精神支柱水火不容——不只是西欧的精神支柱，而是以美国为首的整个西方世界的精神支柱。哈贝马斯坚持认为当代德国的民族身份只能采取一种形式，即以波恩为中心的爱国主义立宪制。其他任何形式都是一种危险

---

① 《两种毁灭》，第72—74页。

② 于尔根·哈贝马斯"一种历史阴影的清除"，见《历史家的争论》，慕尼黑1987年，第76页；韦勒：《不再关心德国的过去了吗?》，第210页。

的诱惑。

我们应如何评判这一交锋呢？奇怪的是，这些批评家们急于驳斥希尔格鲁贝尔提出的所有问题，却忽略了应主要指责希尔格鲁贝尔对待自己问题的方法。希尔格鲁贝尔按其计划，一开始就把犹太人和德国人的灾难作为欧洲中心坍塌这一事件的相互联系的两个维度联系在了一起。但接下来他多次直接论及了德国人在这一地区所起的历史作用，而犹太人的作用却没有直接谈到。欧洲犹太人对欧洲大陆两部分的紧密联系做出了贡献，因此从逻辑上讲希尔格鲁贝尔的论述应对此贡献作以报偿性的叙述。犹太人的历史作用和德国人的历史作用相比，应更明确地配得上"调停"（mediation）这一字眼，因为前者的作用基本上总是经济、思想方面的，不带有德国式的政治、军事影响的痕迹。去除犹太人作用的后果是极为明显的：一个中心欧洲的历史意义消失了，而除了战后奥地利的文化外，几乎没有什么能更生动地对此作出解释了。希尔格鲁贝尔对此无言以对。记录下中心欧洲的历史作用并非否认而是承认欧洲中部人民和地方这一概念的效用，因为欧洲东西两端的联结维系于这些人民和地方的命运。希尔格鲁贝尔本人对这一论题的涉及自然不只是出于学术上的原因，而且还是公开地出于政治上的原因。他坚持认为，尽管第二次世界大战造成了很大的灾难，但德国在欧洲中心的作用是永远不容忽视的。德国的民族身份不能和一个未分裂国家的空间位置相脱离。作为对其批评者的回答，他写道：必须始终牢记这样一个前景——或希望——终有一天德国会在自决的基础上再次实现统一。① 无论怎样难以预料，重新构建中部欧洲的可能性还是有的。

希尔格鲁贝尔于 1989 年 5 月去世了。11 月柏林墙被推倒

---

① "研究无禁区"，见《历史家的争论》，第 240—241 页。

了。不到一年后的今天，德国的统一即将出现。思想保守的希尔格鲁贝尔在这一点上比其思想开放的批评者们来是把事情看地更为透彻的。人们会说希尔格鲁贝尔的"等式"正展现于我们眼前。德国的统一确实要使一个中心欧洲重新出现——已经崭露头角；而且重新构建中心欧洲几乎肯定能使欧洲作为一个整体在世界大舞台上恢复其独立的地位。在这些关系得以有重大历史意义的实现前夕，清楚地为之断言不能不说是一项重大成就。两年前查尔斯·梅尔（Charles Maier）曾把希尔格鲁贝尔强调德国在东西欧洲之间所起的中心作用描述为"怀旧的地缘政治论"。① 但这一说法现在看上去不那么合适了。梅尔对德国历史学家争论过程中提出的民族身份问题的讨论仍不失为对这一关键问题的一种有意义的探索。关于对"中间地带"这些概念的批判，他说到，民族身份不论在任何情况下都不应简单地被视作一种连续的历史体验的积淀，也许应把它重新看作更接近于民族性格这一较老的观念之类的东西——他提醒说这是自克雷夫科尔（Crevecoeur）时代以来在美国非常有影响力的一种观念，即在很大程度上符合非历史的、准人类学的分析的一种性格。为此目的，梅尔援引了列维-斯特劳斯（Levi-Strauss）著名的否认历史的特殊价值的观点②。个体性格或身份当然总是相对复杂和不稳定的——所以任何国家和民族的性格与身份更是如此。但是如果一个民族身份的概念完全可以进行商讨的话，而且假如认为其成分超越了历史时间的印记，那么其最合理的进一步成分构成是什么呢？自然不是哥比诺（Gobineau）发现的生物学上品种的培养基，也不是利瓦伊—斯特劳斯悟得的人脑本能的一致性，而是与地区空间相配的各种事物。这些因此非常持久和具有实体性。多数情况下它们

---

① 《难以理解的过去》，第 23 页。
② 同上书，第 151—156 页。

都有明显的具体功效。梅尔观点的逻辑因此又自相矛盾地回到了他最初怀疑的这一主题上。德国的民族身份——如果存在的话——应该部分地是德国领土位置的一个应变量。正因为"中间地带"这一观念和某些客观现实相一致，德国自由党左派在辩论中才犯了一个错误，允许保守党人士把它变成自己的观念。在那一点上格林显得更加明智。

那么仔细审查《两种毁灭》就会发现一系列的复杂现象。希尔格鲁贝尔是一位民族主义的历史学家，但他不是国家社会主义的辩解者。"对照"这种辞格手段本身并没有决定最终解决途径的减弱，希尔格鲁贝尔对灭绝欧洲犹太人的叙述方法也未能如此。但是任何把犹太人和德国人命运并置的方法都需要一种异常微妙的——道德上的或经验主义的——手段，但这超出了这位历史学家的研究领域。如果没有这一微妙的手段，那么叙述的精练似乎只能是不可觉察的。希尔格鲁贝尔对德国东部灭亡命运的宣告有其个人记忆的色彩，但就其本身而言，却也有不同效果：对1944年7月政变密谋的反事实的评价是毫无根据的，而对1945年至1947年驱逐行动的真实评判却非常合乎情理。最后，希尔格鲁贝尔把中部欧洲看作他所说的悲剧的共同发生地和受害者，而从历史角度看明显没有把犹太人置于其内。但受政治的驱使，希尔格鲁贝尔的这一观点描述了德国人目前的地位和某些可能产生的后果。这都做得非常好。敏锐与迟钝、谬误与远见交织在一起，所有这一切对一个历史学家来说都是很正常的。

但不正常的是其主题。如果我们问用历史方法表述纳粹主义和"最终解决途径"的限度是什么，透过希尔格鲁贝尔的著作，肯定能找到如下答案。首先，证据定下了某些绝对的限度。无论否认纳粹政权或否认所犯的罪行都是明显不可能的。希尔格鲁贝尔的著作中没有出现这种问题。反事实也要受到证据规则的控制，正如希尔格鲁贝尔的文章一样，证据规则会排除某些反事实。叙述方法要想可信，总是在这种外在限度内发生作用。其次，这些叙述方法反过来受到两层内在限制。一方面，某种证据排除某种内因——从历史角度讲，最终解决途径不能被写成罗曼司或喜剧。另一方面，任何普遍的内因对证据的选择只起很微弱的决定作用。希尔格鲁贝尔能把东普鲁士的灭亡描述成悲剧，但这一由证据允许的选择本身并没有决定构成其叙述的一系列经验主义判断。体裁与文稿间有很大的距离。同样的事件可写成其他不同的叙述文，而这些不是审美学上不可比较的形式或众多的杜撰，而是为了解真相所进行的认识论上的区分。这种区分的典型尺度不是利用现代史学著作中已极少用到的假声明，而是隐瞒真相的程度，换句话说就是忽略表述，而非犯表述错误。历史学同自然科学一样，真理的深度通常是其宽度的应变量，所谓宽度指所利用和解释的证据有多少。

　　叙述体在过去一直不是全权代表。把历史缩减为修辞的现代不可知论有许多根源。如果对这些著作进行选择性的阅读，那就是一种错误——比如，好像某一个人能从其中首先发现一个纳粹主义的先祖或左派的后裔，那样他就很容易得到满足。美国的实用主义是开明的哲学，它比意大利的行动主义更早且有影响地传播了我们今天有时称之为"真理效果"的这一工具性概念。属于温和左派的克劳德·列维-斯特劳斯是第一个提出历史准则不一致性的理论家，每一准则和其他准则是很随意的关系。① 葛兰西（Gramsci）的话倒是不无道理：在思想交锋中，惟一持久的胜利是那些在其对手最强大时取得的。对那些把表述作为一种责

---

① 使历史成为可能的是，发现某一特定阶段的一小组事件对于一组个体有几乎同样的意义。对每一等级都适合的日期对其他所有等级来说都是非理性的——"历史因此永远都不是历史，而是历史倾向"（history‑for）。见《未开化的思想》，伦敦1966年，第257、260页。

任，而非一种纯粹的意愿或不可能性（如在随后福柯的理论中）的人来说，这一忠告仍然适用。

（郭英剑　田鹏　译）

第九章

马克斯·韦伯与恩斯特·盖尔纳:科学、政治、魅力

马克斯·韦伯（Max Weber）所作的两篇演讲《以科学为业》和《以政治为业》在他的著作中占有特殊的地位。在一批往往是难以驾驭的、冗长的作品之中，这两篇演讲作为文风简练和充满激情的杰作显得十分突出，犹如突如其来的精华从韦伯漫无边际、众多的学术思想中展现在几页光彩夺目的页面上。在这里，理性、宗教、价值观自由、权力、官僚主义、领袖人物的超凡魅力、伦理责任等主题均有论述，其修辞学力度使文章成为20世纪最有影响的两篇理性陈述。然而，似乎正是其经典地位使之失之于人们对它的仔细观察。因为在它们明晰的外表之下，二者都表露出一种逃逸逻辑控制的迹象，导致了一系列形成重要模式的难题。

韦伯发表《以科学为业》的演讲是在1917年11月7日，正是布尔什维克在苏联夺取政权的日子。他对自己在战时的慕尼黑的学生听众解释了科学事业的严格性和奇妙性。与其外部的欠缺大不相同，在难以预测的学术生涯中，科学事业也不会提供传统型的内心满足。科学事业因其不可更改的专业性，而把一般认知的所有成就都排除在外；其固有的非个性化，不允许在那种正常艺术之中的特殊气质的自我表现；科学事业的不断发展与进步排除了任何持久的成就。科学事业也不能从生活的任何其他领域获

得意义。因为现代科学已经把那些虚假的和谐从世界上完全清除；而那虚假的和谐曾经一度被认为是与永恒真理或自然、神威与幸福相连的。在组织结构上对科学家的失望与对社会不抱幻想，那么与之相关的价值观是什么呢？韦伯认为，无论目的如何，这至少在技术功效和概念清晰层面上——在有效调控或清晰地思考方面是必不可少的方法。这样理解的话，科学的职业与政治无关——二者的原则是绝对独立的，不允许混淆。

就在一年多之后，于1919年1月28日，巴伐利亚的革命正在进行之中，面对相同的听众，《以政治为业》清楚地说明了上述区别。政治家的角色是依据合法暴力垄断所定义的国家政权的要求实施独立领导的。确保臣民服从的这种合法性具有传统的、领袖人物超凡魅力的以及合法的特征。其实施需要永久的行政人员，在其历史发展中展示了现代职业政治家的起源。然而与官员不同，政治家为其政治行为承担个人职责，最初是作为显要人物的领袖，其后成为组成群众党派的民众追随者公民投票的指挥者。在这种人物没有出现的地方，由居于同样被动的选民之上的官员操纵的选举机器是惟一的选择——没有领袖的民主。对比之下，真正的政治家不仅乐于为行使权力而行使权力，而且因激情、判断力与责任感的结合而出类拔萃。这种激情适宜于任何事业——信念的选择是无可争辩的；然而一旦确立，政治职业按自身的规则运作。由于政治决定性的媒介是暴力，伴随其独特的不可预测的后果是——暴力滋生暴力，引导它惟一适当的规则是世俗的道德责任，人们是以其后果而不是以目的判断各种行为的。

提纲挈领，以上便是两次演讲的要旨。二者之间的联系初看是自相矛盾的。因为它们明显地、共有的主题也正是韦伯所要区分的职业本身的概念。在韦伯演说严谨的结构之中，无论这一术语可以表示任何其他的含义，但总是排他地追求一个目标——无论是科学、艺术、商业还是政治——而牺牲其他的目标。使之庄重的是专业化。两篇演讲的中心思想看来是政治与科学遵循不同的法则，这一点无论如何是不能混淆的。职业（Beruf）这一术语在韦伯的社会学中当然是含义广泛的。但是没有受到充分注意的是它的语意上的极端不稳定性——其含义从一种语境到另一语境急剧转换。其本意当然是一种宗教的召唤；正如韦伯自己指出的这个词是路德（Luther）在他翻译的《圣经》中首先引入德语的。①《新教伦理与资本主义精神》为其崇高的宗教目的以及早期加尔文派商人严格的道德准则无拘无束地发掘了这一用法。正是这一现在已摆脱宗教背景的特殊用法左右着韦伯在慕尼黑的演讲——科学与政治发出了狂热的、关于存在的呼唤。但在韦伯的时代，德语中这一名词的正常含意是完全不同的：Beruf 就是单纯的职业。这一含义也在两次演讲中出现，而且韦伯也时常意识到了区别，但却没有在任何方面确定其理论含义，也没有意识到该词对他的整体构建所产生的后果。因而在著名的段落中，他谈及了"两类"职业政治家（Berufspolitiker）——一类是为政治而生活，另一类是靠政治而生活。前者可致力于公众生活而在经济上与之独立，尤其是那些有固定地租收入者或是土地所有者；后者自己没有太多财产，其收入主要来源于政党和国家机关。这似乎已形成了足够鲜明的对比。可是它刚一确立便被取消了，韦伯继续评论道，政治统治阶层总是利用他们的权力以达到私人的经济目的，而毫无保留的政治理想主义往往是由无财产者所展示的。②"为什么而活"和"靠什么而活"的对话在这里从某种程度讲是没有逻辑关系的，因为它与对争辩更为重要的反对意见不

---

① 《经济与社会》，蒂宾根 1972 年，第 344 页；《经济与社会》，伯克利洛杉矶 1978 年，第 569 页；后缩写为 WG，ES。

② 《以政治为业》政论全集，蒂宾根 1971，第 513—515 页；H. H. 哥શ与 C. 赖特·穆勒斯编自马克斯·韦伯，纽约 1958 年，第 84—86 页；以下缩写为 GPS 与 FMW。

第九章　马克斯·韦伯与恩斯特·盖尔纳：科学、政治、魅力

一致。因为韦伯一开始就以"最崇高的表达方式"把政治家的使命定义为纯粹的具有超凡魅力的领导。① 在追溯了各种各样的行政人员的起源之后，他接着讨论了形形色色的政治角色，可以这么说，在这里职业（Beruf）一词找到了最卑微的表达方式。这些包括党的官员和核心集团的首领，国会首领（Stimmvieh）还有内政集团：简言之，即世人皆知的贬义词"职业"政客。对此韦伯最终使用了不光彩的字眼"没有感召力的职业政客"——事实上，这一概念中出现了矛盾。② 韦伯在同一标题下连在一起的是三种完全对立的含意：在追求崇高理想之中领袖人物超凡魅力的领导能力、受命于国家的官僚行政机构以及唯利是图地争夺官职。

在《以科学为业》一文中含义的摇摆毫不逊色。从一方面讲，科学的职业是服务于"自我反省"（Selbstbesinnung）的道德目的——向符合其智力水平的人逐步灌输"一种义务感、明晰感和责任感"。从另一方面讲，它只是提供了"可靠地控制客观事物及人类行为的技巧"，很像中西部杂货商的老婆越过柜台递包菜。③ 由韦伯表述的第二种功能其实比第一种功能似乎更有道理，这一点看来根本不需要什么专业的科学知识。在这里职业（Beruf）的概念在论证的过程中同样得以扩展、发散。这一过程在演讲的正式阐述中没有受到制约。在韦伯为自己所作的非正式辩护中可以观察到相同的模式。在解释他晚年拒绝一个政客提出的妥协要求时，他可以自豪地宣称：我是一个职业学者。但他也同样可以表达对整个概念的彻底蔑视，这对他来说太狭隘了：我从来没有对

---

① GPS，第 508 页；FMW，第 19 页。
② GPS，第 544 页；FMW，第 113 页；可译为："没有内心倾向（calling）的职业政治家"。
③ 《以科学为业》，1922 年，第 550、549 页；以下缩写为 GAW；FMW，第 152、150 页。

"职业"这一概念有过任何好感,这是他作为对前景持他这种态度的年轻人所写下的。① 具有讽刺意味的是《以政治为业》的最终结论又一次根据一般趋势凭幻想召出了"领袖与英雄的使命",同时不由自主地露出了这一概念同样沉闷的底面。你们的情况怎么样呢?他向面前的学生发问,列举了他们可能遇到的生活挫折:你们会痛苦还是变得实用?你们会迟钝地接受世事和职业吗?② 这里,带着庸俗套路的深层含义——从同一术语的一边到另一边——"职业"(calling)完全变成了"职业"(career)。

有多种方法可以看清两篇演讲的结构中这种独特的倾向。这一点可以与韦伯处理其社会理论的"理想的"或是"物质的"成分之间的关系所更为普遍存在的困难相关,在这里两者之间的实际平衡与联系即使冲突也是难得的。典型的是前者要通过其详尽阐述的形式上的容量来获得心照不宣的优势,突然被后者不可妥协的暗示的力量所打断——往往是更蛮横地,犹如为更坚实的论述作出补偿。这种情况与职业的含义同时出现。其他鲜明的例子也出现在韦伯的政治理论中。其中"政权"(Herrschaft)的重复可与"职业"(Beruf)的重复相比较。在问了政治统治是如何获得的——人们为什么会顺从特定的状态?——韦伯继续对理想型的合法性作为其"内在的正当理由"的形式进行了通俗易懂的讨论;然后又简短地回忆了"在现实中"服从是由"恐怖和希望的非常坚定的动机"所确定的,还有"最多样化的"物质

---

① 1920 年 4 月致德国民主党主席的信解释了他退出的原因,见沃尔夫冈·墨姆森(Wolfgang Mommsen)的《马克斯·韦伯与德国政治》,蒂宾根 1974 年,第 334 页——可译为:"我是一名职业学者"——后缩写为 MWDP 与 MWDP;1893 年致玛丽安妮·韦伯的信:玛丽安妮·韦伯,《马克斯·韦伯传》,蒂宾根 1926 年,第 197 页——《马克斯·韦伯传》英译本,纽约 1975 年,第 185 页,可译为:我对"'vocation'一词从未有过任何敬意"——后缩写为 MWL 与 MWB。

② GPS,第 560 页;FMW,第 128 页——其中提出:"你是感到痛苦还是实用?你是迟钝地接受世界和职业吗?"

"利益";此后又重新回到了领袖人物感人的超凡魅力的著名力量。他以相似的风格解释说,由正当理由引出的服从可用以获取行政的手段——人员和物资——是实施高压统治的垄断所必需的;然后提出行政人员效忠于当权者最终的、决定性的基础是"害怕失去俸禄"①,并以此削弱这种随意的关联,从而使论证得以自圆其说。统治的物质手段立刻变成了结果和合法性理想运作的前提。

韦伯反常地对待职业概念还有另一种、并且更具体的原因。这个术语有一种明确的说服力,无论对其理想和物质定位都是如此。这意味着专业化——无论是崇高的职业还是卑微的行当。正是这一点使这一概念成为科学与政治之间的防火带。那么,在韦伯的词汇中其反义词是什么呢?答案可信手拈来。一系列涉及"文人学士"和"半瓶醋的业余爱好者"的言词遍布于其政治论述之中。这些所起的作用几乎等同于可以互换的诅咒。无论他们的争论是多么杂乱无章,但总含有至少一项确定的指责:诋毁业余身份。与有职业和行业的人相反,还有一种涉猎者和半瓶醋的业余爱好者。他们包括热心于俾斯麦纯粹暴力与狡诈的献媚者,还有软弱无力地痛恨他们的吹毛求疵者;主张在战后松懈德国人勤勉精神的寄生虫,以及在战时要求吞并太多领土的蛊惑人心的政客;使工业民主化的梦想者,还有与之同来的新的宗教的拼凑者。② 然而,到了他在慕尼黑作第二次演讲的时候,在其戏剧性的政治背景中,先前广泛讨论的问题已缩小到了一个势不可当的对象。德国革命把权力送进了"绝对是半瓶醋的业余爱好者"的手中,他们提出权力要求的惟一依据是"他们控制着机关枪";一切区别了布尔什维克或斯巴达克成员的理论家的统治、

---

① GPS,第507—509页;FMW,第78—80页。
② GPS,第311、189、217—218、249页;WS,第314页。

工人或士兵委员会，源于此的任何军事独裁都是他们浅薄的涉猎。① 艾斯纳（Eisner）是巴伐利亚的一个典型的例子。另一个是托洛茨基，他在布列斯特—里托夫斯克对德国的良好信义提出了质疑，以展示"俄国知识界典型的自负，迫使帝国实施和平"②。在这些年里，早先不喜欢的熟悉的术语融为一种形象，否则在韦伯的现代性的社会学中就会变得难以理解或缺省，那就是"知识分子"。在他于 1918 年 7 月为奥匈帝国的军官们所作的关于社会主义的演讲中，他告诉他们"布尔什维克政府包含知识分子，他们中间有人在维也纳和德国学习过；他们当中确实只有几个俄国人"③。几个月之后在慕尼黑，他声称最糟糕的俄国知识分子的"无效的兴奋"现已在这儿装扮成革命的狂欢节中传给了他们的德国同类。④ 这种狂热纯粹的政治业余爱好者的特征，是真正的政治家训练有素的激情的对照——不用说科学家没有偏见的研究。与革命的社会主义者所有的主张一致——US-PD、斯巴达克同盟成员、工团主义者、布尔什维克——知识分子的形象缺乏科学和政治的专业才能，显示出普遍的不负责任和不能胜任。

　　这种理论的悬殊差别至少看上去是不容变通的。然而，"作为一个知识分子的概念是什么"在韦伯的讨论中也受到了难以理解的侧面的干扰。因为他后一思想的中心主题之一——在《以科学为业》中得以令人难忘的发展——是他称作现代生活的"理智化"（intellectualization）的内容。说到这一点，他的意思是把生活分成单独的、不相容的价值领域的专门化过程，作为整

---

① GPS，第 521、550 页；FMW，第 91—92、119 页。
② 《社会主义》，《社会学与社会政治论文选》，蒂宾根 1924 年，第 513—515 页；后缩写为 GASS。
③ GASS，第 514 页；韦伯指的是犹太人吗？看来很难相信，但若不是评论犹太人看起来又不可思议。
④ GPS，第 545—546 页；FMW，第 115 页。

体从中排出了意义。"我们时代的命运及其独特的理性化及理智化——首先是世界的清醒——就是,最终及最高价值已经从公众生活中退出。"① 换言之,这个过程的特征恰恰是应在逻辑上使之具体化的人物的对立面。理智化预示的正是知识分子所放弃的。此外,韦伯在描述这一过程时对其后果发出了哀叹。在引起了清醒世界不同生活观"无休止且无确定结果的斗争"之后,他告诉自己的听众他也"不喜欢"现代"作为最恶劣的邪恶的"理智化。② 这种恶感的最强烈的表述当然是对《新教的伦理》最终的严厉裁决。"关于这种文化发展的最后阶段可以如是说:'没有灵魂的专家、没有感情的肉欲主义者;这无价值的东西设想它已达到了前所未有的文明程度'。"③ 尼采对专业人员(Fachmensch)的蔑视在这里可以扩展为对职业人员(Berufsmensch)的蔑视——二者的确可等同于权力和文化官僚主义化的产品,其长远的效果就像埃及人对精神的束缚,威胁着某些东西。④ 韦伯肯定自己"在某种程度上可以履行相当多的职务",有理由说他憎恶此类理智化。⑤

　　从另一方面讲,无论他多么不喜欢,韦伯从未详细论述过可供选择的方案。这在某种程度上确实是因为他把专业化视为现代性不可更改的状况,无论其文化副产品是什么。但也可能是因为他害怕这种可供选择的方案所采用的实际的历史形式。战前,他考察了拒绝分离价值领域的两类知识分子。在俄国,革命知识分子(以韦伯视为历史上"最后的伟大运动","几

---

① GAW,第554页;FMW,第155页。
② GAW,第550—551页;FMW,第152页。
③ 《宗教社会学论文选》,蒂宾根1934年,第204页。《新教的伦理与资本主义精神》,纽约1958年,第182页——后缩写为GAW与PE。
④ WG,第576页;ES,第987页。
⑤ MWL,第197页;MWB,第185页。

乎是一种宗教")从左的方面抵制资本主义。① 在德国,保守的知识分子怀疑资本的支配是否比以往的贵族统治更好地或更持久地保证了个人自由以及知识、美学、社会文化的发展,于是——"一项严肃的事实"——文化的最高利益的代表者们把目光转了回来。他们带着深深的厌恶反对资本主义的必然发展,在建立未来文化结构方面拒绝合作。② 韦伯所捍卫的社会秩序,即使有时只是对官僚主义滋长的一种相对的阻止,但仍受到了他视线内最重要的知识分子团体的左右夹击。在他有生之年当资本主义进入最严重的危机时,他对此满怀敌意并不令人惊讶。

唯理智论的毁灭所提出的问题——价值的瓦解——依然存在。当韦伯发表慕尼黑演讲时,正是强烈的职业感在他头脑中占据最重要的位置。科学与政治是内心倾向,呼唤适合于二者的正确引导。但是一旦理智化的进程已剥夺了世界的客观义务,一种伦理观如何能适于二者呢?就在文中可以找到两种反应。第一种试图根据其实践的内在逻辑构成适于二者的道德。对科学的追求有助于或迫使个体面对他们生命选择的逻辑,"说明他们行动的最终意义",即使当其不能描述时。这样做,韦伯声称,它适合于道德力量——社会道德力量——的义务、明晰与职责。③ 政治实践,对其自身来说——因其主要方式是暴力——需要认真地推断任何深思熟虑的行动所产生的后果:不是在圣山上所说教的单纯意图的道德,而是与马基雅维利(Machiavelli)所捍卫的公民职责。伦理在各方面禁止的——一是理智的清晰,一是实际的结果——是属于技术上的形式主义型,没有规定实际的目标。此外韦伯退而承认二者均不能把自己的选择作

---

① WG,第313—314页;ES,第515—516页。
② 圣路易演讲,《资本主义与德国的农村社会》,FMW,第371—372页。
③ GAW,第550页;FMW,第152页。

为动机。① 一种对二者外部的、而且是无正当理由的决定对此是必要的。这种带有明显的尼采哲学背景的决定论受到了哈贝马斯和其他人的严厉批评：其非理性主义性质是显而易见的。没有受到足够关注的是二者正式规定自身的无条理性。把当代科学定义为内在的专业化知识之后，韦伯预先排除了证明其可以履行（他最终归结于逻辑上明了的）全部一般任务的任何可能性；其实，在文中这一点上，有一种作为象征的配偶可预测地滑向哲学——即如他所描绘的正是科学的反面，或是一般理智训练。同样，他关于政治的道德职责的实例基本集中于一个主张，即在权力的世界，事实是良好的目的可以用不良的手段达到——也就是说，使用暴力是"登山训众"所禁止的。正是在"只要目的正当，可以不择手段的问题上"，定罪的道德必然坍塌。② 但既然对韦伯来说政治决定性的手段是暴力——这是他不知疲倦地喋喋不休的——而手段依其定义总是不道德的；他们因而不再具有辨别能力——因此，在这种纲要之中，政策只能荒谬地以目标来评断，换言之，即精确的伦理信念准则。同时，在说到"一切政治行动的悲剧"时，作为惯例——换句话说，无论采用何种伦理道德——结果不仅与意图不一致，而且与之相矛盾。他提出目标本身易变，后来引用的昌德拉古塔（Chandragupta）关于国事管理的教训是不相干的。出乎意料的是，在没有推论的情况下，韦伯得出了结论："完全由于"这种不可推断性，政治行动"如果具有内在力量则必须服务于目标"，而不是"承担生物性的无效诅咒"。但是政治家在争夺权力时所采用的理由是一个信念问题。③

---

① GPS，第 558 页；FME，第 127 页；GAW，第 550—551 页；FMW，第 152 页。
② GAW，第 550 页；FMW，第 151—152 页；GPS，第 553 页；FMW，第 122 页。
③ GPS，第 547—548 页；FMW，第 117 页。

具体到对科学和政治的追述，如果韦伯努力演绎的道德缺乏足够的说服力，那么一种更为坚实的主题部分地被它们所掩盖。这是一种实际上成功的心理，为这种叙述提供了真正的电压。令人惊讶的是两种职业自身程式的相似性。韦伯解释说，对科学家的第一要求是激情——"一种奇特的疯狂激动"也就是灵感状态。第二是辛勤工作，通常这就为之准备了条件。① 科学洞察力的秘诀一方面是陶醉，另一方面是专心。在政治方面与之相同，政治家的首要品质是激情——对"上帝或恶魔"的事业的热心。第二是超然，冷眼看世界和自我的能力，这就是真正的政治家与半瓶醋的业余爱好者不同的"坚定的心灵的平淡"②。这种二元性在结尾的华丽辞藻中得以重复，唤起了位于良心的十字路口的"成熟男人"的"无法估量的"景象，韦伯——忽视了早期关于他们不相容性的主张——突如其来地把责任伦理和信任伦理综合起来，把它们描述为："那是真正富于人性又令人感动的。"③ 这两种职业的诀窍因而是基本相同的——强烈的激情与铁的纪律的结合。这个比喻的重新出现，在科学与政治分离另一边有着深深的传记根源。当然它是符合韦伯的自我意识的。他向玛丽安娜求婚时以洪亮的声音说道："高傲地冲破激情的波涛，黑暗笼罩着我们——跟我走吧，我那高尚心灵的同志者，驶出顺从的宁静港湾，进入公海，在那里，成长源于灵魂之奋斗，而朝生暮死者消逝无踪。但想一想吧：当一切在他脚下汹涌澎湃，水手的头脑和心灵必是清澈的。我们决不能容忍怪诞地沉湎于自身混乱而神秘的情绪之中。因为感情偏激时，你必须束缚它使自制力能够驾驭它。"④ 在驾驶台

---

① GAW，第 530—532 页；FMW，第 135—136 页。
② GPS，第 545—546 页；FMW，第 115 页。
③ GPS，第 559 页；FMW，第 127 页。
④ MWL，第 190 页；MWB，第 179 页。

上，科学家和政治家都已是掌舵人。

韦伯为他们所作的画像还没有完全被可称为他自己的火山喷射所耗尽。除了这些共性，他们还有各自的特征。科学家是导师，他的工作必是非个人的。而政治家是领袖，其权威性也只能是个人的。名利对于前者，无论多么频繁都是无害的；而对于后者则是毁灭性的。这些对比是用以赞同这两种活动的分离。但在韦伯的叙述中，二者的基本区别则在于其他方面。科学是使世界合理化的主力，但被剥夺了客观价值，而且必须自己避开主观偏爱的表达方式。现代政治运作于由科学创立的清醒世界之中，但必使主观目标相互斗争。科学家的主要错误是偏离了这条线而对公众生活进行价值评判。"政治在教室中没有地位。"韦伯宣称，民主的公众代言人的正当职责是不把言词当作"翻松沉思冥想的土壤的犁铧"，而是作为"反抗敌手的利剑、斗争的工具"。但这种语言"在演讲中是蛮横无理的"[1]。

如果对两篇演讲作一次最为粗略的浏览，便可以看出韦伯远没有实践这些戒律。充斥于每篇演讲中的价值评判使演讲获得了特有的修辞力度。《以科学为业》的整个结构是对由知识分子捏造的新的宗教狂热、崇拜"欺骗或自我欺骗"而没有新的（而且是真正的）预言所建立的一种充满热情的最终告诫——以区别于在"神秘生活"的先验王国或在直接社区的"震动"使旧时神圣生活复活的个人王国里找到"崇高价值"[2]。以韦伯自己的术语，什么是为此界定的科学标准呢？《以政治为业》引起争论的结局仍是颇为显眼的。这远不是韦伯在开篇的句子中所允诺的中立叙述，完全排除所有的辩解，文中充满了对当时俄国和德国的革命的社会主义者的猛烈攻击。在一个典型的段落中，韦伯

---

[1] GAW，第543页；FMW，第145页。
[2] GAW，第553—554页；FMW，第154—155页。

可以一口气指控布尔什维克把所有的"资产阶级分子"解除武装并驱逐出境，接受了"与之斗争的所有资产阶级制度"；在剥夺了沙皇警察地位的告密者的网络体系上建立其政权，并使用公共安全和秩序保卫部的特务作为"其国家政权的主要工具"。德国革命则是由"广泛地崩溃"演变为连续不断的"暴民独裁"。在现代阶段斗争条件下试图创立社会主义必定要求助于"以卑鄙为主的道德动机"——"痛恨的愉悦"和"复仇的满足"，"权力、战利品还有官职"①。此类见解，在杀害卢森堡和李卜克内西的日子里的确是利剑。

韦伯在区别科学与政治的实践方面——虽然激进——的无能为力，在韦伯的总体思想中与它们之间起作用的实质关系相比是无关紧要的。他对现代性社会学的中心主题是不抱幻想且官僚主义化的——含义的丧失与自由的丧失荒谬地由合理化的进程所招致，并使西方文明处于全球各地的主导。科学是世界非神秘化的主要创造者。但它所引起的不抱幻想的衰落的实质是什么？在他可能是最著名的章节中，韦伯描述了新的多神论："许多旧时的神，不再有魔法但变成了非个人的力量从他们的墓穴中升起，为争夺控制我们生活的权力进行着无休止的互相斗争"②。哪是这些神呢？在他的叙述中，韦伯把两种在逻辑上相互独立的答案合二为一。正如古代的众神，一是代表竞争的思想财富、艺术、爱情、知识——换言之，一种多重价值范围。然而具体到每一方面都存在着有约束力的准则，这是各自领域的本质中所固有的。这是穆勒（Mill）的翻版，韦伯据此为政治的责任而争辩——他把其道德与那些统领情爱、商业、家庭及行政领域的道德相比。"我们被置入各种各样的生活领域，每个领域都有不同的法律来

---

① GPS，第 505、529、556 页；FMW，第 77、100、125 页。
② GAW，第 547 页；FMW，第 149 页。

管辖。"① 当然还有第二个答案：诸神之斗争意味着——不是因为有许多神，而是因为他们失去了自身的魔力——在每一领域中价值的总体不确定性。这是一个更为激进的版本，源于尼采，在讨论现代化文化的普通逻辑时还要回到这一点，他的"每一步都导致了无知"，是一种"微不足道、自相矛盾、互相敌对的目标的服务之中毫无意义的忙乱"②。换言之，世界的理智化不是导致多元论便会通向虚无主义。

对于韦伯的政治学来说，这种科学冲击的概念的后果是什么？他是一个20世纪早期的、与众不同的德国式的自由主义者。公民权、竞选以及私有企业是个人自由的条件。如果说男子普选权在德国实施得太早了，那么普鲁士的公民权便是国家统一的障碍。国会的职责是需要，但不必扩展到对议长的选择。学术生活应免受政治控制，工会应获支持。天赋人权与自由贸易均没有进入这种自由主义，其要点是自由个性的形成与表述。韦伯确信，战前坚强的领导是由国会环境中独立的精英人物的竞选所培育的；战后，则是由公民投票授权否决国会的派系而产生的。他置身于他所出生的德国资产阶级之中，是他所认为的在威廉制度中其懦弱性的不妥协的批评家。他抨击德国容克阶层的保守主义和利己主义，然而他的多数观点显然是贵族式的：他对自己政治词汇中的几个术语如荣誉一般情有独钟。当之受到伤害，他对慕尼黑的听众说，这是一个永不能宽恕的民族。

诚然，他最根深蒂固的政治信奉是民族的。韦伯从未收回他在弗赖堡的就职演说，在他学术生涯的开端他宣布对于经济政策的研究来说，"国家的权力利益是至高无上的、决定性的利益"，

---

① GPS，第554页；FMW，第123页。
② GAR，第570页；FMW，第356—367页。

对于"政治事业的一门科学"来说,存在的理由"是对价值的最终衡量"。他以著名的言辞宣称:"我们必须向我们的子孙后代所展示的道路不是通向和平与人类的幸福,而是为维护并使我们高尚的种族繁衍而进行无休止的斗争的道路"——德国的政治工作在艰难、清新的气氛中蒸蒸日上,然而也被庄严恢弘的民族情感所渗透。① 在谴责威廉政权在外交方面的无能时,韦伯是德国海军与殖民扩张的有力倡导者。第一次世界大战爆发时,他以欢欣的心情来迎接:"无论结果如何,这都是一场伟大而精彩的战争。"② 它导致了"德国内在的再生",因为这个国家担负着一种"历史面前的职责"要成为一个伟大的强国,作为7000万人口的国家其"作为统治民族的呼唤"是要"转动世界发展的车轮"。德国人为之而战的事业"不是地图的改变与经济利益,而是荣誉——我们民族的荣誉"③。如果我们的国家不得不成为一个武装军营,这是因为它有防止"世界大国"——即控制未来的文化——被俄国官僚们的规章以及盎格鲁—撒克逊"社会"的惯例所分裂、或许还要掺入"拉丁民族存在的理由"。只有德国的军事强权能够保护欧洲的小国,并应当扮演适合第二帝国"塑造全球文化之角色"。这就是一个民族组织成强权国家的悲剧性的历史责任所在,没有这一点,德意志帝国将成为一种闲散的、文化上有害的奢侈。④ 韦伯从来没有为这些令人欢欣鼓舞的梦幻而后悔。他的民族主义经历了1918年的失败而未受损伤——"战争必须打下去,因为德国需要它"。他在生命结束时期待着另一个伟大的参谋本部,自信"历史已经给了我们——

---

① 《纳粹国家与国民经济政策》,GPS,第14、25页。
② "伟大而又奇妙"(Gross und wunderbar)——他把这一短语作为迭句来重复:MWL,第527、530、536页;MWB,第519、521—522、528页。
③ 《欧洲强国之中的德国》,GPS,第170、176页;GPS,第442页。
④ GPW,第143—144页。

只给了我们——第二青春,还会给我们第三青春"①。

韦伯的民族主义对他来说比他的自由主义更为重要。但是这二者是相连的,因为在他一生的大部分时间里,他确信只有自由的政治秩序才能使德国扮演其既定的帝国角色。不过在二者冲突时,在他自身经历的视野之内,民族主义原则在其先。他声称对他来说"德意志帝国在世界上的未来高于国家体制的一切问题",在自由军团时期,他毫不犹豫地敦促为了德意志的民族统一主义之目标而使用"革命的暴力":"那些不愿冒着受绞刑、进监狱风险的人不配拥有民族主义者之名声"②。尽管韦伯对他那一代人直言不讳,但这种价值的等级制度曾是德意志自由主义在统一时代的主要传统的特色,这已在民族自由党人的历程中作为例证。但到了韦伯的时代,筹码更高了——不再是民族统一,而是世界强权。他是如何证明这些是正确的呢?在他的作品中有两个基本主题。一个是德意志民族的文化使命,为从俄国单方面的苛刻条件以及英国式的成规中拯救世界,同样具有令人窒息的内在真实性。这是标准的、战时作品的类型,可以是多种个人变体。与托马斯·曼甚至他的兄弟艾尔弗雷德的扩展建构相比,韦伯对词的使用是相当草率的:与他们不同,他从未清楚地说明悬殊差别的德意志文化的优点——相反却承认了与大国相比,小国往往产生更好的艺术并展示出更多的共性——而且从未反抗盎格鲁—法兰西文明,俄国一直是他最危险的敌人。

对德国来说,世界历史性的信奉战争的真正训令在于其他方面。这是命运所注定的。"仅仅由于强权的存在,例如我们所成为的强权,是其他强权道路上的障碍,因而欧洲的"冲突是不可避免的。我们不是700万人而是7000万人口的民族这一事实,

---

① MWDP,第347页;—MWGP,第323页;1918年,《马克斯·韦伯:其人其作》,蒂宾根1964年,第538页。

② GPS,第439页;MWDP,第335—337页;—MWGP,第312—313页。

那就是我们的命运。它建立起一种历史面前的无情的责任,这一点即使我们想回避也难以回避。在提出这场无休止的战争的"意义"问题时,我们必须一遍又一遍地弄清这一点。这种命运的磁力使国家蒸蒸日上,越过了衰落的险谷,踏上了荣誉与名望的险峻之路,从此没有回头之路——进入了世界历史领域清新艰难之氛围,面对其严峻的威仪,对于我们遥远的子孙历代,就是一种永不磨灭的记忆。①

　　这里值得注意的关键是意义与命运之联系。这又一次以特殊的展示方式重现,当他比较民众在和平与战争的生活、论及"那种为生存而进行的毫无爱心、毫无怜悯之情的经济斗争,资产阶级的术语称之为'平静的文化劳作',数百万人身心疲乏、意气消沉,他们过着一种极度缺乏可以理解的'意义'的生活而不是荣誉事业的所有人(包括妇女——既然她们也'从事'战争,做了她们必须做的)即——该民族命中注定的历史责任"②。换言之,对韦伯说,民族主义高于一切复得意义。他应该援引多神论的主题,这一点在这篇献给玛尔斯(Mars)的文章中是绝非偶然的。他争辩的目的是为了消除把和平主义当作与世界上任何行动不相容的福音思想。这个世界不仅包含着"美、尊严、荣誉和高尚",同时也包含"为权利而战的不可避免性",还有约束这些领域的不同法律。任何进入这个世界的人"必须选择这些神中的哪一尊他要侍奉,或什么时候侍奉这一尊,在什么时候侍奉另一尊"③。命运之神和选择之神在相同的修辞结构中一起使用。人们可能会说,它们之间的摇摆与韦伯的政治观点的两个支柱一致。自由选择这个世界的局部的有效规则的思想,考虑它们之间的短暂的协商,符合韦伯的自由主义。这遵循了不

---

① GPS,第143、177页。
② 同上书,第144—145页。
③ 同上书,第145页。

抱幻想的温和看法的逻辑。纯粹的命运强加的一种价值,没有感染力("我们想回避也回避不了")激励着他的民族主义。这一点以悖论的方式,遵循了不抱幻想的强烈看法的逻辑。在生活的任何领域,如果没有具体的正确规则,那么它们之间的选择与协商就不具备条件。纯任意性的选择旋转而变为事实性的另一种方式。纯粹的决定论往往会被激进的宿命论所遮蔽。尼采已经展示了这种谬论,当他从神的死亡转向时——权利意志同时作为形而上的挑战以及形而下的命运。韦伯也是如此。如果价值之间的选择从理性上讲是不可能的,那么民族主义的机会便是无可辩驳地珍贵的。使之剥夺了意义的世界的理智化在这里只是促使理智的牺牲,而这正是韦伯在其他方面蔑视的,在发现命运的超级意义,及其作为职责的道德装饰。当然,韦伯不是独自轻率地冲向第一次世界大战。然而,引人注目的是从社会学角度讲,他竟没有意识到他自己对他所惧怕的不抱幻想的答案。他反省的延伸仅为一句话,在此,几段关于"民族"的论述在《经济与社会》的鸿篇巨制之中渐显枯竭:"知识分子从某种角度来说是注定要传播'民族的观念的'。"① 他那时期的最强大的政治力量,以及他公共活动的激情都难以从他的理论见解中看出。民族主义恐怕必须摆脱科学之光。对于韦伯公然捍卫的政治信条这也是不受影响的。对于右翼的有关伦理职责的喋喋说教也有嘲弄。因为正是韦伯欢欢喜喜地迎接"无论结果如何"的第一次世界大战的大屠杀——怀着对表现出的、共同性的狂热崇拜以及对军方力量不注意一切后果的怜悯。约有 700 万人为这些有罪的伦理观付出了生命代价。② 但在战场上,这种死亡是陶醉的,"战争赐予了战

---

① WG,第 530 页;ES,第 915—916 页。
② 在最后的结尾处,韦伯仍能够以赌桌前的语言论及战争,称赞鲁登道夫为空想离奇的赌徒,只有"老女人"可以问谁为大屠杀和失败负责,因为是"社会的结构导致了战争":MWDP,第 317 页;GPS,第 549 页;FMW,第 118 页。

士不平凡的意义:'为之献身的一种死亡感受的经历'——'当今现役军队的群体感到其自身是走向死亡的群体:同类中最伟大的'。"① 世界的无理智消失在现代的崇高之中,有理智则消失在民族命运之中。

*　　　　*　　　　*

从马克斯·韦伯的著述转向恩斯特·盖尔纳(Ernest Gellner)的著述在气氛上有很大变化。这还不仅仅是因为二者处于完全不同的时代。他们的气质与思想状态如此悬殊——还有什么能比韦伯的英勇崇高的悲观主义和盖尔纳深思熟虑的普通人的乐观主义更为对立的:前者是高明辩术还是后者是粗俗玩笑?俾斯麦统治下的柏林的优雅的中产阶级与贝奈斯统治下的布拉格的中产阶级之间的距离均在此起到了他们的作用——捷克式的,在缺少贵族的情况下,毫无疑问总是更为平等的。但是也有显著的哲学背景的对立。韦伯深受德国活力论(vitalism)的影响,除了尼采的一切遗产,盖尔纳则出自于英国的经验主义和在罗素身上达到顶点的功利主义。两种传统之间的鸿沟不言而喻:盖尔纳是韦伯所蔑视的"幸福论"的光辉典范。从另一方面讲,具有讽刺意味的是,韦伯承认社会科学多种方法论的个性,即使在他的实践中——为使之有利——忽视了这一点;而盖尔纳则是这一学说的犀利的批评者。这一点,由于明显的原因,几乎没有引起社会学家的兴趣。最后,但并非最不重要,当然是他们文集结构的显著差异:一个是鸿篇巨制,是详尽描述的学术成就,是关于历史博学与分类的即兴创作的不朽作品,另一个则是漫不经心的搜索突袭,是掠过最为多样性的领域以达到意想不到的理论效果

---

① GAR,第548页;FMW,第335页。

的流光。在所有这些方面，二者形成了鲜明的对比。

然而从另一层意义上讲，在此后时代中的社会学思想中，盖尔纳一直是最接近韦伯的主要智性问题的人。有人试图发展他的行为分析形式，把它构建成庞大的新体系理论。另一些人则担负起他历史百科全书未完成的任务，提供更为广泛的叙述范围和类型学方面的一致性。但是谁也没有极具说服力地论及他实质关注的核心群。如果我们接受韦伯关于科学与政治大结局的主题，这一点已经显而易见。盖尔纳关于"人类历史结构"的论述与韦伯相同，基本上是通过世界的理性过程从魔法通过宗教走向科学。这当然是更紧凑地——同时也更有选择地——集中：不是作为整体的"合理化"，这在韦伯是区别和转换生活中的一切领域的过程，从经济、行政到美学与色情，但照此"认识"——《思维认识的王国》构成韦伯《在探索之间》最后的（如果是最重要的话）见解——是《犁、剑、书》的第一主题。哲学与科学在这一版本中更有力度地、全面显示出其突出地位。现代科学的出现所开创的新局面在两种论述中是相同的——一种意义的衰落。对盖尔纳来说，一贯坚持其出发点，这是他第一次遇到认识论的危机，而对于韦伯，这是不可调解的道德与存在的危机。在《信念的合理性》中提出的一般问题，"我能知道什么？"逻辑上应为"我应该是/做什么？"① 这里有两个盖尔纳一次又一次反驳的问题区域：现代科学最初的有效基础以及哲学相对论的当代形式。他争辩道，前者最好被看作是——并不是完全自然和容易地——一种经验主义的自我与一种机械论观点的世界的统一体：原子论的根据以及结构主义的解释。二者相互适应在盖尔纳的著述中从未完全确定，这是为了前者的自主又趋于借助信念的表白——幽灵总在机器之中喋喋不休。当盖尔纳论及现代哲学的古

---

① 《合法的信仰》，剑桥1974年，第30页。

典传统时，科学万象是非个人因果关系的冷冰冰的机械论环境，清除了韦伯所坚持认为的价值。但当盖尔纳着手处理（如此之晚的）20世纪文化、科学的不严格的概念相对论时，意义危机的沉淀剂，转而成为其溶剂。这是区别他与韦伯的基本的理性动机。这一点，部分地反映了他们不同的历史处境，韦伯只是草草地在他生命的最后几个月中与施本格勒（Spengler）进行斗争，盖尔纳在40年之后与其繁盛的世系正面冲突，尽管通过维特根斯坦进行了调节。盖尔纳对不同社区具体体现出的"生活方式"的无共同尺度学说的反应是为了强调普遍的认识能力以及科学之道德力量。实际上，他的论点一贯是，科学——只有科学——导致了现代工业，从而产生了大规模的繁荣，因而使有效的道德成为可能。由科学原因引起的物质丰富是其认识论的王牌。① 没有哪个社区，一旦面对工业化的好处便会对其抵制；而且一旦获得——饥饿和疾病便被战胜——道德礼仪才第一次成为普遍的可能。这就是《思想与转变》的思想转变，在此——有人会说——从韦伯那里派生出来的前提来了一个180度的转变，成为接近霍尔巴赫（Holbach）的结论。② 论据的政治力度是完全适宜的；但其哲学形式是盖尔纳在其他地方所批判的形式。把哲学真理基于技术成就之上是转向他在奎因（Quine）所指责的实用主义；③ 而把道德体面与物质享受紧密相连所假设的远远超过了发现其内容。在盖尔纳的思想中，工业发展的作用与人权在整个世界的作用极为相似：一种价值其惟一的标准的基础在于它实际

---

① 《社会科学的目标与意义》，1973年，第71—72页。
② 多亏了科学，"对于人类的大多数来说，当代政治是从确信无疑的贫困、短命、不安全及野蛮、还有暴君统治的极大可能性转向一种包含几乎确信不疑的富裕和至少是安全和自由的合理的可能性的状况。'今天形式变了'一种尚适度的持久不变的'年增长率'，在缓解人类的痛苦方面所做的工作比过去的年代中所有的怜悯与抛弃加在一起还要多。"《思想与变化》，伦敦1964年，第46、219页。
③ 见《前景与困境》，伦敦1979年，第234—237、253—254页。

第九章 马克斯·韦伯与恩斯特·盖尔纳:科学、政治、魅力

上被接受的程度。这一立场与韦伯的立场之间的距离不仅仅是气质问题。这也反映了自二次世界大战以来由工业所导致的生活条件的巨大改变,创立了先进国家大众消费的水平,——并给他们以相似的指望——在一战时期是不可想像的。难以想像韦伯轻松地坐在电视机前迎接一个新的美好时代(Belle Epoque)的欢庆活动。① 但他的社会学的现实主义将会重新审视盖尔纳案例的经验主义实力。

这一点在哪里脱离了清醒呢?盖尔纳的观点中最引人注目的当然是橡胶笼(Rubber Cage)的命题。工业的现代性,完全不是建造不包括所有含义的钢铁束缚的房屋,而是为其提供不断开出新花的开阔地。重新陶醉,的确随着自我放任之一时风尚及主观主义信条的蔓延,以其自身的权力变成了一种行当,从牛津的普通语言的崇拜到加利福尼亚日常谈话的故弄玄虚。② 工业生产的纪律所证实的不止是与意识形态消耗的幻想相一致——二者都增加了闲暇,还有不费力的技术辅助,事实上激励了它们。盖尔纳喜欢引起韦伯对他那时代的劣等精神内容的蔑视,而且指出他从没想到它们竟流传得如此广泛。但在盖尔纳对事物的规划中,之所以出现了伪意义的扩散是因为真正意义已经得以恢复。科学为我们所有有效信念提供了坐标,为我们留下了象征的信念,能够像录像带盒一样容易被收回。

或者说,从盖尔纳的主要学说乍一看是这样的。其实,这是他工作兴趣的一部分,其中包括某些禁忌征象。在关于意义危机的最后思考中,韦伯对两个领域的价值表现出特别的关注:宗教

---

① 盖尔纳称1945—1973年这一时代的术语:《文化、政治与个性》,剑桥1987年,第111页。

② 盖尔纳关于这种思想的早期论述或许可在《社会科学的目标与意义》中找到,正式论述是在《前景与困境》中,其最有才气之处是关于民族方法论的论文。同上,第41—64页。

的（假的还是真的）和人际的（情欲的或欢乐的）。① 盖尔纳的主要研究精力放在这两方面绝非偶然。结果与其重新陶醉的一般理论之啼笑皆非的和谐并不完全一致。在世界的主要宗教中，韦伯很少论及伊斯兰教，而盖尔纳填补了这个具有突出的、当代影响的空白。对其一切想像中的辉煌来说，他关于穆斯林现实社会的社会学使他们过分仿效马格里布的模式伊斯兰世界落后荒凉的西部，而不是中东有固定农业的核心区域。但是对于他更为普通的理论计划来说，这种局限不及他的论点更有意义。他经常重申，伊斯兰教是严肃的一神论者，严守经书、坚持平等，在世界上所有宗教当中，这是与一个工业化时代的要求最一致的，而且可能是惟一的完整无缺地进入工业化时代的宗教。霍梅尼（Khomeini）本人——按照韦伯的见解是近期最接近"先知"的人——作为这个独一无二的穆斯林现代性的神学上的真实被呈现。② 这里，盖尔纳谴责人造宗教时却奇怪地对原文未加批判。伊斯兰教完全平等的主张完全忘记了它给予了妇女什么样的地位（对他来说往往是近似于盲区）。更笼统地说，这一点被忽略了，仅仅由于这是一种传统宗教——即它是一整套关于超自然秩序的教条主义的观念——它必定会由于与现代科学与大众消费的联系而被消除，就像各种各样的信念一样，仅由于盖尔纳在其他方面所坚持的原因，把它们作为象征的信念而不是有效的经济信念而结束了。洲际间对亵渎神明的歇斯底里，表现出了并非不寻常的与现代性的一致性，除了不同寻常的恐惧之外。人们有充分的理由说：对《古兰经》的完善不能特设缓期。

　　盖尔纳对人际领域的论述具有很不同的特点。如果《精神

---

① GAR，第 556—563 页；FMW，第 343—350 页；GAW，第 553—554 页；FMW，154—155 页。
② 《穆斯林社会》，剑桥 1981 年，第 4—5、62 页；《文化、政治与个性》，第 145、148 页。

分析活动》是他所有论述中最机智、最持久的著作，那么这也是他最严肃、最彻底、最好的、独一无二的著作。在物质安全、社会流动与道德反常的情况下，该书提出，投射在自然界的、传统的恐惧与焦虑集中在社交方面，集中于个体与他人最亲密的关系的敏感点上。在这里，生活的幸福与悲哀的最大份额被确定了，一切看来都是难以预测的，然而又往往是深不可测地形成的，一个紧张、痛苦而且危险的竞技场。弗洛伊德学说把他们的成功归于这种经验领域的表面的科学解释与隐藏的、田园式的宗教仪式的结合，浓缩为独特的忏悔机制的转移。重新陶醉了的精神分析的所有现代形式，通过一剂酸苦的理论药物提供个人救助是最为有力的。在值得考虑的敌对文献中，盖尔纳对其批判是无与伦比的。然而，他主要关注的是其理性的弱点，而不是它的文化影响。如果他夸大了这一点——精神分析在这一术语正常语义上从未成为一场大众追随的"运动"，——荒谬地源于承认其所承诺的对悲伤解脱的程度。本书的其他主题——维护尼采而反对休谟（Hume）——是人类精神的内在扭曲和难以驾驭，在诸多偶然的方面被弗洛伊德天真地、简化了的、无意识的力量所扭曲，把他们同化为有意识精神的作用。[①] 韦伯对作为新的研究领域的精神分析表现出兴趣，发现其临床资料"令人惊恐地薄弱"，并期待着已经开始探究的本能原动力的"精确诡辩术"在二三十年后的发展。[②] 这些对盖尔纳来说基本上是至今仍未满足的要求——更多、更好的证据，更精确复杂的理论，那些无意识的研究的需要。对于这种经验范围痛苦的、不确定性的强调以及从中曲解含义的迫切需要仍与橡胶笼的形式相抵触。根据盖尔纳自己的说法，这里的栅栏真是又凉又硬；动摇他们寻求脱逃想法

[①] 《精神分析运动》，伦敦1985年，第99—107页。
[②] MWL，第379—380页；MWB，第376页。

的是绝望而不是心神烦乱。

假如这些就是盖尔纳著作中韦伯的科学观点，那么他的政治观点是什么？盖尔纳是一个更直接、更不可逆转的自由主义者。这种自由主义是一种基本承诺，未受帝国力量之梦的影响。但由此产生的民主观在社会学要点上与韦伯相同，而且可以被描述为其良性的最新版本。大众意志只能存在于不能主观促成的具体的社会结构之中：民主建立在（不是基于而是）限制赞成的原则上。因而议会政府在要采取的决议相对地介于二者之间时才是最为有效的。民主的实质不过是德克海姆式的（Durkheimian）社区象征性参与所装饰的民权——选票基本上限制了政府的寿命，因为间接地约束了他们的行为。[①] 这方面的西方模式应该使他们不要沾沾自喜：他们忽视了不必要的贫困飞地，还保留了古代等级制度的范围。但他们真的能够被改善吗？惯例中的平等，如果在结构中不是这样的话，他们会允许梦想更多的平等，因为这些有效存在的危险很小，以至他们与自由的和谐共存不会受到检验。还没有人证明权力在工业社会中怎么能够更加扩散。[②] 与韦伯的理论相比，则存在一种更为集中地依附于自由制度对批评与改革的开放，并以此作为他们自身权力的价值；而对统辖他们领导地位的兴趣更小（几乎没有），一种由此产生的与时代任务的不同：国家的使命不是去征服世界大国，而是要管理不断增长的财富。怀着这种自信的观点，盖尔纳以嘲讽的好情绪对60年代的动荡作出反应，认为学生造反无非是正面确立保守主义——二者都是同等温和的意识形态，一个是以常识的名义摒弃一切普通概念，另一个则把其中任何一个鼓吹为意义的紊乱；[③] 各自轻松自在地隐蔽在先进工业社会虚假特征没有成本的领域。他的平静

---

① 《当代思想与政治》，伦敦1973年，第29—39页。
② 《当代思想与政治》，第172页；《思想与变化》，第119页。
③ 《当代思想与政治》，第8—19、84—85页。

使他在70年代无特征地销声匿迹，当时的工业动荡及石油价格的上升不相称地鼓动了他。这一时期的文本奏响了启示性的论调，这在他其他作品中是找不到的：地平线突然变得恐怖，文明的基石被腐朽与背叛所动摇，英国自身也遭厄运——显然这一切都是由于矿工与酋长们的讹诈。这些论述是韦伯在慕尼黑预言的翻版：一种受到社会动荡威胁的自由主义。无论国内国外都担心如果不是极夜，至少在其前面也是"黑压压的天空"①。有人设想了1979年的保守党的选举。随着80年代的繁荣景象，盖尔纳重操旧业，恢复了自然的平静。其他更持久的成见从此占据统治地位。

主要的一点自然是民族主义。这里存在着两位社会学家之间所有关系中最有意义的也是最荒谬的关系。因为盖尔纳已彻底地补偿了韦伯的疏漏。他的著述包含了迄今为止民族主义最大胆、最具独创性的理论。受他对第三世界实地考察的激励，把民族主义的出现解释为不同的工业化的放浪堤。现代技术要求职业的流动性。但是社会结构越是不固定，其要求的媒体之文化就越单一，它们在越来越复杂、易变的劳动分工中越其位而转变、吻合。这是工业主义的一条普遍规则。但其出现不仅是历史上的动摇，同时打击了已经从道德和语言学上划分的世界。一方面，没有一种单一的文化强大得足以包罗全球；另一方面，一个地区进入工业化的时间越迟，承担向较早实现工业化的国家屈服的风险就越大，而且把其居民排除在这一进程的地方性成果之外。结果就是民族主义：或者说建立政治疆界与种族边界大致相符的国家之倾向在蔓延。民族主义运动典型地从心怀不满的知识分子及被逐出家园的无产阶级那里扩大了力量——前者长期从垄断独立国家的工职受益，而后者至少是只被同类公民剥削。与成见相反，

---

① 《前景与困境》，第39、280页；《文化、政治与个性》，第111、123页。

民族主义在全球的扩散是一个有益的进程，这的确改善了人性的命运，或许更好地引导了人性。对于民族国，无论其最初的界定多么偶然（比可能的语言学的选择少得多），都是必要的单一文化的一般框架——也是初步保护——现代工业所需要的，这又转而成为个人成功与人人平等的惟一保障。

这种对民族主义本质的阐释是以其自身为基础的、杰出而有力的阐释。但这一基础公开声明与整个现象完全不一致。盖尔纳的理论可以说明东欧民族国的兴起以及亚洲与非洲的非殖民化，虽然在解释通用西班牙语的所有美洲国家的早期解放时陷入困境。但其完全回避的是20世纪民族主义的引人注目的表现形式——不是捷克斯洛伐克或摩洛哥的独立，而是世界大战和纳粹主义。如此大变革的进程不能被作为畸形物而无动于衷地清理掉，由于谨慎地自信"无例外的普遍化如果曾出现过也是罕见的"[1]。没有意识到党派也是难办的，似乎盖尔纳把民族主义先前的描绘作为破坏的、无理性的、返祖现象的力量作出了过分的反应——制造了类似于镜中反像的东西，在此变成了对所有意图和目的的一种有益于建设性的、有远见的原则。民族主义巨大的、世界史方面的多义性二者均未捕捉到；他们呼唤一种在时间与空间上更为不同的解释。但盖尔纳所遗漏的部分使他所提出的理论更加明了。他的民族主义理论最引人注目的特征是其真诚的经济机能主义（economic functionalism）。"经济需要新型的文化中心和中心国；文化需要国家；而国家则可能需要其民众的相似的文化烙印——一种现代文化与国家的相互关系是相当新的、而且必然出自于现代经济的要求"[2]。盖尔纳早些时候把他的社会学立场定义为"多种形式的唯物主义"，目光锐利地坚决主张社

---

[1] 《国家与民族主义》，牛津1983年，第139页。
[2] 《国家与民族主义》，第140页。

会存在的（几种）自然的和物质的决定因素之全面（不是恒定的）优先权。① 无论其随时间的变化性如何，这种温和的唯物主义从总体上区别了他与韦伯，对韦伯如此明晰的看法是不相干的。然而，具有讽刺意味的是，盖尔纳的民族主义理论从某种意义上讲可以被描述为不合理的唯物主义。因其明显忽视的是现代民族主义所包含的集合意义的不可抗拒的范围：也就是说不是其工业的机能性，而是其个性的实现。这里实际上只有理性是真实的，非理性在他对精神分析的批判中很突出，在这里却被搁置一旁——经济与精神没有结合。结果是盖尔纳在重新清醒的巡视中远未看到20世纪所有方面最为重要的东西。确实存在对此敏感的原因。这种同样的启蒙运动的乐观主义，使他在自己的美好时代将目光从核战争的威胁中转移出来，也可能已经在世界大战爆发前制止了它，世纪之开创篇章看来不过是在"回顾十足的疯狂"②。韦伯如此醉心于民族主义的魔力却完全不能使之理论化，而盖尔纳使民族主义理论化却没有感到其魔力。一个人的悲剧命运变成了另一个人的平凡职责。这里说明了理想主义和功利主义背景的区别。

但如果说盖尔纳的民族主义观是如此冷静地——有时是轻率地——在损害意义的情况下集中于起因，那么从某种意义上讲，他的社会学的总体结构也始终如此。正如我们所见，关于思想的馈赠这样的严肃事物已经以充分的科学规定得到观照。民族主义是通向丰富含义的手段，而不是其自身权力中的含义力度。其背后有一种政治上的预先判断。盖尔纳的自由主义抗拒任何跨越公共与私人范围的界限——谴责建立比我们现在的社区更加意味深长的社区的所有希望，在这个社区中，个体将在共同的生活中发

---

① 《社会科学的目标与意义》，第127页。
② 《文化、政治与个性》，第113、111页。

现个性的更大的分量。这对他来说像是危险的浪漫主义。① 公共领域是作为工具用于驾驭繁荣——其意义越是介于二者之间（他把君主制度作为一种理想）就越好。私生活，在这里应享受休闲的成果，是自我表现的恰当领域。

　　这看上去似乎随之而来的是盖尔纳的学术体系已经——无论如何潜在地——解决了其所有的重要问题，除了那些精神分析方面的处理不当而外。但园中有一条大蛇。科学可能会难以预料地把和平带给韦伯的战神们——以使普路托就任他们不受挑战的主宰的方式。但如果其进展继续下去，从世界的胜利转变到自我的胜利转变又会怎样呢？② 机器中的幽灵佝偻病发作，在盖尔纳的事业的认识论的始点是值得注意的，在其末端的社会生物学的颤抖返回。或许遗传工程学能在某一天取消经验主义者自我的幻觉，只留下机械论者的规律为其操纵。丧失意义影响了客观世界，证明可医好（或可忍受）关于毕竟是惟一的主要意义的主观一致的实际出现。丧失自我可攻击关于任何事物的主观一致的稳定性——繁荣、自由、知识——在任何方面。在这些时刻，盖尔纳似乎是沉溺于思考韦伯是否没有低估而是高估了公共生活和私生活的长期的科学问题。

（王金凯译　郭英剑校）

---

① 《前景与困境》，第38—40页。
② 《犁、剑、书》，第267—268页。

第十章

夜间探究：卡罗·金兹堡

卡罗·金兹堡（Carlo Ginzburg）① 有许多理由称得上欧洲60年代末一代杰出的历史学家。他的创新、丰富和大胆无与伦比。他以惊人的发现出手不凡：他首先（也是惟一的一个）发现了近代欧洲早期乡村一个地区出生和葬礼群体的文献记录，无意被罗马宗教法庭（the Roman Inquisition）发现的弗瑞乌利（Friuli）本那但特人（thc Benandanti）② 的人神现象。其次，

---

① 卡罗·金兹堡（Carlo Ginzburg）：意大利当代著名历史学家。"微观历史学"创始人之一。1976年出版的《奶酪与蛆虫》（The Cheese and the Worms），一部严谨而想像力丰富的力作，使他跻身于欧洲史学大家。在该书中，金兹堡显示，如果细察的话，一个磨房主便能引起对当代社会和文化环境的深刻理解。除此之外，他还出版了一系列有影响的著作和文章，如《夜战》（The Night Battles）（1966）、《皮埃罗之谜》（The Enigma of Piero）（1981）、《线索、神话与史学方法》（Clues, Myths, and the Historical Method）（1984）、《人神状态：解释子夜巫师集会》（Ecstasies: Deciphering the Witches' Sabbath）（1989）。他被1991年的《星期日纽约时代杂志》列为大众文化的先驱。多年来，他执教于意大利的波罗格那大学（the University of Bologna），他也是美国哈佛大学、耶鲁大学、普林斯顿大学及伦敦沃伯格研究所的客座教授。1988年以来他一直担任加州大学洛杉矶分校的意大利文艺复兴研究中心主任。——译者注

② 本那但特人（the Benandanti）：意为"good walkers"，"those who go well"或"good—doers"。古代意大利北部弗瑞乌利（Friuli）地区土地祭礼的群体。16世纪为作物和家畜的丰产同巫师发生夜战。许多本那但特人崇拜Diana神。他们是witches的反对者，但其做法同巫师相差无几，如进入能与亡灵相同的人神状态等，近似萨满教的做法（见金兹堡的《夜战》）。17世纪初被宗教法庭视为巫术，加以迫害。——译者注

他通过追溯 Nicodemism——制裁大众隐蔽个人信仰的神学教条——的起源,早在对此攻击并起下此名的加尔文崛起之前,使 16 世纪欧洲基督教改革运动(the reformation)时代宗教掩饰的系谱改到德国农民战争的失败以及再洗礼(anabaptism)的近环境。接着是他对自修者意大利磨房主曼诺乔(Menocchio)的著名生动的刻画,该人持有自发一代的宇宙观——世界由奶酪和蛀虫组成。之后,金兹堡谈到了地下农民唯物主义。重新改变一下领域,金兹堡对皮埃罗·弗朗切斯卡(Piero Della Francesca)① 最伟大的绘画提出了一种新的肖像解释,通过被人忽略的阿莱坦(Aretine)人文学者,将这些绘画同夭折的希腊罗马教会联合会以及在伊斯坦布尔衰落时期的十字军联系起来。这些不同探究的学术统一和创新都能在组成最近文集《神话象征线索》(*Myths Emblems Clues*)里的文章中找到。其中主打文章是两篇方法论的长篇见解,第一篇是关于艺术史的瓦尔堡(Warburg)传统,第二篇是关于属性一般启发式教学法,从古代占卜到现代鉴赏或口误的精神病理。②

　　金兹堡的新书《夜晚的故事》,不只是履行了记录的诺言。③这是他迄今最为雄心勃勃的一本书。本书的副标题是"巫师子

---

　　① 皮埃罗·弗朗切斯卡(Piero Della Francesca 1420—1492):意大利文艺复兴时期安布利亚画派画家。将研究自然与科学透视相结合,创作造型结实、色彩纯净、气势庄严的壁画,推动了北部、中部意大利画派的发展。作品有《圣十字架故事》、《耶稣复活》等。——译者注

　　② I Benandanti—Strgoneria e culti agrari tra Cinquecento e Seicento, 杜林 1966 年;Il Nicodemismo—Simulazione e Dissmulazione Religiosa nell' Europa del Cinquecento, 杜林 1970 年;Il Formaggio e I Vermi—Il Cosmo di un Mugnaio del Cinquecento, 杜林 1976 年;Indagini su Piero—Il Battesimo, il Ciclo di Arezzo, la Fa Flagellazione di Urbino, 杜林 1981 年;Miti Emblemi Spie—Morfologia e Storia, 杜林 1986 年。英文著作:《夜战》(*The Night battles*), 伦敦 1985 年;《奶酪和蛀虫》(*The Cheese and the Worms*), 伦敦 1980 年;《神话象征线索》(*Myths Emblems Clues*), 伦敦 1990 年。下文分别以 NW, CW, EP, MEC 缩写代替。

　　③ 《夜晚的故事》—Una Decifrazioe del Sabba, 杜林 1989 年:下文以 SN 代之。

夜集会诠释"（A Decipherment of the Sabbath），它将欧洲巫术风行的中心形象重新诠释向前推进了一大步。巫师子夜集会（the witches' sabbath）①绝不仅仅是迫害者可怕的发明，或异端妖法固定模式和乡村巫术断章取义的拼凑，它反映了那个时代大众文化最深层的神话结构——生根于欧亚萨满教的信仰和实践的体系，从爱尔兰到白令海峡，上溯千年沧桑经古老世界到印欧和乌拉尔阿尔泰的黑暗时代。在其论战式的导言中，金兹堡批评了那些历史学家只注重那些推动欧洲巫术的权威和过程，而不去研究被迫害成巫师者的信仰——他首先批评了特莱弗尔—罗普尔（Trevor—Roper），继而批评了凯斯·托马斯（Keith Thomas）的理论观念简单化趋势和实用主义。一反该传统，金兹堡将自己所见视作列维—施特劳斯（Levi—Strauss）结构主义②的超级计划，即将神话看作象征系统，其隐含意义产生于人大脑无意识作用——即使列维—施特劳斯的人类学也没有对历史研究本身给予极大的重视。相反，金兹堡的目的是以一种单一而全面的重构形式将巫师子夜集会的形态和历史结合起来，即将其断代意义和其历史发展相结合。

《夜晚的故事》的观点分为三部分。第一部分开门见山，略述了1321年法国对麻风病患者和犹太人有组织的屠杀，控诉他们在穆斯林"格拉纳达王"（the Muslim "king of Granada"）③的授意下为反对基督教徒在井里投毒的阴谋。接着论述了1348年对犹太人的大屠杀，当时他们被认为是东扩至阿尔卑斯山的黑死

---

① 女巫、魔鬼、男巫庆祝祭礼和秘密宗教仪式的子夜集会。——译者注

② 列维—施特劳斯（Levi—Strauss 1908—）结构主义：法国社会人类学家、结构主义运动代表人物列维—施特劳斯利用索绪尔（Ferdinand de Saussure）的结构语言学来分析诸如神话、亲族关系和食物的准备方式这样的文化现象。——译者注

③ 格拉纳达（Granada）：13世纪摩尔人在西班牙南部地中海沿岸所建的王国。今指西班牙东南部一城，留有穆斯林人征服遗迹。——译者注

病阴谋的传播者。在每一件案例中，受害者都是在严刑拷问下招供用过巫术。到了 1380 年，审问者搜索了阿尔卑斯山南侧的韦尔多（Waldensian）异教徒。① 继而金兹堡表明，连续不断地对边缘地区人们的迫害引起的摆脱不了的恐惧被浓缩，变成了对阿尔卑斯山地区实行巫术新宗派的恐惧。随之而来的是其他可怕的主题，这是早期招供中所遗漏的。到 1440 年，巫师子夜集会的可憎的形象——恶魔的行径、食人肉的习性、动物般的变态、超自然飞行、乱交——孵化到了基督教徒的想像之中。

金兹堡不是一追到底。叙述到这里，他笔锋转到他称之为巫师子夜集会的"民间传说核心部分"上——同夜间飞行和动物变形的基调归为一类。《夜晚的故事》的第二部分探讨它们的考古意义。这一部分选择了构成巫师子夜集会综合形象流行说法的三个祭礼起源：动物簇拥的夜间女神的（女子）出神入迷，（男子）为了繁衍进行的夜间争斗，戴着动物面具的（男性）祭礼游行。金兹堡越过可怕的时间和空间对此逐一进行研究。先从古希腊和古罗马高卢开始：首先在伦巴第（Lombardy）②、苏格兰、西西里、莱茵地区；再在拉托维亚、达尔马提亚（Dalmatia）、匈牙利、罗马尼亚、芬兰、科西嘉、高加索地区；第三在德国、保加利亚、乌克兰。然而，每一种奇异的变体都同常见的信息源相反——成为了萨满教的入神中的死亡之行。生者走向死亡地带，千年的象征，构成了巫师子夜集会的秘密核心，在中世纪末成形。

在本书的第三部分，金兹堡对延伸至西伯利亚和土库斯坦民歌的形态统一性试图给予尽可能的解释。他认为这种现象起

---

① 12 世纪成立于法国里昂基督教改革派。他们宣扬清贫，拒认教皇，惟尊圣经，为此于 1184 年被开除教籍并遭迫害。幸存者在复辟时代同清教徒合并。——译者注

② 伦巴第（Lombardy）：意大利北部一地区。昔为王国。——译者注

源于公元前8世纪从中亚分离出来的游牧民族迁徙。这次迁徙中，斯基台人（the Scythians）①，即伊朗人，到达高加索和黑海北部的大平原地区，在此与希腊商人和殖民者相遇，吸收他们文化中萨满教的特色。在6世纪，一小股塞西亚人向南渗透，定居于多布鲁达（Dobrudja）②，在此统治了当地的色雷斯人（Thracian）③，以后凯尔特人不断到此地定居，加入他们的行列。塞西亚地区会不会是这一综合文化的发源地，将三个民族的神话成分融合成千年积淀的信仰和习俗，能够在大陆传播并能幸存于从希罗多德（Herodotus）④时代到伽利略时代的民间传说？这种"动物式"艺术——它的装饰形式连绵于塞西亚的成就辉煌的中国直至斯堪地纳维亚大地——的惊人的相似性可证明可比的历史联系吗？详细论述这些假设的可能性后，金兹堡接着指向所有这些冗长解释的限制——如对社会团体之间的外部接触为什么会引起一个社会团体在另一个社会团体中形式内部的复制这样的问题难以回答。他总结出，萨满教主题在时间上的持续及在空间上的扩散这样的问题，只有通过假定人类思维一般结构特征的存在才能解决。

为了证明这一点，金兹堡的焦点又一转，开始研究有关跛足的神话和礼仪。该题旨（motif）⑤列维—施特劳斯已有论述，他

---

① 斯基台（the Scythia）：亚洲及欧洲东南部一古地区。——译者注
② 多布鲁达（Dobrudja）：多瑙河南黑海边罗马尼亚和保加利亚南欧一地区。——译者注
③ 色雷斯（Thrace）：爱琴海北部的巴尔干半岛东南欧一古国。——译者注
④ 希罗多德（Herodotus）：公元前5世纪希腊历史学家，被称为史学之父。——译者注
⑤ 题旨（motif）：是文学上经常出现的一个要素，可以是一类事件、一种手段或一个程式。如，"令人生厌"的妇人最后竟然是位美丽的公主，是民间传说里常见的题旨。作品中重复出现的某个重要的短句、图形、乐段，固定的描写或意象的复合体。理查德·瓦格纳的歌剧，詹姆士·乔伊斯、维吉尼亚·伍尔芙和威廉·福克纳的小说都有这样的用法。——译者注

将这种现象同四季的交替联系起来。金兹堡反对这种解释，他（第一次）在希腊神话中寻找深层次分类的每一现象，其中跛足只是一种变体，其他的还有受伤的腿、穿孔的脚、脆弱的脚踵、丢失的便鞋，这些都被他戏称为"不对称跛行"。俄狄浦斯、帕尔修斯、伊阿宋、提修斯、赫克力斯、阿基里斯、菲勒太提斯、艾姆匹德寇斯和许多其他人物都说明了这个题旨——就如民间故事中最动人的灰姑娘或中国鹤舞一样。其寓意是通灵（a journey to the world of the dead）。但是如果这种基调的弥漫性复发属于一个单一的欧亚神话的话，它就停泊在普遍的人类经验之中，属于"身体的自我形象"。不对称跛行是与死亡有关的特殊意符（signifier）①，因为一切有生命的动物都是体形对称，其中，人类按类别属于二足动物。行走不便相当于陷于濒临灭绝的困境。于是终于有了象征超越人类经验到达死人世界之旅的本体基础。神话叙述自己变化的局限，因为神话受到想像正式结构的束缚。

《夜晚的故事》以事实上更像是符尾（code）的简单"结语"结尾。在此金兹堡表示，如果巫师子夜集会能将以上宗教的着迷和以下民间神话有效地融合的话，那么，它部分原因是它们有着共同的恐惧默契——其常见的形式是基于这种信仰，那就是刚死的人被有敌意的愤恨移到生者。也许他也推测，入神中有一种治疗精神病的成分，这种成分事实上起作用或投射到整个合成物——引起幻觉的黑麦或蘑菇的使用。无论如何，融入巫师子夜集会的神话都会聚到这个概念上，即来世再转世，渡到死者的世界并重归人世。金兹堡结尾时争辩说，通过狩猎、田园或农业社会等，这种主题的永久性也许有一种简单而基本的解释：通灵不只是在人们中一种口头流传，而是所有流传形式的摇篮。在瓦

---

① 意符（signifier）：又译能指，语言学术语。表示物质实体或抽象概念的一系列语音或文字符号。同意表，或译所指（signified）相对。——译者注

尔帕吉斯节前夕（Walpurgis Night）① 这口大锅里调制着每一种人类传说的调味品。

在任何标准下，这都是华丽雄壮的表演。很难想到有任何别的历史学家能将这种广博的文化知识、对细致的或视觉的细节领会和高大的理论目标结合起来——更不肖说其文学技巧了。结果是令人眩晕的效果。无疑会引人入胜。然而，使它的批评天公地道却委实不是件易事。《夜晚的故事》通过所有卓越的才华，提出了一系列难题，其中包括它采用的方法、得出的结论、观点的展示。最好先说这些问题中的第一个。金兹堡开门见山就告诉我们，他是受到维特根斯坦（Wittgenstein）② 对弗雷泽（Frazer）的《金枝》（*Golden Bough*）③ 评论的鼓舞写就这本书，为的是神话材料无需从历史上加以说明，就如弗雷泽所做过的一样（使神话材料处于进化程序中），但同样能表达得"清清楚楚"——对此，他这样解释到，"只是将事实材料整理便于我们很容易地从一部分过渡到其他部分"并且"能看到联系"。于是，维特根斯坦继续讲到——金兹堡将此作为他进行研究的座右铭——"找出其中间环节的重要性"，"就好比一个人通过将椭圆渐渐变成正圆来揭示圆和椭圆的内在关系一样"④。对金兹堡

---

① 瓦尔帕吉斯节前夕（Walpurgis Night）：圣瓦尔帕吉斯（Saint Walpurgis or Walburga）是8世纪英国在德国的女传教士，她的节日是五月一日，据说在节日前夕，女巫们都骑着扫帚柄和公山羊聚集在巫师山——德国哈茨山勃洛根峰上，在此她们与魔鬼相会。——译者注

② 维特根斯坦（Ludwig Wittgenstein 1889—1951）奥地利哲学家、逻辑学家及语言学家。他的主要著作——出版于1921年的 Tractatus Logico—Philosophicus 与发表于逝世后1953年的《哲学研究》（*Philosophical Investigations*）对英美哲学产生了深刻的影响。——译者注

③ 詹姆士·弗雷泽（Sir James Frazer, 1854—1941，苏格兰人类学家）的著作《金枝》（1980—1915）着重论述基督教的主要纲领与未开化民族的神话和仪典之间的相互对应关系。——译者注

④ 《漫谈弗雷泽的〈金枝〉》（*Remarks on Frazer's "Golden Bough"*），Retford 1979年，第8—9页。

来说，这就是他当时正在寻找的那种形态的宪章。实际上，更正式的一种版本形式将从英国人类学家罗德尼·尼德尔姆（Rodney Needham）的文章"多元"（Polythetic）分类中找到，金兹堡充分地加以应用。① 尼德尔姆也对维特根斯坦的洞察力印象很深，虽然他更多地依赖于《哲学调查》中熟悉的文本，它描写游戏的概念只不过是说明"家庭相似"，同文中所用的一套没有任何相同的特征，就如"一根线的强度不在其长度，而在于许多股纤维的重叠"②。尼德尔姆争辩到，一神论的（Monothetic）分类需要认定的类别中至少有一个共性，而多神论的（Polythetic）分类只需一组的每一个成分中显示多个相关性的范围，这些相关性显示在多个成分之中。他用三个派生体系来说明这个基本的概念，第一个呈现 p/q/r 特征，第二个为 r/s/t，第三个为 t/a/v：这种重叠的形式足以满足多神论的目的。

为了说明这种分类法对社会科学具有重要性，尼德尔姆进入两个非常区。这是第一次用于自然科学侧重于这种方法的有效性的例子；而细菌分类的研究结果表明那种分类法没有任何区别，因为共同属性一神论的共核出现在多神论的类别中。另一方面，在本质上具有抽象的经验主义的特色——元素和粒子——从中可无可争辩地建立起类别来，但在社会中却的确没有这种独立的单位存在。面对这个难题，尼德尔姆以后继续假定某种"人类经验基本因素"作为构成人类学多神论的分类可能性的基本成分。③ 但他告诫说，后者意义含糊，因为它缺乏所谓的"多个"

---

① "Polythetic 分类：聚合与推论"，曼，10，1975 年，第 349—369 页；现指《反对公理的平静》（Against the Tranquility of Axioms），伯克利—洛杉矶 1983 年，第 36—65 页。

② 《哲学调查》（Philosophical Investigations osophical Investigations），牛津 1978 年，第 67 页。

③ 《情景演讲》，伯克利—洛杉矶 1981 年，第 1—3 页。

特征和成分的严密定义。① 至于金兹堡，他否定尼德尔姆经验的基本因素，认为那太近似于荣格原型（Jungian archetypes）② 概念。但他提不出取而代之的正式对比特征的可变成分；他忽视了定义一个类别可接受范围问题。结果是一张解释学的（hermeneutic）空头支票，开出者是不加批评地对维特根斯坦的依赖。这就像是倚在一根纤细的芦苇秆上一样不可靠。出于对社会科学一般的天真，维特根斯坦只是对其中的一个浅尝者奥斯沃德·斯本格勒（Oswald Spengler）③ 有兴趣。难怪《夜晚的故事》中引用的《金枝》的每个字符中，维特根斯坦就他推荐的方法所举惟一一个具体的例子，便当推斯本格勒——而金兹堡在引用作为信条时策略地省掉了。维特根斯坦形态学方法的天真在意料之中。家庭相似：发现那种不大可能的幼稚特征的愚昧谁不畏缩——或是一个成年人，发现糊涂的伯父或昏聩的祖父？中间环节：通过逐渐变化，圆不仅在几何上变为椭圆，而且还可变成卵形——或者愿意的话，确实可变为六边形、三角形或四边形。作

---

① 《反对公理的平静》（*Against the Tranquility of Axiotas*），第58页。
② 荣格原型（Jungian archetypes）：分析心理学术语，亦为神话原型派文艺理论批评术语。由瑞士著名心理学家卡尔·古斯塔夫·荣格（Carl Gustav Jung 1875—1961）所提出。"原型"一词很早便有人使用，在中世纪基督教神学著作中，"原型"系指"上帝形象"。后来，"原型"在传统文学理论中用来指称作品中人物形象在现实生活中的依据，即俗称之"模特儿"（model）。近代美学和文艺学中的原型理论，可举尼采与荣格为代表。尼采在《悲剧的诞生》书中，研究了希腊悲剧主人公的原型，认为它们都是带上了面具的酒神。但正式利用"原型"一词构成一套文艺理论的，则是荣格。他从心理学角度出发，认为人的无意识可分为个人无意识，集体无意识两种。集体无意识反映的是人类或种族漫长年代里遗传下来的一种文化积淀，体现了某种集体的、人类的普遍精神。而这种集体无意识是以表象形式呈现的，荣格称之为"原型表象"，有时也称之为"原始意象"。原型表象和原始意象都是形象性的，它们至今还潜藏在每一个人的无意识的深层。当原始人"努力要赋予他蒙蒙眬眬的思想一种表达方式"时，便把它们创造为神话、传说、仪式、巫术。所有这一切，荣格称之为"原型"（archetypes）。——译者注
③ 奥斯沃德·斯本格勒（Oswald Spengler 1880—1936）：德国哲学家。著有《西方的衰落》（*Decline of the West*）。——译者注

为比较原理，这个过程准许无数个近似。

神话总是为形态分析打下变化莫测的根基，虽然在正式的变化形式上显得友好，但因缺乏自然分节实难驾驭。列维-施特劳斯的这种结构分析总是从分析者的方便出发，依靠一系列的分析命令将其描述的整体分割成许多词义单位，重建成假定存在的模式。没有这样翻译的特征选择标准，结果是臭名昭著地无可论争：列维-施特劳斯的做法很少取得大家的一致意见。似乎对这些方法的反对意见毫不觉察，金兹堡对列维-施特劳斯惟一真正的批评是他对自己不够忠诚。他指责列维-施特劳斯陷入弗雷泽式单调的阐释，将跛足视为季节性而非致命性基调——或如他自己所说，"我的弗雷泽读过维特根斯坦"①。结果是可想而知的。如果多神论分类可采取辩护，那么它就需要对该倾向相邻的特征进行理性的区分，对其中的组成成分进行毫不含糊的界定。除非这些特征和比例的个体形成一个重要的群体，这种分类将大体上是任意武断的。这两者金兹堡都不想显示。他是挑选出一连串使他感兴趣的神话，然后将各个"中间环节"联系起来授予一个普遍意义。他这种对古典神话中不对称跛行一心一意的探索，是想像力辉煌的功绩。倘若不是这种独创性，那么就在于从有关神话叙述性上下文中精心的阐释。

奥狄浦斯（Oedipus）②的故事显然侧重有关性的、家庭的事情。金兹堡承认，索福克勒斯（Sophocles）③不太注意自己的跛足。但是他轻看了雅典悲剧的证据，因为它带有"假论"，即"在关于奥狄浦斯神话最老的版本中"，刺破的双脚是首次出现

---

① SN，第261、184页。

② 奥狄浦斯（Cedipus）：底比斯王子，曾解怪物斯芬克斯之谜。因神曾预言他将弑父娶母，出生后被父亲遗弃在山崖上，后被一牧人救起，由科任托斯王收养。长大后他想逃避弑父娶母的命运，但无意中还是误杀父亲并娶母亲，发觉后自刺双目，流浪而死。——译者注

③ 索福克勒斯（Sophocles）：古希腊悲剧家。——译者注

在关于通灵的民间故事里。[①] 荷马刻画的阿基里斯（Achilles）[②]只字不提他的脚踵——这成为首次注册到罗马帝国的积成物。金兹堡没有被吓住，他告诉我们，在荷马描写的英雄背后，他自己也不知晓，一个更重要的死亡之神被从塞西亚种族（stock）[③] 中觉察到了。提修斯（Theseus）[④] 的身体同大海相连，因而没有瑕疵。然而金兹堡以提修斯搬起石板找到他父亲的宝剑和绊鞋为根据对他进行解释——的确是一个由三角形到矩形滚成圆形的例子，因为这里连不匀称跛行都没有。普罗米修斯的传说无可争论的集中在知识问题，在"先知"的变体中甚至没有跛行的暗示。然而，金兹堡首先引证了一条高加索地区类似事件，其中盗火的英雄牺牲自己的身体去救助雄鹰，后恢复健康。接着他又引用一个意大利民间故事，在故事中，另一个英雄没有发现火种，损失了脚踵去解救鸟儿。从这些使用中间环节方法的图例中——他意外地注意到，智力主题在以上两个寓言中没有起作用——因此他胸有成竹地下结论说，在流传至今的版本里普罗米修斯没有患不对称跛行十之八九是"纯粹的偶然性"[⑤]。古典学者们还是反驳道，这个希腊英雄的跛行是他的解释。

金兹堡满怀热情地将古希腊与现代格鲁吉亚（Georgia）或

[①] SN，第208页；

[②] 阿基里斯（Achilles）：出生后被其母倒提着在冥河水中浸过，除未浸到水的脚踵外，浑身刀枪不入。Achilles' heel 喻其惟一致命的弱点。——译者注

[③] SN，第212页。

[④] 提修斯（Theseus）：希腊神话中的雅典王子，雅典王埃勾斯和埃特拉的儿子。埃勾斯在特洛曾住时，为生后代继承王位，瞒着妻子埃特拉结婚。不几天在海岸上和新妇道别时，将自己的宝剑和绊鞋埋藏在一块大石板下，说，"假使神祇保佑我们的婚姻，使你诞生一个儿子，希望你秘密将他抚育，不对任何人说出他父亲的名字，等他长大有力，能够搬动这块石头时，领他到这里，拿出宝剑和绊鞋，带着它们到雅典见我。"后埃特拉果然生一儿子，长大后英俊、强壮、有智慧。由母亲领着搬开石块，取出宝剑和绊鞋，去见埃勾斯。后进入克里特迷宫斩妖除怪，继承王位。——译者注

[⑤] SN，第239页。

摩得拿（Modena）① 之间的类似称之为 Stupefacente，他曾用这个称呼来描绘他找到曼诺乔的宇宙哲学与《吠陀》（Vedic）的或卡尔梅克（Kalmuck）② 的神话之间的契合点。③ 用"整理事实材料""明晰"的方法，维特根斯坦保证，"我们可轻而易举地穿过一部分到另一部分"。就是如此，这些段落的确容易，形态学从一个神话在以一连串加速的认定下直落到另一个神话——地方的实例常常冠以"人们建议"种种套话的变体组成，这在泄密者的主张中屡见不鲜。④ 最终，希腊的神和英雄"几乎都不可避免地"流入灰姑娘式故事的港湾。在此金兹堡特别地将这些版本挑选出来看得特别重要，这包括帮助她的收集动物骨头的女英雄。金兹堡继续争辩说，寓言"最完整版本"包括死去的动物从自己的骨头中复活。⑤ 但在全球的三百多灰姑娘故事版本中，不到百分之十含有收集骨头，不到百分之一仅三处涉及复活。如果这样不顾分布频率，那将很难看不到预想的结论。当然，动物从自己骨头复活是萨满教通灵的表现。

在金兹堡可视为历史宣言的有影响的文章《线索》（Clues）中，他为一个认识论范例（an epistemological paradigm）作辩护，

---

① 摩得拿（Modena）：意大利北部一城市。——译者注

② 卡尔梅克（Kalmuck）：Kalmucks 为蒙古人的一大游牧部落，15—17 世纪曾与中国争夺北京。1771 年后被俄国人赶到土库斯坦伏尔加河一带。二战期间同德国进攻苏联，后被流放到西伯利亚。许多卡尔梅克人逃往欧洲和美国。1958 年卡尔梅克自治苏维埃共和国成立时，卡尔梅克人又回到伏尔加河地区，其中大部分人从事农业。——译者注

③ SN，第 239 页；Il Formaggio e I Vermi，第 68 页；CW，第 58 页。

④ 这个优先的句法结构是一个非人称被动态：见 SN 第 207、208、211、212、213、217、220 页：sono stati interpretati—si e identificato—si e supposto—e stato attribuito）—e stato individuato—e stata accostata—si suppose—si e proposto—e stato accostato，等。支持的参考资料的每种情况可在脚注中找到，但偶尔也伴有同一神话的其他或相反读物的指示。

⑤ SN，第 228 页。

第十章　夜间探究：卡罗·金兹堡　251

该理论将那些蛛丝马迹与细小差异看作隐匿真理的符号。这个理论的现代先驱是莫瑞利（Morelli）和弗洛伊德。从细小的线索曲解为"偶然"的知识，可追溯到头一批查看地面蹄印的猎手，在形成鉴赏学和心理分析的模范现代形式之前，它用在古代的医学和占卜中，鼓舞了法学和古生物学。同伽利略开创的物理学上的定量的一般性知识不同，它追求其物体定性的个体化。这样，它不仅可作为历史恰当的范例，而且还可作为人类科学整体的范例，并经常成为模型。一般情况下，在不明智地自命为马克思时代之后，及跟尼采有关格言思想的崛起——支离破碎时代的灿烂之后，我们目睹了系统的思想堕落。① 虽然这场争论在以法律为基础的（nomothetic）和独特的学科之间撤回了熟知的新康德的界限，因为金兹堡也向主观经验呼吁他的偶然范例，但是，这场争论对发育不全者给予启发式的重视，而异常者却将它一分为二。但是，这些当然能引起对自然科学或社会科学领域的探究，就如它们不会穷尽似的。它们为后者没有提供特殊的模式，这同金兹堡建议的相反，当然也不接近同"解剖"医学相反的"诊断"模式，正如看一眼经济学或社会学过程表现的那样。

然而，更明显的是，在为"偶然范例"辩护时，金兹堡没有区分他对该问题的例证。巫术与科学，经验知识与理论幻觉，在他的阐释技巧分类中并驾齐驱。这或许是因为金兹堡认为它们有历史的分离，使得今天只被许可的候选者成为他称之为"弹性的严厉"，然而矛盾修饰法足以说明问题。金兹堡提及塞巴斯提诺·蒂姆派纳罗（Sebastiano Timpanaro）诋毁著作《口误》(*The Freudian Slip*) 时，他要改变它的判断——"蒂姆派纳罗因为心理分析内在地接近法术而拒绝它，而我要说明，不仅心理分

---

① Miti Emblemi Spie, 第158—209页；MEC, 第96—125页。

析而且大多数所谓的人类科学都从占卜的认识论中获得过灵感。"① 蒂姆派纳罗主要攻击联想作为阐释口误的方法，说明不可能不解释弗洛伊德赋予它们的意义。维特根斯坦用与该法相似的方法接近神话及礼仪以"联系实际"②。这是用来描绘金兹堡所做的工作的一个方面。当然，付出的代价是相同的。正如在词形变化上，没有办法认定什么不是有效的占卜一样，在形态学上联想也无需停止——篡改没有作用。

结果是同样的。同最明显的、势不可当的证据相反，弗洛伊德对口误及梦的阐释坚持认为，每一转移、替代或压抑的含义在于受压抑的性欲。列维-施特劳斯曾将心理分析比作萨满教，但他自己对神话的阐释复制出同样的程式。但在带着每一个地方词汇的华丽的全世界神话无穷无尽的扩散下面，有一种伟大的恒定主题：那就是自然与文化之间调解。在神话故事（Wonder—tale）的形态分析研究中处于领先地位的普罗普（Propp）③，列举其177个变体中31个功能，然而它们中间只找到一个关键故事（master—tale）。对他来说，这是从萨满教转植过来通灵礼式的开始。④ 金兹堡承接了普罗普的结论，超过神话故事将它推广到整个欧亚神话体系中最广泛的角落。他收集数据的魅力是无可争辩的。但形成鲜明对照的仍是物质的丰富多彩与把物质衰变为无意义之间的对比。看到民俗学者的缺点，人类学家在以更大的规模复制的同时，对其过程大加抱怨。⑤ 指责每一项的历史学家

---

① Miti Emblemi Spie, 第199页；MEC, 第205页。

② 《漫谈弗雷泽的〈金枝〉》（Remarks on Frazer's "Golden Bough"），第13页。

③ 弗拉德穆勒·普罗普（Vladimir Propp）：俄国形式主义学者。著有《民间传说的形态学》（Morphology of the Folktale）（1928）。——译者注

④ 《民间传说的形态学》（Morphology of the Folktale），奥斯汀1968年，第23页；《民间传说的理论和历史》（Theory and History of Folklore），曼彻斯特1984年，第117、122页。

⑤ 见《结构主义人类学Ⅱ》，巴黎1973年，第158—161页。

走得更远，他们将寓言和神话糅成一个广大无边的整体，环绕所有讲过的叙述。

金兹堡冒险到达最后阶段，超越了自己探究拘泥的界限。一元化的欧亚信仰与礼仪基础轮廓融合到人类思想的统一范畴。事实上，《夜晚的故事》的后半部分经常地徘徊于这两者之间。金兹堡将其摆在他的发现规则两个解释之间的进退两难的境地：文化的传布（两者或是相同的血统）或心灵的一致。他拒绝选择这一个或那一个，他追求两种可能性。正是它们的结合才有了他追求的历史与形态学的"交织"。但它们在文本中的同时出现，看起来更像是战术上的再保险而不是理论上的综合，因为它们在逻辑上不能调和。另一方面，有一种假设，即是欧亚神话体系是建立在萨满教活动的基础上。这种思维方式由来已久。在两次大战时期的俄国移民中，"欧亚主义"（Eurasianism）是斯拉夫至上传统的东方版本，其主要理论家便是结构音位学的创始人特鲁别茨柯依（N. S Trubets koy）[1]。欧亚主义宣言《预感与颠覆》（*Presentiments and Subversions*）已经充满了一元的民间文化，[2] 同斯通利亚·诺塔纳（Stonria Nottarna）的"推测"不谋而合。莫尔西·伊利艾德（Mircea Eliade）[3] 对萨满教进行了英勇的探索，在研究中他从该教的起源地亚洲北部和中部，追溯到德国人、希腊人、斯基台人和其他民族。是伊利艾德强调了萨满教与着魔之

---

[1] 特鲁别茨柯依（N. S Trubetskoy 1890—1938）：布拉格学派语言学家。著有《音位学原理》（*Principes de Phonologie*）。——译者注

[2] 特鲁别茨柯依的主要贡献，在"真假民族主义"（True and False Nationalism）和"俄罗斯文化的高度和深度"（Heights and Depths of Russian Culture）上，强调共有的欧亚母体在民歌、舞蹈、装饰和流行文字上的重要性。

[3] 莫尔西·伊利艾德（Mircea Eliade 1907—1986）：生于罗马尼亚的哲学家、小说家、诗人和宗教史学家。早期在印度研究梵文，出版小说《孟加拉之夜》（*Bengal Nights*）。后到巴黎大学的索邦神学院教书。1956 年移民美国，在芝加哥大学教授宗教史。主要著作有《永恒复归的神话》（*The Myth of Eternal Return*）和《宗教思想史》（*A History of Religious Ideas*）。——译者注

间入神状态的区别——萨满教控制着死者的灵魂，而入神者被死者的灵魂控制。① 金兹堡采用这种对立理论，使其成为文化前卫。欧亚地域具有萨满教同时存在的特点，亚萨哈拉非洲具有所属的特点。灰姑娘周期与卜骨占卜（Scapulimancy）②，对前者普及，而对后者陌生。③ 但如果是这样，从印欧与乌拉尔—阿尔泰入神形式的一致到人脑统一范畴的感染力要排除在外。

另一方面，金兹堡毫不含糊地说明："很久以前我开始从历史角度进行演示，人性不存在；25 年后，我发现我自己坚持的意见恰恰相反。"④ 虽然他的欧亚推测对此没有提供支持，但是这种声明本身便当然独自有效。当然这无足为奇。然而，金兹堡解释人性理念的方式非常独特。他忠诚于他的结构主义灵感，以严谨的治学态度解释它。人性这里理解为人脑的机制。需求和情感，本可被认为是主要的候选者，却无足轻重。列维-施特劳斯宣称："我不能将这些狂暴的力量放在首位；它们融化到由精神压抑促成形成的地步。"⑤ 尼德尔姆追求人类经验的主要因素，故意否认那些影响在其中起的作用——任何内部的狂暴都具有普通性：一个文明中的"'愤怒'并不等于是我们文明中的愤怒"。⑥ 放之四海而皆准的是来自于大脑皮层的特征"集体表现"（collective representations）的共同存储器，这被认

---

① 《萨满教》（*Shamanism*），纽约 1964 年，第 6 页。至于对比的限制，参见在胡特克兰兹（A. Hultkrantz）的明智的讨论"萨满教的生态学和现象学方面"，见迪奥斯泽吉（V. Dioszegi）与霍培尔（M. Hoppal）合编《萨满教在西伯利亚》（*Shamanism in Siberia*），布达佩斯 1978 年，第 41—49 页。

② 卜骨占卜（Scapulimancy）：使用动物骨头占卜，如新石器时期的中国黄河中下游一带的龙山文化。——译者注

③ SN，第 231 页。

④ SN，第 xxxvii 页。

⑤ 《嫉妒的女陶器商》La Potiere Jalouse，巴黎 1985 年，第 264 页。

⑥ 《情景演讲》，第 63 页："更普遍地，结果是内部状态不普遍，在这个意义上不在人们中构成相似。"

为近似于荣格原型,① 金兹堡认为这些太具体而不予承认,因为具有抽象功能的大脑里的符号不会立刻被理解。但他也不认真地考虑为荣格配上物质山墙——即为普遍的神话打下一个肉体基础。② 最终,不对称跛行的死亡意义要追溯到身体自我表现的苛求。乍一看去,金兹堡的说法似乎有理。但它依赖的是最渺茫的纪实证据:来自于摩莱克斯(Moluccas)③ 神话的一个可能的解释只是支持它的经验性所指对象(referent)④。而一般争论要依赖具有两条腿走路的能力人类的认定——而这种步态为多种动物(不仅是猿和熊,金兹堡提到,而更为普遍的是鸟类)所共有。人类大多是以语言为其特征的,一个人只要想想与此相同"不规则发音"神话(让我们想像一下)的悠闲程度即可——不语、嘶哑、结巴、咬舌儿、低语、咕哝等等——看看可能是多么缺乏说服力。有道理的是,问题不在于这种确信,即不存在人性这种东西,而在于对它如何定位和如何定义。集体表现,无论它们是如何被表达的,可能是通往答案的主要道路。不对称跛行及其种种说法,不会支持人类学强加于它的意义。

那么不对称跛行同这本书的主题——巫师子夜集会有何确切的历史关系呢?人们肯定会说,几乎没有。许多幻想的成分添加到这基督教异教的佳酿中,但其中不含的正是这个。在该书公开的主题与事实高潮之间金兹堡提供的联系是一个利佛尼亚(Livonian)⑤ 浪人和一个爱琴海拐腿妖怪记忆(第三手)版本中

---

① 《情景演讲》,第25、51页。
② SN,第262页。
③ 摩莱克斯(Moluccas):马来群岛印度尼西亚的岛屿。——译者注
④ 所指对象(referent):语言学术语。指我们用话语或书面语符号为其命名的物质实体或抽象概念。——译者注
⑤ 利佛尼亚(Livonia):中欧波罗的海沿海拉托维亚和爱沙尼亚接壤一地区。——译者注

的一个拐脚男孩。① 两者同子夜集会都没有直接联系。即使使用中间环节法，这也是一根纤细的头绪。该书的第一部分必须被看成是有效独立的探究，就其本身的优点进行判断。如何对其进行评价呢？

金兹堡的"巫师子夜集会解释"含两个基本立场。第一个关注巫师子夜集会本身意象的构成。当特莱弗尔—罗普尔墨守成规将此基本上看作是用农民轻信拼凑成的神学伪造品时，金兹堡有效地把这个混合物的重要顺序颠倒过来，指出大众的信仰而不是学者的幻想是这种现象的核心。这种判断从无这般清楚的说明。但通过使用描绘巫师子夜集会的民间传说成分"核心"一词连续地传达出来。像"这里有巫师子夜集会民间传说的核心"② 这种表达的语法含糊，不会是随随便便的：金兹堡使用这个概念既指关联性又指向心性。他对这些问题的看法是什么？这里又回到方法上的含糊不清这个问题上来了。因为需要在复合构成中决定主（次）的标准不见了。规定复合的标准也不见了。对金兹堡来说，巫师子夜集会基本有两个层面：恶魔崇拜在上——同恶魔定的协议；萨满教在下——通灵。后者是这种现象的有机基础，其原来行善的意义（萨满教作为行善的斗士）是通过前者的技巧被转变为恶魔可怕的仪式（巫师作为恶魔的仆人）。这种乐观的民间神话的双重性由邪恶的精华狂热畸变而成，它所遗漏的是对巫术本身的普遍恐惧。对暴力（Maleficium）的笃信，男巫的咒语，作为每一种物质伤害与不幸的载体，是行恶风气的基本条件。虽有凯斯·托马斯等人的大量

---

① SN，第134、153—154、147页，一个龙·约翰·西尔维（Long John Silver）式魔鬼的德国木刻：一个同样离题的例证。

② SN，第78页；或更明确些："这里所说的这种现象的基本核心由生者到死亡世界构成。"

记载,① 而金兹堡却视而不见。但有许多明显的声称被视作恐惧症的民间土壤而与入神或单只绊鞋说（monosandalism）无关。在匈牙利地区,具有乡村生活的萨满教成分比亚北极欧洲地区的任何地方（the taltos 的著名数字）都更盛行,记载也更为完善,这在大约百分之二的巫术案例中起了明显的作用。② 暴力的另一方面无处不在；人们指出,甚至是本那但特人也介入咒语的事宜。③ 换言之,金兹堡对巫师子夜集会的描述荒谬地要忘记巫师——在这个术语最熟悉的意义中。从社会学上看,这是他研究中的一个绝对中心空洞。

另一方面,金兹堡的历史描述支持他对巫师子夜集会的人种观点到何种程度呢？它的起源可追溯到1321年的法国大屠杀,他比任何以前的历史学家都更强调政府、皇家与贵族当局在煽动反麻风病人和犹太人的大众情绪的诡计作用。④ 他们从中渔利。"阴谋"是支持基督教地方官而不是反对他们。在此,一开始,上述行为被坚定地认为是首创。但等到下一个世纪阿尔卑斯巫师审判时,金兹堡描述得出结论,他特地强调在上述认定巫师子夜

---

① 《宗教与法术的衰落》（Religion and the Decline of Magic）,伦敦1971年,第436—437、441页,至于英格兰：后来的研究表明暴力信仰在欧洲大陆也是多么的深入和持久。

② 加堡·克兰尼扎伊（Gabor Klaniczay）,"匈牙利：流行法术的控告与流行法术的普及"见本·汉宁森（Bengt Ankarloooand Gusta Henningsen）的《早期欧洲的巫术》（Early European Witchcraft）,牛津1990年,第248—249页。作为研究麻亚（Magyar）萨满教传统的权威,克兰尼扎伊强调独立于这个古老背景的一整套流行巫术信仰在匈牙利存在的范围,甚至缺乏上述干预也能发动迫害："法术的流行普及可能毁了自己,甚至没有希望改革的'精英文化'的主动压力"：第249、255页。

③ 参见的主要文章"'幻想人与魔鬼人'（Fantasticall and Devilishe Persons）比较视角的欧洲巫术信仰",见安卡卢与汉宁森编著作,第161—190页,忏悔结构最普遍的理论,包括金兹堡处理材料的标准。

④ 金兹堡批马尔科姆·巴伯（Malcolm Barber）的叙述,并以此作为他章节的标题（参考中有一疏忽）,"麻风病人、犹太人和穆斯林：1321年阴谋推翻基督教"（Lepers, Jews and Moslems: the Plot to Overthrow Christendom in 1321）,《历史》（History）第66卷,216号,1981年2月,第1—17页：见第23—24、28页。

集会"反异教定型"的浮现的形象中"只有次要成分"①。诺曼·柯恩（Norman Cohn）被认作是来专门夸大它们的重要性的。这个主张是肤浅的。柯恩对秘密派别的定型的连续演示——乱交、亵渎、食人——从对早期基督徒始到异教徒起诉，都同巫师子夜集会不无关联，因为总有归因于它的极不公正。夜间飞行和动物变形的民间主题是这个背景下的生动润饰——其中道义上微小变化，被黑暗中世纪的宗教法典（Canon episcopi）轻易地认为是无足轻重的痴心妄想。如果巫师子夜集会中任何成分都是次要的，那么它逻辑上、功能上便是这些。事实上，是柯恩为基调的融合提供了最佳解释：在反异教定型中含有夜间飞行；通过会聚秘密罪犯，允许增加嫌疑人。②

超越这些结构上的考虑，在金兹堡的重构上也有时序上的困难。他的关于1321年大屠杀的开场白是简洁叙述的代表作，展示了作为作家所有的卓越才能。他讲故事的能力，如在《奶酪与蛆虫》，在于简洁文笔的克制陈述。但是这种有意识的技巧，在另一方面，一个不明显的方面，非常具有戏剧性。金兹堡的叙述以简短的若干段落写成，段落之间少用连接。这种自斯宾诺莎（Spinoza）③ 推为严格的逻辑演绎以来被典型地使用的列举技巧，在此产生了戏剧性结果：舞台和银幕上的场景和镜头。这是一种展开故事的有效方法。但作为写史的方法，它有一个特别的欠缺：过于依赖于保留信息的影响。金兹堡详述事件的方式妨碍了

---

① SN，第49页。

② 诺曼·科恩（Norman Cohn）的《欧洲内部的恶魔》（*Europe's Inner Demons*），伦敦1975年，第205页。

③ 斯宾诺莎（Baruch Spinoza 1632—1677）：荷兰唯物主义哲学家。主张以推论演绎而不是归纳求知。他的《伦理学》（*Ethics*）便是按照欧几里德的《几何学原理》将伦理几宗教组织成定义、公理和基本原理。主要著作有《神学政治学论》（*Theologicopolitical Treatise*）、《知性改进论》（*On the Improvement of Understanding*）等。——译者注

提供事件的来龙去脉，结果降低了速度，削弱了故事的惊奇性。结果，我们对本那但特人的惊人的冒险、弗瑞乌利（the Friulian）周围的社会、曼诺乔居住的乡村生活或盘问他的审判者知之甚少。同样，1321年的法国也是内在突然地得以展示，没有社会政治视角。信息框架的缺乏——14世纪初法国的概貌，王国当时的局势，菲利普五世的政策和人格，麻风病人和犹太人的地位加快了不祥的剧本，但也夺取了它的深度。一个结果是特别地贴切而可疑。在揭示那一年法国的大屠杀成为导致欧洲行巫风气的导火线时，金兹堡忽视了先前的众所周知的原由——菲利普四世1307年发起的盛堂武士灭绝在这场政治压迫中所做的控告与摘录的忏悔，在某些方面，与其说是对麻风病人和犹太人的起诉，不如说是巫师子夜集会千变万化的风景线。同"反异教"而不是同"民间"核心一致，然而，它们在金兹堡的叙述中没有起什么作用——尽管有基于地方病原学的事实，即1321年主要的麻风病人忏悔是从早于13年前圣堂武士的公开审讯（show—trial）① 借来的。②

然而，还有巫术狂热时间及路线更普遍的问题。什么引发了由巫师子夜集会形象引起的新的迫害狂潮？金兹堡批评柯恩只注重自罗马皇帝时期到文艺复兴时期教皇反异教恐惧的长期传统，忽视了由巫师派别引起的"明显的文化间断"③。他自己对久远的、几千年的萨满教入神结构的重视，提出了一个更尖锐的问题，是什么使巫师子夜集会从中沉积出来的。他的解释是传统的而草率的——仅提到14世纪的社会经济危机的一般联

---

① 公开审讯（show—trial）：极权国家为达到各种宣传目的而举行的公开审讯。——译者注
② 见巴伯的"麻风病人、犹太人和穆斯林"（Lepers, Jews and Moslems），第16—17页。
③ SN，第50页。

系。① 但关于巫师子夜集会形成可靠的证据始于约 100 年后；巫术狂热首先在相对昌盛的 16 世纪末到达高峰；持续到压抑的 17 世纪初，然后经济有望恢复之前在主要的流行地区最终消沉。此外，它的影响地理范围也不平衡。在没有审问程序和折磨成瘾的西欧、英格兰，没有沉溺于巫师子夜集会；相对来说，影响较轻的还有联合省份。在东欧（金兹堡的许多幽灵萨满教例证来自于该地区），东正教对它不太注意，大迫害只限于天主教地区，尤其是波兰。在这些区域之间，政治迫害的真正中心是德国、瑞士和法国。据布莱恩·莱瓦克（Brian Levack）估计，所有对巫术的迫害的大约百分之七十五发生于该地区。② 欧洲行巫风气主要疑团是其时间与空间上的发展形式——它的成因、时间、攻击对象、某些地区而不是另外一些地区流行的原因和形式、渐趋消失的原因和时间。要回答这些历史问题必须有赖于解开巫师子夜集会密码的钥匙。所有以后的稳步增长中研究，必须达到特莱弗尔—罗普尔伟大文章中表现出的肯定与明晰才行。

如果说金兹堡的方法有所不同的话，那么他对先例的反感是非常明显的，原因在于对他的工作确信不已。Tout ce qui est interessant se passe dans l'ombre 是赛莱恩（Celine）为其《奶酪与蛆虫》的题词。历史隐蔽的一面正是真理存在之处。在其《神话象征线索》的一篇文章中，金兹堡坚持认为，最普遍的文化对立莫过于高与底之分的价值了——前者总是等同于好的事物，后者则等同于坏的事物。③ 他忽视了我们文化中另一个普遍深入的与此相反的对立面：表层与深层。在此，下面的内在地超

---

① SN, 第 54—55 页。

② 《近代欧洲早期的政治迫害》（*The Witch—Hunt in Early Europe*），纽约 1987 年，第 176—182 页。莱瓦克的著作，主要比较综合浮现在新一代的研究，在金兹堡丰富的文献目录没有提及。

③ Miti Emblemi Spie, 第 109—110 页；MEC, 第 62—63 页。

过上面的。但是表层遮盖了深层,要得到深层的东西必须分开表层。如果有综合金兹堡多产作品的那么一个假设的话,那肯定就是:事物所处的地方越深,它就越发重要。在《夜晚的故事》表现出的正是获得这种令状的信念。巫师子夜集会的重要意义要在人们想像的深处发现,从欧洲出生仪式或葬礼到希腊神话和塞西亚饰物到西伯利亚或蒙古的萨满,或许到之前的旧石器时代——通灵的象征痕迹无处不在。无论金兹堡一些解释联系多么冒险,他长期以来对萨满教的源远流长的辩论很容易被接受。但持久本身没有什么意义。金兹堡叙述中遗漏的是,对占文化史大部分的意义的侵蚀。那些习俗及信仰曾十分活跃的、熟悉的过程在改变的状态下变得零星勉强,当它们疲于进一步发展到结合或抹掉它们自己的地步时,继而全部失去意义,不再被任何当代的媒介所理解。

金兹堡自己注意到,古典作家在他们的神话中看不到不对称跛行的意义;他的确抱怨使他感兴趣的秘密宗教仪式的"理性"重建。① 但是他对灭绝的象征没有下明显的结论。在文化史上,修昔底德(Thucydides)② 或瑟维尤斯(Servius)③ 试图对单只绊鞋进行现实的解释,这在许多方面比它的土著意义有趣得多——因为这些解释显然给我们讲述了希腊罗马社会更多的事实。发源于西伯利亚或拉布尔(Lapp)萨满教曾是发展不完全的狩猎—采集人群(hunter—gatherer)④ 或田园部落的中心组织;无论什

---

① SN,第207页。
② 修昔底德(Thucydides 约公元前460—前400):希腊历史学家,以其《伯罗奔尼撒战争史》(History of Peloponnesian War)著称。——译者注
③ 瑟维尤斯(Servius Tullius? —公元前534):古罗马第六位国王,在位期间公元前578年—前534年。——译者注
④ 狩猎—采集人群(hunter—gatherer):指以狩猎、捕鱼和采集野果为生的社会群体。在人类开始种植、畜牧的一万年前,人类社会都是hunter—gatherers。现今,只有极少人群以此为生,如南非卡拉哈里沙漠地区的游牧部落(the Bushmen)和分布于中非、东南亚和大洋洲一带的俾格米人(the Pygmies)。——译者注

么从上古社会背景，与此有关的，流传到地中海城邦，都会有不同的影响和意义——在中世纪末或早期现代欧洲社会中甚至有更深的影响和意义，如果具有这种持续成立的话。金兹堡坚信萨满教与他在本那但特人发现的入神之间的类似。然而所有这些都是秘密的，用伊利艾德的话来说，"每一个真正的萨满教降神会都以世上日常经验不可比拟的壮丽场景终止"①：这是一个根本的不同。金兹堡在结构主义的全盛期用巧计战胜之——这是一个反向同源现象：如果萨满教是公开的，那么他们的梦境却是行善的个体战斗，而本那但特人的梦境战斗是集体的，即使它的表演是个体的。②

无论这场论争的好处何在，它要避开的突出点是入神的历史作用在过渡时期完全改变了——从在社会上公演的剧目到偷偷摸摸的白日梦；它的主观意义也发生了改变。同样，扫帚柄的随身用具和蟾蜍更像是百分之五十或百分之百错误过去的隐约痕迹，而不像是巫师子夜集会"主核"活的象征。在社会生活中，更古老的和更深层的往往是更平凡的——它幸存下来正是因为它平淡无奇。在一个反驳列维-施特劳斯的著名论段中，杰克·古德（JackGoody）曾说过，对某些食品的偏爱不可以其象征意义来解释，而以其冷漠的态度来解释，作为解释存在持续的简单遁词。③ 当然，服装的许多特点也可如此解释。这是袖子上的纽扣普遍现象。语言与神话，不像是使用的物品，是无法回避的能指。但是它们总是过于依赖词义的失去（de—signification），金兹堡形态学中常常遗漏的程序。惟一的区别是，在具体情况下，它典型地包括，一个意义的消失是通过另一个意

---

① 《萨满教》（*Shamanism*），第 54 页。
② SN，第 150 页。
③ 《烹调、膳食和阶层》（*Cooking, Cuisine and Class*），牛津 1982 年，第 152 页。

义的超级强加进行,这在起初很容易相互矛盾。诉诸萨满教的起源,确定一个古典传统或一个中世纪恐惧的基本意义,就好比是求助于前苏格拉底时期词根的词源学试图说明一个哲学概念的当代意义,那是海德格尔(Heidegger)① 喜欢的手法。但就如一种语言的词语能够通过涂抹或颠倒这些词语的早期意义这种方式幸存并发展一样,神话的成分也能如此:在两种情况下,先来者并无任何的词义优势。然而,将固执与意义相提并论的企图具有自己激励机制。维特根斯坦对弗雷泽的评价恰如其分地表现出其中一个。在痛惜"我们发现弗雷泽精神生活的狭隘"时,维特根斯坦哀叹他对法术崇拜或仪礼崇拜的理性分析,其中的神秘更适合留作虔诚的默祷:"一想到试图解释这种活动便会让我觉得刚愎自用"——"我们只能描述并说明,人类生活就像这样"。② 首先他不承认有任何根本改变的说法,弗雷泽如是说,更不用说经历了从法术到宗教再到科学这样的人类情感会有更好的变化。维特根斯坦论争的简洁是无与伦比的:"我希望说:揭示我们与那些野蛮人的关系莫过于弗雷泽用他手头大家熟知的'鬼怪'或'幽灵'词汇来描述他们的观点"——"整个神话体系沉淀在我们的语言中。"③ 在此持续的谬论的思想动向是一清二楚的。

金兹堡告诉我们,他最初的也是最持久的抱负就是取代理性主义和非理性主义的对立。④ 同样的愿望也常表达在唯物主义与

---

① 海德格尔(Martin Heidegger 1889—1976):德国哲学家。他关注人的自我意识是如何依赖于时间感和弥留的问题,反对传统的形而上学,批评现代技术和大众文化是"存在的忘却"(forgetfulness of being)。主要著作《存在与时间》(*Being and Time*)(1929)对存在主义的发展起了根本作用,虽然他不承认自己是存在主义者。——译者注
② 《漫谈〈金枝〉》(*Remarks on the "Golden Bough"*),第5、1、3页。
③ 同上书,第10页。
④ Miti Emblemi Spie,第 ix、158 页;MEC,第 vii、96 页。

理性主义的对立,即左翼与右翼的对立。不难看出两者中哪一个为这运作花费了代价。金兹堡以这样的主张结束了《夜晚的故事》的引言:"亘古的神话毕竟在很短的时间内(三个世纪)流入巫师子夜集会的复合印版(the composite stereotype),幸免于消散。它们仍然活跃着,几千年来在神话、寓言、祭礼、入神里,人性象征地表达的难以接近的经验仍是我们文化中的隐秘中心、我们在世界上存在方式的隐秘中心。试图了解过去也就是到通灵。"① 这种笃信扭曲的步态和摇曳的入神夜间地区的持久的宣称是自然的,没有用证据加以渲染的。金兹堡是否欢迎神鬼杂志和相手术店作为证据值得怀疑。他倒喜欢自我环抱的姿态,列维-施特劳斯因此将自己对神话的分析指定为由人脑共同物质所思的另一种分析。② 因此隐秘中心的符号成为史学家本身的事业——在这个隐蔽的地方,魔法师与学者成了一家。对两者哪一种情况下的自负弱点都不必赘述,因为它起的作用,与其说是争论,不如说是一个观点的标志。我们看得出,在金兹堡看来,对那个观点进行定义来自深层的召唤。

然而自相矛盾的是,他用以追求秘密文化连贯性的持久本身却是那些文化的解毒药。本那但特人,用梦游魔法祈求丰收或劝解死者的农民,曾是"真正流行信仰"的载体,其"根基延伸到过去","到曾经风靡中欧的古代"③。曾在忏悔战争中以基督教超脱与外部礼仪的名义为宗教的掩饰辩护的知识分子,在"十六世纪打破欧洲宗教生活平静的冲突"之下,预示有"更深刻的更相似层次"的信仰。④ 磨房主曼诺乔,阐述没有法术或基

---

① SN,第 xxxviii 页。

② "那么这本关于神话的书,以其形式,本身就是一个神话"——Le Cru et le Cult,巴黎 1984 年,第 14 页。

③ I Benandanti,第 xii、xv 页;NW,第 xviii、xx 页。

④ Il Nicodemismo,第 xv 页。

督教色彩的唯物宇宙观的乡村哲学家，表达了其"根基于远古农民传统隐匿的、几乎深不可测的层面"观点和热望。① 黛安娜，灰姑娘，考德里娅（Cordelia），神话寓言，戏剧中的女英雄，从一个"统一的欧亚神话系统的底层"、从一个"沉积了千年史的萨满教特性令人惊呆的传播"中跳了出来。② 在诊断病历的弗洛伊德或发送鉴定的本润森（Berenson）③ 的背后，可以瞥见"也许是人性智力史最古老的姿态：蹲在泥泞中的猎手注视猎物的足迹"④。深度的词汇是恒久的：它们的目的是非常的不同以致于它们互相消除。前往来世的入神之行和对神性坚定的唯物否定，同是弗瑞乌利山区（Friulian Hills）⑤ 古老农民传统——存在于欧洲基督教表层之下，其本身的分裂也是由比天主教或加尔文教忏悔更深刻的秘密运动造成的，这怎么可能呢？这些研究计划每一个都结出有趣的经验果实。但正是一种超自然的预先安排使他们的结果不断地下移或上溯。对巫师子夜集会的解释就深受其苦。具有讽刺意味的是，也许那篇关于对"主核"起源于流行入神神话的论文最无可辩驳的缺陷正是金兹堡著作本身提供的。因为对这种祭礼的入神惟一调查的实例，本那但特人，实际被审判法庭简慢无礼地冷漠对待。巫术鉴定者（witchfinders）对梦游者的离奇信念几乎不感到惊讶，因而，对他们没有进行一例迫害。但很难避开这样的结论，那就是幽灵的十字架插到其他地方。

---

① Il Formaggio e i Vermi, 第 xxii 页；CW, 第 xxiii 页。
② SN, 第 240—241 页。
③ 本润森（Bernard Berenson 1865—1959）：美国艺术批评家、鉴赏家和作家。主要著作有《文艺复兴时期的威尼斯画家》(*Venetian Painters of the Renaissance*)（1894）和《流言与反思》(*Rumor and Reflection*)（1952）。因鉴赏水平高超，收入颇丰。——译者注
④ Miti Emblemi Spie, 第 169 页；MEC, 第 105 页。
⑤ 意大利南部一地区。——译者注

金兹堡曾明智地讲到，一个意识形态的选择，既能破坏作者的记录，也可作为这些记录的条件。他说的是乔治斯·杜麦兹尔（Georges Dumezil）①，比较神话的伟大先驱之一，在他身上金兹堡察觉出对纳粹主义战前可能的同情。② 莫尔西·伊利艾德的《永恒复归的神话》（Myth of Eternal Return），该领域另一个里程碑，源于罗马尼亚铁兵（the Iron Guard）的战败，③ 他还注意到其他地方。④ 金兹堡自己的观点是什么？反思人性的痛苦，杰出的意大利批评家弗朗格·弗提尼（Franco Fortini）将《夜晚的故事》称为一部开明的保守主义作品。⑤ 这当然是不公正的。金兹堡具有一直伴随着他的创建灵感，他自己也注意到，在于一种民粹主义（populism）⑥。⑦ 根据人民的洞察力，民粹主义适宜于许多音色，这倒是真的。金兹堡早期作品反映60年代末的暴动，其大众性表现在意大利远远胜于任何其他欧洲社会。那部著作谈到阶级文化和压抑的容忍、农民战争与社会乌托邦。讲到80年代的平静时，作品换了一种语调。金兹堡现在宣称："对革命的专家治国工程的功效及结果进行怀疑，迫使我们反思政治行动深入深深的社会结构方式，及其改变社会结构的真正能力。"⑧《夜晚的故事》仍以沃尔特·本杰明（walter Benjamin）的精神，献给被征服者的历史。但现在着重强调的是大众信仰的单纯持久，

---

① 乔治斯·杜麦兹尔（Georges Dumeil 1898—1986）：法国语言学家和历史学家。以其印欧神话的研究著名。——译者注

② Miti Emblemi Spie，第233页；MEC，第145页。

③ 罗马尼亚的极端民主主义及反犹太的法西斯党，第二次世界大战后被消灭。——译者注

④ "失败的悲怆激发着伊利艾德这个有一个法西斯和反闪米特的过去的人使他的理论躲闪历史"：SN，第183页。

⑤ "Il corpo e la Storia"，L'Indice，第10期，1989年12月，第10页。

⑥ 民粹主义（populism）：19世纪60—70年代产生于俄国。——译者注

⑦ Miti Emblemi Spie，第x页；MEC，第vii—viii页。

⑧ SN，第xxvi页。

穿越任何社会结构和每一种历史和文明的嬗变,因为它们在人脑的运转中停泊。在该过程中,一个巨大的文化光环绕着萨满回旋,在其中我们读到希腊传说和普遍小说闪闪发光的字母的图像。这些是法术祈祷和动物妖精(familiar)的民间碎片——特莱弗尔—罗普尔的"农民轻信的精神垃圾"①——在被修复,当他们进入并超越巫师子夜集会的时候。

早些时候金兹堡就警告这种理想化的看法。评价当今沙莱诺(Salerno)②附近意大利祭礼时,在那里,一个当地的妇女定期地呈现死去侄子的人格,他没有唤起连绵不断的欧亚入神传统,但他写道:"在悲惨和崩溃的情况下,宗教帮助善男信女忍辱负重,期待好的光景。这可能不怎么有意义,但我们无权鄙视。但确切地说,因为宗教帮助教徒们脱离现实而不是敦促或帮助他们弄清并改变现实,这样的大众祭礼最终是种迷惑:以民粹派的形式过高估计它们是荒唐而危险的。"③再听一下那种声音会有好处。因为一个所需的词从《夜晚的故事》的词汇中消失:迷信。有益的是想起有一个描写曾贫穷、人口稀少社会的匈牙利学者,也会谈到"萨满教的悲惨"④。那种判断对曾是一整套的信仰是过于强烈了,给一个世界道德模型。但迷信是勉强拼凑的信仰残片不再被理解:它们在巫师子夜集会史中的作用肯定值得。后理

---

① "16、17世纪欧洲的巫术",《宗教·基督教改革运动·社会变革》(Religion, the Reformation and Social Change),伦敦1972年,第116页。恰如其分的是,特莱弗尔—罗普尔在他巫术神话论述的结语使用一个难忘的、非同寻常的、深奥的比喻:"它在社会底层,像一潭死水,极易泛滥,极易波动……要破坏神话,要抽干水潭……包含并固化它的整个文化社会结构必须打破。不能将其打破在底层,那里是巫术信仰汇聚的污坑,而应将其打破在中层,在这里它们已被清新"(第192页)。
② 意大利南部一港埠。——译者注
③ "民间故事·法术·宗教"(Foklore, Magia, Religione),《意大利故事》第1卷,杜林1972年,第675页。
④ 沃伊特(A. Voigt),"用萨满教南亚观察人类文化学"(Shamanism in North Asia as a Scope of Ethnology)《萨满教在西伯利亚》(Shamanism in Siberia),第65—66页。

性主义的视角——我们是否应该入时地这样称呼？——禁锢思想。但杜麦兹尔和伊利艾德在此坚持的观点也是正确的。意识形态的选择会影响经济物质，但如果没有这种选择，这些物质十有八九不会显露出来。《夜晚的故事》可能会过多地浪费它的资源，但这些足够于调整事业。实际上持任何见解的读者都会认为金兹堡的最新历史著作是种值得仰慕的冒险，值得阅读的快事，值得诱发的思索。

（任中棠　译　郭英剑　校）

第十一章

艾赛亚·伯林的多元论

对诺埃尔·安南（Noel Annan）来说，政界英雄是玛格丽特·撒切尔（Margaret Thatcher），思想界的英雄便是艾赛亚·伯林（Isaiah Berlin）。但应让艾赛亚·伯林继续沉浸在《我们的时代》所产生的——"过时的"——热情中呢还是让其享有因其最新著述而从《观察家》到《新政治家》所赢得的恭敬的喝彩呢？但他本人却表现得甚为谦虚。他于近日声称："我谈论的只是他人，审核的是他们的思想，这与我个人有何关系呢？"他以此来否认其有伟大的思想。他曾告之理查德·英格拉姆（Richard Ingrams）说他的思想仅流行于当地，并说："我的思想纯粹是英国的产物，命中注定我根系英国。英国是世界上最伟大的国度。"① 这样不折不扣的自贬不能不令人疑窦丛生。要正确评价伯林，还需从其他方面考虑。

《人性的扭曲》与其说是对艾赛亚·伯林所特有的创作主题的补充，不如说是一种温雅的重申。书中四分之三的篇幅由出自同一文库的文章构成，而其四卷本的《选集》则是在70年代末从这些文章中汇编而成的。这些文章的论题大部分可追溯到皆为人知的领域——马基雅弗利（Machiavelli）、维科（Vico）、赫德

---

① 《观察家》，1990年10月14日。

（Herder）；多元论、浪漫主义、乌托邦思想。关于约瑟夫·德·麦斯特勒（Joseph de Maistre）的文章篇幅最长，它是由先前与托尔斯泰（Tolstoy）进行对比的一篇文章的粗略描述扩充而来。从某种意义上讲，此篇是全书的精华所在，它把伯林思想的一致性鲜明地凸显出来了。

作为一名训练有素的哲学家，伯林主要致力于思想史的研究。他认为这方面的研究在英国一贯为人所忽视。自莱斯利·斯蒂芬（Leslie Stephen）的时代到昆廷·斯金纳（Quentin Skinner'）时代这一观点尤为正确。即使现在，这一研究分支在英国大学里的自由度要远远低于其在美国大学里的自由度。但70年代以来，情况在不断发生变化。一种源于剑桥的新思想史学的出现为评价伯林在思想史领域所作的贡献提供了合适的背景。在现有的这一领域的研究者中，无人能敌伯林欧洲式的狂热和广博的研究范围，他的研究范围覆盖了俄国文学、德国文学、意大利文学、法国文学，更不用说古代文学了。也没有人能像他一样斗胆对以上各类文学进行概括。这一想像中有相互对立的两个方面。一方面，伯林热衷于个体研究，通常是研究个体特有的风格——个性。他以一系列精美无比的片段刻画了如别林斯基（Belinsky）和赫斯（Hess）之类的人物。另一方面，他通过按时间顺序依次获得其起源而构筑和追求非常笼统的概念，即诸如一元论或积极自由之类宽泛的、主要的观念。也许这些是有着强烈人文倾向的分析哲学家自然关注的单位。不管怎么说，这与时下史学家们的惯常做法产生了鲜明的反差。史学家波科克（Pocock）、斯金纳（Skinner）和阿什克拉夫特（Ashcraft）在处理哈林顿（Harrington）、霍布斯（Hobbes）、洛克（Locke）的观点时，主要是对其著作的语言素材和其（尤其是）话语背景和（最好是）时代风俗背景进行详细的文本分析，而在此过程中推翻了许多定论。伯林却很少对其研究的思想家进行类似的、系统的抑或是基于语境的分析。

　　这不是因为伯林忽视了这一点，而正是像他经常宣称的那样：他相信一个理论家对具体问题的具体论述不如对该问题的综合评述重要，探究其思想根源也没有研究其思想的影响力更令人感兴趣。① 这既是一种研究方法的表述，也是一个人性情的流露。这种方法最适合于研究那些思想非系统化的直觉型思想家。他们不主张（也许是反对）细微概念的重构。伯林具有纪念意义的文章大多是论及如索雷尔（Sorel）、托尔斯泰之类的作家，而非现代的政界哲人。文章中表现出的对非正统、非教条的同情是他作品的魅力所在，但伯林也为此付出了代价。如果某个特定的思想语料库中有一些因素因某原因不为伯林的本性所接受，按照他的性格和做事的原则，他是不会予以适当关注的。这种选择重点的冒险性即使在最系统化的分析评论中也是存在的，如在哈林顿与洛克研究中所表现出的种种矛盾那样。一旦对具体观点的重视让位于一般性看法、证明的根源让位于假想的效果，这些危险性就大大增加了。伯林对研究对象的阐述往往低估其核心思想，如将托尔斯泰的历史观简化为《战争与和平》中表现出的沙文主义和《安娜·卡列尼娜》中的神秘主义；将赫尔岑（Herzen）的政治观定位于《钟》里社会主义社会土地问题的解决；将穆勒（Mill）的价值观简单视为《论自由》中所宣称的实用主义。这样做的结果是使研究更接近于评论家的意旨而偏离了事物的真实面目。伯林后期的著作主要是对维科和赫尔德作品的解读。这些解读表明了同样的特有的冲动。这同样说明了一向置身于多元文化中的他，把他对作品的解读视为多元论的先兆，但他不愿过多地关注思维定位及与这一主题相关的作品中所表现出

---

　　① 《反潮流》，伦敦1979年，第298页；维科与赫德，伦敦1976年，第14—16、20页。

的一体性问题。一体性属于另一范畴。伯林认为马基雅弗利正是因为采取了类似的做法才成为主张宽容的自由主义的奠基人。① 根据这种解释，由马基雅弗利引发的丑闻并不在于他认为君王也有罪，而在于他长期关注人与生俱来的道德准绳与基督教所倡导的美德标准间的分歧。这一说法的惟一根据是伯林在解读马基雅弗利作品时所作的半自传性的阐释——思想界的一大发现，② 但这种阐释多年来一直不为人所接受。这些阐释中哲学的意义显然要高于历史的意义。思想一旦脱离一定的语境就能很好的为当代人服务，实现他们的目的。

本卷的书名一针见血地指明了这一观点。"万事万物皆因人性的扭曲而扭曲"，伊曼纽尔·康德（Immanuel Kant）曾这样武断地说。这句话曾被《俄国思想家》引用一次，《反潮流》引用两次，《自由四论》引用三次，而且至少两次为《人性的扭曲》自己所引用。通过这样反复地被引用，伯林的这句话成了真正的谚语。③ 我们应该明白这是在向我们暗示：所有完美的乌托邦实际上规定着人性的多元性，是应该遭人拒绝的。但是此句所出自的那个文本的真正力量何在呢？《全球视角下的宇宙史观》这个题目言简意赅，是建构世界秩序、书写世界历史的有力宣言。如果两个世纪后仅有一个政治预言成为活生生的现实展现在我们面前，那肯定是此预言。如果福山借用的是康德而非黑格尔的思想，结果会更好。《宇宙史观》一书中所表达的思想并非是价值观的多样性、制度的不完善性或历史的偶然性。康德所颂扬的是竞争的驱动力——即人类与生俱来的对抗是社会前进的动力。人

---

① 《反潮流》，第79页。

② 《人性的扭曲》，伦敦1990年，第7—8页。

③ 《俄国思想家》，伦敦1978年，第202页；《反潮流》，第148、353页；《自由四论》，牛津1969年，第39、170、193页；《人性的扭曲》，第19、48页。这一词语很快又出现在《我们的时代》，伦敦1990年，第279页。

类为争夺名利、财富和权力而竞争，也正是这种竞争推动着文明的进程，最终达到社会的进步。那时人类的主要任务是实现保障全体成员自由的、以法律为准绳的文明社会。但这一目标只有当各国都遵守和平统一的原则，且国与国间的关系就像社会内部成员的关系那样才会实现。在这一目标实现之前，人类必定要经历动乱与毁灭的阵痛。自然法则支配着我们人类的发展，它以竞争经济的形式从相互冲撞的个人意志中产生出一种生产性的共同秩序，这种共同秩序强化了国家政权，并应最终导致能充分发挥人类潜能的大同世界、从相互斗争着的国家中产生。到了一定时间，大自然会造就出开普勒或牛顿之类的人，他能够科学地揭示出宇宙史学的规律。

与此同时，实现国家内部团结的最大障碍来自"人类是需要主人的动物"、"他违背自己的意愿，强迫自己服从一个总体上有效的意志，从而使自身获得自由"① 这样一个事实。但人类只能在其他人中找到这样的主人，而这样的主人本身也是需要他人统治的动物。也正是统治者本身的无序性这一问题促成了伯林奉作人生信条的评论。然而，康德论述的并非人类整体的不平衡性，而是人自我主宰的荒谬性。"至高无上的君主就存在于自身，而且是个人"②。正是这个任务，康德认为它是无法实现的。康德接下来的辩论很快证明了伯林的推论与他的论题大相径庭。他认为其他行星上的居民也许能够实现个体生活中的自我完善，但"我们却不同，只有整个人类才能实现自我完善"。"但如果我们能够很好地完成自然的使命，就完全可以自豪地说在星际排行榜上我们的排名也并不靠后。"③ 换言之，共同的命运将人类联合在了一起，他们的共同力量可以克服个体的无能为力。康德

---

① 伊曼纽尔·康德：《文集》第 4 卷，伯林 1922 年，第 157 页。
② 同上书，第 158 页。
③ 同上。

认为这一点说明大自然有其不为人知的计划——造就一个内外完美的政治实体。这一观点暗含的自然主义和决定论与伯林的观点正好相反。康德坚持认为人性的扭曲在总体上不可挽救,而伯林却用完全一样的一个词——krumm——来描述人性,但它未必产生于秩序井然的社会内部,虽然秩序井然的社会确实可以铸造出某些刚直的东西。"只有在和谐的内部环境下我们的潜能才能得到最大程度的发挥。"就像林中之树,在彼此互相争夺空气与阳光的过程中被迫努力向上生长,结果长得挺拔美丽,而那些枝条任意、自由乱长的树,渐渐变得枯萎、倾斜、扭曲。① 也就是说,树木歪直的理论与伯林的"万事万物皆因人性的扭曲而扭曲"正好相反。

　　无论援引多少次,惟有这句口号是存亡攸关的。但它准确地找到了一种程序。这种程序的危险性在主导思想潮流的庞杂系谱中变得越来越大。也正是这些主导思潮促成了伯林作品的另类思想。当然,《自由四论》中关于积极自由和消极自由的著名比较来自本杰明·康斯坦特(Benjamin Constant)的《古今自由比较与重构》。康斯坦特从古今比较社会学中寻求古代自由与现代自由的本质区别,而伯林却将两者视为游离于一定社会背景的两个标准概念。根据康斯坦特的描述,德国民主崇尚武力,德国公民顺从习俗,而现代社会崇尚和平的、竞争性的个人自由。康斯坦特的描述只抓住了问题的一个方面,即一元论。它忽视了权利平等的社区内部思想的多样性,即波科克所言的"内自由",而不是"前自由"抑或"后自由"。但与伯林的"联想链"相比可谓是更具说服力。伯林为了区分比较"古代自由"与"现代自由"而将一些毫无可比性、可言说的人物放在一起,如将洛克与费希特(Fichte)临时拉在一起,把伯克与罗勃斯皮尔

---

① 伊曼纽尔·康德:《文集》第 4 卷,伯林 1922 年,第 157 页。

（Robespierre）放在一起。康斯坦特本人在他名重一时时也想把这两个概念联系起来，但却未成功。试图从文本中摘取一两句话是不能说明问题的。在某些时候使用第一人称来表达特殊的含义似乎是出于传统。这一点很能说明问题。① 用这种方法来对思想家进行个别研究，其中对他们的误解是显而易见的。在理论上此种做法的危险性单举一例便可证明，而这也是经常令人不安的程序所犯的普遍后果。在建构理论的过程中，当思维产生一些最令人意想不到的想法时，或产生的想法与意愿相反，或是一些想法交织在一起时，伯林脑中便迸发出失去原具体语境中意义的思想。康德的"绝对个人主义"实际上变成了"绝对极权主义"。洛克、斯宾诺莎、孟德鸠斯、卢梭、费希特、黑格尔、孔德、马克思、格林、布雷德利（Bradley）和博桑基特（Bosanquet）的共同努力为"伟大的、有序的、有权威的"社会实体的建立奠定了基础。在这样的社会结构中可以最终找到积极自由。② 这一点在彼此相互交错的关系中得到证明——现代专制主义证明了积极自由的危险性，而积极自由也必定为专制主义的兴起创造了条件。

不管在某些思想家看来这种结论是多么小题大做，也不管它在哲学上的历史意义怎样被人夸大，它本身是浅显易懂的。它的运行轨道是单向的，也就是向下。由于浪漫主义的缘故，《人性的扭曲》中暗含着一个更大的历史性宣言。人们认为浪漫主义以一个不争的事实打破了千年信仰的基石。这个事实是：人在生活中"产生了现代世界观"③ 即接受了价值观的多元性。在伯林看来，现代世界观意味着从传统中真正解放出来，允许自由社会的最终来临。尽管浪漫主义诞生于德国，它却以宣称价值观的自

---

① 例如《自由四论》，第 135—136、141、143—44 页。
② 《自由四论》，第 152、171 页。
③ 《人性的扭曲》，第 182 页。

由而解放了整个欧洲。它所崇尚的个人主观意志后来滋生了一心压抑自由的独裁分子。当它的美学理念被拿破仑运用于政界、被黑格尔和马克思重新阐释后，最终煽动了人们对法西斯主义和共产主义的愤怒。"德国人民不屈的精神"和"浪漫主义运动时期对人的界定"激励着人们不屈不挠地反对极权主义。① 思想是推动政治变革的主要动力这一提法并不新奇。引人注目的是思想惊人的易变性——同样的理念在不同的时刻、甚至在同一时刻发生完全不同的效力。伯林有时也提及他所提出的概念和结果之间的不合逻辑性，认为两者之间是历史的和心理的联系。② 证明这一切的演示是个浩大的工程，至今尚未进行。由于缺少证据，任何思维活动都是可能的。前文中提及的极权主义的根源并不在于积极自由理念，也不在于浪漫主义价值观，而在于社会学的面世削弱了理性思辨的信度。③ 对同一现象的不同解释是否可以共存尚待研究。

　　谈起别人的思想，伯林可谓刚愎自用、能言善辩。但他自己的思想呢？它们真的是地地道道的英国思想吗？伯林公开承认其合法的受收养的身份是有良苦用心的。从政治角度讲，伯林在许多方面确实具有英国人的特征——和蔼可亲、善于实践、勇于质疑。如果我们拿他与其他两位有移民背景的伟大的自由思想家作一比较，就会发现上述特征更加突出。哈耶克（Hayek）和波普（Popper）这两位思想家在冷战时期把他们固有的特征留在了英国。正如拉尔夫·达仁多夫（Ralf Dahrendorf）于近日声称的，这两位奥地利思想家有他们自身重要的特色，④ 但普遍的特征并不明显。经济领域和哲学领域的每项专门研究从根本上说都是具

---

① 《人性的扭曲》，第 199 页。
② 《自由概念四种》，第 152 页。
③ 《论 20 世纪的政治思想》出自《论自由散文四篇》，第 18—27 页。
④ 《欧洲革命之反思》，伦敦 1990 年，第 25 页。

有创意的、系统性的，但伯林对思想史领域所作的贡献却不是这样。这两位奥地利思想家在意识形态方面所作的记录以尖锐和不平衡为标志，而伯林对此感到陌生。与哈耶克不同，伯林从来不将艾德礼（Attlee）视作戈林（Goering）的偶然的同类；也不像波珀那样感觉深受黑格尔思想的影响。① 穆勒内心深处对这两位奥地利思想家表示怀疑，但并未公开责难他们。伯林本没资格对穆勒表示景仰，但他却这样做了。穆勒崇尚自由与平等，认为平等优先于自由。波珀不同意此观点，② 并通过比如说，废除私有教育和对哈耶克的诅咒来说明自由优先于平等。伯林不顾事实真相把自己装扮成左派，③ 这一点在他与右派的交易中得到了证实。毋庸置疑，伯林对英国文化耳濡目染；他是儿时而非成年时到达英国。这些在一定程度上说明了伯林与他的维也纳对手间的差距。

欧洲东部和中部的不同环境与此也有一定的关系。哈布斯堡王朝最终在许多方面滞留着专横的一面。它可能不是一个有效的集合体或负责的政体，但它绝不是压抑人性的专制国家。它有法律程序，公民有人身自由、出版自由、结社自由。梅特涅（Metternich）时代后，很少有反对力量起来革命。另一方面，后期国内政治多表现为民族的抑或社会的而非议会制的。当王国衰败后，奥地利共和国分裂为天主教派和社会主义派。社会主义至今仍在奥地利占统治地位。很具讽刺意味的是，奥地利拥有最先进的现代自由主义理论，却因缺乏自由政治传统而成为欧洲最不讲民主的国家。即使现在，取代大联盟在维也纳占统治地位的政党仍根源于德国民族主义（一些人称之为民族社会主义）而非自由主义。自波珀和哈耶克之后，创新意识逐渐变得迟钝、神秘而茫然。后

---

① 参见《通向奴役之路》，伦敦 1986 年，第 86—88 页；《开放的社会及其敌人》，第 2 卷，伦敦 1952 年，第 79 页。
② 《永无结局的问题》，伦敦 1980 年，第 36 页。
③ 参见《俄国思想家》，第 297、301 页。

来作品中的形式主义和教条主义倾向也许部分根源于此。

沙皇帝国在整个19世纪一直保留着旧的专制制度——警察制度，它镇压着任何合法形式的反抗。欧洲其他国家不具备的革命传统也因此在沙皇帝国产生。革命最初发生在知识界，后又转移到工人阶级和农民阶级中。经常被人遗忘的那部分人最后却"装扮"成自由资产阶级中有影响力的一部分。经过两次大的反对旧制度的暴乱后，资产阶级于20世纪登上了历史舞台。他们对俄国知识界的优秀分子进行了残酷的迫害。短暂的间歇后，资产阶级便又开始搞迫害，丧尽了天良。这种情形的持续使伯林产生了与维也纳不同的自由主义思想。哈耶克能够思索出虚伪民主的危险性。垄断主义扰乱了市场的自由竞争；它自产生之日起就在奥地利异常盛行，然而它却是奥地利最主要的敌人。面对暴政的卷土重来，在视革命的社会主义者为最大的历史胜利者的背景下，伯林考虑的主要是政治和学术的自由。在这场论战中，《俄国思想家》的核心人物赫尔岑从其自身文化背景出发给出了令人信服的证据。伯林以自己特有的方式重构了上个世纪俄国极端分子在莫斯科、圣彼得堡的生活。他对他们热情洋溢的描写、对处于困境中的观察家屠格涅夫（Turgenev）的细腻机智的刻画，及对其记忆中帕斯特尔纳克（Pasternak）和阿赫玛托娃（Arhmatova）的适度记述构成了其作品的主体。想到这本书能够在今天的俄罗斯问世，真是令人欣慰。

伯林与众不同的另一方面是他的"忠贞不渝"。从儿时起，他就坚信在巴勒斯坦建筑犹太人的家园。来自欧洲东部或中部并对20世纪英国文化有较大影响的学者大多是犹太裔，但他们绝少有人承认最初的身份。（维特根斯坦是这方面的极端代表，他甚至极端到反对标明各自文化背景的地步。）当时，令人信服、态度明朗的犹太复国运动仍不多见。但是伯林和纳穆勒是两个典型的例外。作为一代权威学者之一，纳穆勒总是表现得很积极，但伯林在能言善辩方面并不比他逊色多少。在评论伯林的新书时,约翰·邓恩(John Dunn)表示了他的困惑:伯林究竟总是以某种方式参与政治呢,还是只有当人类受到纳粹主义和共产主义威胁时才参与政治?① 一旦阅读了伯林最有力、最情绪化的关于魏茨曼和以色列建国方面的文章,或是阅读了他对爱因斯坦在耶路撒冷的思索性文章,这种困惑便会烟消云散。对他来说,"世界犹太人组织"(the World Zionist Congress)当然要比"文化自由联合会"(the Congress for Cultural Freedom)重要得多。伯林热衷于犹太复国运动这一点并非独立于他在其他方面的理智与思考,而这也是理解伯林世界观的重要所在。在他的俄国世界里也表现出对犹太复国运动的热忱。伯林"机智"地把这一点视作他和帕斯特尔纳克的矛盾所在。② 在伯林看来,以色列的历史机遇是沙皇俄国赐予的。"理智但缺乏活力与热血的西部犹太人(这里包括德国和多瑙河地区)不可能一夜之间建立起一个全新的社会。没有犹太裔俄国人这是无法实现的,犹太复国运动很可能以更严肃的形式出现。"③ 这个观点忽视了这样一个事实:加利西亚(Jalicia)和布科维纳(the Bukovina)地区的犹太人,即沙皇帝国的边疆外居民,在犹太复国运动中也发挥了作用,纳穆勒便是其中的一位。伯林和纳穆勒对他们的犹太文化根源的忠贞不渝正说明了伯林所言的地域差异,即在英语学术界众多犹太裔中,惟有他们两个不是来自欧洲中部,不管欧洲中部是如何定义的。来自泊多利亚(Podolia)的纳穆勒置令世人憎恨的德国及德国作品于不顾;而伯林面对纵横交错的压迫与反压迫的历史状况就有关俄国人和犹太人方面发挥了想像力。这两点可以说是不谋而合。

伯林哲学思想的特征基于以下条件而形成。伯林的哲学并非

---

① 《时代文学增刊》,1990 年 10 月 5—11 日。
② 《个人印象》,伦敦 1981 年,第 179—180 页。
③ 《个人印象》,第 40 页。

像表面上看上去的那样是英国的产物。初看时,它像是以捍卫个人自由为中心的古典的自由主义,即国家不干涉的消极自由(negative liberty)。毫无疑问这是他1958年所作演讲的主要论点,但是很显然伯林已作好充分准备去更正他关于此论点的过多的论证。随着1969年政治气候的改变,伯林又毫不费力地承认积极自由(positive freedom)乃是"世界人民合理的追求";他还声言消极自由(negative freedom)会滋生"严重的、永久性的社会弊病","沾满血污的个体经济和失控的资本主义竞争"便是其中之一。伯林对概念的误用显然比"极端个人主义在目前很难说是一股上升的力量"① 的论调更具危险性。概念的误用使得伯林看不到很快成为新生力量的社会动力,同时概念的误用与他看问题的情绪化不无关系。消极自由在伯林看来具有崇高无上的价值。值得一提的是消极自由并未成为立宪主义者思想的核心。伯林与康斯坦特在这方面有很大的不同。消极自由一向是主张自由的思想家追求的目标;它需要法律来保障,而伯林对法律不但不感兴趣而且对有关法律、政府的工作程序冷眼以对。在英国,伯林宣称:"合法权力在君主立宪制的国家里当然属于君主。英国之所以只是个消极自由的国度是因为理论上万能的、实体的行为受到传统习俗和观念的制约。应该明确指出制约权力的形式——法律形式、道德舆论形式和立宪制并不重要,重要的是该形式是否有效。"② 这种实用主义的漠不关心是伯林自由主义中的英国特点,但它也同时说明为什么从某种意义上讲这一特征并不重要。伯林宣称"英国是世界上最伟大的国度"。这看似爱国,其实也是一种免罪(exoneration)。如果我们国家如此令人满意,那么理论上还有什么可补充的呢?因此,实际上伯林对英

---

① 《自由四论》,第 xlv—xlvii 页。
② 同上书,第166页。

国的政治思想没有什么发言权。伯林对丘吉尔的大加赞赏和他发表的关于穆勒的演讲虽然都以各自特有的方式给人留下了深刻的印象，但实际上只不过是对他们的总结而已。从对他自己国度的重大责任中解放出来后，伯林就把他的想像力用在了其他方面。

真正属于伯林自己的是有名的多元论（pluralism）。当然，在当代"多元论"这个词的意义不只一个。"怎么会想像出这么个肮脏的字眼！"这是伯林的羡慕者安南，因不满《冬天的愤懑》中"压力集团"不尽如人意的叫嚣而发出的感慨。① 伯林的多元论论及的是价值观而非利益，这与美国政治毫无关系。其论点是西方思想从远古历史到近代启蒙运动都受一种信念——只有一种合理的生存方式存在着，所有一切最终归于和谐——的支配。这种信念至今仍影响着所有形式的乌托邦或极权主义思想。迷信认为人生来具有多种价值观，而且这些价值观彼此互相矛盾；人都渴望理想社会的来临并将此作为一生不懈的追求；人能够中和种种价值观，结果却只能找到通往专制主义的道路。多元论本应打破这种迷信，而伯林论及多元论的著作中到处充满了这种迷信。积极与消极自由的对立最终演变成了一元论与二元论的对立；一元论与二元论的对立在《两种自由观》中到达了极点。《历史的必然》中对道德评价的呼吁再次强调了多元论意识的必要性。伯林为多元论所作的贡献只不过是挑选历史素材，把它们组合在了一起而已。所有伯林喜欢的理论家如马基雅维利、孟德斯鸠、维科、赫德、赫尔岑以及为他所不喜欢的理论家梅斯特拉（Maistre），他们的重要性在于从不同角度出发反对一元论。《人性的扭曲》以不忠实的辩论重申了这一主题。在一个有名的评论中伯林将托尔斯泰说成是"通晓万物"的狐狸，而托尔斯泰本人将自己喻为只知一件重大事情的"猬"。也许很具讽刺意味

---

① 《个人印象》前言，第 xv 页。

的是伯林本人是只不折不扣的"狐狸"。在狐狸身份的掩护下，极力发挥其各种才智以此满足其嗜好——盯着一只猬，注视着一个包罗万象的基本事实，直到永远。

事实的真相是什么呢？伯林关于多元论的阐释自始至终都过于绝对化。他说，在马基雅维利时代与费希特时代间的某一历史时刻（这一历史时刻可能会有细微的出入），一元论非常盛行。所有传统都承认单一的、有严格标准的一元论的存在，尽管在一元论的本质问题上他们尚未达成共识。而在这一历史时刻之后，多样的价值观逐渐变得合法。无论一元论与多元论的争论多么持久，仍旧有疑惑存在。难道在远古社会、中古社会和现代社会早期，人们的思想是如此的一成不变以致于构想美好生活的其他思想从未被人思考过？伯林思想的出发点就不正确，似乎误置了奥林匹斯山。古代的多神论是什么？它不过是多种互相矛盾的价值观的拟人化而已。之后，学者们开始歌颂能容忍个人生活不同选择的宽广胸怀。康斯坦特也注意到远古时期也存在多种理念；那时的哲学注重的是价值观而非战争、人人平等。① 当然，他还可以把诗歌理论加进去。田园牧歌式的生活还缺少什么？不过是人们意识到了这些差异？中世纪人们也承认价值观的多样性，因为根据当时约定俗成的教义，战争、祈祷、劳动只是分工的不同，它们都受到神的保佑。乔叟几乎不能描述单一人性价值观的感觉，更别提文艺复兴时期的蒙田（Montaigne）、莎士比亚了。

所有这些都不足为奇。伯林所忽视的是一个简单的社会学常识——任何一个存在着劳动分工的社会必然产生不同的话语

---

① 《本杰明·康斯坦特的政治原则》，艾蒂纳·霍夫曼·吉尼瓦（Etienne Hofmann, Geneva）编，1980年，第432—433页。康斯坦特在将远古哲学作为例外后，又接着说："哲学家的独立与我们所崇尚的个人自由绝不类同。他们的独立性在于摆脱生活中的所有享受与情感；而我们却尽力为个人自由提供保障。"

来解释不同分工的不同作用。一般地说伴随着大众智慧的增长，有关文学或伦理学的理论会应运而生，这些理论或简单或复杂。经过漫长的演变过程，代代相传的学问演变成了多元论思想，达到了一种说教式的模仿。勒巴斯（Le Bas）曾教导尼古拉斯·詹金斯（Nicholas Jenkins）"世界需要多样性"，当时伯林还未到牛津。几年后，一个眼界开阔名叫维特根斯坦的人发现"这是个美丽的格言"。与他不同的是，《个人印象》和《反潮流》的作者——伯林，对此产生了丰富的联想。伯林对所不熟识人物的同情，远远超过了守传统的英国人对略微不合传统的事物的热爱。他的这种同情富有俄国人的远见，而且正好与最令人信服的罗斯福和摩西·赫斯（Moses Hess）的思想相吻合。但是囿于个人天赋的局限性，伯林对多元论这个智性问题的研究没有多大的贡献。生活需要多样化这样一个事实能够解释一整套有关内在生存的哲学的构建吗？难道这就是多元论的根本出发点吗？

显然不是。理论上，个体生活是千差万别的价值观的体现；然而，实际上每种价值观都有利于整个社会的和谐发展。传统格言诚然宣称：世界是风格互补的一幅精雕细刻的图案；而这一结论正是伯林的哲学所致力要推翻的。尽管伯林的哲学以其雄辩使人们直觉上相信人性的不同，但这并非意味着它是个体差异论；相反，它是社会进化论。人性合理的追求确实是多种多样的，但它们并不允许群体混合物的存在。伯林多次强调生活的种种目标是不可调和的；实际上也是无法衡量的。①任何社会都不可能满足所有的生活目标。伯林多元论的弹力来自这样一个"等式"：不同的事物是相互矛盾的，相互矛盾

---

① 《自由四论》，第168—171页。"我们面对选择，在末路同样永久、声言同样绝对之间选择。"维科和赫德经常这样描述和赞美，他们认为文化具有不可预测性。《反潮流》，第12、188页；《人性的扭曲》，第76页。

事物是毫不相关的。我们都明白,在逻辑上,要区分"不同的事物"和"相互矛盾的事物"这两个在本质上不同的概念就必须承认它们是各自不同的独立存在;但在现实的社会结构中做到这一点很不容易。伯林从未谈及实现这一点的可能性,而是想当然地认为这在实践上是行不通的。他把"相互矛盾的事物"与"不同的事物"联系在一起显然是牵强附会的。他自己的著作也表明他无法接受这一联系。他怀着羡慕的心情所写的政治改革一事显然并不发生在英国;它实际上描述的是美国的罗斯福新政。他因这一政治事件证明了截然不同的公共道德观的相容性而对其大加赞赏。他写道:"罗斯福对人类的最大贡献在于他证明了加强政权和对公民的仁慈善良可以共存;证明了推广社会正义和个人自由并非一定能达到政府有效统治的目的;无论在政治领域还是在经济领域,权力和秩序并非与呆板的教条完全吻合;社会中个人自由的松散状态和政权组织的弱化是可以调和的,这正如罗斯福的前任曾经描述的,是'人类最后也是最美好的愿望'"。①

无独有偶。在其近作中,伯林写道"各种声明能够平衡,各种妥协可以达成……先论未必是定论,也不是绝对的。它必须为人所接受。""我们必须从事我们所谓的公平交易。"② 换言之,多数商品毕竟有一定的衡量标准,怎么来衡量呢?伯林声言:不同标准间的差异正逐步缩小。在这一看似激进主义的声称背后隐藏着综合各种不同标准的欲望。仲裁它们之间的、未言明的价值观就是幸福,或者说是幸福的影子,就像伯林很谨慎地提及的"避免痛苦"。为穆勒所否认的功利思想又小心翼翼地以其对立面的形式再现。伯林的多元论最终并不是做作的。

---

① 《个人印象》,第 31 页;又见《自由四论》,第 31 页。这项伟大的自由事业,当然是在个人自由和经济发展间达成的最具有创意的共识。

② 《人性的扭曲》,第 17 页。

如果我们拿伯林与现代多神论的伟大理论家马克斯·韦伯作一比较的话,其中的差别是不言而喻的。根据韦伯的解释,在不尽如人意的世界里,众神从各自的坟墓中飞出来征战不休。他们没有统一的价值观标准,也无意达成休战协定,就如现世的大国间一样。尼采认为通过调停众神间的矛盾从而获得幸福这样的希望不过是最无价值的幻想而已,而伯林思想中完全没有尼采哲学思想的痕迹。在其作品主题的绝对地位上,伯林没有参阅过韦伯的作品恐怕不是偶然的。根据安南的说法,这样的沉默预示了一种反驳,哪怕是他自己也认为判断失误了。① 这种行为令人感觉不舒服。

如果多元论只是众人谈论的一个话柄、社会所做出的理智的妥协,那么该如何解释伯林对此的如此专注呢?他的明显处于危机状态的思想并非什么(现代社会)的"止痛药",而是离奇的自相矛盾的说教吗?从他史学著作的一贯主题中便可轻易找到答案。多元论提法的重要性在于把伯林的思想与其他形式的自由主义区分开来;多元论是存在于社会外部而非社会内部的个人主义。维科和赫德都为伯林(探讨形成鲜明对比的文化)的哲学兴趣所吸引,在整体论意义上理解伯林自相矛盾推荐的理论。各种文化的多样性是文化多元论的存在依据,同时它也说明了文化多元论的不可测性。怎样才能评定一种生活模式不同于另一种生活模式呢?多元论人类学家的思维逻辑开始指向相对主义伦理学。伯林认为那不勒斯学者和普鲁士牧师一样是相对主义伦理学的先驱。他们之所以这样做是因为在本能上而非形式上拒绝接受永恒不变的人性(穆勒也这样认为)。各种各样的文化塑造了有着不同需求、不同个性的社会成员,结果人类没有任何统一的道德标准。从希腊人到阿奎那(Aquinas)、从文艺复兴到格劳秀斯

---

① 《我们的时代》,第 254—255 页。

（Grotius）、从斯宾诺莎到洛克①都"坚决拒绝西方传统的核心思想"。最初伯林对此表示赞同，甚至为之喝彩。而后，他又对此表示冷漠甚至要收回所说的话。如果《人性的扭曲》有何新意的话，那就是它使人信服维科和赫德根本不是什么相对论者。书中写道"我必须承认这个被认可的观点，我好像是犯了个很大的错误，尽管过去我一直执迷不悟。"②伯林对此的解释是：不管文化形式如何不同，也不论它们之间怎样的水火不相容，"文化的多样性不能被限制，因为不管人们怎样的千差万别，也不管要经历多少变化，追求文化多元化是人的本性，如果他被称作人的话。"③价值观因而也是多元的、互相矛盾的，但同时也是客观的，因为不管怎么说人类赖以生存的共性的的确确存在着。

这种做法的意图是显而易见的，即防止多元论的自由主义演变成相对论的虚无主义，但这一既定目标难以实现。人类展现出了一系列共同特征，其中包括交际能力（伯林特别强调这一点）。这些共同特征未必都具有道德意义。即使人类社会道德规范相互抵触，它对价值观的选择毕竟还是比较客观的，不管价值观如何被定义。伯林写了许多言辞激烈的文章，其中有一篇指责孟德斯鸠（Montesquieu）的文章中心思想不一致。《法律的精神》一方面表明人类法律道德观随着物质文化背景的变化而变化；另一方面，它又认为绝对的、不受时空限制的司法是存在的。伯林评论说，"两种学说间的惟一联系是对自由的共同追

---

① 《反潮流》。"天才通常向他所处时代的权威挑战，如维科曾向亚里士多德、塞尼卡和西方传统中心提出挑战。天才们一向反对人性永恒不变。"《维科和赫德》，第39页。"基本的、皆为人知的人类的共性存在着，而且是惟一的、相同的。无论何时何地它都存在着，而且在任何人身上都有所表现。"穆勒认为这一观点"不正确"。《自由四论》，第188页。

② 《人性的扭曲》，第76页。

③ 同上书，第80页。

求。"① 这也是伯林自己建构理论的映射。他的根本出发点是捍卫文化多元论而不放弃道德一体化。但要实现这一点并非像他想像的那么简单，还必须做更多的工作。伯林试图通过两条道路来实现他的目标。他认为，从本体论上讲，"最起码的人性共同的道德基础是人与生俱来的对交往的渴求。"② 谁拒绝人际交往，谁就不属于人类。这样的声言有一种哈贝马斯式的鸣响。但是他将共享与理解混为一谈：同盟国和轴心国在相互交流上并无困难。事实是语言本身不会产生出一种族的伦理道德，哪怕是极小一部分。更具历史性的是，伯林提及"穿着经验主义者的盛装重归远古时期的自然立法。"这一观点建立在某些基本原则在事实上的普遍存在。由于这些原则长时间地、广泛地被承认，因而被视作"世界性伦理道德法规"③，但这个"世界"逐渐变得比它看上去要小得多。"人性价值观的核心部分是那些人类共有的，即历代存在于绝大部分地区的、具有现实目的的、绝大多数人所共有的。"④ 时空方面的具体规定还可以进一步缩小为"一系列共性价值观确实存在于人类的大多数中，尤其是西部欧洲国家，实际是五个国家……"实际上，当"我说'我们的行为'规范时，我指的是西方人的习惯和世界观。"⑤ 这个所谓的"世界"一步步缩小到"局域"。越是试图讲究实证，得到的越是不自然的法则。试图

---

① 《反潮流》，第157页。
② 《自由四论》，第xxxii页。
③ 《人性的扭曲》，第204页。
④ 《自由四论》，第xxxii页。同一缩写的另一版本见第liii页。伯林步威廉·詹姆斯（Willian James）的后尘，经常批判他称之为"温和决定论"（大体上说，这种观点认为我们可以自由地选择，但我们的选择受自身性格和外力的支配。）像这样的明确表述实际上等于是温和的相对主义。柏林的声言中很好地阐述了其中的矛盾：一方面，价值观的选择非个人主观意志的决定；它受个人所处的那个社会的生活模式的支配，而根据历史记录，社会中绝大多数社会成员持有共同的价值观，不管这些价值观问是否有矛盾。见《人性的扭曲》，第18页。狭义定义和广义定义很少这样蹩脚地糅合在一起的。
⑤ 《人性的扭曲》，第203、205页。

解开其中的结也有其他的方式,如哈耶克和波珀通过文化进化论解释历史多样性的有关现象。根据文化进化论,文化的进步最终导向共同的文化标准。同样,统一道德观的内在需求是文化多样性的根本原因所在。但伯林却拒绝采用这样的方法。

结果很奇特,维科和赫德最初的矛盾思想在现代出现了反复。《新科学》的主题实际上是历史主义和心灵主义的黏合。维科坚决主张的文化多样性也是心灵内在统一的表现。他的著作堪称为研究心灵内在统一的词典。不管局部地区的风俗如何多样化,上帝制定了全世界民族在宗教、婚姻和丧事方面的共同原则。虽然"这些共同的思想产生于彼此陌生的民族之间,但它必定有个共同的理性基础。"[①] 维科在道德标准问题上表现得也不是特别自信。他用模棱两可的语言向他的评论家表明,"既然道德标准是因全体或大多数人认为是公平合理的必然成为规范社会生活的法则,那么它必然具有人类智力的局限性。那些违反社会道德规范的人当心不要违背人性"[②]。赫德的文化多元论比维科的理论声势更浩大,它不仅是学术界的教理,而且以其合理的方式为不同的伦理做出了政治性的承诺。主张人人平等的激进主义者赫德从两方面攻击康德的"人是需要主人的动物"的理论。一方面,他反驳道:"相反,需要主人的是动物。"[③] 另一方面,他反对康德把黑人视作劣等人、而把欧洲人视为上等人。他先是强调每个民族有它自己的认知观、道德观和审美观。"每个民族都有使其自身平衡的完美,而这种完美是其他民族无法企及的。"[④] 而后,他又指出人类最初所具有的共性朝着各自不同的

---

① 《新科学》,伊萨卡 1948 年,第 57 页。
② 同上书,第 94 页。
③ 《人类历史的哲学思考》,第 1 卷,柏林—魏玛 1965 年,第 367 页。以下简称为 Ideen。
④ Ideen,第 2 卷,第 233 页。

方向发展着。"理智和正义依赖于共同的自然法则,人类也因此具有了其存在的稳定性。"① 实现了这个共同法则也就实现了"未来生活的美好梦想"——把以往和现在的各种文化结合在一起,即集中人类所有的人性。但当人类文明向大同世界发展的每一步都被证明是一种人类文明向前发展了一步时,这种振奋人心的、对"不分等级、不分民族的大同世界"②的憧憬也变得毫无意义。《人类历史哲学概况》以经常困扰史学家的问题而结束,这个问题是:欧洲人何以通过自己的文化和所占据的地位而优于其他民族?难道是因为"适时的理性和人性本应占统治地位"已被越来越多的事实证明了吗?③

伯林的多元论并未解决反而是在重申这些疑点。根据他的理论,价值观的冲突是很难解决的,这一点是不可避免的。当文化多样性逐渐被中和为人性的界定时,这一理论也逐渐失去了其本身的剧痛。这里过于绝对的大前提产生了令人信服的结论。以前有攻击多元论为利益而相互竞争的理论,其主要依据是多元论并非表面上看上去的多样化,因为政权的实施都是源于政治结构本身的局限性,即受惟一的最终的目标——利益的驱使。不管这种对多样化的指控在其他方面是多么的站不住脚,多元论作为一种价值观是处处遭人攻击的。其中的理由是多元论实际上是更为隐蔽的一元主义。对于这种矛盾该作何解释呢?其中的矛盾部分是因为一般性困难的存在。强调增强人性感官意识的文化多元论和

---

① Ideen,第2卷,第240页。甚至更为直接的表达为:"经历过宗教、时间和民族方面的众多变化后身心疲倦、头昏脑胀的我们,难道在四海之内找不到与我们兄弟姐妹的共性吗?是的。除了理智、人性和宗教——人类生活中的三大快事外,什么也没有。因此,祝愿你们互相尊重,快乐幸福。"无穷尽的多样性,寻求着统一。统一存在于万事万物中,统一推动一切事物向前发展。《关于博爱的书信集》,第2卷,柏林—魏玛1971年,第312页。以下简称 Briefe。

② Ideell,第2卷,第255、485页。Briefe,第1卷,第8ff页。

③ 同上书,第484、478页。

强调消除人性感官意识的文化多元论的分界线是什么呢？出于名利的考虑，伯林想在道德层面上研究价值观的不可知性。这是半西方的人性使然。迈克尔·沃尔泽（Michael Walzer）在《正义的领地》一书中表明了与伯林的思想相对立的具有启发意义的观点。在这本书中伯林对多元论危险的逃避清晰可鉴。与伯林的多元论不同，沃尔泽的多元论认为：不同的社会按照一定的标准实行劳动分工，以不同的管理形式实现其内部管理，如在消费、福利、人事、艺术方面的管理。这种劳动分工在原则上允许不同领域间的合理的、和谐的、分工的存在。尽管边界冲突在所难免，但还是"好篱笆营造公正合理的社会"①。其次，每个社会都形成对自身有利的生活模式；这种生活模式只能以该社会内部的标准来衡量。这种等级制度对于生活在其中的社会成员来说是公平的。从内部来看，各种价值观是互补的；从外部来看，它们是不可沟通的。这只是为伯林一向所反对的相对主义的结果。

不管他们对问题的解决是多么的不同，值得注意的是，他们是主张多元论的两位最重要的哲学家，虽然他们只是因为一点的雷同而被归为一类。出于政治上的兴趣，伯林对巴勒斯坦格外关注。后来，他经常区分合理的民族情怀与民族主义思想。人们应该珍惜前者、指责后者。② 但是，在20世纪要区分两者是十分困难的，在以色列更是不可能。正如韦茨曼所言，"犹太复国运动建立在惟一基本的思想上，这便是犹太民族主义。"③ 在社会实践中，伯林意识到了这一点。他从思想史领域的研究转向简短历史。这个转变足可以使他写成那两篇关于民族主义

---

① 《正义的领域》（*Spheres of Justice*），纽约1983，第319页。
② 《扭曲的人性》，第176、245页。
③ 参见诺曼·罗斯：《刘易斯·纳穆勒与犹太复国主义》，伦敦1980年，第207页。

的引人注目的文章。① 在文章中，他可以过分夸大人们在上个世纪的预言中对此的忽略，但留在人们记忆中的是他洞察力的深度和精确度。读过这些后，我们就很容易明白为什么是赫德而非康斯坦特更令伯林感兴趣。赫德着迷于文化，喜欢研究民族问题而烦于政治制度的探索；而康斯坦特致力于司法，即使他的同时代人也发现他有点像无国籍的人（apatride）。② 事实上，是民族情怀使得原本界限分明的积极自由和消极自由彼此组合、分离，并最终形成了"两种概念"。民族自主性有时能够界定两种不同的自由，有时又将两种自由合而为一。这样，两种自由的稳定性就大大降低了。③ 任何被他人怀疑的东西都趋向于恢复其原有地位。伯林曾被描述为"现代社会第一个完全自由的人"④。我们可以确信这里的自由并非意味着摆脱英国社会内部各种形式的羁绊，也不是指脱离以色列的统治。解放可以给更高层次的自我以自由。

伯林在写作中经常谨慎地提到民族定位这一归属；民族定位的魅力正是伯林所谓的种种自由的王牌。这也是理解他的多元论生动、狭隘特征的另一条线索。因为从本质上讲，民族主义的共性总是相同与相异的辩证统一。每种民族主义都是建立在文化差

---

① 《民族主义：历史的遗忘和当代的权力》（"Nationalism: Past Neglect and Present Power"），《反潮流》，1972 年，第 333—355 页。《扭曲的枝条——论新生的民族主义》（"The Bent Twig: On the Rise of Nationalism"），《人性的扭曲》，1978 年，第 238—261 页。

② 康斯坦特认为，"把欧洲分成几个国家完全是人为的原因，实际上并不是这样的，因为人类虽然用不同的名字参与不同的社会组织，但是在本质上他们是相同的。"《政治论坛》（Political Writings），比安卡玛利亚·方坦（Biancamaria Fontana）编，剑桥 1988 年，第 313 页。

③ 《自由四论》，第 158、160 页。

④ 《个人印象》，第 62 页。大体上较为统一的观点是"克服心理障碍、实现人类力量的充分发挥"可以获得道德自由，它可以"把人类从阻碍人类发展的、重重难以克服的、隐藏的障碍中解放出来"，参见《概念与分类》（Concepts and Categories），伦敦 1978 年，第 190—191 页。

异基础上的，但是民族主义者大都过分强调这种文化差异。本世纪人们听到最多的是民族特色。伯林的多元论结构论证与此有关。价值观，像民族一样是多样的，且不同价值观间的矛盾是不可避免的；但是，民族最终像价值观一样具有一个散漫的向心结构即具有共性。

现实的国际舞台总是五彩纷呈。伯林经常怀着忧郁的心情谈到这一点。① 虽然伯林将国际舞台的多样性作为其理论的重要论题之一，但他在这方面并无大的贡献。关于国家民族内部相互矛盾的理念，伯林作了如下解释：自由体系中相互竞争的价值观最终会变得有序化。但是，众多国家民族中没有一个对价值观的最终走向具有决定权。当目标不一致时，退出历史舞台已成历史惯例。《宇宙史观》正是基于这个问题而创作的。伯林如果没有偷用康德的术语，在这方面他可能论述得更好。20世纪的灾难已经来临，但并非以伯林有时提及的、隐藏在社会主义流亡者小圈子里的小漩涡的形式出现，② 而是以由自由的文明将欧洲卷入现代的野蛮而引发的狂风暴雨般革命的形式出现。灾难似乎只有当20世纪的最后一个王国因民族冲突和社会动荡不安而毁于一旦时才停止。像过去一样，俄国人和犹太人的命运又一次交织在一起；在伦敦，布罗茨基（Brodsky）公开指摘索尔仁尼琴（Solzhenitsyn）；在莫斯科，一个杜马有了指望，黑黄白三色旗又开始飘扬；在耶路撒冷，将军们在争论在沿约旦河的什么地方建立以色列的家园最好。这便是伯林具有创意的思想的源泉；伯林的思想与上述一切有关，但与改革俱乐部和英国科学院无关。奥尔巴尼（Albany）的那位正直人物

---

① 例如，《反潮流》，第34—44页；《扭曲的人性》，第252页。
② 根据玄学上的分界线观点——"标志一个过程达到高潮的事件改变着我们的世界历史"。这是泼萨多夫斯基（Posadovsky）代表在1903年的在RSDLP第二次议会上所说的话，参见《自由四论》，第16页。

和其颂扬者一样似乎是英国国教的装饰品,而且也同样是英国首相的装饰品。这是一个错误。即使伯林对此的回答最不具结论性,他的作品也恰恰正是在这个另类背景上,最应该赢得评论界的尊重。

(郭英剑　于艳平　田鹏　译)

第十二章

费尔南·布罗代尔和民族身份

　　作为所处时代最著名的史学家,费尔南·布罗代尔(Fernand Braudel)因其两部鸿篇巨著而享有国际声誉。它们分别是1949年出版的介绍菲利普二世统治期间地中海沿岸诸国风情的两卷书和于1967—1979年间问世的有关资本主义物质文明的三部曲。费尔南·布罗代尔在他最终未完成的著作问世的数月前驾鹤西去。尽管话题更趋于地方性、也不无局限性,但人们还是普遍认为《法国身份》很有魅力,它同时也宣告了布罗代尔一生创作的结束。实际上,布罗代尔在他70岁高龄时才开始构思这本包罗万象、百科全书式的著作。现存下来的是它的主干部分——近1000页的英译本,其中两卷介绍了地理、人口统计学及生产方面的有关情况。根据构想,布罗代尔要再写两个续篇:一部介绍法国的政治、文化与社会;一部谈谈法国的对外关系。这四本关于法兰西身份的著作还需要另外两本著作(分别论述《法兰西的兴盛》和《法兰西的命运》),才能完成布罗代尔的总体计划,他是要重新考虑先前这四本书所分别分析的结构问题,而后写成一部完整的《法兰西叙事史》。[1] 也许是出于对布罗代

---

[1] 法文版《法国身份》第Ⅰ卷,巴黎1986年,第19、21页。有时为更接近原文,我对译文作了修饰。

尔这一伟大抱负的不信任，赛安·雷诺兹（Sian Reynolds）在她语言优美的英译本中任意压缩原文的涵盖面。

这种恢弘构想的目的是什么呢？布罗代尔以往的作品主题实际上都是由他独创的——都是他从有限的历史矿藏里挖掘出来的。而《法国身份》却选取了有大量文献记载、非常传统的素材，其中许多已经为人所知。那么，为什么需要一部新的法兰西历史呢？因为布罗代尔坚决认为，"在过去的半个世纪里，历史学家的职责已有了根本性的变化"，这是由于"各种各样的社会科学——地理学、政治经济学、人口统计学、政治科学、人类学、民族学、社会心理学、文化研究、社会学"①——对防守涣散的历史学阵地进行了有力的渗透。布罗代尔宣称，这些新学科的出现，将使对法兰西持续历史的形成作较之以往深得多的研究成为可能——这是一部从洞穴起源到深层次的、"模糊的历史，它沿着历史的河床奔流，拒绝灭亡——如果可能的话，这本书打算阐明这段历史。"② 已经发现的、长期的隐秘历史，可以使人们对法兰西从历史上进行一个相对具体的认识；因为只有经得时间检验的历史结构而非形如泡沫转瞬即逝的历史事件，才能给不同国家的经验以有意义的比较。③ 不言而喻（而这也确实从来没有说明白），这就是本书标题中"身份"这一术语的双重力量——它既表示继续存在的和挑选出来的，同时又提出二者是同一体。布罗代尔多学科研究的大前提是：在法国，特殊的和永久的是一回事。

布罗代尔称自己的事业是一项赌博。它离成功有多远呢？

---

① 法文版《法国身份》第Ⅰ卷，第11页；英文版《法国身份》第Ⅰ卷，《历史与环境》，伦敦1988年，第17页。以下简称IF—I。

② 同上书，第14页。IF—I，第20页。

③ 见他在《费尔南·布罗代尔的历史忠告》中的解释，巴黎1986年，第70页。1985年10月在夏托瓦伦举行的学术报告会的讨论中，布罗代尔与众多同行和批评家对他的著作进行了讨论。之后不久，他就去世了。

我们所从事的工作有其自身带有令人疑问的吸引力，而这在一定程度上与它的未完成有关。布罗代尔总是有志于全局，但他的强项却是精于细节。这里，在一本承认个性化的著作里，任意的成分比任何其他著作里都多，但它也总是更精妙、更给人暖意。第一卷是对法国主要区域及其层层殖民地的自然描写：从对山村、城镇的总体分析渐次到对罗纳河长廊的商业角色、巴黎盆地的原始农业及梅斯和土伦战略城堡的思索。第二卷则追溯生活在六角形地带的人口状况；探索农业活动（牲畜、酒业、谷种）的环境与范围；最后以环看法国的商业、农业、信贷的历史特点而结束本卷。随意、生动、流畅的风格及鲜活恰当的事例，让读者轻松自若地穿越任意但有时是荒芜的地形。不难理解为什么许多评论家沉浸在此书带来的乐趣中，也不难理解为什么他们抱怨布罗代尔似乎忘记了沿着原来的目标前进。因为整部著作缺乏任何持续不断的、甚至是适宜的比较范围。从逻辑上讲，本应该凸显具体的法国经验之不同时期的欧洲背景实际上全部丢失了。结果是，布罗代尔著作中的大部分篇幅是在描述那些延伸了的话题，如殖民地类型、农业实际、商业历程等，这些并非法国所独有，它们对整个西欧来说是非常普遍的东西。如果叙述的焦点自由自在、来来回回由史前移到当代，它也是不经意地覆盖了大量共性而非个性的东西，如法国从古代经中世纪到（大体上的）现代早期的富于特性的过渡。布罗代尔一开始时就说过，他的主题既有诱惑力又让人难以捕捉，事实证明的确如此。

然而在这快乐、分散的历史堆中（正如布罗代尔希望它不是封闭的那样），自然会有些宣言，它们大体上能表明法兰西在欧洲大陆上的特殊位置。它们的第一个观点就引起了争议，即在所有的欧洲国家中，法国的自然条件是最多样化的。这是这一工作最一贯的脉络了。对别的人而言，空间会是一个不起眼的历史特点，但布罗代尔对法兰西的经验主义要求，使他笼而统之在社会因素中给予了地理首要的理论地位。在其他地方他宣称，空间的决定性是"决定所有深层历史最古老、最重要的因素。"① 在这里，法兰西的优越感是这一原则的快乐的图解。布罗代尔认为，法兰西的区域多样性意味着物质和文化的丰富——它有丰富的、对比鲜明的环境与资源，这使任何一个邻国都无法与之相比的。法兰西一直都是"陶醉于自己的多元化、异质性、'从不一样'的喜悦之中。"②

在赞颂法兰西的多元性上，布罗代尔有许多先行者。他直接从自己的老师吕西安·费热（Lucien Febvre）那里引经据典，但这一主题却最终源于米什莱（Michelet）。③ 在米什莱所描述的法兰西历史中，他对这一国家不同省份间的差异给予了抒情诗般的刻画："多样化的气候、风俗及语言"，却因相互的理解和情谊而联结在一起。④ 不过，这一主题最直接的来源是维达尔·德·拉·布拉什（Vidal de la Blache），他在1903年出版的《法兰西地理图画》中宣称，"最能体现法兰西特点的词语当是'多样性'"⑤。在维达尔看来，法兰西各个构成部分之间的"和谐"、"肥沃的土壤、在此生活的乐趣"创造了一种环境，这是"一种慈善的力量、一种风气，它是我们这个民族存在的基础，并为之注入了健康的因子"⑥。换句话说，费热的话"多样性即是法兰西的名字"早已在维达尔之前就变成了

---

① 《费尔南·布罗代尔的历史忠告》，第208—209页。
② 法文版《法国身份》，第29页；IF—I，第38页。
③ 米什莱：1798—1874，法国历史学家，认为历史就是人类反对宿命、争取自由的斗争史，主要著作有《法国史》、《法国革命史》等。——译者注
④ 《法兰西地理图画》，见《法国历史》第Ⅱ卷，巴黎1885年，第161页。这本书在一开头就宣称："历史首先是地理。"它写于1833年。
⑤ 保罗·维多·德·拉·布拉赫（Paul Vidal de la Blache）的《法兰西地理图画》，巴黎1903年，第40页。
⑥ 同上书，第50—51页。

一个持久的象征。布罗代尔也热情地描绘着这一特色,但他并不像维达尔那样努力将这一看法具体化。维达尔曾指出,在所有的欧洲国家中,法兰西是惟一跨地中海、大西洋、欧洲大陆的国家。气候差异之大真的是毫无疑问,但这是否就能说明"法兰西比其他任何地方更显地区性差异",那就是另外一回事了。比如德国,它在莱茵河、波罗的海及阿尔卑斯山之间也有三个大地理性区域,还有一些亚区域,那么,德国的地区性差异可谓不亚于甚至超过法国了。就地域特征而言,兰德(Lander)地区远比今天已衰落的法国各省份更富有活力。事实与维达尔的断言是相反的。

事实上,将法兰西在历史上有别于诸邻邦的原因更多地归结为它早期政治上的统一、而不是它地理上的多样性的观点似乎更有道理。这实际上也就是另一位编年史学家皮埃尔·乔恩乌(Pierre Chaunu)的观点了。他喜欢不厌其烦地详述法兰西作为一个"大国"的独特与非凡之处,到文艺复兴时期为止,法国无论在国土上还是在人口上,都是当时惟一可与之相比的统一的君主制国家、即其对手英国的四倍。[①] 有时布罗代尔似乎会作出同样多的让步,此时他暗指法国各省间的多样性实际上是其皇权集中的温室。事实上,在法国中央集权的真正胜利中,有可能包含着其"民族多样性"这一主题盛行的线索,即在法国人的思想体系中,这二者起着彼此象征性补偿的作用。在缺乏任何中央集权的意大利,这一点也可从这二者的颠倒关系得到证实。曼佐尼(Manzoni)[②] 曾在 1848 年革命期间激烈地反对拉马丁

[①] 皮埃尔·乔恩乌的《法国》,巴黎 1982 年,第 30、205、279、309 页。参照法文版《法国身份》第Ⅰ卷,第 279 页;IF—I,第 309 页。

[②] 曼佐尼(1785—1873):意大利诗人、小说家,19 世纪意大利浪漫主义文学的代表,写有历史小说《约婚夫妇》、抒情诗《五月五日》、悲剧《阿达尔齐》等。——译者注

(Lamartine),① 善意的庇护,"难道你没认识到吗?在任何对我们的攻击之词中,没有任何一个词汇比'多样性'更残酷的了,它概括了我们过去长期的不幸和凄惨。"② 也许不是事实,而是对区域多样性的顶礼膜拜能够告诉我们有关法国历史的具体东西。

在布罗代尔的叙述中还有一个关于法兰西特殊性的观点,尽管不很出名,或者说人们不是很热衷,但同样具有可比性。布罗代尔的这一观点从地理学转到了人口统计学,他争论说,当今历史想像的巨大挑战是克服人为的、传统意义上的史前史和历史的划分,因为考古学的发展已经把这一划分视为时代上的错误。他坚持说,一旦这一问题得到解决,就会出现一种惊人的现象。法国人经历了一个比起欧洲大陆任何地方都更为非凡、稠密连片的居住地的遗址。那就是100万年前位于阿尔卑斯—玛里蒂莫斯里山脉间、最早被人们所了解的人类聚居地的遗址。大约6000年前,它正处在新石器农业发展的关键时期。到了公元前1800年,这一聚居地已养活着约500万之众的居民。构成法兰西人口血统的最基本的"生物组合"约在4000年前已相当合理了。③ 在展开论述这一情况时,布罗代尔援用了法国著名的史前史学家让·吉尔伦(Jean Guilaine)——他是最近一部名为《法国之前的法国》一书的作者——的"民族的新石器时代的文明"这一概念。不过,这一主题本身在此处也毫不新颖。维达尔在介绍法兰西空

---

① 拉马丁(1790—1869):法国浪漫派诗人,政治活动家,代表作为《沉思集》,1848年二月革命后成为临时政府实际上的首脑,后被免职,著作还有《吉伦特派的历史》、小说《葛莱齐拉》等。——译者注

② 拉马丁是第二共和国的外交部长,他曾号召意大利人进行反映半岛上政体不同形式的宪法改革,曼佐尼从正发生暴乱的米兰写信告诉他说:"你说的这个字正与法国人民内心深处的渴望相反。"

③ 法文版《法国身份》第Ⅱ卷第Ⅰ部(Ⅱ/1)。《法国身份》第Ⅱ卷之《民族和生产》,伦敦1990年,第70—71页。以下简称 IF—Ⅱ。

间多样性的美妙画面时，已强调过时间的连续性是对空间多样性的补充。"在法兰西，土地与人的关系是由以古朴和连续性的显著特征为标志的，很早的时候人们的居住地似乎已固定下来……人们经常这样说起我们的国家：自古以来她的居民一代接一代的在这些相同的地方繁衍生息。"① 对史前历史的迷恋在今天已是很普遍的事了。在英国，我们可以在雷蒙德·威廉斯（Raymond Williams）关于地域的多层世俗演义中，感觉到隐藏在布罗代尔兴趣之后的同样的冲动。而一旦被移入原民族（proto—national）的范畴，它离神化的距离也就近了。布罗代尔关于"有五百万新石器时代的农民"的说法接近这一点。而吉尔伦本人只同意最多有20万到40万。同样，在这里"身份"的特性与其说是明确具体，不如说是似是而非。

然而，多样性和连续性的说法却有着共同的结构。它们应该被视作民族意识形态的恒久要点而不是经验主义历史学的研究结果。人们指出，所有种族的神话，从本质上讲，要么具有地域性要么具有家族性——即把这一群体的身份追溯到一个最初的居住地或原始的先祖。② 后来，民族主义的各种思想体系又把这些基本的神话重塑成他们自己的形式，安东尼·史密斯（Anthony Smith）在其重要的研究著作《国家的种族起源》中把这些形式称之为"诗人的空间"或"英雄的记忆"③。在一段感人的文字里，布罗代尔承认自己对法兰西的热爱，但他许诺在其书中要把这种热爱之情放置一边。他还颇具特色地补充道："这种偏爱之情很可能会愚弄我让我犯错，所以我要对它密切注视、严加小

---

① 《法兰西地理图画》，第3页。
② 约翰·阿姆斯特朗（John Armstrong）：《先于民族主义的民族》，教堂山1982年，第12页及以后等。
③ 这部巨著与布罗代尔的著作于同一年出版，伦敦1986年，第183—200页。

心。"① 但这种对法兰西的偏爱之情照样把他搞得晕头转向。不过他的特点是,当人们发现他出错时,他也会毫无敌意、愉快地承认其错误。在第二卷的结尾处,他说一位哥廷根的听众不愿让他顺利完成有关法兰西优越的多样性的文章,但他却对他们关于德国有同等多样性的说法不置一词;仅仅在他去世前,他才不无遗憾地做出让步,对法兰西遗传的连续性做出了一个较为谦虚的评价。② 尽管布罗代尔有时是民族自我形象的创造者,但他却从未对它迷恋过。

做出这些让步会把对法国身份的探索置于何种境地呢?在其作品的最后也是最长的一部分中,布罗代尔论述这一问题的另一种研究方法所包含的种种因素,这些因素更为严肃但和集体的自恋(amour propre)不太合拍。这一部分的标题"延续到20世纪的小农经济"概括了这一部分的要旨。布罗代尔在这一部分中详细论述了下列问题:法国农民生活超乎寻常的稳定性,以及其长期形成的耕作习惯和水平较低、发展缓慢的生产力;为控制农村人口、早期采用了计划生育的措施;城市化的边缘模式——除了巴黎和土卢兹以外,所有的大城市都散落在国家的边缘地带,留下一个"空挡的内地"却没有刺激起重要的对外贸易;缺乏新的、能和鲁尔以及中部之地相比的工业联合企业;货币贮藏和国内信贷的弱势;未能在海上有所作为等等。布罗代尔总结说,法国在资本主义的历史之内被边缘化了。自中世纪后期起,资本主义从意大利到低地国、到英国、再到德国,围绕着法国呈环形运动发展态势,它们之间六角关系的缓慢代谢从来没有改变过。法国独特的身份源于这种命运或叫好运。"法国从来没有真正被战胜——什么是'战胜'——而走入资本主义,这也许同时是

---

① 法文版《法国身份》第 I 卷,第 9 页;IF—I,第 15 页。
② 同上书,第 423 页;IF—II,第 670 页,《费尔南·布罗代尔的历史忠告》,第 207 页。

其悲剧和其魅力之所在吗?"① 和大家普遍接受的观点相反,布罗代尔认为法国大革命无须为法国经济改革的无效负责,也无须为其政治上的统一负责。这早已成为定局。13 世纪的法国曾在经济发展中处于领先地位,当时香槟市场是欧洲大陆的商业中心。此后,因连接地中海和北海海上贸易航线从法国绕道而过,"法国从此再也不是欧洲最先进的经济活动的参与者"②。从那时起,法国成了观望他人成功的看客,并伺机使用武力吞并他国——15 世纪的意大利和 17 世纪的荷兰,它想借此弥补国内毫无生机的小农经济,但却未获成功。

上述描写令人难忘,但是,组成这种法国身份惯性的网状组织的原因何在呢? 对此,布罗代尔并未过多阐述。布罗代尔的研究占有丰富的文献资料但其解释部分很少。他最接近的一个阐释使用了比较的方法,即他在书中多次质疑,国土面积是否是阻碍早期现代社会中法国经济全面发展的最主要的因素——即是否阻碍了一个全国性市场的形成,是否导致了一个超越常规的促成国内团结的政权的出现——与此形成对比的是,国土面积也很小的英国却形成了以伦敦为中心的统一市场,以一个小的政权维持着政治上的统一。③ 这一评论本身合情合理,但它很难作为法国发展道路曲折的一个中心阐释。布罗代尔关于法国"小农经济"的总体解释所忽视的重要一点是小生产者所有权特有的活力。更为有趣的是,这一忽略正是马克·布洛克(Marc Bloch)认为法国农业史上最具创意的地方。布洛克关于这一主题的巨著的核心,是比较中世纪晚期欧洲封建主在解决封建地租危机时农民的不同命运。④ 结果是,在东欧,普遍实行的是土地占有制和新兴

---

① 法文版《法国身份》II/2,第 420 页;IF—II,第 666 页。
② 法文版《法国身份》II/1,第 146—150 页;IF—II,第 163—166 页。
③ 法文版《法国身份》II/2,第 225—226 页;IF—II,第 458—459 页。
④ 《法国农业史的原型特征》,巴黎 1930 年,第 126—129 页。

农奴制——个人的自由与安全失去了保障；在英国，将永久性出租改为随意性出租——个人自由得到了保障但有一定的冒险性；而唯有在法国，传统的土地租用转向可继承的财产并且普及开来——这样既保障了个人自由又保障了安全。这种小生产者农业的强化从未彻底完成但也没有倒退，它成了直到布洛克时代为止法国农村社会稳定但技术落后的主要原因。

大约在50年以后，罗伯特·布伦纳（Robert Brenner）将把布洛克远见卓识的核心思想发展为对整个欧洲大陆上、由阶级斗争所产生的各种财产关系及其对农业资本主义发展所产生的后果的权威性对比分析——即在一个完全系统化的框架内展开同样的东欧、英国和法国之间的三方对比。布伦纳的叙述被公认为是一个里程碑。它引起了战后历史学家间的也许是最为重要的国际争论。① 令人惊讶的是在布罗代尔的著作中对此丝毫没有提及。但在这一点上，人们可以看出，它绝不仅仅只是一种个人癖好，因为这一主要以法国为对象、法国知名的历史学家所参与的辩论从没被译成法语。大概连埃马纽埃尔·勒鲁瓦·拉迪里（Emmanel Le Roy Ladurie）这样卓越的人物也不可避免地对自己的思想出现在争论之列而感到不知所措吧！但是这种争议能被禁止吗？这种解释似乎比较宽泛，它触及到了《编年史》传统本身的发展演化。这一解释在现代发展趋势中惊人的特点之一，就是它在多大程度上放弃了对布洛克著作中主要思想的承袭，这包括布洛克对更全面的比较历史学的坚持和对社会财产关系和依赖关系的关注。最近《编年史》的巨大的发行量就是针对法国的，这与盎格鲁—撒克逊的发行量形成惊人的对比。在这种较新近的文献中，财产的地位实际上已日益被人

---

① 它们首次于1976—1982年出现在《过去和现在》一书中。后来这些全部收集在《布伦纳的辩论》（T. H 阿斯顿和 C. H. E. 菲尔平编），牛津1985年。

口统计学所替代，而且在理论上也常被后者所替代。① 当然，布伦纳的争论作为历史变化的解释性机制，大都围绕着归于这些因素的竞争的重要性进行。

在勒鲁瓦·拉迪里著名的译本中，对法国农业史的人口统计学阐释侧重于对农村进行长远的、马尔萨斯式的循环论证。农民的人口增长会抬高土地租金和促使小块土地的再划分，这样就加速了生存危机，而生存危机又导致了人口数量的下降和土地的集中，这二者最终又重新激起了物价的上升和人口的增加，物价的上升和人口的增加在适当的时候又会达到和以前同样的限度。勒鲁瓦·拉迪里坚持认为，这种结果就是，在前资本主义经济增长的强硬的限制之上出现的一个"自动平衡系统"。经过奥克人（Languedoc）在15世纪晚期到18世纪中期这一段时间的充分验证，这种模式已在西欧普遍开来，所以，原则上它无论如何已不再是法国经验本身如此与众不同的因素了。② 以此为背景，另一位《编年史》作者挑出了一种更为惊人、更为具体的法国现象。在一系列专业化和通俗化的著作中，皮埃尔·乔恩乌集中论述了避孕法在18世纪法国农村的广泛应用。控制生育已不再采用晚婚的禁欲形式，这一形式是马尔萨斯循环论中减少人口数量的传统方法，而采用了为当代布道者所不齿的婚床上新的享乐主义。正如布罗代尔强调的那样，在这一问题上法国肯定发生了一些例外的事情：一种与欧洲其他国家不同的性欲模式导致了19世纪法国人口的较低增长。其原因何在呢？他建议把长久保持农村人口密度和新发现的道德怀疑论结合起来，这一怀疑论是19世纪

---

① 外在的例子可参见阿夫·勒布拉（Herve Le Bras）的《第三法兰西》，巴黎1986年。它旨在使一个国家的经济和政治布局真正脱离一系列地区家庭形式，地区家庭形式自称是对法国集中制所作出的理性的选择。

② 埃马纽埃尔·勒鲁瓦·拉迪里（Emmanuel Le Roy Ladurie）的"回复罗伯特·布伦纳"，见《布伦纳的辩论》第102、104页。

法国特有的宗教改革和反宗教改革运动发生"短路"的后效应。乔恩乌的译本渲染得更为过度；18世纪90年代因与传统宗教的决裂，一场"改革传统生活方式的革命"突然爆发了。这场革命主要是由于人口过于拥挤的农村小业主个人主义的极度膨胀造成的。① 但不管怎样，有一点是毫无疑问的：法国小农经济的稳定能够延续到第三共和国的末期，是由其本身独特的生物自我调节机制保障的；如果只有一种更能定义现代法国社会特征的结构复合体，那么它就是这一结构，即用韦伯（Weber）的话来说就是限于传统生产和理性化再生产。

另一方面，二战以来这些特点又发生了什么变化呢？1945年以后的20年间，法国突然悖逆了过去，开始经历了高出生率——乔恩乌把这一人口的激增归因于两战期间世俗化大众灾难性的自我毁灭行为。在两次战争期间，2/5的法国成年人所生育孩子只占出生孩子的1/10，而只有大约1/13的少数人口（几乎都是天主教徒）所生育孩子却占了所生孩子的1/4。这种奇迹般的调节措施，正如乔恩乌所预料到的那样，并没有持续多久。到了20世纪70年代，天主教信徒也遭受到了再生育负出生率的"白色死亡"（White Death）的打击。但是，当各地基督教的系统辩护对此也哑口无言时，这在西方变成了一种灾难性的普遍模式，法国也卷入了其中。② 与此同时，正如布罗代尔所写道的：当现代化最终吞噬了旧的农村秩序，为法国农业生产留下了仅有7%的劳动力时，在农村，农民被连布洛克也未能想到的一场"洪水"冲昏了头脑。"在昔日甚至更多的是在当今的法国，这

---

① 比较法文版《法国身份》II/1，第181—185页；IF—II，第199—202页，与《法国》第273—274、279页。库尔提乌斯（Curtius）在战前对《法国的文明》的具有洞察力的研究论文集（1930）中强调了这一法国模式的文化意义。《法国的文明》一书现已过时，但也许仍旧是文献中最好的短篇文章。

② 见《法国》，第276—277页。

种无与伦比的壮观场面，就是小农社会的崩溃。"长时间存在的小农社会是由法国人的美德——勤劳、实用智慧、惬意来维持的一种平衡的生活方式。① 尽管布罗代尔也偶尔提到这些美德也许在法国半数人口居住的小城镇会存在下去，但是，在书的结尾处，布罗代尔对小农社会的崩溃埋葬了他长于斯的农村世界表示遗憾。这种失落感由把他与马克思主义者和自由党派人士区分开来的禁欲主义者的信条所调和。禁欲主义者认为："人们很少能创造自己的历史，而是历史创造了他们。正因为如此，应当赦免对他们的责难。"② 然而，该书的结论只能使书的名字受到置疑。如果最具现代法国特色的历史复合体已经销声匿迹，那么其民族身份还剩下什么呢？相对于先进资本主义生产和再生产的标准模式而言已步入正轨的法国，究竟在多大程度上失去了布罗代尔所寻找的守护神呢？

当然，答案是：国与国之间的区别不仅是社会结构的不同，而且也有文化上的差异。二者虽是从未彼此独立，但它们之间也存在着多种可能的关系。一个极端是，印度种姓制度——它说明了在劳动分工方面所有圣职人员拥有神授的可继承的职位——能够使二者真正融为一体。另一极端是，现代资本主义社会在所有结构特点方面彼此极为相似——劳动力的分配、城市化的程度、人口状况和政府的大小及其职能——同时二者也保留了巨大的文化差异，如没有人会将比利时和日本混为一谈。布罗代尔在他对历史的反思中采用了他所谓的"现代视角"，在这一点上，人们可以说，他在寻找法国身份时找错了地方。因为他两卷书中主要论及的长期的人口与生产这两条"地下溪流"总会和别的国家的相汇合。正是他生前未完成的关于政治与文化的续篇或许可能

---

① 法文版《法国身份》，Ⅱ/2，第 427—430 页；IF—Ⅱ，第 674—677 页。
② 同上书，第 431 页；IF—Ⅱ，第 679 页。

提供较少遭到现代腐蚀的答案。

实际上，这是以其自己的方式对描写民族性格的传统文学的一种假想。时至今日，这一概念已在很大程度上沦为思想界的耻辱。有人怀疑，如果直截了当地问及这本杂志的读者这个问题，他们中很少有人对此深信不疑。在日常交流中，在对陌生人或朋友作"典型的——"这样人人熟知的评价时，又有多少顾虑呢？没有任何泛泛的原则看起来是站不住脚的，而实际上却是不可避免的。这种偏见的阴影在启蒙时期就已经笼罩着它们了。戴维·休姆（David Hume）作为这方面题材的第一位主要作家介绍了这种思想，并警告说"粗俗下流之士易使民族性格走向各种极端"，但这并不是否定其存在的原因。"明智之士会谴责这些模糊的判断。但与此同时，他们承认每一个民族都有一套特定的行为方式，并且承认某些特殊的品质更常为某个民族（而非他们的邻邦）人民所特有。"① 休姆旨在表明，这般理解的民族性格并非固定地理环境的产物，而是变化着的政治、经济、外交情势的产物，这包括"政府性质、公共事务的变革、人们生活的富足和贫乏状况，人民相对于其邻邦的处境"② 。休姆充其量会承认，气候也许使得北方人酷爱喝酒，而南方人好性。（酒精和蒸馏水温暖了冰冻的血液，而和煦的阳光增加了两性之间的欲望。）③ 否则，真正起作用的是道德因素而非肉体因素。在世界任何民族的个体性情中，英国人是最具多样化的，他们展示出的

---

① 《论民族性格》，《道德、政治与文学论文选》，印第安纳波利斯1987年，第197页；该文写于1742年。
② 《道德、政治与文学论文》，第198页。
③ 《道德、政治与文学论文选》，第213页。休姆认为"对待酒精的热情可以比对待性爱更加野蛮，更加卑劣"；他评论道这并没有给南方气候带来人们想像中的那么大的优势，因为"爱情一旦超越一定的界限，它便使人变得嫉妒心十足；切断两性间的交媾。一般说来，两性间的交媾是一个民族礼仪的基础"。

是一个民族性格中最少的一部分,除非这一特性因此被忽略了。① 这种多样化与他们变幻无常的气候毫无关系(更多信奉国教的苏格兰人也处于这一气候区),而完全取决于他们政府的混合性(君主制、贵族气派和民主),综合各种典型特点于一身的政府官员的组成(贵族、商人)、宗教团体的数量(包括可发现的惟一教派)以及牧师有俸圣职的兼任制可能实现的个人自由等多种因素。以性情代替地域所表现出来的多样性正在成为英国的标志,而不是法国的。

这种阿谀奉承之能事对人们注意力的吸引在当时并不亚于今日。康德(Kant)辩论道:正是英国人对个性的崇拜说明了他们共有的对异国人的不屑及自我感觉良好的自负。不管怎么说,性格并非一个单纯的事实存在着的性情,而更像是只有与本民族所特有的行为规范相一致时才能获得的规范性统一。"一个守原则的人有性格。"幸运的是,德国人以他们的正直、勤奋、有内涵、谦虚(只是有时对他人过分谦恭、墨守成规)的良好性格而闻名于世。② 一个世纪后,尼采将此提到了一个更高的层面。与英国人相比,"德国人不是在卫理会统治下学过些伦理学、现今又装扮成'救世军'的一群酒鬼、浪子。他们遭人嘲讽也许是罪有应得,但是他们比任何其他民族都更不可捉摸、更富有内涵、更深不可测——德意志民族其实根本无法定义"③。文森佐·吉奥博特(Vincenzo Gioberti)的适应能力是惊人的。在阿尔卑斯山的另一端,他以一种较为灵活的方式将之与他在《意大利人的道德和文明的最高标准》一书中所作的解释联系在一

---

① 《道德、政治与文学论文选》,第 207 页。
② 伏尔泰在《百科全书》中发现,法国人因其豪侠和优雅而为欧洲其他各国人所羡慕的对象,他们在哲学方面和文学领域也许与英国人相同。(第 15 卷,1779 年版,第 338—342 页)关于民族差异的主要理论上的争论在于实质。这本书讨论的是政府、气候、经济运行、城镇与乡村及阶级对他们的影响。
③ 《善恶的背后》,伦敦 1967 年,第 211、197 页。

起。意大利通过罗马教堂在历史舞台上发挥着重要作用；又以其领先的哲学、神学、科学、权术、文学和绘画在思维王国中独占鳌头。意大利是"人类各民族的母亲"，担负着统一欧洲大陆的历史使命，因为毕竟意大利的多姿多态使它已成为欧洲大陆的一面镜子和其综合体。① 在这如此多的自我补充中有人站了出来，令人释然。至少有证据表明，莱奥帕尔迪（Leopardi）②是反对自负的。在认真思考了他的同胞在复辟时期表现出来的性格后，他得出了这样的结论：意大利人显著的特征并非是多样性而是一致性。他们不受封建迷信的影响表现出一贯的愤世嫉俗，但是在现代社会交往中却显得无能为力。这是由那些错误的复杂和落后而导致中断的历史的产物。③ 意大利的传统需要改革而非放纵。这些痛苦的反思作品直到 20 世纪初才付梓。

当时，在拥有先进工业装备和高深学术成就的新世界中，民族性格早已成为互相竞争的大国理论专著的研究对象。以下三例可以证明这一变化。在法国，涂尔干（Durkheim）的同事和 90 年代社会连带主义者内阁的代言人——阿尔佛雷德·富耶（Alfred Fouillee）于 1902 年出版了《欧洲人心理概论》一书。这是对欧洲大陆不同民族性格进行综合考察的第一本书。他解释道：他的爱国目标是让法国人民全面、即时地了解邻国情况，这样他们不至于上当受骗、成为邻国侵略的对象。富耶不信任俄国人，但崇拜英国人，尽管他对英国人在殖民问题上的自私持批判态

---

① 《意大利人的道德》，布鲁塞尔 1843 年，第 Ⅱ 卷，第 399—401 页。
② 莱奥帕尔迪（1798—1837）：意大利诗人、哲学家，以抒情诗著称，所写名篇有政治抒情诗《致意大利》、《但丁纪念碑》等，出版有《歌集》及阐明其悲观哲学思想的《道德小品集》等。——译者注
③ 《意大利人的习俗》，威尼斯 1989 年，第 141—149 页。在道德上，意大利既不如较为文明的爱结盟的法国、英国、德国，也不如不太文明不爱结盟的俄国、波兰、葡萄牙、西班牙——因为这些国家至少保留着过去的回声，不管这显得多么野蛮。（开始指责宗教的一味忍让和封建压迫，第 151—152 页）。这些反思写于 1824 年，并于 1906 年首次出版。

度。他还在书中呼吁尽快就各方的真诚谅解进行谈判。法国人的和蔼中透漏着活力，挑剔中伴随着机智，情感中富有逻辑。他们以其友好与慷慨的态度对待其他民族。他们的这些性格可堪称是世界一流的——即使他们的确饮酒太多而繁衍后代太少（在于德国人的对抗中每天输掉一场战争）①。富耶对民族性格类型的划分与唯物主义假设相反。他认为在民族性格形成中，种族和环境这些静态因素不及动态的思想力量因素更为重要，而这些思想是通过精英传给芸芸众生的。

这表明富耶为马克思主义的险境而忧心忡忡。5年后，奥托·博埃（Otto Bauer）在奥地利出版了洋洋大作，名为《国籍和社会民主的问题》。这本书完全致力于"民族性格观念"的理论建构，这一中心议题现在经常被人遗忘。考茨基（Kautsky）和其他马克思主义者将"民族性格"这一概念视作异端邪说，但博埃认为，要有效地攻击民族主义就必须从颂歌、通俗文艺和酒馆中解放出来。要做到这一点，就不能否认每个民族明显的特性，只能把它们理性地解释为众多、历史的不同产物。博埃试图通过比较分析、体现突出的民族特性的英国经验主义和法国理性主义的社会根源来说明这一点。这与休谟的思想一脉相承。② 这些特征总是不断变化的。民族性格是用来描述某一社会的文化概念的，这里的文化包括一个民族的艺术、科学、公共生活、社会习俗等，但在阶级社会里，劳动者在某种程度上总被排除在外。社会主义首次最大限度的扩大了它的意义以及自由的自我决定。与众多马克思主义者的期望相背离，社会主义会增强而非减弱了

---

① 《欧洲人心理概论》，巴黎1902年，第331页。这本书的另一政治目的是驳倒现在流行的"新拉丁族的堕落"理论。法国、西班牙和意大利在色当、马尼拉湾和阿多瓦的失败唤起了这一目的。

② 《民族主义与社会主义》第1卷，维也纳1975年，第57—60页。考茨基尤其指责博埃借用非马克思主义的民族性格观，他争辩道：民族不是通过共同的文化来界定的而是通过共同的语言来定义的。对此的反击当然也不存在任何困难。

民族性格的多样性。工人阶级一旦掌握了政权，文化的物质内涵就会超出国界，他们在精神方面的付出也会更趋向于民主。换言之，较之过去有多得多的个体注重思想和情感，这一现象将变得自然化；这将阻碍对以特定精英（如明治时期的寡头政治家）为特征的异国时尚的迅猛吸收。① 一种文化越流行，它的民族性就越明显，而且对国际劳工组织的团结也就不怀任何偏见。

在英国，是一位自由主义者给了这一主题以最系统化的论述。欧内斯特·巴克（Ernest Barker）在他1927年出版的《论民族性格》一书中，谨慎地提供了分析民族性格的理论框架；它不但分析了民族性格，而且将他的构想在英国进行了可行性实验。巴克采用一种经常被错误地认为是马克思提出来的（而且被马克思主义者神经质地给抛弃了，但实际上它是哈林顿［Harrington］提出来的）。划分法将构成民族性格的不同因素按其构成归于一定的物质基础。这里的物质基础是对遗传血统、地理环境、社会经济结构和文化上层建筑等各方面的综合，它包括法律政府、宗教、语言文学和教育。第二组比第一组更为重要而且更能经受得住有意改变的检验。它认为最好将如此形成的民族性格理解为流传下来的"传统"，如果乳白色属于其色彩范围内的话。② 巴克对英国内部不同区域间的对比很感兴趣，他注意到自盎格鲁—撒克逊时代起把英国分作东南部和西北部的重要性。他认为国土面积小，有助于英国传统的各个方面比其他任何地方更加具有一致性。他相信，决定传统的因素有下列几个方面：英国清晰的海疆无须强有力的政权统治；对法律精神和折中精神而言，不成文法的演变比国会更为重要；宗教改革遗产的划分产生

---

① 《民族主义与社会主义》第1卷，维也纳1975年，第166—170页。
② 《民族性格》，伦敦1927年，第9、270页。总体而言，巴克（Barker）对地理环境有明智的判断力，他深受费热（Febvre）的影响，他是《地球与人类演化》一书的第一批英国读者。

了两党制和清教主义的开拓性；伦理学和社会学充斥着民族文学，但民族文学却反对理性思考；它认为学校对人的性格的培养应重于知识的传递。如果不是毫无艺术性的话，结果自然像预测的那样把英国民族乐善好施的一面表现了出来，而英国作为帝国的一面却极少提及。巴克认为民族本应与国家相一致，但英国却不是。他用一个巧妙的前缀表示出其中的含混性：苏格兰是个民族却是一个准国家（quasi-state）；不列颠是个国家但却至少是个准民族（quasi-nation）。① 英国根深蒂固的弱点在于源于宗教的、阶级性明显的、国家干涉的教育制度——这已成为国际间的一个主要障碍。这听起来有点现代，而巴克在当时就意识到随着英国传统出口额的下降，经济困难时期将会来临。他认为，学校培养公民的目的不在于使他们更好地工作，而在于使他们学会寻求创造性的安逸生活。没有什么比他的这一构想更具时代特征的了。

其实，这些是分析民族性格成分的最无抱负的尝试。不是因为这一思想消失了，而是因为它逐渐退缩为民俗学和通俗文艺的从属物，而博埃曾试图把这一思想从其中解脱出来。如奥维尔（Orwell）的《狮子和独角兽》之类的通俗小册子或如佩夫斯纳（Pevsner）的《英国艺术的英国性》之类的广播演说，仍在维护着各式各样的自尊，而公共图书馆里却逐渐堆满了新闻报道方面的著作，如《俄国人》、《意大利人》和《法国人》等，它们都是以一种稳固的文体风格来满足人们对他者的好奇心。② 但是，更狂热、也更具比较性的著作却不再问世了。安德烈·齐格菲

---

① 《民族性格》，第131页。在创立独立的苏格兰文化过程中，巴克对卡尔文主义的作用很敏感；见第188—194页。

② 如卢吉·巴滋尼（Luigi Barzini）的《意大利人》（1964）；桑什·德格拉蒙（Sanche de Gramont）的《法国人》（1969）；赫德利克·史密斯（Hedrick Smith）的《俄国人》（1976）；戴维·马什（David March）的《德国人》（1989）。

第十二章 费尔南·布罗代尔和民族身份 313

（Andre Siegfried）在 20 世纪 50 年代粗制滥造的《人的灵魂》（英国人的坚忍不拔、法国人的足智多谋、德国人的纪律严明、俄国人的神秘主义）是较早传统中已被遗弃的残渣。到 60 年代，民族性格的问题已不再严肃。其黯然失色的原因是什么呢？在其全盛时期，民族性格总是内置于民族文化这一更大的观念中。尽管在 19 世纪时这一语词广为流传，但很少有人对之加以严格定义。然而随着时间的推移，它逐渐包括了四种主要成分——传统习俗、编撰成典的价值观、需要高深学识的艺术、日常使用物，即大体涉及社交、道德、创造性和消费这些领域。（我们以此作为范例：范妮〔Fanny〕在曼斯菲尔德公园的舞会上喝了过多的尼格斯酒。）在休姆时代，民族性格的重点落在了前两个成分上——即行为方式和品质；到博埃时代，第三个成分——哲学或文学常被认为是最重要的；直到国内出现了有关人种论的民意调查，最后的一个成分才真正盛行起来，奥韦尔的关于英国的先令和苦啤酒的著作也得以发行。

自二战以来，对西欧各民族特色文化做出过的所有贡献一直都处于压力之下。随着民族间生产和交换的广泛进行，所有富强的资本主义国家的物质世界不断地混合或趋于类同。表示不同的、旧的标志也在逐渐消失。首先，在衣着上——圆顶礼帽和扁圆帽的时代早已成为过去；连一度曾广泛流行的剧目也是如此（结果是仅有一部奥地利的服饰被保存了下来），这或许是由于带有包装的成分在内吧。其次，在饮食方面——仍然存在一些反传统；但是随着汉堡包广告在都市墙壁上的泛滥，过去国内到处都是的快餐和法式烹调也就慢慢地过时了。现在，速食快餐和法式烹调在任何地方的家庭中已经基本普及了。再次，家具方面——用的都是 IKEA 模数。如果说建筑物受的影响最小（尽管只是办公楼街区和服务公寓）的话，这主要是因为其中的大多数建筑都建于战前，未能展示当时的地方风格。在艺术和交际领域范围内,以印刷文字为代价的图画和相对于精英文体的通俗文体的兴起,逐渐形成了单一的想像时区,这一时区受到视觉力量的限制。语言作为文化的最坚实的围墙,却在许多关键时刻被忽视了。与此同时,曾灌输截然不同的道德准则和行为规范的社会化的规章制度已经不那么严格了:学校制度不再同等程度地体现对比鲜明的教育理想;从犯罪和道德败坏的角度出发制定统一的"循序渐进的教育理论"(progressivism)的衡量标准包含了这一切。在文化时代,以往作为对民族文化进行严厉考验的课堂现在也很少体现民族性。

如果民族性格是人为的民族文化的结果——即它所提倡的众多的品质和行为方式——那么,民族文化的衰落注定要削弱民族性格思想内容的稳定性。但是当这一情况发生的时候,"性格"这一概念自身就值得人怀疑。如果现实主义小说曾为民族性格提供了最具说服力的版本,那么,对民族性格首次的猛烈抨击也会来自于文学。当时,人们对20世纪初期现代主义中任何稳定的自我给予了全面的否定,甚至在过度性人物劳伦斯(Lawrence)身上也体现了这一点。继而,心理分析的影响进一步削弱了传统对个体性格的认定:它是一个道德统一体。当文化条件不再有利于它作为一民族特征时,这一用语作为个人范畴已因此丧失了一定的信度。一种新的形势出现了,在这一形势中这两者都被否定了。近来,至少有一位历史学家——西奥多·泽尔丁(Thoedore Zeldin)——对这一变化的逻辑作出了总结。作为对布罗代尔雄心勃勃计划的尖刻的批评家,① 泽尔丁在自己对《法国人》研究的基础上,彻底否定了民族或个人的一致性,其理由是人们之间的差异较之先前越来越大,彼此间的距离也越来越远。他所热心的结果是:在这样的一个社会里,每个人都可以追求一种不体面

---

① 《伦敦书评》1989年3月16日,是《法国身份》第1卷的一个短评。

第十二章 费尔南·布罗代尔和民族身份

但快乐的生活方式；当法国步入"狂想时代"时，涂尔干被忘却了，社会的整个反常状态也变成了对奢华生活的追求。① 从这一"后多元主义"的角度出发，应再长久地把法国民族冠以"狂想时代"之名的原因尚未得以解释，也许其自身就是一个狂想。这本书存在的惟一可察的原由似乎是"有目共睹所有的人类激情都在法国发生着效力"② 很少有历史学家愿意像这样自取灭亡。

相反，已经发生的是一种语域的变化。在过去的10多年中，关于民族差异的话语已经从"性格"（character）转向"身份"（identity）。这两个术语通常好像是互相通用的。事实上，他们的内涵大不相同。"性格"概念在原则上是全方面的，它包括个体或群体的所有特征；它可以标明自身，对其定义无须参考任何外在的因素；性格是不断变化的，这就为其部分的或整体的改动留出了余地。与之形成对比的是，"身份"这一概念的内涵具有更大的选择性，它引起了人们对内在的、基本东西的想像。从相关性上讲，它暗含着定义的某种可变因素；从永恒性上讲，它标明同一因素的连续性。谈及个体时，我们把"身份"一词主要用于以下两种情况，一是我们用以揭示某种个性中、最深层的核心的类本体论（quasi—ontological）；另一种是社会的方法，它习惯上指劳动分工中的不同角色。这两者间显然有矛盾。与"性格"相比，我们也许可以说，"身份"显得既深刻又脆弱：一方面，从哲学上讲它有牢固的基础；而另一方面，从社会学角度讲它又具有暴露性和依赖性。难怪时下人们要讲："性格"出现"变化"，但"身份"出现"危机"，看来并非出于偶然。人们认为，"性格"一般不会发生"危机"；"身份"也不易产生

---

① 《法国人》，伦敦 1983 年，第 510、342 页。
② 《法国人》，第 5 页。

"变化"——除非是在搞间谍工作,但那也只能是掩盖身份而非改变它。这里,两个概念的区分不仅仅在于进化与突变的不同,它们更深层次的不同是:"身份"含有某种程度上的自我意识,而"性格"却不需要。换言之,"身份"总是具有本能的、主观的一面;而在这一限度上,"性格"却能保持纯粹的客观,它能为他人所觉察到,但主体却意识不到。

为个体所适用的,对民族也不无裨益。如果民族性格被视作固定不变的性情,那么民族身份则是自我意识的形象表现。民族身份一直是一个不断选择的过程。在此过程中,以集体方式生存的经验主义群体被浓缩成纹章的(armorial)形状。这里,主观性与象征性是不可分的。"象征"占有过去,同时它又宣示着未来。"记忆"是身份的关键,而不是性格的关键。使命也是如此——即它是某一个对世界的具体贡献的存在理由,而不是其中某一特定事物的单纯存在。这两者赋予民族身份这一思想概念明显的规范性力量。民族身份本身并无明确的规定,因为正如康德指出的:性格也是一种自我统治的美德。富耶也许会说,他只能谈论法国人性格中好的方面,这不是为了吹捧他的同胞,而是为了激励他们实现自己的理想。① 对奥维尔来说,描述他的同胞几乎等于赞美他们。他坚持认为,在美化他们之前有一项非常重要的工作,即他对同胞的刻画有助于展示真正的英国。② 这里如标题所示——穷尽民族特征,而后将之纯化,这一点愈发接近民族身份的方针。奥国与意大利长期处于分裂割据状态;英国与西班牙是由不同民族组合而成的。在这些条件下,历史安排了勒潘(Le Pen)的出现。国民阵线选举上的突破(马赛地区占20%,巴黎的优美地区占15%),强行将法国身份一词提到了政治议程

---

① 《欧洲人心理概论》,第455页。
② 《狮子和独角兽》,伦敦1982年,第123页。

上。布罗代尔的著作早在1986年就问世了。它的问世遭到了整个思想领域内许多论述同一主题的著述的大肆攻击，如左派的《89空间》写作了《法国人的身份》、右派《日暮俱乐部》有同名的《法国身份》（被尼斯市市长雅克·梅德辛［Jacques Medecin］解散——他希望在他动身前去乌拉圭的别墅之前，他的同胞们能尊重阿波罗胜于尊重狄饿尼索斯）① 如人们预料的那样，移民和教育是争议的中心。布罗代尔在书中也对这一当今不可回避的话题进行了严肃而较全面的讨论。正是在社会充满矛盾、学术上疑团重重的情况下，这本书出售了至少40万册，引起了公众应有的注目。

同年，德国的社会生活因1986年夏天的那场所谓的"史学家的争鸣"而动荡不安。从形式上看，这场争论的焦点是"最后方案"的意义，但是其政治实质无论从哪个方面讲都是民族身份的前景问题。保守派迈克尔·斯特莫（Michael Sturmer）和安德烈·希尔格鲁贝尔（Andreas Hillgruber）坚决认为，德意志第三帝国的罪行绝不能抹杀德国在欧洲中部的传统的决定性地位。在欧洲历史上，最不连续的民族身份仍旧停留在地理层次上，用尼采的话来讲，德国人仍是中部人，德意志民族的统一不可能无期限的推迟。争论的另一方是汉斯—乌尔利奇维勒（Hans-Ulrich Wehler）和哈贝马斯（Jurgen Habermas），他们反对地缘政治学将民族定义为后退的、导致纳粹政体的历史继承。在哈贝马斯看来，德国的——实际上任何一个被认为是现代的——民族身份只是建立在对世界公约的批判性接受的"后传

---

① 来自"日暮俱乐部"的重要论文是由伊万·布洛（Yvan Blot）所写，它有这样一个注解："《法国身份》——一个充满了威胁的愿望"。来自《89空间》文集的编者按语是"身份的危机"。埃尔韦·勒布拉（Herve le Bras）对国民阵线的成功作了评论，他解释说勒潘选民的动机不但是一种表面的恐外症，"它们也表明了民族身份的危机"。《第三法兰西》，第66页。

统"上。埃里克森（Erikson）和科尔伯格（Kohlberg）认为仿效青春期的心理对身份一词予以理论阐述是德国人的怪癖。哈贝马斯认为，成熟的群体的政治表现形式是绝对效忠西方的"立宪爱国主义"①。事实证明，缺乏历史意识是要付出代价的，当时SPD反复强调"立宪爱国主义"，结果是3年后，科尔（Kohl）竟成了德国统一的主人。

如果说法国民族的自我反省是对失去的传统和地位的一种反应，那么德国对同一问题的关注却表明了它想重新获得在世界上原有的权力和地位。80年代初期出现了争论民族身份这一概念及其在德国的表现形式的一大批知名学者的著作。② 这种探索的背后是德意志联邦共和国经济上的巨大成功。此后这种联系的危险性就成了英国年轻的、著有《论德意志民族身份》的史学家哈罗德·詹姆士（Harold James）研究的中心议题。通过生动形象的描述，詹姆士认为，自18世纪晚期至19世纪德国人对自己民族身份的定义经历了三个阶段：文化层面—政治层面—经济层面（大致是从赫德［Herder］到墨姆森再到罗乔［Rochau］）；20世纪时又进行了如此的循环从曼到希特勒再到厄哈特（Erhard）。一贯自负但却和蔼可亲的丹麦人，也许可以与傲慢的、德国经济繁荣年代（the Grunderzeit）③ 相比；经济状况并非是民族身份可靠的内在基础，它注定要呈下降趋势，让人大失所望。

---

① 哈贝马斯：法兰克福1987年，第135、173—174页；《新保守主义》，剑桥1989年，第227、261—262页。

② 参见后者中暗含着著名古典历史学家克里斯琴·迈耶（Christian Meier）关于民族身份本身的表现形式的反思性比较，这种比较实为罕见。克里斯琴指出这一民族身份形式不会像界定希腊城邦公民身份那样很快过的穷尽了（希腊城帮缺乏其他广泛的联系），它较之群体特征更令人安慰——不是通过变个体为社区的积极分子从而授予其权力，而是以更高层次的象征性使个体附属于它从而弥补权力的不足。第61—62页。

③ 指1871—1873年。——译者注

相反，以传统的联盟形式来保障稳定的政治机制是必要的，① 换言之，就是伯克（Burke）推荐和威斯敏斯特（Westminster）所主张的观点。詹姆士对左翼自由党在德国统一问题的认识予以了有力的批判。然而，他自己却如哈贝马斯派那样混淆了合法性与身份问题。② 德国的宪法实际上比英国的更民主，但它只是一般的议会程序，引不起人们的注意，无论如何也无法把德国与经济合作与发展组织（OECD）的其他成员国区分开来。如果说经济民族主义论是危险的，那么这样的立宪爱国主义论同样是空洞的。如果只是无怨无悔地工作，试图从新统一的东部这台"水泥混合机"中琢磨"地域"和"阶级"，那么我们可以断言德意志民族身份问题永远不会结束。

与此同时，在牛津的《历史工作坊》（History workshop）不同阶层的人聚集在一起，自1984年起召开了一系列的学术会议，从一个更为激进的角度探讨这同一问题。讨论结果于1989年以《爱国主义——英国民族身份的形成与解体》三卷本的形式出版。该丛书的主编及策划——拉斐尔·塞缪尔（Raphael Samuel）——在他内容丰富的主打文章中，特别强调这一过程的第二阶段。从书的一开始，他区分了不列颠身份和英国身份，认为不列颠身份比英国身份相比显得更生硬、更正式；认为不列颠的内涵是军事—外交、帝国，而非是文学方面或具有乡村特色的，但是它对外来者也同样表现出了宽容；认为不列颠的这些黏着因素很显然在20世纪50年代已不复存在。英联邦的衰落，经济普遍的萧条与变质，文职公务员的不信任，国教的边缘化，反美主义

---

① 《德国身份》，伦敦1989年，第4、6、9、209页。
② 1990年9月17日。詹姆斯实际上背离了他的先前论点。这里它不再是为民族身份提供必要支柱的立宪民主制度，而是维护德国东部民主所必须的民族身份的情感。否则，在资本主义兴起之时，德国东部会因无法避免的经济困难而冒不名誉之危险。

的消逝等,从根本上动摇了人们对某些传统的、根深蒂固观念的崇拜。通过补偿方式而增加的是要不懈地努力去继承传统工业;以盛行的理智去幻想或模仿过去的老古董,从胶木茶杯到熔渣堆;还有与此紧密相关的民间生活。政府官员致命的浮夸作风让位于无害的虚有其表的怀旧。塞缪尔注意到,民族身份只是个体在生活中的突发奇想,但也许他是在暗示英国民族身份的表现形式比其他任何地方都更多样化,因为其侵略行为没有任何压力。① 休姆令人愉悦的幻想也存在于此猜测中。

最直截了当地背离爱国主义并将之转化为温和的情感多元主义的是汤姆·奈恩(Tom Nairn)。他认为,英国人对君主制是绝对效忠的,战后,这种崇拜又有所加强,但这很与此相一致。在《魔镜》中,奈恩对皇家内幕的研究绝不是我们现有的、惟一的关于民族身份的最深层次的探讨。其威力恰恰在于,他认为联合王国的情况是不正常的:其行为受到了司法和大英宪法限制的君主代替了(人们)对民族共和国的朴素情感,为人所盲目崇拜的对象的身份发挥着作用。奈恩认为,如果任何一个民族身份的建构都必须要有挑选出的历史经历中的几个特征作为象征的话,那么,通过禁止以"民主的、平等的民族主义"为其魔力所在的整体性,象征性投资的过分严格性就可以解释为盲目崇拜本身。② 后者的正常状态值得怀疑——形容词太易依附于名词;民族统一的思想经常被用来掩盖社会分工和不平等。诊断社会的核心力量总是咄咄逼人。面对接连不断的经济困难和时隐时现的欧洲统一,英国无论如何也逃脱不了民族身份这一现代忧患,正如布鲁日人和课程的院外活动集团(curricular lobbies)所证明的那样,只不过英国以自身僵硬的形式将其掩盖罢了。

---

① 《前言:作英国人真令人兴奋》,见《爱国主义——英国民族性格的形成与消失》第1卷之《历史和政治》,伦敦1989年,第15页。

② 《英国皇家罗曼史》,见《爱国主义》第3卷之《民族小说》,第81—84页。

第十二章　费尔南·布罗代尔和民族身份　321

　　这些矛盾在近年来掌握领导权的西欧三大国间表现得尤为尖锐，而在地位稍低的下列两国中表现得较为缓和。意大利长期以来受大众生活与政府组织相分离思想的影响，因而在民族身份问题上相对而言没有什么成果。"你喜欢意大利吗？""不，不是意大利，而是意大利人"①。佩夫斯（Pavese）在讲这段对话时仍旧持一种广为人知的态度。无独有偶，具有操作意义的续篇旨在创造出适合意大利政体的意大利人。② 在西班牙，人们曾一度为西班牙民族的本质而苦恼。西班牙的不足究竟在于它分裂得太纯粹还是缺乏精英骨干呢？而且，人们以后也许会把其历史根源追溯到中世纪犹太—阿拉伯—基督教这些教派间共同举行的圣餐会的隐蔽场所，或是把其难解的起源追溯到罗马人或西哥特人的西班牙人。③ 一种强大的实用主义盛行着。其他任何一个国家的富人和受过教育的人，都不会如此执著地去掩盖一切先前被视为民族性格的东西（自豪的时尚、对工作的鄙视、质朴、狂热等）。这里，如同在意大利一样，欧洲的统一代表着进步而非后退，民族迁移是超越传统身份的一次机遇而非是对它的潜在威胁。惟一一个宁愿放弃首相之职去就任欧委会主席的是马德里的首相。

　　仅次于这两个国家还有许多小的国家，它们已构成欧共体成员国的大多数，而且这一大多数还在不断增加。④ 这本书明显的成功之处在于沙玛目光敏锐，将荷兰民族身份视作复杂的标

---

①　《山上人家》，伦敦 1956 年，第 80—81 页。

②　此文最先收集在艾诺迪（Einaudi）主编的《意大利的故事》，都灵 1972 年，它在很大程度上受到了《编年史》传统的启发。此文于 1983 年出版成书。

③　对这一好辩传统作出的紧张反应，它阐述了自文艺复兴以来西班牙性的传统的形成。

④　正是这些为一部有关民族身份、堪称为杰作的历史学著作提供了灵感，这就是西蒙·沙玛（Simon Schama）对黄金时代荷兰文化的研究专著《富人的尴尬》（伦敦，1987）。

准概念进行了探讨。这一概念是从广泛的经验材料——海洋背景和军事险情，商业机遇和宗教忏悔及共和国的一些乡情民俗，通过传奇、专论、意象和训诫而建立起来的，这些民族风情为现象论的实在有力光环提供了保障。有人对这本书持反对意见，认为它最大程度上淡化了荷兰社会的内部分工。在某种程度上，这种反对意见误解了这本书的目的是使社会虚数成为反对社会分工的佐证。荷兰国土面积无疑关系到这一研究的成功。也许，对以民族身份为主题的现代文学的、最生动的惟一贡献涉及另一小国。安东·佩林卡（Anton Pelinka）的著作具有讽刺性地描述了奥地利社会的事态万象，从战后对民族差异的认同写起，一直写到充斥着多种不确定性的当代。民族差异与德意志共和国马克的记忆绝缘；在当代，奥地利的身份成了联系欧洲中部的桥梁，是欧共体的跟随者，或是德国统一的延伸，或是瑞士的竞争者。这些国家数量的增加，究竟是趋向于提高人们对民族身份认同的警惕性呢，还是要使民族身份销声匿迹？这便是汉斯·马格纳斯·恩森斯伯格（Hans Magnus Enzensberger）对欧洲的含有讽刺性的呼吁。他这些年的欧洲之旅主要是环绕欧洲外围，从斯堪的那维亚出发，经过波兰抵达葡萄牙。他以非常优雅的姿态完全无视欧洲三大强国的存在。这种选择的鲁莽有其局限性：出于传统上对时间的节省，他也未抵达巴尔干半岛。但对这位美国出版商来说已足够了，他在英译本中非常愚蠢地删掉了原书中最长的、最发人深省的章节。也许是因为这一章节介绍的是最小的国家挪威，这也是作者最为熟悉的国家。恩森斯伯格的新闻报道主要通过插图、轶事、回避性对比或对问题和思想观点的总结来完成。他用拼贴画扭曲每个国家的真实面目，这就避免了在描写中对这个国家的赞美。他几乎未曾提及民族身份，但却对民族性格进行了彻底的探询。"难道还有什么会比'民族心理学'的研究这一充满老生常谈、偏见和众所公认的观念的废物堆更为无聊的吗?"① 然而,他特别补充道,"要驱除传统花园里的侏儒塑像是不可能的。"这些侏儒塑像竟然以温顺的瑞典人或是宽容的葡萄牙人的形象偶尔出现在他的作品中。但是《啊,欧洲!》真正提供的是另外一些东西——可以谨慎地以之窥视某一政治观点行为方式的万花筒。而恩森斯伯格文中任性的小角色,传达了某种明确的信息:他们表明了对资产阶级专政的憎恨,对在东方复兴圣职事业的保留态度;对西方福利政府、社会规划、大规模生产、重工业、传统党派和思想极端主义的怀疑。几乎完全实现了上述价值观的国家是挪威。恩森斯伯格饱含激情地对挪威做了如下描述:一个民族,眨眼间从最后跻身于欧洲其他民族之先,它是民族博物馆,是未来的实验室,"是固执的态度和情绪化的叙述诗纪念碑"②。挪威的社会组织方法再现了马克思的乌托邦思想。

当然挪威也是根据公众选票而拒绝成为欧共体成员国的惟一国家。与其一贯厌恶一切过于庞大和过于系统化的事物的性情相符合,恩森斯伯格和他同时代其他左派人物的不同之处是,他无意要找到任何矫正巴黎、伦敦或位于斯特拉斯堡的波恩的矫饰的灵丹妙药,更不用说布鲁塞尔了。在他描绘 2006 年欧洲大陆的想像性结论中,欧洲的统一(正如在作出此结论前,真正叙述中民族身份被回避一样)也被巧妙地避开了。随着共产主义暴政的瓦解、美国军队的消失,这一委员会也不过是形同虚设。此时,欧洲——这些统一的愚蠢的想法已被遗忘——沐浴在令人愉快的区域划分里。除了积重难返的法国人之外,人人都欢迎复归。欧洲各民族被赋予了世界性权利——犹如美国接连不断的命运所显示的那样——这总使那些喜欢它的人们成为集体白痴。

---

① 《啊,欧洲!》,法兰克福 1987 年,第 105 页。《欧洲,欧洲》,纽约 1989 年,第 76 页。
② 《啊,欧洲!》,第 310—314 页。

中东战争是对这种论调进行的一次考验。在这场考验中,可能有人会认为提出这种论调的人一时忘乎所以地表明了这种观点。从图表解释上来看,对盟国远征作出相反政治反应的是左翼作家里吉斯·德布雷(Regis Debray),他关于各民族和欧洲未来的理论见解与恩森斯伯格的构成了最鲜明的对立。德布雷指出,将中东的独裁者比作希特勒的传统是如何神圣庄严(在争夺苏伊士运河的战争期间,纳赛尔就是这样一个标准形象)以及密特朗是何等深地卷入了第四共和国在北非有组织的宣传和镇压活动;他反对法国参与对伊拉克的攻击;法国应坚持以戴高乐为代表的反传统的方针。① 如同所发生的那样,德布雷为戴高乐将军写了一本名为《戴高乐的明天》的具有纲领性的书,旨在重振当代法国左派的政治。在德布雷看来,戴高乐最理解当代历史的主要动因,它既非思想也非阶级而是民族——这与自由主义和马克思主义的信仰都是相背的。这并非盲目的或非理性的民族主义。戴高乐避开法国沙文主义这一字眼,从不提本族的根或外国的体。专有术语民族"身份"对他是陌生的。② 这位将军不相信法国具有任何固定不变的精神——作为一位民族的存在主义者,他确信法国只能在由它过去所提供的历史可能性内才能自然而然地得到自身所需要的。德布雷将他所理解的戴高乐的观点同启蒙运动时(美国的)契约论和(德国)的浪漫主义的传统进行了比较:对这位自由法国的领导人、第五共和国的奠基人来说,民族即非人为的法律契约,也非文化的有机体,而是连接过去与未来、连接一种无人选择的语言和所有人选举出的立法机关的"象征性的遗产"。这一合成体的象征,是戴高乐向他的人民发出呼吁时所特有的浪漫与古典的混合。其结果是,在处理外交事

---

① 《新观察家》1991年2月14—20日。
② 《戴高乐的明天》,巴黎1990年,第96页。

务时表现出的一种典型的温和却审慎的现实主义,这使戴高乐成为他那个时代最远见卓识的政治家——这一时代仍在继续着。

德布雷争辩说,这一经历的教训是,即使在标志着当今欧洲资本主义高技术消费和国际整合的领域中,民族热情的永久性也成了政治生活的动力,更不用说欧洲之外从波罗的海到黑海、地中海的边远地区了。技术的进步并没有产生无梦想的心态。在后共产主义和后殖民社会里,尤其是现代的到来,激发了以古代作补偿现象的爆发——在莫斯科,为去麦当劳及圣巴西勒(St Basil)等诸如此类的地方就餐而排起的队伍变长了。在后工业状况下,同样的辩证逻辑可能会让人更感亲切。从较为古老的物质压力中解放出来后,各民族首先想到的是以民族文化的新形式求得自我恢复。这些新形式因环绕它们的全球商品交易关系而显得愈发珍贵。共同体愈欧洲化,其成员国愈想有意识地以创造性的方式使自己与众不同,各民族理应如此。在此博埃的回应是机智的:德布雷著作的另一面是,强烈宣称在当今世界社会主义所保有的意义超出了左派地方政府的羞怯的事务主义。

对这些作者的不同诊断归因于资本主义理性化及其不足之处本质上的含混性,而这只能通过大的变革来解决。如果对民族身份的先入之见是因为先前被认为是民族性格的东西的严重腐化,那么将来超越民族偏见的现代性的进一步发展会解决这些问题呢,还是会使之更加严重?在其近期的研究著作《1975年以来的民族和民族主义》一书中,埃里克·霍布斯鲍姆(Eric Hobsbawm)下结论说,密涅瓦的猫头鹰已经飞越了它们。① 在苏联及东欧的上空,一些猫头鹰更多地准备去发现海燕,另一些则去寻找信天翁。不管怎样,相对立的两种假说会在两个巨大的实验剧场——前苏联的解体及欧洲西半部的一体化中得以验证。资

---

① 《1750年之后的民族和民族主义》,伦敦1990年,第183页。

本主义与民族—政权或多或少地属于同时代的产物。曾经有人认为它们会同时消失，或者后者晚于前者。现在人们普遍怀疑资本主义是否没有终期，而民族—政权则注定徒有其名。对这些问题的回答不必要是一致的。它们构成了颓废政治的两个主要伪装。

（郭英剑　于艳平　田　鹏　译）

第十三章

历史的终结

1989年春天,一部令人瞩目的思想史在德国写成了。至此,这部著作的作者卢茨·尼萨默(Lutz Niethammer)成了自下而上重构民众生活方面的有名的口述历史学家。《后历史》所涉及的实际上是相对立的范畴,① 其主题是本世纪中叶在欧洲知识界最高层出现的对于历史的终结的一系列错综复杂的思考。这些有各种哲学和社会学来源的思考可能起源于一系列各不相同的直觉。尼萨默认为这些思考主要有三种不同类型:关于所有英雄的可能性将在精神上结束的观点,这一观点可追溯至尼采;关于社会将僵化成一部单一的、巨大的机器的看法,这一看法与韦伯(Weber)有关;关于文明熵的暗示,这承袭了亨利·亚当斯(Henry Adams)的观点。然而尼萨默研究的重点却处于源头的下游。这些主题汇集为一个引人注目的思想结构,他便身处这个结构之中,他的研究重点便处于这个汇合之处,确切地说,是处于人民阵线和马歇尔计划这两个时期之间的法—德地带。

就在那时,一大批思想家开始提出历史正在接近其终点的观点。亨利·德·曼(Henri de Man)、阿诺德·格伦(Arnold

---

① 汉堡,1989:前言中的日期为5月,发表于11月。

Gehlen)、伯特兰·德·朱维奈尔（Bertrand de Jouvenel）、卡尔·施米特（Carl Schmitt）、亚历山大·柯耶夫（Alexandre Kojeve）、① 欧内斯特·容格（Ernst Junger）、亨利·列费弗尔（Henri Lefebvre），甚至还有沃尔特·本雅明（Walter Benjamin）和西奥多·阿多尔诺（Theodor Adorno）——这一时期的理论家本来截然不同，尼萨默却以其卓越的知识分子的洞察力揭示了他们之间在文化上或政治上潜在的联系和相似之处。《后历史》是一个法语词，却只有在德语中才能找到，50年代，格伦在读了德·曼（de Man）的著作之后采用了这个词，对于尼萨默来说，这个词指的不仅仅是一个思想体系，它更代表一种感觉结构，某种共同的历史经验的结晶。尼萨默指出，和两次战争期间的活动家或主要"运动政党"的同情者——社会主义者、法西斯主义者或共产主义者——一样，这些思想家早期也曾希望用激进的方式推翻欧洲已有的社会秩序；后来也同样由于失望而对进一步的历史变化的可能性持极端怀疑的态度。其结果便是，出现了某种类似于集体的幻象——从很多不同的角度来看——认为这个陷入泥潭、精疲力竭的世界处在反复循环的官僚主义机构和无所不在的商品圈的支配之下，它怎样才能得到解救呢？只有失去权力，出现无边无际的、大量幻影般的想像才能使其得到解救。在《后历史》社会里，"统治者已停止了统治，而奴隶却仍然是奴隶。"② 对尼萨默来说，对时代的这一诊断并非没有其说服力：它与许多日常生活的特别经验和对社会科学的局部观察相一致。但是谈论历史终结的人无法逃脱历

---

① 柯耶夫（1902—1968）：哲学家，生于俄罗斯，在柏林受教育，在法国讲学，后在法国经济事务部任职；他讲学时的讲稿由诗人雷蒙德·盖斯奈（Raymond Quesneau）收集编辑成《黑格尔阅读导论》于1947年出版，下文的《导论》均指该书，原文中的《现象学》指黑格尔的《精神现象学》。——译者注

② 《后历史》，第156页。

史的终结。《后历史》的痛苦是从由哲学传统阐释的政治局面中产生的清晰明白的结果。

尼萨默指出，这种看法应被理解为是对18世纪和19世纪关于历史的乐观理论的颠覆，它曾盼望（已被世俗化了的《圣经》所记载的历史的目的论中）作为人类进步的终极目标的世界和平和自由或博爱的到来。霍尔巴赫（Holbach）和康德、孔德（Comte）和马克思都对社会发展客观进程的启蒙时代充满自信，但在上世纪即将结束时这种自信已变成了怀疑。继之而产生的是尼采、索列尔（Sorel）或列宁的学说，他们表现出了强烈的自愿和努力，希望、企图凭着主观意志的力量实现太平盛世。这些学说在第一次世界大战期间和战后拥有一大批追随者，并且形成了后来成为《后历史》理论家的那些人的革命抱负的直接背景。他们的最初期望实现之后，这些学说并未抛弃历史改观的原理体系，而是改变了其标志。革命进步或集体意志的乐观主义被一种精英文化悲观主义所取代，后者在第二次世界大战之后已经稳定的西方民主中看到的只有僵化和一体化。时间仍然按期到来：但不再有终结的意义——只有终结的真实性，使所有最终的愿望和目的都丧失了。通过将自己的政治经验比喻性地阐述为变成空白的世界历史，这些思想家很少注意到实际上威胁要将历史带到其终点的物质进步，即核战争的危险；他们更少注意到工业特权领域之外忍饥挨饿的大部分人的命运。这是他们的特点。《后历史》作为意义的终结而非世界的终结的话语一直不曾看到这样一些问题：意识问题掩盖生存问题。①

尼萨默对处在自己叙述中心的作家显然持批评的态度，但他并不鄙视他们。从左翼的观点来写一群其中许多曾是或最终成为右翼的人物，其方法——受本杰明很多观点的启发——是

---

① 《后历史》，第165页。

细致和斜向的。被带入《后历史》幻想之中的历史的理解，并不寻求削弱这些作为其时代的重要反映的幻想。尼萨默得出的是其他的结论。通常，有些知识分子在政治上失望之后，采取了精英人士的态度，他们既远离群众又远离战后的新秩序，自认为是孤独的观察家。他们从这一立场中寻求支配一切的、能够将普遍经验提炼为单一叙事的观点。与这种双重的意图相反，尼萨默肯定了自下而上的民主历史的信念。从社会效果来看，知识分子实际上喜欢把自己从群众中分离出去组成另类的群体，这个群体把他们的思考分解到许多个体的主题上去。从认识论来看，真理首先存在于对这些主题的直接生活体验之中。历史学家的首要责任就是对他们进行明晰的阐释。对历史学家的最佳建议就是避开所有更大的结构阐释，除非是作为有限的推断。批判性的知识不在宏观叙事徒劳的阻挠之中，而在大多数人谦虚的寻常的书本之中——只有他们关于自由和责任的标准才能预防《后历史》的先知们所看见的以及没有看见的危险。① 尼萨默研究的结论性评价可以被看作是一则讣告，是为了安抚创造性时期已经过去的神秘教义。

两个月后，即 1989 年 7 月，弗朗西斯·福山（Francis Fukuyama）在华盛顿发表了题为《历史的终结?》的文章。② 极少有哪一种观点像这样惹人注目地重新活跃起来。1 年之内，随着福山的观点在全球传媒的迅速传播，晦涩难解的哲学智慧变成了这个时代人所共知的形象。在对尼萨默的作品（5 月写成，11 月发表）毫不知晓的情况下，这一观点在美国的重复，直接与《后历史》通过亚历山大·柯耶夫所研究的法—德联结有关——福山声称，柯耶夫的观点是其作品的理论来源。但是对

---

① 《后历史》，第 165—172 页。
② 《国家利益》，1989 年夏，第 3—18 页。福山和尼萨默一定不是同时完成各自的文章。

于尼萨默的定论来说，这种联系代表了一种自相矛盾的说法。因为关于历史的终结的新观点，并非来自于任何与大众和权力同样隔离的、真实的或想像的看法，而是来自于国务院的各个机构，并且促成这个观点的主题并不是令人生畏的悲观主义，而是自信的乐观主义。范围的改变也是层面的变化。在法、德历史哲学家中，哲学的成分总是比历史要多，政治只是稍纵即逝的隐喻，在分析判断的背景中隐隐闪现。在福山的干预下，这种关系被颠倒了过来，受到强调的历史和政治占据了前景，后面是由哲学参照组成的装饰性线条。当然，他最初论文的中心主题是，随着20世纪末西方自由民主战胜其所有竞争者，人类已经走到了其意识形态发展的终点。曾经是一个强有力竞争对手的法西斯主义已经在第二次世界大战中被永久地摧毁了。战后的主要敌手共产主义显然也正在日趋崩溃，作为一种体系，共产主义向其曾经试图推翻的资本主义投降了。这两种可以在全球范围内替代西方自由民主的选择名声扫地之后，剩下的只有历史的过去的局部残余：没有特殊的社会内容或普遍主张的民族主义，以及在第三世界落后地区局限于某些宗教社团的原教旨主义。自由资本主义不仅仅随着纳粹主义的失败和斯大林主义的解体而在欧洲赢得了胜利，而且随着日本的变革、南韩和中国台湾当前的自由化和中国正在发展的商业化，在同样重要的亚洲战场也赢得了胜利。在工业化世界中，民族国家之间的竞争将会继续。但是如果除去意识形态和军事上的毒素，那么主要会是在共同市场也许已经提供了一个模式的合作框架之中所产生的经济方面的竞争。这样看来，民族紧张或派别狂热、恐怖或叛乱，仍有可能在南方扩散。但这些不会危及这个时代的深层结构。因为历史的终结并不意味着所有变化、矛盾冲突都停止了，而意味着没有任何可以替代"经济合作与发展组织"（OECD）的文明的可行的选择。现在向着自由前进的道路只有一条。随着社会主义的溃败,西方自由民主成了人类政府的最终形式,同时将历史发展带到了其终结。

福山提出,黑格尔曾预见到这样的结果。作为第一个超越了人性固定观念的哲学家,黑格尔关于精神不断变化的现象学,并没有进入永无休止的变化过程的有害的无限之中,而是进入了一个绝对顶峰的时刻,在这一时刻,作为地球上的自由的理性已经在自由国家的制度中实现了。柯耶夫的长处在于他向我们表明,黑格尔相信拿破仑在耶那(Jena)① 对普鲁士的胜利打破了德国古老政权的统治,为法国大革命原则的广泛传播打下了基础,这一时刻已经来临。黑格尔对于历史已到其终点的信念,其本质的精确性从未因此后200年的时间而有所减弱。因为他的哲学的伟大在于其毫不含糊地确认历史中的观点的首要性——即物质现实的发展并不决定、而是适应理想原则的出现这一真理。在耶那,奏效的并不是完成了的实践,而是一个新的政治秩序的调节原则。在自由理想在西方形成其完全的机构外形之前,大规模的斗争和起义仍在孕育,从废除奴隶贸易到妇女参选斗争的胜利,接着渐渐地超出了这一范围。但是被黑格尔看作是现代自由的决定性形式的自由的基本轮廓却一直没有发展。"在历史的终结之时出现的国家是自由的国度,只要它通过某种法律体系承认并保护人的普遍的自由权利,同时这个国家也是民主的,只要它得到被统治者的准许。"② 当然,和耶那时代一样,这样的自由包括拥有私有财产的权利和市场经济的运行。然而,如果说作为一种政治秩序的自由主义与作为一种经济体系的资本主义不可分割的话,那么,这并不是说后者将前者作为自己真正的基础,而是说两者都反映了控制世界进程的意识领域中的基本变化。但是资本

---

① 德国东部一城市。——译者注
② "历史的终结?"第5页。

主义经济独特的成果——即消费的极大丰富——毫无疑问巩固了自由政治的民主价值观，稳定了首先由黑格尔所理解的从某种意义上可能在历史的终结出现的变化。然而，人类自由的故事的结局虽然带来了许多解脱，却也有其代价。大胆的理想、高尚的牺牲、英雄的斗争，都会在购物和选举的单调乏味的老一套中成为过去；艺术与哲学将会凋谢，文化被浓缩为仅只是对过去的治疗；技术计算取代了道德或政治想像。夜晚猫头鹰的叫声是哀伤的。

这一历史终结的观点以其清晰和大胆的特点，在公众当中所引起的争议比以往任何这方面的观点所引起的争议都要多——多得多。福山的论文发表之后，随之出现的最引人注目的特点是这篇文章实际上遭到了普遍的拒绝。这一次，大多数右翼分子、中间派和左翼分子破例联合起来进行对抗。为了不同的原因，自由主义者、保守主义者、社会民主主义者和共产主义者都对福山的观点表示难以置信或厌恶。[①] 福山的观点一直遭到两种意见的反对。第一种意见认为他的理论是对黑格尔的最基本的曲解；第二种意见认为，他的理论与对这个时代的完全的错误观念有关——对某些人来说他应感到真心愧疚，对另一些人来说，他这样漠不关心非常危险。这两种批评都是在1992年福山出版《历史的终结和最后一个人》一书进一步阐述他的观点之前提出的，都值得深入地探讨。但是，在审视这两种批评之前，有一点应该已经是明白无误的。尼萨默关于后历史的哲学形象的概论虽然富有洞察力，但是没有抓住其所有的变化形式，要知道这些形式比他所

[①] 例如，比较《国家利益》，1989年夏季和秋季（皮埃尔·汉斯那，格特鲁德·希梅尔法布，欧文·克里斯托尔，塞缪尔·亨廷顿，弗雷德里克·威尔）中的反应趋势和《今天的马克思主义》1989年11月（乔纳森·斯蒂尔，爱德华·莫蒂默，加雷斯·斯特德曼·琼斯）中的反应趋势；或者比较《国家评论》，1989年10月27日（约翰·格雷）与《时代》，1989年9月11日（斯特罗布·塔尔博特），《国家》，1989年9月22日（克里斯托弗·希钦斯）。

提出的要更加丰富。福山文章的结论性节律是对柯耶夫著作中后期思考的反响，属于后历史的描述。但在这里这些节律看上去像是一个描述中具有讽刺意味的最后的想法，这个描述的中心主题是坚决确认 Junger 或格伦所蔑视的民主繁荣，其作用就是以时代的令人信服的公众看法来调和政府的官方世界和大众的观念潮流。这样的作用不仅显示了尼萨默对后历史话语的描述的局限性，而且显示了他所提出的对抗手段的局限性。因为他对法、德传统的批评，其结论实际上不是对这一传统的实质性主题提出质疑、找出可替代其对时代的诊断的选择，而是号召完全避开这样的风险——拒绝承认任何在思想上和政治上过于自负的宏观历史叙事。目前，这样后退的结果将会让美国人去控制这一领域。如果这会引起疑问，那也只是在其自身的——合法的、甚至无法躲避的——层面上引起疑问。日常经验和地区调查的价值是真实的；但并不是躲避世界进程的避难所。一般说来，现代历史学家差不多总是反对历史哲学的，这可以理解。但是历史哲学并没有消失，而且，只要对社会意义的需求持续存在，它就不大可能消失。关于历史终结观点的由来，比我们通常所假定的要复杂得多——它是从自身考虑问题，因为它清楚地显示了当代各种各样的政治问题。

1. 黑格尔

换句话说，最好从其开始来研究历史的终结。福山的理论一直声称其推理方式具有黑格尔的权威。那么他在多大程度上承袭了黑格尔的衣钵？许多批评家都抱怨他做了分外之事。实际上，这里有两个清楚的问题。黑格尔是否曾断言历史已走到了其终点？如果是，那是什么样的终点？第一个问题的答案没有看上去那么直截了当。在他文本的措辞中几乎找不到这个短语，在他的著作中也没有任何一篇直接写出并详尽阐述了这样的观点。但毫无疑问，黑格尔整个体系的逻辑实际上使得其结论必然如此，而且在他著作的各种索引中有足够证据表明其中有类似于对这个观点的假定的东西。《现象学》在其心理学范围内已经谈到历史，是精神有意识的、自我中介的演进，这种演进通过短暂形式的连续演替，达到完全了解自我的目标。① 对《权利哲学》的基本研究表明"现在已抛弃了野蛮——这是不公正和专制的东西，而真理已经不再超世俗——是一种不可预料的力量"，允许"（使国家成为理性形象和理性现实的）真正的和解成为客观存在"②。在《关于历史哲学的讲座》的历史描述中，自由的实现是"世界历史进程一直朝向的最终目标……正如事件和条件不断的变化之中持久不变的东西以及这些事件和条件的有效原则一样，它独自实现和完善了自己"③。《关于历史哲学的讲座》以最强有力的调子宣称"一个新的时代已经在世界上出现了"，因为"世界精神现在已经成功地摆脱了所有异己的客观存在并终于理解自己是绝对的"——"这就是现在的立场，而一系列精神形式随即暂时结束了。"④ 术语和所指都改变了，但终结的表示却一再重复。如果黑格尔从不曾将历史的终结变为术语，那么也很容易看出这个观点是从他的观点推导而来的。但这里的区别很重要。如果黑格尔本人实际上没有造过这个短语，或者没有真正确定这个观念，这有两个原因。黑格尔哲学的最终实例并非历史而是精神——而历史只是其两面中

---

① 《精神现象学》，《著作》第三卷，法兰克福1970年，第591页；《精神现象学》，（J. N. 芬德利编），牛津1977年，第493页。以下分别为 W—3 和 PS。

② 《法律哲学的基本方针》，《著作》第7卷，第360—512页；《权利哲学因素》，（艾伦 伍德编），剑桥1991年，第380页。以下分别为 W—7 和 EPR。

③ 《关于历史哲学的演讲》，《著作》第12卷，第33页；《历史哲学》（C. J. 弗雷德里克编），纽约1956年，第19页。以下为 W—12 和 PH。

④ 《关于历史哲学的演讲》，第Ⅲ卷，《著作》第20卷，第460—461页；《关于哲学历史的讲座》，第Ⅲ卷，伦敦1896年，第551—552页。以下为 W—20 和 LPH—3。

的一面,另一面是自然;① 消除两者之间的分界被认为是一种结果,而不是结束。实际上黑格尔从没有在他有关终结的词汇中用过 Ende(结束)或 Schluss(结局)这样的词:只用过 Ziel(目标)、Zweck(目的)或 Resultat(结果)。其中的原因在一个层面上看很简单。英语里的"终结"一词有"终点"和"目的"两重意思,在德语里没有一个词能将这两重意思都表现出来,而黑格尔主要感兴趣的是后者而不是前者。两者之间的区别在康德的作品中具有象征性的清晰度,康德是普遍历史这一观点的最初来源。康德将其哲学的特性作为一个整体,因此他对人类进步持有非常激进的目的论的看法。历史有一个"最终的目标",即达到最高的善——一种人类幸福和道德完善倾向于一致的状态。这就是整个创造的最终目的。但是这个目标并不是终结。康德在他游戏性的一篇文章《所有事情的结束》中对这种观念进行了大量尖锐的讽刺,这篇文章的主题——矛头直指基督教关于最后的审判的观念——是关于时间终结道德幻想的危险的荒唐性。② 在这个传统中目标和终止是不同的术语,在普通语言本身中也是如此。历史的终结这一概念,其所带来的目前最具模棱两可的含义还有待译成法语。柯耶夫的历史的终结有新的含义。

如果黑格尔整合(synthesis)③ 的实际结果不仅是社会的终结状态,更是哲学的极致,那么原则上其中一个必要条件一定暗示了另一个必要条件的某种形式,这仍然看上去很合理。那么对

---

① "精神将自己创造为自然,和国家;自然是其无意识的作品,在创造自然的过程中,精神以为自己是别的东西,而不是精神;但是在历史生活的事迹中,就像在艺术中一样,精神以有意识的方式实现自己;它了解自己的现实的各种不同模式,但知识模式而已。只有在科学中它才知道自己是绝对精神,而这一知识,或精神,是它惟一真正的存在。" W—20,第 460 页;LHP,第 552 页。

② 见《著作》第 8 卷,柏林 1912 年,第 327—339 页。

③ 黑格尔学说将认识世界过程分为 thesis "正", antithesis "反"和 synthesis "整合"。thesis 是一个观点和历史的发展,不完善时便出现对立面 antithesis,结果产生一个和解前二者并包含它们的高层次第三者 synthesis。——译者注

黑格尔来说，实现理性的社会体系是什么呢？我们可以将这种体系描述为一种自由机构的秩序吗？黑格尔政治思想的大部分令人感兴趣之处在于，它很难对这个问题作出任何简单的回答——这部分是由于时间顺序的变化，但主要是由于其根本的复杂性。然而，按照最确当的标准，黑格尔的政治观点属于他那个时代的欧洲自由主义。因为这个观点的中心是为他的同时代人所理解的法律统治——保证个人享有人身自由、私有财产和舆论自由，以及有才能的人能够担任国家公职的公众秩序。当然，这样的自由主义并不民主，因为它惧怕民众的统治，拒绝普遍选举。在这方面黑格尔也不例外。在这个意义上说他是自由民主的创始人自然是时代的错误：和他同时代的几乎每一个自由主义者一样，他拥护君主立宪制。另一方面，只要随着法律统治下的有限的政府发展成为现代有代表性的民主，在随后的法治国家和人民国家之间的资本主义历史在理论上和机构上都会有明显的持续发展，福山的评注就可以被当作预期的速写。他的文章把黑格尔的政治思想变得晦涩难解，而黑格尔政治思想的显著特征与其与20世纪民主形式的距离无关，而与其与19世纪早期自由主义的主流假定相背离的那几点有关。

其中第一点是，黑格尔对任何关于公民的个人主义观念和关于国家的工具主义观念持批判态度。黑格尔从启蒙文化中继承了对希腊城邦的公众生活的深深的崇敬，在这种公众生活中，积极参与政府事务和政治①仪式是个人自由的中心意义，他开始相信这样直接的公民联合形式不可能再在现代条件下恢复了：社会经济差异和宗教发展创造了另一种主观性，这种主观性的自由需要有更加复杂的政治结构。他的同时代人贡斯当（Constant）是古典自由主义中最有逻辑头脑的人，也看到了古代社会和现代社会

---

① 原文为希腊文 polis，意为城市，"政治"一词即由此转变而来——译者注

之间的同样的差异,并得出自己的结论说,两种社会各自不同的自由形式实际上是对立的。古代的共和国是尚武小国,这些国家的公民能够将其大部分精力奉献给公众的——主要是军事的——追求,因为在一个严格的公民一致的环境里生产和贸易都让奴隶去从事了。另一方面,现代社会是致力于商业的大规模的国家,在这些国家里,个人既没有机会也没有时间去大量从事公共事务,但却有更多的机会选择自己的生活方式。因而国家的恰当作用首先就是保护公民的人身自由,即使——在最小可能的范围内①——也需要培养某种公众精神。在另一方面,对于黑格尔来说,两种自由理想之间的对立并不是不可补救的:现代法治国家的任务就是用理性整合将这些对立表达出来。作为他的政治理论标志的国家和公民社会的结构,就是为使之成为可能而设计的。作为需求体系的公民社会是特别的经济追求的王国,在这个王国里,市场个人主义和现代主体个人主义在消极自由富有特征的模式中占有优势。国家以其没有个人色彩的公民服务,在相对照之下体现了作为社会积极自由的政治意愿的普遍原则。但这两者并非相对立的抽象概念:它们形成了一个相互联系的结构。因为公民社会既不是独立存在,也不仅仅是属于商业和娱乐的范围。在此交易之下是作为所有合乎习俗的社会生活的基本单位的家庭;在它的范围之内不仅有市场交换,而且有法律机构,而且——关键的是——还有市政工程设施和团体社团组织。从中产生了具有主权、行政和司法权利以及对外关系的宪法框架的国家。这个观念的三个层面并没有形成社会的可以分开的区域,而是组成了一个上升的结构,在这个结构中每一个较低的时刻都被归入较高的时刻。在这个观念中,家庭和公民社会之间的联系是毫无疑问

---

① 关于康斯坦特对他的对比的最有影响陈述,1819 年做的"古代自由与现代自由的对比"(当时黑格尔正在海德尔堡做关于权利哲学的讲座),见《政治写作》(卞卡玛丽亚、丰塔纳编),剑桥 1988 年,第 309—328 页。

的。这个系统的症结在于其看待公民社会融入国家的方式。这里有一个双重重叠之处。一方面，现在通常归于国家的公共功能——教育、福利、健康、通讯——处于公民社会这个空间之中。另一方面，产生于公民社会的团体社团作为等级议会的选择单位处于国家的政治框架之中。

这些相互联结的形式显示了黑格尔作为一个政治思想家的创造力。他那个时代的传统自由主义直接将私人和公共领域区分开来，并将政府的职能局限在保证个人自由这一工具主义职能范围之内。建立在由财产条件所决定的选举人之上的代表性机构保证了两者之间的联系。对比之下，对于黑格尔而言，理想的社区政治生活是表达意义的范畴，其中个人的主观自由变成了共同的客观结构，即国家的 Sittlichkeit（品质）。作为职业社团的团体也随之而变成公民社会和国家之间的天然媒介，成了集体而不是个人的、专业而不是居住的团体。黑格尔并没有完全不同意将财产条件作为参与政治的条件，但对他来说，职业控制财富而不是相反。① 责任重大的普选，其条件不是抽象的、孤立的对金钱的拥有，而是和其他人所共有的、对某种召唤的具体的追求。在这个观念中，工作和团结成了由意义通向国家更高意义的阶梯。

如果团体社团的策略是被设计用来补救市场社会的个人主义化倾向的，那么，与其相对应的黑格尔称做"决策"机构的职能在很大程度上就是防止其两极分化。在他的同时代人当中，黑格尔通常能够强烈地感到早期工业资本主义剥削的和充满危机的逻辑，这个社会的一端是聚集财富和生产过剩的精疲力竭的模式，另一端是新的苦难和依赖。为了限制这些，有必要通过对不受约束的经济运行——需求体系——进行某些调控，从而缓解市

---

① W—7，第 310 节，第 479—480 页；EPR，第 349—350 页。

场的"危险的动乱",同时也保证每一个社会成员的生存权利。①但是怎样才能做到这一点呢?如果有权进行调控的人,或者说较为富有的阶级,向穷人提供直接的救济,那么他们就会减弱这些人的工作动机;但是如果他们提供工作机会,那么他们就会使周期性生产过剩的倾向更加恶化。在宣称有必要通过社会干预来保证每一个公民的最低限度的福利之后,实际上黑格尔已经对此感到绝望了。大量的贫困和依赖现象不仅违背了主观自由的原则,而且产生了威胁社会稳定的道德败坏的暴民,解决这个问题的惟一途径就是进行海外扩张——征服国外市场和殖民地,过剩的物资可以销往这些地方,过剩的人口也可以到这些地方去定居。②社会安全进退两难的境地最后必定在帝国主义中找到解决的办法。

如果这种扩张的动力来自公民社会的辩证法之中,那么其系统组织便是国家的工作。黑格尔假定国家的多重性在外部竞争中相对排列。它们的原则很特别,这是必要的,因为它们都体现了各自合乎道德的生活方式。任何特定社会的品质对它都是具体的。但这是一种奇怪的东西——也就是说,是没有本质的特殊性。因为,虽然黑格尔常常用 Volk(人民)而不用 Nation(民族)这个词来指 Sitten(习俗)的载体,但回顾起来,他的国家的民族特性仍有残余,这很令人奇怪。对于浪漫意义上的民族主义本身,他只有蔑视:事实上,他的文章中没有哪一篇像他关于解放之战的《德意志的民族特性》和关于庆贺维也纳议会的爱

---

① W—7,第 236 节,第 385、387 页;EPR,第 262、264 页。在 1803—1804 年的耶那文本中,黑格尔对市场的观点极少服从于马克思的观点:"需要和劳动被提升到这个普遍性,因而在伟大的国家中创造了共有性和相互依存的巨大体系,在其本身内部运动的死亡的生活,盲目而基本地来回跳动,像野生动物需要不断的严格的规范和控制";《著作全集》第 6 卷,汉堡 1975 年,第 324 页;《道德生活体系与第一精神哲学》,阿尔巴尼亚 1979 年,第 249 页。

② W—7,第 246、248 节,第 391—393 页;EPR,第 267—269 页。

国小丑的信札那样无礼。① 他也并不很重视民族身份或语言延续，即使是在轻微的启蒙名义之下：他完全不受赫尔德（Herder）的影响，这一点引人注目。他没有现代意义上的民族"文化"的观点——这个术语从未在他的作品中出现过。② 从他早期关于希腊的作品到他后来对欧洲的研究——在欧洲新教和天主教仍然是日耳曼和拉丁民族之间的主要分界线——宗教派别都更加重要。但由于天主教非常明确地被当作当代社会要冲破的桎梏，③ 甚至这种区别也没有给合乎道德的生活形式的合法的多样性以真正的内含。这种自相矛盾的观点有其逻辑性。在黑格尔关于现代世界的看法中，对民族国家的不同形式在结构上的说明证据不足，因为每一次只有容纳一个真正的民族形式的空间。历史的不同阶段组成了实现世界精神发展的一系列自然原则，每一个原则都被指定给一个民族，依次赋予其"成功、财富和名声"。

---

① 1813 年——"如果偶然能看到任何解放了的个人，我会站起来。"1814 年，"根据很少的一些谣传，维也纳会议以后的时代将会由一个有趣的文学—艺术观点所保障：要竖起献给国家的纪念柱和综合国家档案，以保存老德国纪念碑和各种爱国遗物，包括尼伯龙根的歌，帝国珠宝，罗杰国王的鞋，选举条约，自由宪章，阿尔布雷希特（迪尔的木刻，和诺里克的妇女（Norica）等等。这会建在一个安静的地方，这样就能远离其余现实的噪声……然而整个议会将会以一个伟大的仪式结束，一个伴随着叮当的铃声和轰隆的炮声的火炬游行，庆祝德国人将被踩进尘土里的'最终的理性统治'。跟在德国人后面的仆从是几只驯服的家猫，例如宗教法庭，耶稣修道会，以及所有军队，其中包括有王子风度的领受了军衔的各种人，和有官衔的元帅和将军。"《和黑格尔的通信》（J（霍夫梅斯特编），第二卷，汉堡 1953 年，第 14、43 页。《黑格尔：信札》，布龙明顿 1984 年，第 229、312 页。

② 《百科全书》人类学部分有关"民族性格"的概述，与康德的《哲学人类学》中的调查相似，如果对德国人不是那么恭维的话。但他们首先有的是灵魂中卑微的自然条件，然后自由精神才展开：《哲学科学的百科辞典概要》，Ⅲ，《著作》第十卷，法兰克福 1970 年，第 394 节（附录），第 63—70 页；《黑格尔的精神哲学》，牛津 1973 年，第 46—51 页。以下为 W—10 和 HPM。

③ W—12，第 535 页；PH，第 452—453 页。卢卡契正确地强调后期黑格尔认为改良而不是法国大革命才是现代历史的真正转折点的重要性——正像他指出的那样，《关于历史哲学的讲座》的结论说明"只有在改良未能取得成功的国家里法国大革命造成的社会政治动乱才有可能和必要"：《青年黑格尔》，伦敦 1975 年，第 458 页。

这个民族成了"这个时代世界历史上的统治民族,而它在历史上只能享受一次这种划时代的地位"——但只要它享有作为世界精神载体的"绝对权利","其他民族的精神就没有权利,并且就像那些其时代已经过去的民族一样,在世界历史上不再有价值"①。这种连续的剧中人物比标准翻译所显示出的意思更加模糊,这一点很重要:黑格尔所用的 Volk(人民)一词有十分宽泛的所指意义,从小城邦到广泛的文明。《关于哲学历史的讲座》以德国社会结束其关于精神发展的调查,这个社会有时候延伸至大部分欧洲,有时候指欧洲北部地区,有时候只局限于德语地区。这种不确定性表明了一旦自由的观点实现之后国家就会将多样性引入理性的、统一体的现实之中。从哲学上看,现在多样性只能被描述为偶然性。从政治上看,黑格尔的现实主义不允许这样的排除法,主要和次要强国的排列是拿破仑以后世界的过于固定的东西。结果是不连贯。一方面,"欧洲民族按照其司法、习俗和教育的普遍原则组成了一个家庭",但在另一方面,每一个民族都保留了"完全是自己"的特别的个性,其福利必然与其他民族发生矛盾冲突,这些矛盾冲突只能导致战争。②没有一个康德曾经梦想过的、永久和平的条约能够对它们有效,因为"战争永远都取决于某个主权的意愿,因此继续带有偶然性"③。换句话说,现代国家之间的矛盾冲突并没有化解为更高的普遍性。历史仅仅是客观精神的领域:绝对精神的领域仍然是宗教与哲学。

因为黑格尔的体系在经验世界之外终止了,虽然历史的进程

---

① W—7,第 345、347 节,第 505—506 页;EPR,第 373—374 页。
② W—7,第 339、322 节,第 502、490 页;EPR,第 371、359 页:"作为完全为自己的个人主义,作为国家和其他国家的关系出现,每一个国家都独立于其他国家。由于实际精神的为自己在其中存在,这种独立是一个民族的基本自由和最高尊严。"
③ W—7,第 333 节,第 500 页;EPR,第 368 页。

取决于精神的运动,但其结果不必有同样的结论性——看法层面的降低使得形象中可以有更少的决定。在黑格尔对他那个时代明确的总结中,他的政治思想并没有停止。事实上,可以说他的思想的三个策略性主题都不确定。实现现代自由需要这样一种国家,这个国家能够表达其公民的生活,保障他们的福利、并与普遍理性相一致。这就是《权利哲学》的计划,但黑格尔无法宣布这个计划。被设计来修复市场的道德沦丧和补偿城市中的典型参与的团体结构,也被计算来防止普遍选举和议会政府的更加直接的形式——在黑格尔晚年,议会政府的原则越出了欧洲政治的范围。正如他所承认的那样,没有一种公众调控形式成功地控制了经济危机或社会贫困。殖民扩张和大陆战争只能产生激进偶然性的国际秩序。他曾暗示那个时代的历史会稳定终结,与此观点非常不同的是,黑格尔面对这样的结果时用的是恰恰相反的语言,这一点非常引人注目。法国的七月革命激发了他所谴责的自由主义——"坚持个人意愿之影响的个人主义原则,坚持所有的政府都必须产生于它们的直接权利"。但是他不相信这场动荡可以轻易平息:"这样动荡与不安会持久不衰。历史现在正专注于这个冲突、这个困难、这个问题,它将来也必须为此找到解决的办法"①。当他仔细思考在他周围的新工业世界里苦难的蔓延时,他的语调是一样的:"总的说来贫穷的出现是公民社会的后果,贫穷作为一个整体必定会从中产生……艰难困苦曾经以不公正的形式让这个或那个阶级承受。怎样解除贫困这一重要问题,是现代社会尤其感到不安和折磨的问题②"。因此当他开始描述国家之间的相互关系时,他强调世界上没有任何一个行政长官可以解决国家之间的纷争,因此国际事务的不稳定性是本身固有

---

① W—12,第534页;PH,第452页。
② 《法律哲学:1819/1820年的演讲》(迪特尔·亨里希编),法兰克福1983年,第193页,W—7,第244节,第390页;EPR,第266—267、452页。

的:"关于这些事务的最广泛的观点将会促成无休无止的动乱,不仅仅是外部偶然的动乱,而且是激情、利益、目的、才能与美德、暴力、过错与恶行等内部特性的动乱,这一特性将合乎道德的整个自我——国家的独立——暴露在了偶然性的范围之中"①。在黑格尔去世前不久,他在给妹妹的信中写道:"我们暂时……免受所有目前的动荡不安;但现在仍然是令人焦虑的时代,所有以前我们认为是牢固而安全的东西现在似乎都在摇摇欲坠。"②那个持续不断的音符不是安定,而是不安定。不断重复出现的词是运动和波动。在这一切之上,是"作为宇宙精神的更高的行政长官"③。在这一切之下,是持续不断的运动和动乱。

2. 库尔诺

这样看来,在19世纪,黑格尔极少被看做是提出历史终结的理论的哲学家,这并不奇怪。可以理解,他的名声更多地与他关于自然或逻辑或政治的特定学说联系在一起。成为争论焦点的是这些,甚至对像马克思这样坚定的历史批评家也是如此。正如尼萨默的叙述所清楚表明的那样,最终成为《后历史》观点的最初来源在别处。④ 详尽阐述了关于历史终结的前后一致的观点的哲学家是一个完全不同的人。库尔诺(Antoine-Augustin Cournot)是他那个时代才智最出众的人物之一,在我们这个时代仍有待被发现,也应该被发现。今天,他常常——虽然不是普遍地——被作为新古典经济学的先驱之一而被人们记起。事实上,他的《关于

---

① W—7,第339节,第503页;EPR,第371页。
② 《所有通常看上去坚固可靠而现在看上去摇摆不定的地方》,第三卷,汉堡1954年,第329页;《黑格尔:信札》,第422页。
③ W—7,第339节,第503页;EPR,第371页。
④ 见《后历史》,第25—29页。

财富理论的数学原理的研究》（1838）是现代价格理论的最早著作，这部著作不仅发明了成为杰文思（Jevons）和瓦尔拉斯（Walras）那个时代的边际主义分析的标准工具的需求曲线，而且提出了在他之后很多年才由纽曼（Neumann）和摩根斯坦（Morgenstern）提出的不完全竞争的对策论模式。这部关于形式平衡理论的奠基之作太超前于时代了，在瓦尔拉斯承认其为先驱之前，实际上被整整一代人所忽视了。在20世纪最后10年马歇尔（Marshall）开始写《经济学原理》的时候，他解释说他最要感激的就是库尔诺关于相互依赖的机能的理论，尽管——这在今天看来也许令人吃惊——他还感激对他关于黑格尔的思考的影响。①

然而，对于他的同时代人来说，库尔诺首先是一个或然性和可能性的哲学家。1843年，他提出了传统上被同等看待的两种或然性——有证据的貌似真实和统计频率——之间的区别的系统理论，成了第一个提出这一理论的思想家。他把这两种或然性分别叫做主观或哲学或然性和客观或数学或然性。② 他的哲学的显著特征就是表达这两种或然性的方式。对于库尔诺来说，由归纳得出的主观或然性是我们关于这个世界的知识的基本形式——尽管与穆勒（Mill）相反，这并不是惟一的形式，因为数学提供了由演绎得出的确定性。另一方面，客观或然性作为可能性定理的一个原则被铭刻在这个世界的普遍本质当中。在基督教神学理论中，可能性只是神的旨意的一种表现，而对休谟或莱普勒斯（Laplace）来说，可能性只是我们的无知的一种名称，对库尔诺

---

① "库尔诺的天才一定给所有经过他手的人以一个新的精神活动"：《经济原则》，第一卷，伦敦1890年，第x—xi页。

② 库尔诺对这一区别的贡献在凯恩斯（《关于可能性的论文》，伦敦1922年，第282—284页）和卡尔纳普（《可能性的逻辑基础》，芝加哥1950年，第186页）的标准叙述中被低估了，两人都主要只对归纳逻辑感兴趣；在伊恩（哈金更加历史性的研究《驯服偶然性》（伦敦1989年）中？在傅科证据法则下？没有什么理由地实际上被忽视了。）

来说，可能性却是积极的完全清晰的现实。在一个有名的定义中，他宣称偶然事件就是由两个独立的有因果关系的系列相遇而产生的事件。由于宇宙不是由一个单一的自然法则所产生的结果，而是显然受各种不同机制的控制，其中有受几乎是直线型的因果顺序支配的过程，也有由它们之间的相互交叉所引起的事件。这就是有规律的和随意的事件之间的区别，两种事件都同样清晰——例如，行星和流星的运动的差别，或潮水和冰山的运动的差别。在偶然事件的条件本身重复的地方，例如在像掷骰子游戏或从缸里拿彩球这样的标准事例中，不同结果的可能性可以通过数学计算出来——秩序产生于偶然事件，或然性产生于明确性。如果人类大脑获得数学真理的演绎能力在物质世界可以在用数字表示的有规律的法则中找到相似之处，那么其关于经验推测的归纳能力——这种推测总容易犯错——在自然或然性的分布中有可以被认为是其对应的东西。人类理性是关于事务理性的恰当的智性（intelligence）。[①]

库尔诺的科学背景（他发表的第一部著作是关于机械的）和他对统计的兴趣、他对经济模式的研究和对认识论的深思熟虑，使得他与黑格尔截然不同。他对数学、哲学和社会的关注使得他在某些方面很像启蒙运动中的最后一个伟大人物，同时他也属于一个比德国理想主义更加现代的世界。然而，库尔诺的某些主要抱负和某些假设和黑格尔是一样的，这一点在可以称其为他的百科全书的题目中能够看出来：《关于科学与历史中一系列基

[①] 库尔诺这一观点的第一次形成是在《关于偶然性与或然性的阐述》中，巴黎1843年，第40节，第73页；关于他在这部著作中对数学和哲学或然性的区分，见第18—20、231—233节，第35、425—428页。他在此后许多作品中重申和进一步阐发了他的观点，见《关于科学与历史中一系列基本观点的论文》，第一卷，巴黎1861年，第57—68节，第89—108页，以下称为TE。九卷现代版库尔诺作品以由真理出版社出版，巴黎1973—1984年：以下简称为OC，这里是OC—1，1984年，第55、29—30、280—282页；OC—3，1982年，第60—71页。

本观点的论文》。因为库尔诺寻求将关于知识的哲学和关于历史的哲学统一在一种理论之中，在这种理论中，对理性的发展秩序的阐述——它产生各门科学的基本观点之间的联结——使关于文明发展的实质性叙述建立在牢固的基础之上，而文明发展将最高的卓越性赋予了人类大脑的进步。在这个意义上，库尔诺的历史哲学和它与之相一致的黑格尔的哲学一样是有意识的理想主义的哲学。但是绝对和或然的哲学家有着不同的叙事。库尔诺明确否认任何有关历史的目的论观点，即黑格尔的一系列人民精神体现出的观点，"那种少数有实力的国家，可以在其中扮演某种观点的代表性角色的叙事诗"①——更不用说在维科（Vico）的方式中循环的观点或在孔多塞（Condorcet）的方式中不确定发展的看法了。他的历史哲学的革新后来成为他所说的原因论：对组成历史结构的一系列相互交织的原因所做的系统研究。研究的任务是通过区分人类发展过程中有因果关系的、连续性的"独立"和"关联"两个部分，找出决定人类发展方向的可能性和必要性的复杂模式。偶然与必要的结合并没有使得我们无法对历史进程作出批判的解释。统计学已经显示出偶然事件在重复的次数足够多之后如何能产生可以预料的后果。② 历史经验无法重复，但

---

① 《关于现代观念与事件的发展的思考》，第 1 卷，巴黎 1872 年，第 17—18 页；《唯物主义，生机论，维理论》，巴黎 1875 年，第 235—236 页，以下为 CM 和 MVR；OC—4，1973 年，第 19 页；OC—5，1979 年，第 136 页。

② 当然，康德简单描述了直接建立在这个模式之上的人类发展："婚姻、出生和死亡似乎不受能够事先计算其数量的规则的支配，由于人类自由意愿对这些的影响太大了；然后大国关于这些的年度统计证明它们和天气的变化一样受始终如一的自然法则的支配，天气变化本身反复无常，每一次变化都不可能事先决定，然而作为一个整体，这些变化却保证了植物的生长，河流的流动，以及自然界其他功能的统一和不受干扰的过程。个人，人们，甚至整个民族几乎想像不到，当他们在追求自己的目标时，每一个人都以自己的方式，并且常常以和别人相反的方式，但他们却不知不觉地沿着自然所希望的方向前进"：《政治写作》（汉斯·赖斯编），剑桥 1991 年，第 41 页。库尔诺不像康德那样信奉目的论，想要允许比这更多的有效的偶然性。

是明确性与必要性之间的区别仍然存在。然而，在这里，差别存在于随着事实的不规律性而产生的事件和展示了法则的规律性的过程之间。前者绝不总是微不足道或转瞬即逝：它们可以凭借自身成为巨大的事实，有着无限长的后果——可以和某种自然构造相比，比如给了北半球比南半球更多地块的构造。① 这样的因果关系的后果虽然重要，但仍然是偶然的，如果海洋的潮流运动不是偶然的话。历史原因论的目的是为了确立各种因果关系在人类社会实际记录中的等级。

实际上，在库尔诺执行这个计划的过程中有一个重要的变化。他决心使可能性在一系列事件中具有其应有的作用。但是他自相矛盾地主张，将他自己的例证不断说明的两种不同的可能性——一种可以称之为定期的可能性，一种可以称之为居中的可能性——合并起来。在第一种可能性中，一件极少发生的事件由于相互没有关联的因果关系的链条的相互作用而发生了；在第二种可能性中，一个不断重现的事件展示了一系列无法预料的结果。这就是流星和赌台轮盘之间的区别。在库尔诺对可能性的正式定义中，重点在于关于因果关系的独立的观点，而不管由此造成的事件的规模或频率，但是在他对可能性的历史论述中，重点却在统计补偿的观点上——也就是说，大量无法检验的细小原因在确定范围内起作用的方式能够导致随意的变化，这些变化相互抵消，形成了一个有规律的分布。从一个重点向另一个重点的变化越过了决定库尔诺对事例的选择的标准——结果的稳定性。② 这就是将宇宙灾难和赌桌联系在一起的东西，而否则这两个范例会根本不同。在库尔诺的历史哲学中，被考虑在内的偶然性是产生长期或重复的持续效果的

---

① CM—Ⅰ，第1—9页；OC—4，第9—14页。
② 见 CM—Ⅰ，第ⅰ—ⅲ页；OC—4，第3—5页。

偶然性。他默默将两者合为一体，并假定它们等同于历史意义。当然，实际上，持续性——无论哪一种——都不能保证没有不合逻辑的现象：因此持续时间更长或发生频率更高的事件并不一定对社会最重要。但是库尔诺以效果的稳定性来衡量原因的重要性，这使他的叙事具有了特别的特征。

这样，决定人类社会的条件的顺序在他的叙述中经历了一个基本的颠倒。在原始时代或古代，对历史的哲学研究合乎逻辑地从种族、语言和宗教信仰等人种数据开始，作为长命的结构；继而研究司法和政治机构，然后是经济生活；最后研究艺术、科学和工业。然而，在现代文明中——库尔诺所说的现代文明指的是16世纪以来的欧洲历史——同样的基本标准却强加进了相反的结果。"我们必须将首要地位让给真正组成欧洲文明的基础的东西，让给那些在发展过程中最小程度地、被性质更为多变的因素所改变或损害的东西，让给我们的后代会有最持久兴趣的东西。因此我们要先论述各门科学再论述哲学体系，甚至先论述哲学体系再论述宗教教义……最后论述那些与组成我们的欧洲文明的民族的起源、特征和习俗的多样性有更加直接关系的东西。最后以关于伟大历史事件的观点结束，在这些事件中，偶然性当然比在其他事件中起的作用要大，虽然还没有大到令我们对秩序的认识迹象和有规律的联结感到绝望的程度"①。在《关于现代观念与事件的发展的思考》一书中，对自文艺复兴以来的每一个世纪的继之而来的叙述都遵守这一规则：开始研究这个时代的科学，接着研究哲学和文学，然后研究宗教（16—17世纪）和政治，或政治和经济（18—19世纪），最后以国际事务结束。这是一个从可持续的到短暂的等级。库尔诺指出，这样的顺序也许会让读者吃惊。这本书以其最尖锐的措辞结束。法国大革命被从时间顺

---

① CM—Ⅰ，第35页；OC—4，第30页。

序中列了出来，在19世纪之后而不是19世纪之前进行论述。他解释说，这个实验的目的是为了探究在他那个时代的历史中，有多少事情是由于在欧洲起作用的一般社会进程所造成的，这些事情即使没有法国的剧变也会发生，又有多少事情是由于大革命的特定影响造成的。① 哲学历史中可以比较的只有方法，并且必须能够进行反事实推理。

从这个角度来看，法国发生大革命的确是不可避免的——考虑到古老帝国的状况，回想起来没有任何避免这场革命的局面是貌似合理的。但是革命的进程却受到偶然性的影响：其中逃往瓦雷纳（Varennes）失败，否则不可能建立任何新王朝，还有一个"无可比拟的偶然性"，即这次革命是由一个军事天才领导的，而不是拉丁美洲一个幸运的战士；② 而革命的最终结果与其许多无常变化不相一致。因为"正如理性所设想和其后的事件所证实的那样，原因和结果在其中展开的历史顺序和最终占主导地位的条件和结果的重要性的顺序丝毫不相一致"③。法国大革命最持久的成果是建立在科学——公制的世界性发明——基础之上的成果。其次是拿破仑编集成典的法律改革；然后是随着行政部门的创立对公民管理的理性化；最后是与教会达成的协定。另一方面，这场革命最引人注目的插曲几乎没有留下任何东西。因为革命的政治遗产也许只是复辟以来法国所特有的政府的不稳定性；在经济上，革命阻滞了而不是加快了这个国家的工业发展。从作为整体的欧洲大陆的角度来看，的确，法国大革命推迟了而不是促进了19世纪欧洲文明向着一个更加理性的国际秩序的进步。照这样看来，法国大革命可以

---

① CM—Ⅰ，第 iv—vi 页；OC—4，第 5—6 页。
② CM—Ⅱ，第 382—388、402—403、392—393 页；OC—4，第 513—518、527—528、520 页。
③ CM—Ⅱ，第 301 页；OC—4，第 462 页。

被看做是一场随意的混乱，没有这场混乱，欧洲会很快地而且更少痛苦地达到同样的状况。① 在这个反事实定论的冷静之中，我们离黑格尔晚年一直对法国革命所有的评价太远。黑格尔认为："一个与权利观念协调一致的体制已经建立，所有未来的法律都将建立在这个体制的基础之上"——"那是一个光荣的黎明。所有会思考的人都共享这个时代的欢庆"②。对于黑格尔来说，这是人类在政治世界中位置的改变，可以与哥白尼关于太阳是天空的中心这一发现相比，而库尔诺却可能将其比做行星绕太阳公转过程中的一次出轨。

然而库尔诺也可能宣称，法国大革命也许是人类会书写的史诗般的历史的最后一页。因为他关于现代欧洲的原因论是作为一个详细的部分被插入一个大得多的理论说明之中的。这一种类的整个发展的特征是划分地球上的社会时间的连续的三个阶段。在原始社会，没有组成历史本身的公共事件的重要秩序；社会生活是本能驱使的结果，而本能驱使基本上是盲目的；一系列的事情就是偶然的支配。在这个前历史阶段，人类的记录最多只能提供武断的编年史的形式——一系列的奇事、灾难或奇观，除了单纯的时间顺序之外，相互之间没有任何联系。随着文明的出现，本能生活越来越服从于观念的引导和控制，出现了有能力管理下面群众的领导人，宗教和国家建立起来了，帝国之间相互作战，艺术与科学得到了发展。现在一系列事件有了明确的秩序，可以写出相互联结的叙事——这一叙事由英雄和诗人、司法人员和预言家所支配，这些人活动的主

---

① CM—Ⅱ，第 120—121、246—247、395—396 页；OC—4，第 346—347、426—427、522—533 页。

② W—12，第529页；PH，第447页："自从太阳出现在天空中，行星围绕太阳公转，从来没有人觉察到人的存在在其头脑之中，也就是在思想之中，人类从中建造了现实世界。"

要领域是政治与宗教。现在偶然的范畴与目的的范畴相互交织，产生了偶然性与必然性极为复杂地交织在一起的社会因果关系。然而，在其发展过程中，渐渐地将越来越多的社会存在的范围变成了理性组织。因此文明已经显而易见的趋势是向着人类第三种状况的到来发展，这种状况可以称之为后历史。在这个阶段，随着经济原则成为决定集体生活的支配力量、个人的伟大的衰落、大众消费的增长、政治让位于管理，社会秩序会近似于自然系统的规律性和可预测性。在这个文明的"最终阶段"，"社会就像一个蜂巢一样，趋向于具有实际上的几何图形"①。人类行动与一套内部相互联结的社会机构结合得太紧密了，已经不再呈现偶然事件的多样性和真正历史的发明：由此而产生的结构的运动将只能提供官方公报中记载的消息。当历史终结时，胜过可能性的是必然性。

在一个出现了许多历史哲学的复杂计划的世纪里，这个计划因其形成的独创性而脱俗超群。当然，库尔诺的科学背景对他的哲学思想是一个主要影响。其大概的纲要，正如它是被时间的进步所确立的一样，显然是受到自然世界的起落的激发。宇宙已经从既没有规则的形式也没有法规的最初的混乱状态，经过一个出现了正在浮现的秩序的因素的创世阶段，最后达到了一个持续时间并不确定的稳定状态。在证实了这一曲线的太阳系本身，地球的历史也重复了这一过程——从最初一大团熔融物，经过激烈的扭曲变化，到达了我们现在所享有的平静而有规律的第四纪时代；地球上生命的进化也依此重复了同样的运动过程，在生命发展过程中相互争斗的种类之间达到了相对的生物平

---

① TE—Ⅱ，第 531 节，第 342 页；OC—3，第 484 页。关于整个争论，见 TE—Ⅱ，第 528—546 节，第 324—353 页，在 MVR，第 227—235 页中重申；OC—3，第 475—490 页和 OC—5，第 131—135 页。

衡。① 库尔诺关于人类历史的原因论从这样的自然类比的影响中得出了对于持久的分析偏见，也得出了其复杂的方向。但是如果他关于后历史前途的判断的基础仅仅是这些而已，那么这种判断会是他那个时代更加脆弱与传统的思考。然而，这一判断的特殊力量来自于他自己的权威的领域。贯穿在关于稳定的人类状况的看法之中的基本样式是市场平衡，他在其中的价格形成机制中处于领先地位。库尔诺本人对此说得很清楚：现代社会中"渗透于一切之中"的是"经济观点、实用主义原则"，这些提供了社会组织的标准。② 市场的统计规律性是必然性最终胜过偶然性，理性秩序最终胜过生命冲动的模式。"经济学家在一种分离的状态中，和所谓的极端毁灭的状态中考虑社会这个整体，在这样的状态中个别组织和生命的所有特点都相互补偿和抵消。他所发现的，或者他认为自己发现的是一个机制的法则，而不是一个有生命的机体的法则"③。

分化、摧毁。黑格尔和库尔诺察看市场时用的是类似的词。但是黑格尔认为市场是现代性结构中的附属体系，而库尔诺却认为市场是将它定义为历史的终结的支配性的现实。库尔诺对他所预见的这种最终状态持什么样的政治态度呢？他的智性独立在此也很引人注目。他曾谈到"独立于政治形式之外的关于社会利益管理的新观点，"这个观点"可以与能够不断完善的一门科学或一种工业相比，"这是即将到来的时代的特点。④ 但他不像圣西门（Saint-Simon），他不是技术专家政治论的乐观主义者。另一方面，他也没有对他所预见的机械的统

---

① 见 TE—I，第 194 节，第 305—306 页；OC—3，第三者 185—186 页；和 CM—I，第 20—22 页；OC—4，第 21—22 页。
② TE—II，第 619 节，第 464—465 页；OC—3，第 552 页。
③ MVR，第 219 页；OC—5，第 46 页。
④ TE—II，第 337 节，第 29 页；MVR，第 227 页；OC—3，第 311 页和 OC—5，第 131 页。

一和社会的对称表示浪漫的憎恨;对一长队的文化评论家的断然拒绝也在销声匿迹。库尔诺对他所预见的后历史的前途的评价在语调上显得很超然,这很奇怪。他是天主教徒和保守主义者出身;但是他有激进主义的观点和科学家的职业。① 这种结合产生了一种奇特的不稳定的平衡,虽然有一点忧郁。正在前进中的文明包括理想和一般原则对自发的生命能量的胜利,随之带来许多优点,也带来许多缺点:"在某些方面是人类状况的下降,在另一些方面是人类状况的完善"②。最终的状态会是这样的,其中"被社会经济科学所吸收的历史会像某些河流一样终结,这些河流的水分散(为了形成最多数量的河流)成无数灌溉运河,失去了曾有的统一和不凡的恢弘气势"③。以公告中的世界来代替史诗中的世界会带来富裕和安全,也会带来无闻和倦怠。因为如果现代性是欧洲发展的结果,那么在它前面等着的是什么已经在亚洲经验中有过预示。和黑格尔不同的是,库尔诺对于世界历史的方向的看法不完全是西方式的。许多世纪以来,中国文明形成了与欧洲平行的记录,两者在成就上不相上下,在价值观上却很不相同。西方社会致力于颂扬一系列的理想——信仰、祖国、自由——而中国的现实主义却为个人的人身与道德发展,为大多数人的最大幸福构建了社会机构。理性管理和工业发明的原则是在中国而不是在欧洲处于先锋地位,这些原则在很久以后,在西方适时的历史阶段的英雄

---

① 他对于自己的信仰的前途可能也同样冷静。基督教信仰和欧洲文明实际上是同义的,可以安全地说,没有任何现存的宗教会取代它,也没有任何新的宗教会超过它。但是,"客观上,科学与宗教没有任何共同点",不能排除有一天欧洲会脱离基督教,以自己的忘恩负义而让世界震惊。如果发生那样的事,"人类会进入一个新的阶段;上帝会从人类社会退出,把人类丢给自然机制的法则,而这也是组成他的天意的一个部分。" TE—Ⅱ,第589—593节,第416—421页。

② TE—Ⅱ,第332节,第22页;OC—3,第307页。

③ TE—Ⅱ,第543节,第345页;OC—3,第486页。

力量繁荣又凋谢之后，才在西方盛行。① 对于黑格尔来说，"地球形成了一个球，但历史并不是绕这个球的圆圈"②，而库尔诺却认为欧洲和中国文明正在一个共同的后历史秩序中趋于汇合，正如欧洲和中国的人民向外移动，在美国的太平洋沿岸汇合。

库尔诺的历史终结比起黑格尔的历史终结是一个更加确定的全球命运。但是同时，因为它缺乏绝对精神中更高运动的支持，它也更不明确。库尔诺煞费苦心地强调，虽然文明向着一个最终的状态发展，但也许永远也不会"完全达到这种状态"③。同时，黑格尔曾经努力解决的问题仍然存在：市场、国家、时代的国际秩序。当然，库尔诺对市场的结构逻辑的理解更深。然而，这位预见了新古典革命的经济学家并不是自由经济的理论家。《研究》强调，交换价值和使用价值不仅不同，而且可能完全不相容：荷兰人在东印度群岛销毁收获的香料是"一种自私的贪婪行为，显然与社会利益是对立的"，然而"这种毁坏物质的自私行为是真正的对财富的创造，这里的财富指的是其商业上的意义"，也是价值受到政治经济承认的惟一意义。④ 平衡价格可以通过独占或垄断，也可以通过完全竞争来达到；并且不受限制的自由贸易并不总是对国家有利。不受约束的对私有利益的追求并不一定带来公共福利，正如砍伐森林所带来的破坏和鸦片贸易的罪恶已经显示的那样：看不见的手

---

① TE—Ⅱ，第 563—574 节，第 380—385 页，尤其是第 91—92 页；OC—3，第 505—514、511—512 页。库尔诺认为中国错过了一个英雄的历史阶段？TE—Ⅱ，第 394—395 页；OC—3，第 513 页。

② W—12，第 134 页；LPH，第 103 页。由于"世界历史从东方到了西方，因为欧洲显然是其终结而亚洲是其开端。"这是黑格尔在谈论历史时使用终结一词的极少的场合之一，但这里终结是空间意义上的：世界精神不会回到其起点。

③ TE—Ⅱ，第 543 节，第 344 页；OC—3，第 485 页。

④ 《关于财富理论的数学原理的研究》，巴黎 1838 年，第 3 节，第 6—7 页；以下为 RP；OC—8，1980 年，第 10 页。

能够预先决定和谐,这只是一个幻想。当各种可能过于复杂,干预的后果无法计算时,自由经济的原则才被证明是正当的。作为一种实用规则,这个否定的基本阐释完全可以包括很多情况。但这不是科学原理,而对市场的调控——在边界或在国内——在其他情况下也许更可取。库尔诺对市场的道德信任不比黑格尔多多少。①

然而,他对市场动力的更充分的理解排除了任何关于集团可能是调控手段的看法。国家自己就可以起这个作用。在其结构之中,库尔诺认为行政管理变得比以往任何时候都更加重要:干预的压力典型地来自于行政管理的官僚机构。库尔诺职业生涯的大部分时间都是在一个帝国——第二帝国——做公务员,那里的公众工作人员得到了非同寻常的权力,他自然对这样的行政管理非常尊敬,而不认为这是一个普遍阶级。他对代议民主制国家的敌视与黑格尔一样明显。但是在法国,库尔诺在那里经历了三次革命,一次比一次更加激烈,那里可供选择的等级是可信的。结果是他的政治理论与黑格尔的截然相反。自由不再是人类生活的主要理想。经验表明自由对于 19 世纪的人越来越不重要:"曾经激发了如此慷慨的牺牲和高尚的冲动的政治自由不会是将来人们崇尚的目标"②。权利不可能建立在理性之上。社会契约是一个神话,而人民权利至上是一种幻想。普选和世袭法则作为原则同样不理性。政治表现和艺术表现一样是一种主观的实践——这种实践的形式和肖像画的形式一样多。如果行政管理为利益服务,那么作为最后的解决办法的政府则反映了激情。任何权利的理性结构都是不可能的:权利结构只

---

① RP,第 87—94 节,第 173—196 页;TE—Ⅱ,第 477—482 节,第 250—259 页;OC—8,第 113—125 页和 OC—3,第 433—437 页。

② TE—Ⅱ,第 462 节,第 230 页;OC—3,第 422 页。

能建立在宗教、传统或武力的基础之上。① 对这种学说的刻薄的怀疑只能被这样一种信心所减轻，即政治激情虽然永远不可能完全消失，但是现在随着工业文明的进步正在减弱。对政治权威的没有谬误的叙述和关于国家是实现了的自由的观点之间的差别表明了很多事情，其中之一是两者在其中形成的两个帝国之间的距离。

对某位哲学家来说，拿破仑可能看上去是耶那的马背上的世界精神，那么，对在墨西哥远征之前写作的另一位哲学家来说，他的侄子只是万不得已而选择的行人。② 10年后，在第二帝国的废墟之中，库尔诺对这个时代的国家关系做了思考。每一个国家都出现了同样对立的东西。在欧洲创造了比以往任何时候都更加统一的社会和政治机构的工业化的进展，并没有因此而取消国家之间的种族和文化差异，甚至正相反，这些差异获得了对于涉及其中的民族来说更加主观的重要性——并不是因为这些差异增加了，而是因为尽管有所减少，也在周围更多的平民百姓中获得了更大的缓解。这样的民族身份赋予了当代政治中的民族主义原则以力量，在当代政治中，各个国家仍然在传统的权力平衡中相互对立，它们之间不可能形成任何中立的仲裁人。现代条件下的世界主义最终能够战胜这块大陆上敌对的爱国主义吗？库尔诺认为只有社会发生能够与结束了封建主义的那些变化相比的进一步变革，才有这样的可能。③

---

① TE—Ⅱ，第465—467节，第233—236页；CM—Ⅱ，第276—277页；MVR，第220—224页；OC—3，第423—425页，OC—4，第446—447页，C—5，第127—130页。

② 见库尔诺回忆录的结尾处的评论，1859年写。如果1848年后必须有一个独裁者，那么拿破仑的侄子比任何其他新贵都更有可能控制群众：《回忆录》，巴黎1913年，第254—255页。

③ TE—Ⅱ，第543节，第345—346页；CM—Ⅰ，第227—220页；CM—Ⅱ，第289—290页；OC—3，第486页，OC—4，第152—153页和第53—55页。

当然，这个观点就其本身而言是社会主义者所共有的。如果这个世纪的科学文化形成了将库尔诺与黑格尔区分开来的知识背景的主要区别，那么威胁现存秩序的社会主义的出现，就是他们两个不同世界之间的重要的政治分界线。当库尔诺问他那一代同胞这个典型的问题——法国大革命是否已"过去"——时，巴黎公社刚刚建立之后他的回答是另一种革命，在第一国际范围内形成的仿佛火山一般的欧洲范围内的社会战争，取代了法国大革命。① 在他著作的所有主题中，曾预先考虑到了后来的问题，但没有一个像库尔诺对劳工运动的革命性挑战的反应一样具有异乎寻常的洞察力。毫无疑问，他的洞察力来源于他本人对于后历史的前途的看法的特征与那个时代社会主义文化的因素的近似之处。但是现在，他本人对于不受妨碍的自由市场的批判已经向他提出了一个理论问题。如果在理论上国家对经济的调控是允许的，甚至是必要的，那么这种调控会在哪里停止呢——其逻辑是否会导致，比如说，为了更好的利用和更多的产出而对森林和可耕地进行公共控制？1861年他警告说，"那会直接导致现在所谓的社会主义，这个新派别的口号在使现存社会的伤痕变成现实的过程中的确使这个世界受到了惊吓"②。从经济上看，关税的确——对不起，史密斯（Smith）——常常非常敏感；但是什么能组织工人为了大多数人的利益这样相同的理由而为从保护措施的有效性到重新分配的法则等一系列事情而争吵？现代工业竞争不可避免地导致了周期性生产过剩的危机；资本积累导致了财富的集中；技术进步导致了大量失业。在这些往往尖锐的社会压力的前提下，本来就一直威胁财产安全的贫富之间永远存在的冲突现在有了新

---

① CM—Ⅱ，第414—420页；OC—4，第534—538页。
② TE—Ⅱ，第481节，第258页；OC—3，第437页。

的威胁。因为现在出现了一种关于一种社会秩序的观点,认为这种社会秩序公平分配自然和工业成果,能够同时有高水平的产出和减少所有人的劳动时间。18世纪曾经出现过乌托邦的计划,但那只是没有社会反响的孤立的梦想。19世纪,这样的乌托邦在大城市里由普选的人人平等的压力所培养的新工人阶级的中心获得了大众志向的力量,这是19世纪的标志。①

这些乌托邦实现的可能性如何?库尔诺提出,从政治上看,无产阶级革命可能成功地消灭资本主义,虽然当它开始在农村征税时会遇到农民强烈的反抗,这种反抗可能会使革命失败。然而,从经济上看,社会主义很有可能会按照它的理论家所设想的特别的状态建成——指向那个方向的客观倾向太多了。但是,虽然社会主义经济可能在一个国家内部建成,却会不可避免地屈服于周围国际环境的压力。无论它的政府多么有权威,警察多么警惕,这样的体系不可能抵御来自国外的商业竞争的影响。甚至它最好的愿望——例如,保护自然资源不受不顾后果的开采利用的愿望——在对外贸易中也会变成它的不利条件。不仅如此,世界市场不只是一个商品交换系统:其中所有的生产因素是不断变化的。这些因素包括个人本身,他们不可能永远被圈在单一的界限之内,而且——最重要的是——这些因素还包括观念或机构:那些被经验证明更加有效的东西一定会越过所有边界而盛行,无论这些边界关闭得多严。② 社会主义经济不得不对外面的世界竖起的防护性的屏障是软弱的标志,这会破坏它本身。

对共产主义命运的预见十分引人注目。但这一预见并没有使库尔诺感到完全乐观。因为在资本主义本身的内部有一些与经济

---

① CM—Ⅱ,第250—256页;OC—4,第429—433页。
② CM—Ⅱ,第258—260页;OC—4,第434—435页。

自由的原则不相一致的倾向在起作用。市政工程规模的扩大、财政款项和公共借贷对大部分资本利润的吸收、累进税的普及、政府对社会保险的补助、关于工作条件所制定的法规、工人协会本身的组织——所有这些发展难道不是预示着会带来一种渐进的部分的社会主义吗？或者，至少，与经济平衡法则所可能造成的不同的财富分配的形式吗？① 在写最后一部著作《经济学原理概要》时，库尔诺已经读过马克思的著作，并且越来越关心为资本能为社会带来利益的职能辩护。即使私有财产、继承制和不平等没有被彻底废除，由国家进行干预和重新分配的倾向也许仍会阻碍个人经济活动，这种阻碍达到了这样一种程度，即"伪装的"社会主义和"系统的"社会主义有同样令人沮丧的效果。② 库尔诺在任何类似于社会民主的东西存在之前对导向社会民主的概述作为理论预感给人以很深的印象——哈耶克式（Hayekian）的预言已经提前形成了。但是，虽然库尔诺害怕这样的发展，但他从不认为经济自由的刻板的方法是有效的对抗手段。市场结构没有引起任何自发的进化秩序：政府权威仍然是现代大社会惟一能够想像的原型，是它们必不可少的"内部协调的原则"③。纯粹的自由经济原则在经济上也会向在医药上一样合理。"财产权的动机不应该与经济自由的动机混为一谈，社会主义的观念也不应该与调控的观念混为一谈"④。他本人的偏好也许可以说预见了后来的基督教民主的社会市场。但是他对不受约束的经济自由主义的整体逻辑的保留意见比对经济自由主义对国家巩固的后果

---

① CM—Ⅱ，第 256—258 页；OC—4，第 433—434 页。
② 《经济原理摘要》，巴黎 1877 年，第 323—325 页，以下为 RS；OC—10，1982 年，第 176—177 页。有意义的是，这里蜂巢的形象不是和《论文》中勾画的后历史社会联系在一起，而是和社会主义联系在一起。公社在动摇库尔诺后期观点方面的作用可以与七月革命对黑格尔的影响相比。
③ RS，第 264—265 页；OC—10，第 145—146 页。
④ RS，第 317 页；OC—10，第 173 页。

的意见要深。它们显示出一种令人瞩目的现代特征。如果为了现在的利益而毫无节制地滥用有限的全球自然资源，那么这些资源会怎样呢？砍伐森林的灾难性后果已经十分明显，人类是除森林之外很多别的资源的"地球上获特权的使用者"——化石燃料也是一样。从人类福利的计算上看，一代人对其后代的责任是什么——他们之间最大的分配比在什么地方？① 就科技来说，它的进步可能终将导致人越来越多地被机器所取代，实现培根（Bacon）将所有的自然力量变为人类的奴隶这样也许不祥的梦想。那么，在国家内部和越出国界的就业率不断下降的后果该如何处理？② 最后一点，但并不是最不重要的一点，不受约束的资本积累所带来的国际经济秩序又将如何——全球竞争的机制难道不会产生种族等级制度，使拥有相对较少优势的社会和民族受到压倒一切的劣势的不公正待遇吗？这些就是库尔诺在一般平衡理论出现前夕对瓦尔拉斯倾吐的令人不安的问题。③ 自相矛盾的是，虽然有分歧，库尔诺的遗产包括了和黑格尔同样的不言而喻的错位，那是在哲学看法和社会观察之间、在对历史终结的预见和对政治分裂的暗示之间的错位。

---

① TE—Ⅱ，第477—479节，第250—255页；CM—Ⅱ，第239—240页；RS，第302—303页；OC—3，第433—435页；C—4，第421—422页。最后一个问题预见了只是最近在例如德里克·帕菲特的《理性与人》中才有完全的哲学尊严的有关的事。

② RS，第292—299页；OC—10，第161—164页。

③ "你的'集中与广泛使用'曲线将会把我引向纯粹的自由经济，也就是说，在民族经济中，将导致地球上森林被砍伐，在国际经济中，导致与达尔文先生的理论相一致的特权阶级对百姓的压制，想到这个我就开始颤抖。"瓦尔拉斯曾试图取得库尔诺对接受他在巴黎的工作的支持，他犹豫之后才回答："至于你在我的前提之外瞥见的'纯粹自由经济'的遥远的后果，先生，请给我一点时间和信任，你会看到我将知道怎样避开它们。"《瓦尔拉斯的信件及有关文件》，第一卷，威廉·贾菲编，阿姆斯特丹1965年，第332、336页：以及以其他方式进行的深刻交流。关于库尔诺主要论文中的同样主题，见TE—Ⅱ，第480节，第255页；OC—3，第435—436页。

3. 柯耶夫

这个世纪末，文化气候变了。正如尼萨默所指出的那样，关于任何进步的观点现在都容易受到正在显露的怀疑。尼采发出了这种怀疑的最具有影响力的声音，他明确地抨击了黑格尔和库尔诺所提出的两种历史发展的方式。在《历史的利用和滥用》一书的用词中，黑格尔哲学被简化为古老的"古文物历史"的一个变种——但是最危险的一种，因为它没有在历史面前灌输一种残缺的谦虚态度、对后继者的痛苦意识，而是在德国人中间激起了不知羞耻的幻想，认为他们是人种进化的最高峰："相信一个人是世界的后来者，不管怎样这都是有害和丢脸的；但是当这种看法通过灵巧地转动历史的车轮将后来者提升到神的地位，将他们看做过去所有创造的真正意义和目标，将他们有意识的苦难看做对世界历史的完善，那么这一定看上去非常可怕和具有毁灭性。"尼采并没有指责黑格尔本人宣布了历史的终结——而是指责他没有从自己的体系中得出这个必要的结论，因而留给他的后继人这样做的自负，这种指责相当精确："对于黑格尔来说，世界进程的最高和最后阶段在他自己的柏林存在中走到了一起。他应该说在他后面的所有事情，都只能被当做更加伟大的历史回旋曲的音乐尾音——或者应该说，只能被当做完全多余的东西。他没有这么说；这样，他给被他的影响所包围的一代人中间灌输了对'历史权利'的崇拜，而这种崇拜实际上随时都会变成面对成功的目瞪口呆、对实际的盲目崇拜。"[①] 10年之后，尼采对现代工业和民主可能带来的完全不同

---

① 《著作》Ⅲ/1（科里·蒙蒂纳里编），柏林1972年，第303—305页；《来源于理性的思想》第2卷，伦敦1909年，第71—72页。

的终结进行了有名的描述，这是一个"人类不再会将他的愿望之箭射出人类之外的时代"，"地球已经变小"，没有劳力也没有危险，没有不公平或孤独，没有规则或激情：一个人类"地蚤"的世界，他们坚持得最长久——最后的人。他们有白天的小小的快乐，也有夜晚的小小的快乐；但他们对自己的健康非常小心。"我们已经发现了幸福"，最后的人眨着眼睛这么说。①"这里昆虫生活的形象已经沉到了蜂窝的下面：对对称和实用的社会的后历史的看法已经成了普遍小小兴趣的领域，人类的最终状态是"最可鄙的"。

当然，尼采没有意识到库尔诺一生在思想上和他自己一样孤独。和这位伟大的德国人不一样，这位法国思想家去世后也从未得到普遍的尊敬。但是在第三帝国的大学里，他没有被遗忘。正在出现的社会科学的理性主义和社会连带主义（solidarist）氛围在他那里找到了相似之处，在美好时代，他从当时处于领先地位的学术杂志一期特别号和一部关于他思想的综合专著那里得到了迟到的称誉。这种关注一直持续到两次世界大战之间的时期。就是在那个时候，他关于《后历史》稳定性的观点第一次在一位年轻哲学家那里得到了广泛的讨论，这位哲学家的本体论被认为是现代化的库尔诺的著作，此人就是雷蒙德·吕耶（Raymond Ruyer）。他的清醒的研究《库尔诺之后的人类的将来》在一开始就指出库尔诺的预言和尼采的疑虑的相似之处。② 然而，在

---

① 《著作》Ⅵ/1，柏林1968年，第12—14页；《琐罗亚斯德如是说》，伦敦1908年，第12—13页。

② "库尔诺宣布勤奋、普通、温和的人类的出生，没有高贵的出生也没有天才，一个理性的人类。被锁罗亚斯德所鄙视的'最后的人'，他曾以他微不足道的智慧说'以前整个世界都是疯狂的'"：《库尔诺之后的人类的将来》，巴黎1930年，第6—7页。吕耶（Ruyer）于同一年发表的《结构哲学概述》的目的是阐述关于世界的能够进行辩解的当代机械观点，尽量与20世纪科学真理靠近，就像库尔诺和19世纪科学真理靠近一样：第11页。

1929年写作此书时,他提出这样的问题,即布尔什维主义和法西斯主义的骚乱是否随着越来越客观的行政管理规则开始起作用而与对政治精力在世俗的削弱的预料相矛盾。然而,由于这些都是一党制帝国,压制政治争论,以完全控制社会和经济生活为目标,也许,具有讽刺意味的是,它们的命运就是库尔诺曾经设想的状态——虽然如果它们不能为个人提供一点点他认为无法与现代文明相分离的公民自由,那就不能长久。① 尽管如此,即使它们继续存在,也许库尔诺过高估计了人类可能达到的机构稳定性的程度,同时也过低估计了他所提出的那种稳定所要花费的社会代价。任何可以想像的平衡都会更具有相对性,但同时也在一个更低的层面上。迄今为止,历史一直是通过一系列人类文明发展的。现在欧洲形式正在成为被强加于整个世界的普遍模式,即使欧洲本身显然正在其实用主义计算和消费中变得萎靡不振。② 结果是这个世界看上去越来越统一,在这个世界上人类不再在其他文化中有反信念(counter-assurance)。在这样的条件下,将来的结构完全有可能被普遍的腐蚀所侵袭。

随着大萧条的开始和纳粹主义的胜利,作出这个判断的条件消失了。和吕耶相同的职业背景,同样造就了雷蒙德·阿隆(Raymond Aron),③ 在1931年至1933年在德国的经历的影响下对此进行了尖锐的反击。阿隆的思想原本是在新康德理性主义的高卢情况下形成的,在希特勒开始掌权时他对里克特(Rickert)和韦伯、胡塞尔和海德格尔的著作的接触,导致了他强烈抵制他认为是自满与褊狭的当时已经确立的法国哲学和社会学。④ 他于1938年写成的《历史哲学引论》呼吁对德克海姆(Durkheim)

---

① 《库尔诺之后的人类的将来》,第35—37页。
② 同上书,第136—150页。
③ 阿隆:1905—1985年,法国社会学家、哲学家、政治学家。——译者注
④ 见他在《回忆录》中的叙述,巴黎1983年,第67—73页。

或布伦斯维克（Brunschvicg）的传统未能记载——而德国的历史主义和存在主义却已作好了准备——的欧洲危机进行评估。阿隆已经描述了该书把比他更卓越的人都抛进了其中的混乱状态。① 然而，这也许不能仅仅归因于它的主题是他们所不熟悉的。因为回想起来，这本书甚至是一个奇特的混合物，其中混合在一起的各种主张取决于它不连续的结构。然而重要的是，阿隆的第一步是对库尔诺进行思考，库尔诺的哲学支配了这部著作的演绎。阿隆提出，库尔诺对历史的看法在方法论上比在经验论上的瑕疵更多，因为它假定有一个最终的状态，它的最终秩序是能够使通向它的道路是逻辑的进化而不是随意的生成的惟一保证——但是哲学家的历史知识永远不可能证明这一点。库尔诺能够寻求区分错综复杂的事件之中的可能性和必然性，只因为他已经决定了它们前进的最终形式。② 阿隆不仅反对这样形而上学的决定论，而且反对更加具体的社会或经济决定论的教条：德克海姆关于集体力量的观念、西米昂特（Simiand）对条金流动的关注或者马克思对基础结构的首要性的描述。社会中所有因果关系最多只能是部分的和可能的：历史上没有第一原因或最初的动力，历史进程的多样性是不可减少的。"无论是局部整体的事实还是不完整的决定论的客观性，都不能把微小事实的不连贯性或整体的不确定性排除在外"③。

那么，是什么组成了令人信服的历史哲学——一种已学会了舍弃有约束力的认识论和政治确定性的历史哲学呢？对于阿隆来说，历史哲学的目的从一个对库尔诺非常陌生的新的角度出现了。"历史的概念并不一定与关于整个秩序的假定联系在一起。起决定作用的其实是我们对历史的意识和我们从这个方面

---

① 《回忆录》，第 105—106 页。
② 《历史哲学介绍》，巴黎 1938 年，第 19—24、178—179 页。以下称 IPH。
③ IPH，第 208—225、276 页。

定义自己的愿望。那些真正历史上的个人和民族与那些非历史的个人和民族之间的区别与社会变化的步伐或机构的特征无关。历史地生活就是保留、重新体验和判断自己的祖先（以及其他社会的祖先）的存在"①。阿隆为这个计划而求助于黑格尔的权威。但是，如果通过现在的意识所产生的对历史的挪用内在化（appropriation-internalization）的观念可以被认为来自于黑格尔，并且由迪尔西（Dilthey）做中介促成，那么这一日程的其他时刻——不是保留和重新体验，而是判断和愿望——则印有韦伯和海德格尔的特征。一旦民族观点的多样性在社会学上得到承认，应该以什么样的价值标准来判断过去呢？对于一种观点的主观采用，如何能与历史知识本身的客观性相调和？阿隆无法满足于韦伯的形式主义解决办法，他发现自己被驱向魏玛（Weimar）决定论的令人恼怒的结果——以海德格尔的方式提出"人通过将自己与虚无相比较而决定自己和自己的使命"，他"通过判断自己的背景和选择自己而拥有创造自己的人的力量"，因此"以他的决定的绝对性超越历史的相对性"②。这不是在对抗社会历史的复杂性，而是在对抗赋予意义和指出方向的存在主义的现在的深渊——是死亡的虚无而不是生命的遗产。在这样的调子下，马克思主义本身也和其他理论一样将被理解成一种存在主义的态度，一种不取决于其主张在理论上是否令人信服的实际意愿。

这里的相对逻辑导致的不是对历史哲学的修正，而是阿隆最初所设想的那样对历史哲学的淡化。然而，在他的文本的不稳定组合中，对历史哲学的淡化与其相反的东西一起动摇。因为在别处，阿隆想要将他的计划固定在人性的永远不变的性情之中。历

---

① IPH，第46页。这些公式是明显反对库尔诺的观点的。
② IPH，第375页。

史学家无法逃脱用自己的喜好代替过去的事实的危险，除非他在两者之间采用一个共同的标准，作为"人类和人类大脑的本性的不可避免的使命"①。如果历史是由部分整体的多样性组成，其中每一个都是"人类的不完善的作品（回想起来很完善）"，"人类的统一和建立在无限的地平线上的目标是同等的：这是哲学家可以理解的整体，如果人类通过完成创造和自我表现创造已经耗尽了自己的历史"。换句话说，历史终结的观点甚至在坚决抵制这一观点的话语中也一再出现。在这个范围内，"只有人类在进行以自我实现而不是死亡为目标的冒险"②。这里，本质毫无疑问地控制着存在。《引论》一书只有对这种本体论的逆转的概述：仍然没有经验所指。但其目的在阿隆著作的其他部分变得清晰起来，并且从未被他否认过：在康德的理性观念中，它是由法律统治的社会和有和平保障的世界的调控原则。45 年后，在对这个世纪的政治混乱和核危险进行思考时，他在生命的最后时间里写道："我继续相信，在远远超出政治地平线之处，在理性观点之中，幸福的终结是可能的"③。

在阿隆写作《引论》的同时，在巴黎另一部更加有力的著作也正在写作之中。柯耶夫从 1933 年开始讲授黑格尔哲学。作为一个在德国度过了其思想形成阶段的俄国人，柯耶夫也吸收了海德格尔的影响，而且吸收得更深。但是他的情况是，海德格尔的影响受到马克思的影响的调和，导致了他对黑格尔的阐释是真正的思想整合，具有引人注目的连贯性和独创性。柯耶夫的基本做法是将黑格尔体系的中心展开成一个双重的发展。精神穿过时间在绝对的形而上学的通道上，朝向自我的运动由两个相互补充的形象带到现实中来。第一个是存在主义的形象，将人类身份的

---

① IPH，第 279、246 页。
② 同上书，第 349、352 页。
③ "在康德的意义上"，阿伦解释道：《回忆录》，第 741 页。

动力当作一种自由进行探索,这种自由否认人类身份在追求一种愿望的过程中的地位,而这一愿望只有在它被自由地承认时才能够实现。第二个是社会形象,在阶级关系在一系列矛盾中发展的过程中研究其模式,这些矛盾包括从贵族统治到中产阶级上升到民众平等。对于柯耶夫,这两种形象在赋予世界历史意义的单一的叙事中相互交织。最初,使所有意识变得虚无的行动,被不是自己的东西的愿望所推动,卷入了与使所有其他东西变得虚无的行动的竞争,各个都在寻求着强求承认自己,只有承认自己才能满足这个愿望,在这个过程中为了达到对他者的统治而接受了死亡的冒险。在这个战争中出现了最早的社会关系,即古代主人与奴隶的关系。这些关系又被奴隶的劳动所改变,产生了资本主义世界,这个世界形式上的平等已经被基督教所预见。接着这个世界在一场保证承认所有人在本质上平等的革命中被工人战胜了资本所推翻。柯耶夫并没有将这种解释的来源当作秘密。海德格尔理解黑格尔哲学中的观点:人类存在的原始投射是朝向死亡的,在此之前是每一个意识为从对手那里抢夺象征性的赞美——荣誉或特权——而进行的挣扎;但他在很大程度上忽视了劳动的变化过程。马克思抓住了由得到承认的冲动所释放出来的工作的物质动力,但忽略了在这背后的拼死挣扎。① 黑格尔的哲学将这些主题结合了起来:随着人类向着其目标迈进,死亡、挣扎和劳动在一个运动中联系在了一起。

在柯耶夫的重构中,这个目标获得了特别的缓解。黑格尔的哲学第一次被认为有关于历史终结的完全概念,这里的历史终结不仅仅是人类发展的结果,而且是其停顿之处。这种叙述是怎样的创新,这一点可以从激励柯耶夫的事业的对黑格尔的阅读中看出来,他也承认自己应感激黑格尔的作品。1935 年,

---

① 《黑格尔讲座介绍》(第一版),巴黎 1947 年,第 573 页。以下称 ILH。

在从俄国移民国外时与他有联系的亚历山大·库勒（Alexandre Koyre）发表了一篇关于黑格尔新近发现的耶那《逻辑》和《现实哲学》中的时间概念的创新的论文，文章得出结论说，黑格尔的哲学虽然很有权威，但却是一个失败，因为只有当历史已经终结，他的哲学体系才有可能成立，而历史的终结的可能性正是其关于时间的辩证法——即未来不断地否认现在——所排除的。人类自由和历史的终结性不可能调和。① 这正是柯耶夫寻求推翻的定论。他提出，黑格尔的确确认了历史的终结，与他哲学的结构和现代性的逻辑完全一致——并将其出现等同于第一帝国。柯耶夫断言，对于黑格尔来说，拿破仑在耶那的胜利代表了"普遍与统一的国家"的出现，在这个国家里，主人与奴隶之间的对抗最终在将传统上的战争与工作的对立作用结合起来的平民军队的整合中、在法律的平等中已被消除了。一旦这个国家的革命军队征服了所有的敌人，实现了普遍平等，并且满足了得到承认的愿望："这样，愿望已经得到完全的满足，斗争与劳动就停止了：历史过去了，没有什么事情是要做的了"②。在时间的终结点上，剩下的只有作为一个生物体的人的自然存在——和黑格尔哲学本身的智慧对于他的生成的历史过程的思考。

柯耶夫对黑格尔的阐述也是对他的一种确认。在本质上，历史的结构和黑格尔所预言的一样。对于他的叙述只有两条保留意见。在谢林（Schelling）的影响之下，黑格尔错误地将他的辩证法延伸到了自然界，到一个不是否定性而是同一性的领域，去为

---

① "黑格尔在耶那"，《宗教历史与哲学回顾》1935 年 9—10 月，第 457—458 页："只有历史终结，并且不再有将来？如果时间停止，历史哲学才有可能。"但是"如果时间是辩证的，并且永远从未来结构，那么，无论黑格尔说什么，时间永远不可能停止。"

② IPH，第 384—385 页。

显然站不住脚的物理和历史世界建造单一的本体论。① 为了理解黑格尔哲学的真理，我们有必要将自然界从中剥离开来。另一个修正更加局部，并且影响到历史叙述本身。黑格尔的时间表需要做调整。他对历史终结的时刻计算有误，因为拿破仑最终并没有使历史的终结真正到来。普遍与统一的国家只是在耶那萌了芽，一个多世纪以后离结果还很遥远。黑格尔所设想的政治秩序并不是一个确定的事实，而是一个理想，需要正在进行的行动的否定性去实现它。② "完美的国家"是一个仍待完成的计划。柯耶夫对于这个计划正在哪里得到推进并不怀疑。在充满了对当时的共产主义运动影射的讲座里，他暗示黑格尔的哲学已经提前对只是中产阶级个人主义的一种形式的正义的改良主义作出了判断；对没有能力进行有效的社会行动的自我放纵的知识分子作出了判断；对只能导致无政府主义或梦想者的毁灭的关于永远革命的梦想作出了判断。成功的革命斗争还需要其他条件：其中包括与传统联系以及与恐怖联系（马克思本人低估了这一历史必要性）的能力。③ 不难看出这里描绘的是谁的侧影，而且柯耶夫当时也很坦率。拿破仑的作用被斯大林所取代了。现在历史的终结在东方正在准备之中。

  柯耶夫的讲座给听众留下了深刻的印象——也许比本世纪法国任何其他讲座的效果都更有多面性和更具影响力。但是他和黑格尔的看法有什么关系呢？柯耶夫对黑格尔的阅读几乎完全建立在《精神现象学》的基础之上。无论是在迪尔西时代造成了知识分子骚动的早期神学文本，还是使柯耶夫感兴趣的耶那的著作，还是《权利哲学》或在马克思时代支配了人们讨论内容的《关于历史哲学的讲座》，都不在他的叙述中占有主要地位。这一选择给

---

① ILH，第483—488页。
② 同上书，第290—291页。
③ 同上书，第89—91、502、518—519、573页。

了他最大限度的解释余地。因为《现象学》同时和个人的形成以及世界的发展都有关，它以晦涩的激情和难以表述的紧张的语言，引发了最多的解释，同时也阻止了大部分必需有关经验的具体说明。接近法国大革命的文本的政治背景不可能有误，而且黑格尔本人声称文本预见了拿破仑冒险的结局。① 但文本完全没有历史的或体制性的具体事例。文本中出现的只有权利编年史中的一个专有名词。由于没有受到黑格尔后期作品的详细参考书目和明确提议的阻碍，柯耶夫可以自由发展他自己关于耶那黑暗中的轮廓的令人惊叹的各种变化。结果是决定性的政治变化。柯耶夫归因于黑格尔的普遍与统一的国家，实际上可以描绘成对他的计划的逆转。因为在他事业的各个阶段，黑格尔都相信应该在结构上有所不同，在疆界上划定界限：对团体分组进行表达，按国家形式进行组织。《权利哲学》最清楚明确地表达了这样的政治理想。但是《现象学》中也明确地表达了这一点，《现象学》对法国革命经验的暗示不断重复强调"差异的瞬间"，这一时刻需要对自由的"有机的结合"，将社会世界划分为"稳定的精神""块"或"范围"，其中"个人的多样性"被看做"具体的财产"。恐怖意味着废除这些范围，但是随着恐怖的消失，这些范围再一次形成，因为"曾经经历过死亡的个人，他们的绝对主人，又一次屈服于否定与

---

① 1814 年拿破仑最终失败并退位之后，他写道："伟大的事件在我们周围发生了。看到一个伟大的天才自我毁灭是一个可怕的景象。没有比这个更具有悲剧性了。所有平庸的人，以其不可抗拒的重量，像铅一样压了下来，没有休止，也没有和解，直到他们将高高在上的东西带到与他们同样的水平上或者甚至在他们之下。这一切的转折点，为什么这些人有力量？就像合唱队？生存并且保持在上层的原因，是伟大的个人本人一定给了这些人这么做的权利，从而促成了他自己的失败。另外，我可以以预见了这整个的动乱而自豪。在我的书里（《现象学》），我在耶那战役的前夜写成了这本书，我说过：'绝对自由'——以前我曾将它描述为法兰西共和国的自由的纯粹绝对的形式，如我所说明的那样来源于启蒙运动——'经过它本身的自我毁灭的现实来到自我意识精神的另一个领域'，这里我想到的是一个具体的领域"：Briefe，II，第 28—29 页；《信札》，第 307 页。当然，这个回顾性的注释与柯耶夫对黑格尔在《现象学》中的期望的叙述完全不同；但考虑到事后认识的诱惑，这不应该受到完全信赖。

差别，在他们的范围内安排自己，然后回到已分配的和有限的任务中去，但由此又回到了真实的现实之中"①。柯耶夫对黑格尔文本的评论朝着完全相反的方向运动。后革命秩序由拿破仑帝国的决定性的现实建立了起来，这是一个"普遍与统一的国家，因为它将所有（或者至少在历史上算数的）人类联合了起来，并且'镇压'了它内部的所有'具体的差异'：民族的、社会阶级的、家庭的差异等"②。将历史带到其终结的国家是普遍的，因为它承认没有进一步的扩展，这个国家是统一的，因为它免遭反驳。

这是定义的一个巨大变化。不仅如此，柯耶夫对黑格尔的日程的改变并不仅仅局限于这个理想国家的结构：这种改变还包括这个国家实质性的变化。对于黑格尔来说，法治国家是现代自由的理想体现。他对政治发展的整个叙述的重要主题是理性与自由：在现代国家的道德本质中实现的就是这些。在柯耶夫关于历史的终结的观点中，理性与自由淡出到了背景之中——对两者的提及变得多余。两种非常不同的观念取代理性和自由而成为中心：愿望与满足。柯耶夫从《现象学》第四章关于自我意识的辩证法中得出了这两个观点：人类的愿望基本上是希望成为不是自己的东西——他人——的愿望意识。就是这种动力释放了主观性相互之间的竞争，而主观性的第一个历史人物就是主人和奴隶的辩证性，其利害关系得到了承认。这种斗争中的胜利——先是异教徒—贵族世界中的单方面斗争，接着在其基督教—中产阶级结局中被调和，最后在普遍国家和工人勇士中间被概括——是满足。黑格尔的确用这个词来指人类愿望辩证的目标："自我意识只在另一个自我意识中才得到满足。"③但这本身只是精神冒险中的一个片段。《现象学》中黑格尔的叙述则刚刚到第五章，愿

---

① W—3，第434、436、438页；PS，第358、359、361页。
② ILH，第145页。
③ W—3，第144页；PS，第110页。

望与满足的词汇就消失了：现在上演的是另一出更高水平的戏剧，它的舞台是理性。反过来，在那之外是被一般意愿所促成的自由的各种变化。15年后他开始写作政治哲学本身时，黑格尔极少提到愿望或承认。满足仍然是一个中心范畴，但其领域现在主要是经济方面的——与物质需要有关。① 因而柯耶夫对黑格尔并不是完全不忠实；但他强调了黑格尔想要放弃或超越的东西。

结果是相当明显的历史结局。其标志不再是自由。这并不是因为这样的自由在柯耶夫的历史哲学中的作用不重要——而是因为开始它所起的作用太激进，最后就没有什么可做的了。我们可以把这个称为存在主义的富有特征的自相矛盾。一旦人类意识被定义为非同一性、自由被定义为其在虚无世界上的运动，那么，它在本质上所探求的就是身份——也就是"承认"——而不是第二次自由。它所寻求的满足，在黑格尔的图式中，是它自己对作为为自己的自我意识和被他人承认的作为在自己的自我存在的结合。围绕这一点发展了著名的哲学结构的是萨特。在《存在与虚无》的现象学戏剧中，意识对于"在自己—为自己"的稳定清晰的追求是不可避免的，却也是不可能的：自由是没有用处的激情。萨特哲学的其余部分长期企图以不同的方式，将作为仍有待达到的道德或政治目标的自由重新添回到首先保证其为必要的负担的本体论中去。柯耶夫关于"承认"的辩证法缺乏自我击败的动力，但两者与政治领域的关系的逻辑是相同的。由于一开始在柯耶夫的等式中"自由＝否定性＝行动＝历史"②，最后一项的输出信息无法给第一项的输入信息增添什么。"满足"是在这个系列之外。这就是为什么是"满足"，而不是理性或自由，成为完美的国家的原则。柯耶夫在这里远离的不仅仅是黑格尔，而且还有马克思。

---

① 关于每一种的独立参考，见 W—7，第57节和第192节（承认），和第190节（愿望），后者据说被需要的多样性所控制：第124、349、348页。

② ILH，第481页。

他注意到他关于满足的概念在马克思的著作中根本就找不到。当然，取而代之的是解放这一概念。柯耶夫的著作中没有这一概念，这是一个征兆。对柯耶夫来说，历史的终结指的是别的东西。对于它的公民来说，完美的国家的秩序基本上不意味着自由，因此在这一点上他可以写道："当然，只有普遍与统一的国家的首脑（拿破仑）才真正得到了满足（即他的个人现实和价值被所有人承认）。因此只有他才是真正自由的"①。但是，他接着写道，公民仍有得到满足的可能性，因为，现在有聪明才智的人就有机会获得事业成功，所有人都有望成为国家首脑。哲学家的作用就是凭圣贤的知识去理解这一人类发展的结论——就像黑格尔相信他凭皇帝本身所没有的洞察力理解拿破仑。

这个观念是战后著名交流的事例。当《现象学》讲稿终于在 1947 年发表时，列奥·斯特劳施（Leo Strauss）、柯耶夫同时代在法国的朋友，和另一个意识到《存在与时间》影响的思想家，认为这些讲稿是非凡的壮举："在我们这个时代，无人能够像你这样使之具有这么光辉的当代思想。"② 然而，在同一封信中，他对柯耶夫的工作也提出了深刻的批评意见。对这些柯耶夫没作直接答复。但当斯特劳施次年发表自己的《论专制》时，柯耶夫意义深长地重申其 1950 年的"专制与智慧"的立场予以回应。斯特劳施的文章是对色诺芬③的《希尔罗王》的思考，对其同时代的人的告诫："多亏了'自然的征服'尤其是人性的征服，使我们面对这样一个专制。这个专制提供了成为以前专制成

---

① ILH, 第 146 页。
② 列奥·斯特劳施 22.8.48 信，《论专制》（On Tyranny），维克多·古雷维奇（Victor Gourevich）和麦克尔·罗斯（Michael Roth）编，纽约 1991 年，第 236 页——下文简称 OT。这个修订版包括两个人的往来书信，柯耶夫论斯特劳施的文本及斯特劳施的回复。
③ 色诺芬（Xenophon, 430？—355？BC），希腊历史学家，军事家，散文家。——译者注

不了的威胁：永恒而普遍。"他使危险这个名字毋庸置疑——人性现在"面临骇人听闻的抉择，那就是，人类或人类思想必须集体化，要么通过无情的一击，要么通过缓慢温和的过程"①。为了反抗这种威胁，哲学家永久的任务比以往更加迫切：揭露专制暴政的威胁、防止哲学脱离社会。柯耶夫的回复是对两个结论进一步的否决。专制不总是需要谴责，自亚里士多德时代以来，哲学家曾一直是统治者当然的顾问，而不是统治者的灾星。斯塔利亚人（the Stagirite）②和他学生的关系就是一个榜样。亚历山大，第一个大帝国的缔造者，不仅是西方哲学地平线上升起的伟大的政治家，而且"当然是我们这个世界大专制者仿效几个世纪的人物（近代模仿者拿破仑模仿恺撒，而恺撒本人又是个模仿者）"。然而，现在人性所追求的目标不仅是政治上一致的国家，而且是社会上均一的——即无阶级的——社会，哲学与权利的联系又一次在马克思与斯大林的关系中得以重复。"发动趋向均一性真正政治运动的专制者有意识地遵照知识分子的教导"，甚至不惜"歪曲哲学思想，旨在'将其从抽象王国转换成现实王国'"。如果说历史上所有大的政治计划都是这样由哲学观念引导的话，那么"这两个例子对历史的重大政治主题作了详尽无遗的论述"③。

对斯特劳施来说，这是对斯大林政权坦然自若的道歉，如果这个集团的确带来了一个一致、均一的国家，那么它代表了一个有害于人性普遍的最后的专制。没有社会秩序能够达到所设想的圆满境地：正如古人所云，人性的弱点和依赖性形成了障碍。工人或思想家的不满会在任何想像的历史结束中爆发。因此，柯耶夫默认继续联合镇压它的必要性，这个写在一个完美国家的概念

---

① OT，第 27 页。
② 古马其顿人，此处指亚里士多德，亚历山大的老师。——译者注
③ "专制与智慧"，OT，第 169—173 页。

中，而不是其消失。政治智慧与此、与近代乌托邦都背道而驰。政治活动在永恒的秩序中是个有限的王国，人们被其中可怕的限制所阻挠：由一群绅士——公开的或隐藏的贵族——统治的有限立宪政体，是长期革命残酷混乱的惟一选择。① 柯耶夫的处方只能导致一个技术恐怖的世界。

正如其结果所显示的那样，斯特劳施的交谈者难住了他。柯耶夫的政治日程等待着详细的重构。但他与斯特劳施的辩论只揭示了事情的一个方面。大战期间，他将苏联视为历史前卫的信心达到顶峰。1943年他写了被认为是其主要著作的《法现象学纲要》(Esquisse d'une Phénoménologie du Droit)，这是他的法哲学(Rechtsphilosophie) 对法律和政体精湛的研究，他的手稿于1981年才发表。在此他的哲学主题比其《导论》(Introduction) 得以更系统地展开，就如追求公认一样的正义的历史类型学的基础：从贵族平等到资产阶级均等，到社会主义平等的整合。该书的政治结论实际上是普遍相似国家民法典的一套建议，在此直接称之为社会主义帝国（Socialist Empire）历史的终结。② 但是在同盟国诺曼底登陆后，二战的结果改变了他的思想。到1945年为止，

---

① OT，第193—194页。

② 《法现象学纲要》(Esquisse d'une Phénoménologie du Droit 巴黎1981年，第575—586页。) 根据出版日期，柯耶夫最丰富的著作讨论的人最少，真是不可思议。其中可见卡尔·施米特（Carl Schimitt）的影响，证实了尼萨默（尼萨默）对他们之间关系的猜想。在此，柯耶夫非常清楚地阐述了他的观点同马克思或功利主义这的不同。"对黑格尔来说，劳动的行为预示着另一个行为，为声望斗争的行为，对此马克思没有给予足够的重视。但毋庸置疑经济人总是被虚荣的人所怀疑，虚荣的人的利益可能会同他的经济利益相冲突……寻求"黑格尔式的"满足同追求平常意义的"有用的"事物，换言之，同"快乐"或"幸福"所需的，不一样。如果社会天生就是渴求认同，其最高目标就是其成员的满足而不是其成员的幸福。相反，在限度上，在理想国家里，满足社会的人个体也（原则上）感到幸福。但是当必须两者必居其一时，满足会获胜。因为是渴望满足，而不是幸福整体上决定了社会生活。否则，人们永远无法去解释，更不用说去"证明"战争现象。经验显示当环境把战争强加于社会时，没有健康的社会去拒绝战争"：第196、202页。

他已经写出了书的内容介绍。在关于战后法国的回忆录中，他争辩道，如果单一民族国家（the nation—state）已经过时的话，那么，大同国家（the universal state）还未到来。在这种情况下，社会主义国际主义（socialist internationalism）和自由反经济统治（liberal anti—statism）都软弱无力，惟一有效的结构是一种中间形式，正如丘吉尔和斯大林所理解的那样，"相关国家的帝国联盟"。倘若法国能够克服它1940年那种残酷的单一民族国家的缺点，法国就必须走与英国和苏联相同的道路。它的任务是要以地中海包括西班牙和意大利在内为基地，建立一个拉丁帝国，同在欧洲占主要地位的盎格鲁—撒克逊集团和苏联集团抗衡。在戴高乐的领导下，天主教和共产党能够融成这样一个政体。① 在完成这个文件的几个星期后，柯耶夫参加了罗伯特·马卓林（Robert Marjolin）领导的财政部的外务司。罗伯特·马卓林是他以前黑格尔讲习班的学生，是欧洲共同市场的倡导者之一。一年后，在其从政的第一次发文中，重申了他战前理解黑格尔的所有主题，同时他也注意到《现象学》缺乏的是国家起源主人之间辩证关系的理论。但他结束时说："如果起初就有黑格尔左派和黑格尔右派，那么自从有了黑格尔以来，就有了一切。"历史在德国哲学家构想的框架下展开，即使其确切结果依然捉摸不定。"不能说历史驳倒了黑格尔主义。至多人们可以说对黑格尔哲学'左派'诠释和'右派'诠释之间仍未裁定。"②

他们在短暂的交流之后，柯耶夫给斯特劳施写过一封信，信中把后来得以表达的意见说得一清二楚。柯耶夫写道，历史正趋

---

① 见柯耶夫的叙述"Esquisse d'une Doctrine Politique Francaise"，在道明克·奥夫雷特（Dominique Auffret）的《亚历山大·柯耶夫》（Alexandre Kojèeve）中，巴黎1990年，第282—289页。

② 《黑格尔、马克思与基督教》，《批评》（Critique）1946年8月—9月第3—4期，第365页。

向一种能预测的结论,达到这个目标的道路却各种各样,历史是选择的结果。"譬如:西方人如果维持资本主义(或者说,同样也可以是国家主义),他们将被俄罗斯打败,那就是终极国家(the end—state)的结果。然而,倘若他们'结合'其经济和政策(他们正在这样做),他们就能打败俄罗斯。这就是如何达到终极国家(即一致单一的国家)。"① 直到1953年柯耶夫仍对哪个选择会流行判断不定。但是第一个括号里的省略——资本主义,即国家主义——证明是决定性的。到了他在其中起积极作用的欧洲经济共同体组成时,这个问题得以解决:是西方,而非东方把握了世界的未来。黑格尔的真理终究倒向了右派。柯耶夫于1968年谢世,永别了不理解的巴黎人们的讽刺嘲笑。②

生前几个月,他对其著作做了补遗。在《导论》第二版的一条著名脚注中,他解释说,战后他就意识到黑格尔的时间表终究是正确的——历史的确在耶那的田野里,而不是在伏尔加河岸告一段落。"以后发生的只不过是实现在波那巴·拿破仑法国的普遍革命力量地域的扩展",正如落后社会卷入到欧洲原则中一样。苏联革命和中国革命同多哥③的独立和巴布亚的独立是一样的事件,而更伟大之处在于这些事件促使后拿破仑的欧洲(post—Napoleonic Europe)更轻快地摆脱它的不合拍性。美国社会现在实际上是种大量消耗的无阶级的社会,它展示了其未来形象的人性。④ 柯耶夫的政治倒退似乎是不可能完全的。然而其背后却有着哲学上的联系。他过去总是将历史的终端定义为一致单一民族国家的到来。同黑格尔思想相比——更不用说马克思主义

---

① 19.11.50 信札,OT,第 256 页。
② 见阿隆(阿伦)的同柯耶夫交换的报告,比他更有信心认为革命是不可能的,1968 年 5 月 29 日《回忆录》(Mémoires),第 481 页。
③ 非洲西部的国家。原为法国属地,1946 年成为由法国托管的联合国托管地,1960 年 4 月 27 日宣布独立。——译者注
④ ILH 第二版,巴黎 1967 年,第 436—437 页。

思想——这种对良好社会描写最显著的特点是它的形式主义。它非常突出地缺乏有产集团或组成结构。原因是显而易见的：这是非常严格地从意识辩证的雏形中推断的一个终极国家，没有社会或机构的含义。这样，因它的抽象性和简单性，对参照的倾覆总是非常可靠的。一致性和单一性——所有和同样——足以将内容的丰富多彩进行分类。因此，不用做大的调整，柯耶夫将他故事的终结从社会主义推向资本主义，没有一点概念上的障碍。只有一个必需的物质改变。单一性可能会呈现出任何假象，但单一性起码成为一个假象的前奏——单一民族国家。这就是黑格尔拥护的、柯耶夫一贯强烈反对的。他转向西方就是取代了这种形式。1945 年鼓吹的"帝国联盟"（imperial union），在 1950 年改成的"一体化"（integration），到 1957 年在罗马变成了现实，柯耶夫可以作为吉斯卡德（Giscard）和巴瑞（Barre）的顾问享度晚年，履行他早已希望的哲学家的职责。①

一旦这个共同体运行，柯耶夫构架的地理政治转变就会非常顺利。然而它的历史本质并非不受影响。无论多么不言而喻，范围的变换改变了历史终结的意义。在最初的概念中，战争与革命的消失迎来了一个政治与哲学淡化的世界，人性与自然和谐，并融入"艺术、爱情、戏剧，简言之，使人们感到快乐的一切"。这是马克思描绘的超越阶级与必然性胁迫之间斗争的自由王国前景。而当今资本主义的繁荣代替了社会主义的承诺，它经历了突变。同样的条件，作为低下的兽性，产生不同的模样。在新版本下，"历史终结之后，人们会如鸟儿筑巢、蜘蛛织网一般建设大厦和艺术殿堂，像蛙和蝉一样演奏音乐，像幼小的动物一样嬉戏，像成年的动物一样沉溺于爱情"②。这不能说是幸福，至多

---

① 柯耶夫同七十年代的总理和总统的关系，参见阿隆的《回忆录》，第 97—99 页；奥夫雷特的《柯耶夫》，第 416—423 页。

② ILH，第 434 页；（第二版）第 436 页。

是史后一种物种的满足，其对话本身近似于蜜蜂的信号语。这种兽行的统治已经在美国开始了。

斯特劳施在其对《导论》批评中早已指责柯耶夫的这种前景，他争辩道，黑格尔—马克思的牧歌（a Hegelian-Marxist idyll）在史末的实现，实际上是幻想出的尼采的最后人类的荒原。① 然而，在有效地承认这个事例的同时，柯耶夫现在用它反对它的缔造者：不是最后暴君的土地，而是表面的绅士统治的土地，成为这个种类的滋生地。西方世界历史的胜利因而受到哲理的讽刺。柯耶夫以前总是相信战争和革命是历史的推动力，但他现在也终于得出结论，终究是市场和商品决定了历史的结果。但是他的黑格尔主义的英雄烙印却抹之不去。他对史后憧憬的尖锐刻薄是显示他政治上的怀旧。与之相称的是他对它的扭曲。也许未来不在于北美，而在于日本——在那里统治阶级远离战争或工作达三个世纪也未沦为兽性，而是将生活的日常活动变为风格的纯粹礼仪。仪式文化而不是消费可能成为最终的休息处。在这个方案里，日本会改造西方，存在主义会以形式主义的方式幸存。

4. 三个结局

经过最后的修饰，三个关于历史终结的主要推测登场了。正如我们所见，黑格尔对它的看法是倾斜的——透过精神回归哲学王国的高层媒介发生的折射；而且，部分地因为这个原因，他的看法也不全面——使明显的矛盾未加解决。但是它的主题却是毫不含糊地肯定：历史的目标就是实现自由，其形式可能是现代的法制国家。库尔诺的叙述是一个更明晰的概念，采取了源于人类

---

① OT，第 208 页。据说斯特劳施对吕耶的回应司在科也夫对库尔诺（库尔诺）的最后回应找到讥讽的答案。

发展到今天趋势的总预测的形式。在这里，它是理性管理的扩展，为了人类更大的快乐，而不是人类的自由，由市场的独立启动，让历史告一段落。这种看法也有其不定性：社会主义的崛起对市场具有威胁，市场本身内也有盲目性。柯耶夫的构想是种新形式的宣言，它的主题成为哲学上的主旋律和理解当今世界的政治向导。在此，历史的终结起初在一个均等的国家得到普遍的公认，最终降低为消费惯例或繁缛礼节的社会存在：追求快乐或忠于形式。

这些最初的看法各有其结局。库尔诺的遗产（其细节或背景未被注意）便作为成立的引喻传到被尼萨默讨论的史后（Posthitorie）德国理论家们的仓库里。而这里的传输管道是战后从比利时放逐的亨利·德·曼（Henri de Man），他的智性结构可追溯到库尔诺的著作在法国大学里流行的时代。德·曼将其作为著作的题目，在书中他借用库尔诺社会形态稳定的概念："失去个性"与"文化堕落"（Vermanssung und Kulturverfall）。该书写就于威胁成为敌对的冷战高峰期间，因此这同军事灾难和文化衰落有关。正如两次世界大战的经验和第三次大战日益增长的可能性所显示的那样，现代文明被一种庞大的体制弄得麻木，其中庞大机构的规模预兆着任何聪明人类的方向。一旦社会的因和果没有联系，历史便失去意义，产生出一个恐惧时代的政治停顿。① 按照德·曼的史后观，理性的管理失去了理性，库尔诺的怀疑社会向善论（meliorism）变成了核悲观主义（nuclear pessimism）。受到暗示，阿隆与此同时在冷战期间发表了最敏感的作品《连锁战争》，他利用库尔诺独立原因系列的教条来分析将世界带到第三个"夸张的"大战的猜

---

① 《失去个性与文化堕落》（Vermassung und Kulturverfall），波恩1952年，第125页。尼萨默也许对德曼的预测有意轻描淡写。

想。① 但是当欧洲的直接敌对危险退去时,是官僚僵化和文化衰落的主题而不是军事的逐步升级,传到了接受史后社会概念的德国保守者中。其中最具影响的是将这个名称移植到联邦共和国中的阿诺德·格伦,他争辩说,史后的标记就是文化的"结晶化"(crystallization),其中不能生成新的成分。正如宗教的历史实质上已明显地终结一样,使主要的宗教没有增添教义的余地,现在一切非宗教的意识形态和艺术形式已经成为一个固定财产目录(a fixed inventory)。再也不可能有从达尔文或马克思或尼采发展的那类一般哲学了,虽然他们产生的主要观点留存着——正如绘画或文学的先锋,虽然有激进革新的潜能,但已不再出现。专业科学的发展及其管理结构现在预示着知识的整合的机遇。共产主义世界和民主世界还在进行着意识形态的对抗,后者因更多元化和更宽容占了上风;各显才能的艺术上的交战仍在进行。但是在其基本形式上,现在难以想像哲学或艺术有进一步的发展,仿佛历史经验的军火库关上了大门似的。所剩的便是同样要素的回收或交叉、杂交或重复、表层的多样和深层的固定。②

到了 1960 年,格伦的论题预期着以后 20 年的后现代主义——大概是对此犀利的一瞥。倘若有一个历史通道基调的源头

---

① 三个大系列是政治力量一支的行星统一,世俗宗教马克思主义的崛起,大规模破坏军事技术的发展——每个包含了各自需求和机会的混合:《连锁战争》(Les Guerres en Chaine),巴黎1951年,第197—203页。阿隆自己以后对这部著作表示了不悦(参见《回忆录》第284页),要不是它结构和修辞的弱点,它将依然是他最有想像力的历史作品。正是由于这部著作,库尔诺对他比 1938 年的《导论》(Introduction)留下了更深的印象。

② "文化的结晶"(über Kulturelle Kristallisation),《人类学与社会学研究》(Studien zur Anthropologie und Soziologie),Neuwied,1963年,第311—328页。格伦(Gehlen)从帕雷托(Pareto)那里借来"结晶"一词。他结束演讲时预言有两种政治问题依然隐现,一个在于巨大教育状态下学生的压力,另一个在于第三世界饥饿和人口过剩的呼唤。

第十三章　历史的终结　　383

（主要）受到法国后现代理论家的赞美的话，它可在柯耶夫文中找到。鲍德瑞拉（Baudrillard）或利奥塔（Lyotard）这些知识的一代起初决不同情苏联集团——敌视斯大林主义是其政治观点的检验标志。但是它太热衷于社会革命了，带有准情景决定行为论的（quasi-situationist）或工人阶级的色彩：1968年相当于它的1942年。但是70年代动荡之后的秩序重建改变了它的看法。资本停在这里。在扩展它的眼界的事业中没有柯耶夫特色的实在的介入。但是被动地接受其胜利导致了称之为他结论的道德败坏的同化（demoralized assimilation）。无论是在宣告所有大的记叙都已死亡的变体中，还是在解释现实向着虚拟过度的说法中，历史终结的后现代版本的标志一直是柯耶夫反对选择的两个主题的融合：不再是消费或风格的文明，而是它们相互转换的文明——作为性欲强烈化装舞会的（bal masqué）商品之舞。① 艺术形式和广告功能自然地相互渗透，滑稽的技巧仿制出物体和人的模样，在这个空间中，时间失去了它的力量。在旋转木马流线型的旋转中，现代性度过了它的停顿，而历史到达了它的停顿之处。

　　这一幕正是黑格尔实现理性主题主要继承人的关键目标。在哈贝马斯（Jürgen Habermas）的著作中，他着重研究了哲学概念及其渊源关系，远比在史后或后现代的理论家的著作中表现充分得多，并产生了另一种规模的结果。《现代性的哲学对话》开门见山地反对结晶化的理论和后现代主义的主张。哈贝马斯争辩道，现代性的动力还没有耗尽。如果将现代纪元的启蒙思想定义为突破了过去的现在时间，不是单个的破裂，而是持续的更新，朝着既定的未来，那么，黑格尔正站在它的起点处——在《现

----

① 最开放的版本是让·弗朗索瓦·利奥塔（Jean—Francois Lyotard）的《Economie Libidinale》巴黎1974年。1968年后史后风景线的具有讽刺意味的宝石可在亨利·勒费弗尔（Henri Lefebvre）的《历史的终结》（la Fin de L'historie）中找到，巴黎1970年，第213—214页。

象学》开篇中,迎接那突然闪现世界之上的新时期曙光。黑格尔的哲学,根据摆脱了一切传统概念的主观性的干预原则,在这里被看作威严的企图去形成知识生活和制度生活的自我生效的结构。对哈贝马斯来说,黑格尔极其深刻地抓住了启蒙运动文化和社会中的分歧,让思想信仰的最新形式同劳工和统治的新对抗制度相互对立起来;并合理地尝试以历史根据的理性将它们重新联合起来。但黑格尔在定位这样一个理性时迷失了方向。在几乎得到正确答案时,他最后的解决方法是假定一个绝对已经存在于主体,因而能够在精神到本身的历程中克服它的分解性。结果是得到一个强大的理性:在政治上一个仍是权威的国家,哲学上是一种现在的贬值(the devaluation of the present)。哈贝马斯没有指责黑格尔把自己的时代吹捧为历史的终结,而是指责他在对法国、英国浮现民主要求的反映中拒绝他的时代。① 第一个伟大的现代性理论家就这样没有坚持真理。但是他的著作却深邃地提出了哈贝马斯坚持的所有基本问题——重复 40 年前柯耶夫的名言——我们依然是青年黑格尔派的同代人。

以后所有关于现代性的话语都被他们尽力解决的同一问题所主宰。哈贝马斯将此称作(以牺牲社会内聚力和人类可能性为代价的)理性的单面发展——无论是称作科学知识、经济交换,或称作官僚权力。寻求一个奴隶有许多形式:马克思求助于生产,作为异化世界的秘密和解放这个世界的希望;尼采诉助神奇意志的古老能量,反对道德的虚假和个体化的幻想;海德格尔追忆一个最初存在(an original being),早于傲慢的形而上学和破坏性的技术到来之际。这些实际存在的现代性的批评没有一个达到目标。哈贝马斯争辩说,它们的失败要求他早期著作表达的形

---

① 《现代性哲学对话》(The Philosophical Discourse of Modernity)伦敦 1987 年,第 41、43 页——下文简称 PDM。

态从主体中心到理性的沟通概念的根本改变。这本身就能抵挡纯粹工具主义理性显示的扭曲以及为这些扭曲周期提供同样危险的解药。只有在这样的沟通理性中，才能找到实现现代性诺言的途径。在这里，哈贝马斯认识论修正直接得出了政治结论。当代社会受到两个中心问题的困扰。它们被分成一个是非人格性制度，通过回避主体间沟通的机制协调社会行为——统治市场和国家的金钱权力主导媒介；一个是生活世界（the life-World），它是主体之间直接沟通理解的领域——家庭、教育、艺术、宗教。这些社会生活形式之间的区别就是现代性的结构必然性，这不能提高。但是资本主义的发展导致机制对生活世界不断的蚕食——官僚和金融规则入侵或腐蚀它的组织，明显地造成损害性后果。同时，生活世界本身的内部联系又受到倍增的专家文化（expert culture）的威胁，由于这种文化没有任何共同语汇，因此，便削弱了主体之间自发日常沟通的结合物——而任何稳固的文化所依赖的继承特性也被来自理性化普遍规范的增长的压力逐渐损坏。在这种条件下，自由交际自我复制的动机受到内部和外部的威胁。

　　哈贝马斯的良方是什么？生活世界不能改造与之分离的制度。但是回到自己空间后的制度的殖民化被"传感器"的兴起所抵制，这个"传感器"是探测并检查金钱和权力对并不属于它们的日常关系结构的入侵。与此同时，来自生活世界的某些"冲动"传到制度的相反方向，影响着制度的方向。① 公共领域（public sphere）是这样运动的自然场所，依靠集体特性时最为强大。这些总是反映那些不损失就不能脱离传统的具体生活形式。但是沟通理性在它们特殊内容和一个普遍道德规范之间调停，这样，通过借之于变通力量来实际加强惯用意义的混乱（the skein of customary meanings）。"重要的试验及难免错误的意识甚至加强了剥离其准自然存

---

① PDM，第364页。

在状态的传统的连续性。"于是,它们保持"社会整合的前后关系是通过个体孤立的普遍性的冒险手段"①。

上述提议有一个听得见的回音。它们要求的实际是一个新社会伦理(Neue Sittlichkeit)。哈贝马斯构建最显著的特点就是它重映了黑格尔法哲学的方法。在此,国家与公民社会的区别在制度和生活世界之间形成鲜明对照;随着市场转向前者,家庭转向后者,赋予它们的相对价值颠倒了方向。但是潜在计划的严格的二元论保留下来,其中每个结构都有自己的能力区,不被另一个侵犯。那么提出同样的问题——两个领域如何在实际中或道德上联合?在哈贝马斯看来,这种联合的桥梁作用只有通过"公共领域",存在生活世界之中但是超越了它并趋向系统。承诺整体(the whole)的共同的伦理实质,在展示普遍理性的特定文化的炼金术中,奇异地复制出黑格尔自己办不到的事情。两者结构设计(architectonics)的一致的确不仅仅是形式上的。在政治上,如果调整一下流逝的光阴,它们的结果也是奇异的相似。在注意到似乎还没有良方治好它的社会机能障碍的同时,两者都把时代的市场当作任何现代经济生活的客观秩序。它们都把当今国家作为主观自由的必要形式,并告诫不要企图逾越它并走向更激进的自主(self-determination)形式。联邦共和国(the Federal Republic)起源于改革后的普鲁士,但是哈贝马斯对议会民主的贡献,就像黑格尔的君主立宪一样,在当时是传统的。这使往后的政治变革没有了大的希望。民治主权成为一个虚构之物:选举的政府不能变换成一种集体的意志。生活世界不可能对国家和经济的自我控制制度进行直接干预——只有从远处到需要在公共领域找到它们声音的运动中"感受"(sensitize)国家和经济。然而,后者在这个概念中是个有些可怕的空间。要把黑格尔的构想结合

---

① PDM,第346—347页。

在一起的团体，实际上如他所写的那样灭绝了。在哈贝马斯的著作中，调停社会和制度结合的公共领域是他很久以前计划衰落的。① 更明晰的方法部分地说明了哈贝马斯的计划自信不足。他的计划主要是不再期望公众权威保护和界定的防御性计划。当今不能够认为国家是"社会本身聚积组织自己能力的"中心机构——也不能看成社会本身拥有"自我组织能力"的中心机构。② 哲学上排斥黑格尔的理性概念（认为它过于强大）会引发一个政治的民主理论（先天力量不足的）问题。明显消失的是最初的要求，即国家机构不但要为其公民提供工具的自由而且还要为其公民提供表达的同一性。在城邦国家（polis）中呈现集体雏形的根本需要和黑格尔寻求居住的现代的根本需要已经退却到生活世界恬静的对话中。或许看来如此。但有个手势在召唤它走上更大的舞台。哈贝马斯的工作促使欧洲同一性的视野超越了民族的同一性而告一段落，在同那个无拘无束的军事和市场竞争的美国主宰时期形成对照下将建构下去。柯耶夫的记忆回来了。但如果哈贝马斯的要求从欧洲看来比柯耶夫的更激进的话——不被认同为共同市场的狭隘的机构——那么它也更空虚无力。作为一种政治形式的单一民族国家的结构上的超然性（structural transcendence），对俄国人是决定性的，对德国人却无济于事。欧洲简直就是"普遍主义价值倾向可以扎根的"土壤。③ 超越黑格尔的城邦体系是那么软弱。哈贝马斯对团结和解放政治的贡献的优点毋庸置疑。在某种意义上说，正是这使他干预的理论结果如此重要。他反对自己所批评的后现代主义的新保守主义和新无政府主义的理论潮流，哈贝马斯坚持

---

① 这是衡量哈贝马斯关于生活世界和制度关系概念受到怎样的围攻，他现在特别谈到"感受器"应由反对后者的前者引起——私人保镖和军事监督用语。
② PDM，第361—362页。
③ 同上书，第366页。

认为现代性是个尚待完成的工程。但可以说,他的劝诫荒谬地等同于既成事实的判断。当现存的自由国家和市场经济的局限不能逾越时,黑格尔历史终结的近似物,作为有效地进一步超越民众控制的制度,默默地到来了。

5. 福山

那么,这些就是智性背景下的主线,与此相对,最显眼的就是对历史终结主题的新贡献。福山(Francis Fukuyama)① 的观念在 1989 年震惊世界新闻界的背后,有一个实质的复杂历史。福山的远见,从作为文章的最初陈述到后来展开成书得以显著的发展。他在这方面的优点,有必要分别来看,因为第一次便引起了公众的辩论,而在第二次明确地提出了这些问题。在其最初的文章中,福山援引黑格尔和柯耶夫作为他干预的哲学授权。这种临时授权的合法性现在看来显而易见。然而,福山实际做的,无怪乎是将黑格尔和已故柯耶夫的遗产以新的形式结合起来。从黑格尔他继承了两条主线:一个是法哲学(Rechtsphilosophie)的立宪——如我们所知的,可称之为黑格尔的自由主义;一个是他作为实现地球上自由的终结概念本身的乐观主义。前者对柯耶夫总是无关,对他来说,自由主义——政治上的或经济上的——是过去的遗迹。后者却鼓舞了柯耶夫对其时代进行独创的诠释,开始他指望社会主义是通向自由王国的必经之路,后因他预见到资本主义发展而放弃。另一方面,从柯耶夫那里,福山理解了现代消费享乐主义的中心地位,以及单一民族国家传统意义的早衰性——黑格尔未曾涉及这个主题。结果的整合(the resultant syn-

---

① 福山(1952—),美国乔治梅森大学国家政策研究所教授;1992 年出版《历史的终结与最后的人类》、1995 年出版《信任:社会美德与繁荣的创造》、1999 年出版《大瓦解:人性与社会秩序重建》。——译者注

thesis）是一个独创，将自由民主和资本主义繁荣系在一起用力地打了一个终结。

激发历史终结观点的巨大变化当然是共产主义的瓦解。当哈贝马斯写完他的《现代性的哲学话语》时，戈尔巴乔夫（Gorbachev）甚至还没有上台执政。4 年后，导致苏联解体的过程仍在继续。福山的观点便是这个时间的产物。对此，书的作者早已胸有成竹。结论的经典性话语一直是哲学家们的工作，他们关注自己时代的政治观点但又保持职业距离。对福山来说，这种关系是颠倒的。这全然是个政治头脑，满脑子都是历史结构，从政治立场出发看待事物。柯耶夫在此工作时对此倒可能很欣赏。国务院的官员——不同于表面报告——是财政部负责事务的称职的继任者。① 他最初主题挑起的呐喊是个象征，不是无能的象征，而是干预力量的象征。

福山的观点是：20 世纪重大冲突之后，战胜所有对手的"经济政治自由主义的泰然胜利"意味着"不是冷战的结束，或一段特定历史时期的消逝，而是历史本身的终结：即人类思想进化的终点和（作为人类政府最后形式的）西方自由民主的普及。在福山观点所引发的讨论中，其主要反对意见是什么呢？② 这些反对意见可分为三类。第一类是对历史终结的齐声反对，无论其特性如何。世界新闻界中绝大多数的福山评论家都对他的论点持怀疑态度——毕竟，常识和每日新闻不是告诉我们总是出现新鲜的、意料不到的事件，甚至告诉我们那些事件发生的速度变化迅速，仿佛 10 年转眼即逝吗？反应当然是非结论性的（non-sequitur）。福山的例子顾及了任

---

① 福山的职业技能例子，见他对种族隔离的南非的崩溃动态流畅的分析，与他最初的苏维埃制度研究甚远的一个领域："下一个南非？"《国家利益》1991 年夏，第 13—28 页。

② "历史的终结？"第 3—4 页。

何进一步的经验主义事件，如他指出的：他只是争辩说，有一套阐明的结构局限到达了欧洲经济合作组织（OECD）的范畴。柯耶夫在其时代以特有的气势对这种反对意见作了回答：历史的进程越来越快，但历史的进步越来越慢——所发生的一切都是"范围的结盟"①。另一个较为教条的抱怨是，福山忽视了人类永久的激情和荒唐，这些总使人类的活动处于不稳定性之中。这本来是斯特劳施对柯耶夫的批评，现在被保守派大用特用。② 福山的反驳全部是黑格尔式的：人性固然存在，但在历史上也会变化——譬如当今，民主看起来变成如睡眠一样的人性需要。

在这些最不重要的一般反应之外，下一轮批评集中在福山视野范围之内未加解决的特殊问题。这是对他事业延续的颂歌，由他的评论家们一贯认定的三个主要问题，确切地说，应该是那些黑格尔遗留下来悬而未决的问题。头一个便是战争。没有理由认为，国家之间传统上等级和敌对的关系会在假定普及自由民主之后消失。霍布斯主义③的国际领域逻辑还会继续产生大小国家之间的暴力冲突。什么能保证这些冲突将来不会爆发为核战争？对这个问题，福山回答说，有了正义，现代的国家就不会只是寻求作为国家本身独立目标的权力，而是寻求作为保护总是意识形态定义的特殊利益。一个在其中所有的国家对自由市场和自由选举承担共同的标准义务的世界，就不会是产生传统军事敌对的世界。为支持这个主张，福山指向既成的证据，代议制民主相互之

---

① 《文学双月刊》（La Quinzaine Littéraire）第53期，1968年7月1—15日，吉勒·拉普热（Gilles Lapouge）采访，在其刚谢世后发表。

② 参见海斯纳（Hassner）、克利斯托（Kristol）、亨廷顿（Hungtington）、格雷（Gray）名家评论。

③ 托马斯·希贝斯（Thomas Hebbes, 1588—1679），英国哲学家和政治理论家，著《利维坦》（Leviathin）。——译者注

间至今没有发生过战争：这是一个重要独立文献曾一直坚持的证据。① 如果康德谋求永久和平状态的观点依然脱离现实的话，那么就可实现一个似乎可能的案例，即随着世界上选举政府的扩展，发展趋势就是朝着这个状态。

对福山计划的第二个主要批评是该计划忽略了发达资本主义社会——特别是美国——本身持续的不平等和不幸，它们必须符合任何自由的胜利主义（liberal triumphalism）。毋庸置疑，福山在其文章中对社会问题的处理有些傲慢：重复柯耶夫心血来潮的观点"马克思的无阶级社会已在美国实现"也无济于事。他承认，贫穷的确存在，不平等也会继续到现在。然而，这些不是阶级的作用，而是文化的作用：黑人障碍是奴隶制和种族主义现代前的遗产，同自由主义的平等主义逻辑毫无关系。西方下层阶级更一般的现象没有提及。福山对现代资本主义消费充裕的信心——如他拿录像机为例——表达了80年代官场的看法。黑格尔的恐惧退去了，即气势汹汹贫穷和灭绝的下层乌合之众会被市民社会本身复制，因为它产生人口过剩和失业。贫穷依然存在，但它的原因在于文化障碍而不在于市场力量。新理论对此能否包医还说不清楚。在最初的阐述中，福山的唯心论似乎踌躇在：究竟是相信自由法则最终必将获得全面胜利，并让文化上的落后者符合共同的物质标准，还是感到文化形成更广阔的意义群，其引人之处不能降低到自由和富裕的利益上之间。在后者的情况中，看不到清晰的解决方法。

对福山前景普遍反对的第三个意见是它没有指出文化在深

---

① 标准来源是迈克尔·道尔（Michael Doyle）："康德、自由遗产与外交"（Kant, Liberal Legacies and Foreign Affairs），《哲学与公共事务》（Philosophy and Public Affairs）1983年夏，第205—235页，1983年秋，第323—353页；"自由主义与世界政治"（Liberalism and World Politics），《美国政治科学评论》（American Political Science Review），1986年12月，第1151—1169页。

层次上符合人类的需求。一个仅仅建立在选票和视听基础上的社会缺乏社会道德。长此以往，这样的社会如何能够稳固？黑格尔的国家学说设想了自由和身份的整合——作为代表和表现的自我决定。西方当今政治秩序必须提供什么样较为道德的实质呢？现在最常见的随意反应就是将这个问题作为误置的问题不予考虑：在一个民主的社会，公共活动场所仅仅是用于追求各种实质个人目标的工具空间。探索意义是个体的而不是社会的事情。对此的一个反应就是用巧计实现其特性。这实际上是哈贝马斯这样的批评家们"主体间"（intersubjectivity）概念的作用，它沿着一个指涉连续体（a renferential continuum）滑动于个人和社会环境之间——可以说，从对话的到议会的。如果这样的解决方案代表性地释放了少于它们所保证的，那么原因在于它们的出发点：两个人之间的核心"对话"是家常模式而非民间模式。回答批评家们时，福山没有否认这类问题也没有实行这样的方案。他承认反对意见的力量，表示这是一个比基于持续的种族或社会不平等之上的更为严格的自由国家标准。冷战中战胜了共产党对手的确给西方带来卓越的共同目标，只能强调自由资本主义价值秩序的潜伏真空（lurking vacuum）。正是在这个结论上，福山的叙述改变了初衷，转向了柯耶夫式的讽刺：为了它人性最大的、最后的利益，历史的终结冒险成为一个"非常悲惨的时代"，就如努力奋斗和英勇斗争的时代成为往事云烟。

　　如果这个结局同这三个方面的原作相比较的话，有一个重大变化。对黑格尔来说，战争作为城邦体系必需的东西继续，对所有的社会生活有令人鼓舞的影响。在意识上，这没有给他提出问题——即使在逻辑上，这同实现自由的普遍性相矛盾。另一方面，贫困是折磨社会的莠草，对此他的系统承认缺乏解决的方法。最后，社团以市民社会的新原子说（a new atomism）

提出了一个敏锐的问题,但是法哲学在国家的有机结合中有了答案。对比之下,对福山来说,贫穷是有待于态度改善的过去的残渣。战争是可以克服的罪恶,其必要性随着国家达到理性状态而减少。然而,社区今天变得比黑格尔的时代更不可想像,缺了它便出现甚至达到神化地步的自由主义。但是尽管作为绝对知识(Absolute Knowledge)的黑格尔体系总体主张将它描绘为经验压力或不解之谜,使人们不相信历史已经终结的暗示,福山的论点还是不服从这种效果。显然,他的计划不需要镇压每个重要社会冲突或解决每个主要制度问题。它只是宣称自由资本主义是地球上政治经济生活的终极(the ne plus ultra)。历史的终结不是一个完美制度的到来,而是这个完美制度任何更好选择的覆灭。

因此,如果上述答案能够满足于指出他所预言的世上存在的问题,那么对福山的任何回应都是毫无益处的。一个有效的批评必须能够显示,存在着(他持怀疑态度的)强有力的制度选择。批评他的人们能做到这样吗?这里可分出迅速反击的三个主线。第一个坚持民族主义的浪潮,如20世纪最令人生畏的政治激情——它的传播仍在聚集着动力,将人性撒向未知的目的地。这个论点的主线或强调新危机国家内部或国家之间——在次大陆、东欧、前苏联——种族仇恨的沸腾;或强调调动1914年前主宰世界列强那种野心勃勃的、新的民族敌对潜力——最佳候选便是最大的经济强国日本,或世界上人口最多的更工业化的中国。然而,福山的论述包含的恰恰是对这些可能性的慎重思考。他指出,这两个国家没有一个达到真正的禁忌征象(contraindication)。第三或以前的第二世界里小的、中级的民族冲突蔓延还要继续,因为区域的典型症状仍沉陷在历史中。但这些可能是外围的骚动,没有大国主宰的国际体系的主要影响——福山的地理态势故意地召回了柯耶夫的地理姿态:"阿尔巴尼亚或布基纳法索①人民有什么怪念头没有什么关系。"② 另一方面，如果一个或多个国家为那种妄想在称霸全球的民族主义所左右时——也就是说，其目标是世界帝国，那么，大国间的竞争就会威胁新的世界秩序。在第三帝国（the Third Reich）和昭和日本（Showa Japan），法西斯主义就是彻头彻尾地坚持这样一个信条。法西斯的破坏使以后图谋民族优势的极限呈现出清晰的轮廓，现在缺乏可比的那种普遍动态。甚至完成到达自由资本主义旅程之前，中国的外交政策更像戴高乐法国的，而不像威廉德国的——且不说纳粹德国。一旦出现在发达资本主义本身区域内，对抗的级别便降低了许多——美国和加拿大的关系，或在欧共体内，提供了独立的标准。

　　福山对某些传统智慧的淡漠拒绝同他对该问题的判断一样不鲜明。海湾冲突使他的许多评论家激动不已，点燃了右派和左派的热情，用战争来支持中东的民族独立和民族民主事业，反对一个新希特勒的威胁，他将此比作一个15世纪雇佣兵和一个13世纪牧师显贵之间的争吵。民族主义在两种情况下是致命的，一是在不受重视的地方，二是在关键深刻冲突出现或马上到来的地方。但无论在哪一种情况下，民族主义都不是像一个未来学说一样的严重挑战。虽然是挑衅性地表达出来了，但这里潜在的评价毫不奇怪。它实际上与两个最卓越的当代现象分析家的看法同时出现，一个是自由主义者，而另一个是社会主义者，即厄内斯特·盖尔纳（Ernest Gellner）和埃里克·霍布斯鲍姆（Eric Hobsbawm）——他们对民族主义的政治观点不同，但他们对民族主义未来的历史诊断却是相似的。通过消费追求驯服民族热情是这些作者的共同主题——实际上，是归于绝对论（absolutism）

---

① Burkina Faso, 非洲一国家。——译者注
② "历史的终结？"，第9页。

世界温和贸易角色的现代版本。这本身的力量是毫无疑问的。福山的总体论述就其本身而言，表现是非常有力的。然而他的文章却忽视了偶发性因素。民族主义冲突本身在全世界的政治上的确没有多少结构意义；但同核武器联系起来，在历史范围内，它们可能比过去造成更大的实质后果。从形式上说，这不会改变福山的结论，因为来自一个第三世界交流的军事破坏提供不了第一世界中积极的社会替代者。但是这暗示了这样的事实，那就是，历史的终结具有另外熟知的意义，只要存在现代——或者就是昨天——军备的贫穷国家，富有国家到达一个终点并不能预防它卷入其他的冲突。

第二个为福山评论家所引证的自由主义世界霸权的潜在挑战是原教旨主义（fundamentalism）。伊朗的什叶派（Shi'ite）革命、印度的印度共产主义（Hindu communism）的高涨、北非伊斯兰逊尼严格主义（Sunni rigorism）的传播——甚至美国的道德多数教（Moral Majority）、日本的公明党（Komeito）、波兰的团结工会（Solidarity），像这样的运动，难道它们没有显示出今日之世界的天启教（revealed religion）① 新的政治要求吗？这样的现象可能预示着未来更宽阔的神学热情，这种论点能引起人们对70年代的"宗教回归"的社会学思索。形形色色的人物——沃提勒（Woytila）、索尔仁尼琴（Solzhenitsyn）、② 霍梅尼（Khomeini）、辛（Sin）③、图图（Tutu）④——时常被援引来支持这个论点。但是，如果民族主义不为福山的特定情景提供可信选择的话，那么，原教旨主义就更不可能了。与民族信条不同，

---

① 自然教之对。——译者注
② 苏联小说家；1970年获诺贝尔文学奖。——译者注
③ 辛（1928—），马尼拉大主教；1986年领导人民权力运动推翻马科斯统治。——译者注
④ 图图（Desmond Mpilc Tutu, 1931—），南非宗教领袖，主张非暴力运动反对种族隔离，1984获诺贝尔和平奖。——译者注

宗教教条在其主张中是典型的——虽然不是一成不变的——普遍适用的,就像真理在所有人类原则中都有效一样,而不是只在人类特殊的团体中有效。当然,这些原则的状态更易得到世俗文化和技术的推进:信仰超自然力量会比相信国家权力在道德上更高尚,但是后者在自然科学进步时少一些冒险。整个世界宗教热情的实际影响范围比爱国热情更零星。的确,它实际上是作为易燃的民族情绪的添加剂燃着了火,而不是凭本身的质量作为易燃材料。这种混合物几乎总是具有罕见的效力,正如波兰、伊朗、爱尔兰和其他国家的例子所显示的那样。然而,它的代价是将宗教的限制为民族的——精神信仰增强了领土特性而不是超越了它。这个规则的一个主要例外在某种程度上是表面的而非真实的。整个伊斯兰原教旨主义,和伊朗什叶主义的十二人教派(the Twelver sect)不同,是一个主要的跨国力量。这常常成为全球政治宗教重要性争论的焦点。但是,在这里宗教和民族紧紧缠绕在一起——作为征服的宗教和神圣的信条,伊斯兰的起源同阿拉伯民族和语言特性的概念是如此的密不可分。除了所有中间环节的不同之外,伊斯兰原教旨主义在这方面是失败了的阿拉伯民族主义的后继者。无论它是否更有效,但依然可以看到。但若伊斯兰原教旨主义要这样做,其吸引力依然非常有限,正如福山指出的那样——至多传到中西亚、东南亚和萨赫勒地区。① 原教旨主义是神学由来的回归,而不是拖延(超越自由主义界限)人性思想进化的一个严肃的候选。

　　列入驳斥福山中心论点的最后力量,情况则又不同了。共产主义可能会垮台(即使它最后的章节仍然会在中国展开),但是——人们争论到——这并不意味着作为替代资本主义的社会主义已经消失。它作为我们这个时代最先进的民主形式勃勃有生

---

① 非洲西部地区。——译者注

气——所不同的只是它自称为"社会的"。在西欧，80年代暂时的挫折可能会阻止它的进程，那时国际资本渐渐地包围了民族政府；但是被公共支出吸收的国民生产的比例在本质上没有下降，而一个欧盟（Federal European Union）的到来将会为进行新的征程创造条件。马克思主义和极权主义终于埋葬了，社会民主浮现出它一开始真正社会主义的真正色彩——其目的现在阐明为议会制框架的下一个负责的市场规则、一个公平的税收制度、一个慷慨的福利规定。① 如果还有许多事情要做，这是因为民主结构本身——常常是民众运动必须为此同自由主义战斗的创造性贡献——在西方决没有完成：社会主义的议事日程是要来延伸这样的结构。这种反应形式的变体也强调民主发展，但坚持认为，与其说社会主义是个幸存者，不如说资本主义是用词不当。我们难道不是在当今日趋混杂的社会中已超越了它？在这些社会中，最成功的经济体——日本和韩国，德国和奥地利——不是显示了高层次的国家市场协调或工业关系组合组织吗？② 对莱夫·达仁多弗（Ralf Dahrendorf）来说，一个资本主义"制度"的想法可以不予考虑——在今日的民主世界里，只存在由不同的制度混合组成的异质性社会；因此，它可能置身于明天的前共产主义（the ex-communist）国家里。③ 当然，这种批评典型地来自欧洲的左派或中左派；虽然来自右派孤立的声音也告诫提防一个轻率的假定，即社会主义终于已被击败——因为尽管由撒切尔（Thatch-

---

① 这种一般争论，见迈克尔·曼（Michael Mann）的"在哪个社会主义之后？"（After Which Socialism?）《争论》（Contention），1992年冬，第183—192页，给丹尼尔·契罗特（Daniel Chirot）的回复，"社会主义之后是什么？"（After Socialism, What?）1991年秋。契罗特对社会主义衰落的看法同福山相似，更强调衰落之后遗留的突出问题的规模，不肯定因此法西斯主义新的形式不会出现在贫穷国家。

② 这种立场最好由保罗·何斯特（Paul Hirst）表达："终结主义"（Endism）《伦敦书评》（London Review of Books）1989年11月23日。

③ 《欧洲革命沉思录》（Reflections on the Revolution in Europe），伦敦1990年，展开了这个主题，包括对福山的毫无特色的抨击。

er）或里根（Reagan）的努力，爬行的中央集权下的经济统制在过去的几十年里还没有彻底粉碎。① 附和这些反对意见的是相信资本主义成功可能性更小，因为资本主义比它看上去更加障碍重重、鱼目混杂。在激进者眼里，其未来在于（像现存的社会主义一样）超越它的社会民主的继续扩张。

反对福山观点背后的推动力是个可敬的。渴望不要弱化所取得的、用以反对资本积累简单逻辑的人类福利和安全的社会利益，而且希望赢得更多类似的象征，这些属于所有左派的激进政治观点。然而，渐进的忠诚和分析的清晰是两码事。作为区域的西欧当然在其社会民主——基督教民主——的传统上与美国和日本不同；虽然这些实际效果在最近20年来有所减小，但当时在欧共体（EC）的大规模失业率确实很高。然而，共同体的经济情况当然在任何定义上都是资本主义的——无论是古典的还是当代的资本主义，都在结构上由那些受雇为私有业主生产利润的、工薪者的企业之间的竞争所驱动。哈耶克主义者（Hayekians）、② 凯恩斯主义者（Keynesians）、③ 马克思主义者对此看法一致。希望在这个现实上，披上地区改良的柔软面纱是无用的。企图否定资本主义的存在来放弃这些概念领域——因为每个先进的社会相互有别——同样是徒劳的，那就仿佛是在沙中寻求唯名论者的躲避处。这种姿态真正展示的是理智安慰的策略。福山的世界库存似乎令人不快；但如果很难找到能够改变世界的力量，那么为何不改变那个库存呢？一旦掌握了重新描述的权杖，我们就可以除

---

① 参见大卫·斯塔夫（David Stove）的评论："1900年以来福利国家每年仍以同样令人惊愕的速度增长。难道这个进程不令人感到其不可抗拒性吗，福山的假设的相反主题正突出地缺乏的不可抗拒性吗？——《国家利益》（*The National Interest*）1989年秋，第98页。

② 哈耶克（Friedrich August von Hayek 1899—1992），奥地利经济学家，1974年获诺贝尔经济学奖。——译者注

③ 凯恩斯（John Maynard Keynes，1883—1846），英国经济学家。——译者注

掉资本主义或消除对社会主义的疑虑。事实是，经济规则和社会规定两者的发育早在 100 年前就被库尔诺（Cournot）预见到了，不是作为发达资本主义中断历史的反证，而是代表之组成决定性的星座。除非显示有说服力的趋势线，指出从现在的福利安排或统治（dirigiste）实践到一个性质明晰类型的社会，否则社会民主或工业政策都不是反对福山的证据；左派的批评家也没有表明这一点。在福山文章发表后的辩论中，就像同在别处一样，记分卡是他的拿手好戏。对资本主义民主的批评——其物质不平等程度、民族敌对、社区缺乏——同它作为终极国家一致；作为终极国家的选择——民族主义、原教旨主义、各阶级合作主义（corporatism）——缺乏经验的或概念的可信性。从这头一次实验，福山的观点就相当完整地浮现出来了。

约 3 年后，一个厚厚的版本面世。《历史的终结与最后的人类》令人信服地、优雅地清偿了该文的期票。在此，关于历史终结的哲学对话第一次找到了威严的政治表述形式。在一篇才华横溢的文章中，福山笔墨流畅地挥洒在形而上学的阐述和社会学的观察之间、人类历史结构和时事的细节之间、灵魂信条和城市的景象之间。完全可以这样说，无人曾达到相对的整合——如此之深奥本体论的前提，如此接近全球政治的表层。它所引发的最初争议的主要发展是什么呢？福山现在在总体历史理论上、90 年代转折时期的世界事务中登上了他诠释的戏剧性的转折点。人类进化展示了方向性（directionality），因为技术知识累积的进步，从物种的曙光时便可察觉，但被赋予了早期现代欧洲现代科学诞生的动力。科学理性一旦释放，随着时间的推移通过迫使所有国家现代化——包括军事上和社会上——改变了整个世界，如果这些国家希望从技术上超越它们先前的强国压力的话；或通过展开经济发展无限的前景以满足物质需要改变了整个世界。福山将此过程称为"欲望的机制"（the mechanism of desire）。科学为欲望的实现提供了基本的机器。利用理性的劳动组织和管理组织——包含工厂和官僚——科学将生活水准提高到以前不可想像的水平。一旦科学的原动力创造出一个成熟的工业经济,那么它就无情地选择资本主义作为惟一有效的——之所以有效是因为有竞争——制度在国际分工中提高生产率。

另一方面,甚至高度成功的资本主义经济也无须保证政治上的民主。通向自由之路与通向生产率的道路是不同的。自由的起点在于黑格尔及其后的柯耶夫正确认定的竞赛——情愿冒死也要博得别人对自我的承认,源于主人和奴隶的辩证法。① 正是为了公认而斗争承认驱使人性朝着自由的目标:自我主张的动力而非自我保护。霍布斯(Hobbes)和洛克(Locke)的盎格鲁—撒克逊传统,即将政治主要解释利益(安全和财产)的理性追求,同黑格尔将政治看作要求存在公认的观点形成对照,福山争辩说,这种对立的提出最初来自于柏拉图的"欲望"(epithemia)和"激情"(thymos)。综观历史,如黑格尔所见,激情的奋斗是贵族的追求——在征服了奴隶后相互争斗的贵族的特权。但当现代科学最终带来一个商业社会时,这种尚武风气才衰落,就如伟大之精神(megalothymia)让步于更温柔的舒适一样,于是新的振奋的意义平等出现了,需要普遍的而不是特定的公认:现代的自由和平等理想随着美国革命和法国革命应运而生。我们目睹的正是这些20世纪末的最终的胜利。莱比锡(Leipzig)的群众、② 天安门广场的学生,从《理想国》和《现象学》的书本中走出来。

我们这个时代世界范围内的自由革命(人们有目共睹,资

---

① 福山现在小心地放弃柯耶夫对黑格尔诠释有约束力权威,使其思想摆脱原文问题。"揭示黑格尔原著是非常重要的任务,为的是现在的争论不是对某一个黑格尔感兴趣,而是对柯耶夫阐释的黑格尔有兴趣,或许是对一个新的叫做黑格尔柯耶夫的综合哲学家感兴趣":EHLM,第144页。

② 1989年该市大规模的和平示威对德国的统一起了重大的作用。——译者注

本主义和民主横扫全球），是两个原动力——欲望和公认——汇聚的产物。福山争论说，自由政治（法律规则、自由选举、人权）法则不可抵抗的力量最鲜明的标志，不只是全球诸多独裁垮台的速度和规模——70年代始于南欧，80年代传到拉丁美洲，穿越太平洋，而后在80年代末波及东欧和苏联，最后到达非洲——而且还有其显著的非暴力特点。左派和右派独裁主义集团的中坚分子，由于对手的思想已经在他们头脑中占了优势，因此便一个接一个地不战而降了。此外，同样在这些年里，不只是中央计划的共产主义经济证明自己是死胡同。认为穷国不能发展能够同富国竞争的资本主义经济的信念也显然是个误区。东亚新工业国家——韩国、中国台湾、新加坡，明天也许是泰国或马来西亚——惊人的成功打破了世界市场后来者注定要贫穷和依附的迷信。显而易见，凡是尊重自由经济法则的国家都可获得资本主义繁荣。其他地方正在迅速吸取这个教训——在墨西哥、阿根廷及更多的地方。一个普遍的消费文化呼唤着全世界的人民，慷慨的前景也没有把欠发达地区拒之门外。

对福山来说，这个双重示范——代议机构的磁力和竞争市场的磁力——决定了自由资本主义的胜利。经过百年的腥风血雨，一个无可争议的胜利者脱颖而出。今天，"自由民主依然是地球上跨越不同地区和不同文化的惟一的凝聚热望"，而"我们还不能够描绘一个与现在根本不同的世界，更好的世界"——"一个基本不是民主和资本主义的未来"，会"代表对我们当今秩序进行根本的改进"①。许多突出的社会问题——无家可归、没有工作、缺少机会；贫穷与犯罪——在富有国家里依然存在；在民主资本主义提供的自由和平等之间交易的范围内可以对此设想不

---

① 《历史的终结与最后的人》（*The End of History and the Last Man*），纽约1992，第 xiii、46、51 页。此后 EHLM。

同的解决办法。如果范围外部由有效的私有财产原则的限制，那么在其周围就没有固定的最佳条件，更多的社会民主会被处处挤压出来而不改变时间的基础参数。因为当今的主要政治事实是没有计划战胜留存的资本主义。自由革命尚未遍地实现。但在缺乏自由革命竞争者的情况下，历史似乎委实到了它的期限。

上述现象是结论性的吗？翻到他的标题的第二部分，现在论述他最初的文章中他让步的主要问题，福山指出，经验的消除选择本身不决定这个秩序是否满足了人性无条件的需求——即，将我们的天性定义为一个物种的那种持久的热望。如果不是如此的话，那么现在的胜利将不会带来最终的稳定，因为对自由资本主义的挑战必然发自人类渴望本身的结构。这种可能性有无任何迹象呢？福山的回答非常——也是故意地——模棱两可。来自左派的自由资本主义社会标准指责这个社会没有得到其成员的普遍公认，因为它继续复制着财富和地位的差异。在此方向上，对这个社会造成的威胁在于对权利的"超普遍性"（super-universa lization）的压力，而权利的"超普遍性"使用自由主义本身的词汇，打着保证司法平等的幌子拉平经济财产以颠覆之。但这种熟知的危险性可能比其反面更小：来自右派的标准指责自由民主通过立宪平等和合法的形式主义拉平自然的优势。理性和欲望在这个文明里的技术精巧和消费丰富中得以满足；但激情却得不到。取得现代自由的激情一旦被确立为普通事实就不被抛弃；当具有附带更多的繁荣和效率的大众激情时，民主作用最佳——正如当工作和社团的自豪超越了对自身利益的算计时资本主义是非常成功的一样。但是，当代政治经济生活的激情成分（the thymotic elements）是为了一个前现代的过去（a pre-modern past）的绝大部分遗迹：民主资本主义没有滋润这些激情成分，民主资本主义的逻辑是同这些激情作对的。激情的直接需要和公民差异的流行风气，为尼采关于最后人类的远见提供了所有的素材。伟大之精神在此没有一席之地。但是为坚持自己的权利而奋斗，不是作为地位平等者中间的平等者，而是作为高于他人的卓越者，这是人类行为内在动机之一。万一现代自由秩序不能够通过否定对优越价值不平等的承认为其提供足够空间的话，那么历史无疑会起来反抗，反对其民主的失调。尼采能够预见到大规模的战争会在贪婪的社会之间爆发，然而核武器使人对此不敢设想。或许，还毕竟包括来自右派的挑战。即使资本主义民主没有均等地完成灵魂的三个部分，那么它也会代表那些部分之间最佳的平衡，超越任何现实的进步都是不可能的。

有了这一点，福山的观点就变的完全了——它实际上是一个自由的信条。从颠倒了的马克思主义①右派那里听到的指责，是向左派称颂的基础。任何批评不承认这一点都是盲目的。但是，如果飞跃的社会主义概念今天失去信誉的话，这个资本主义的远见就是一贯的后继者吗？福山的工作涉及心理学、历史学和政治学。这些聚集的合力中，每一个展示了各自的瑕疵。在理性上，《历史的终结与最后的人类》最突出的创新是用柏拉图的人性理论填充黑格尔的历史理论。两者之间的适合之物是什么呢？福山的叙述瞄准了激情的作用——柏拉图的灵魂解剖中位于理性和欲望之间的激情。现在精神的——或就此而言，是社会的——现实的三重模型（tripartite models）本身足以常见。基督教对该主题划分为意识、意志和激情，是第一种的另一例子；现代社会学理论常拿第二种举例——将社会分为认识力、压制力和生产力，或意识形态、政体、经济等。这种三组合看起来似乎雷同，都是排列或重叠。事实上，它们的价值大相径庭，依赖于它们使用的划

---

① "福山的主题本身反映的不是马克思主义的消失而是马克思主义的普遍深入。他关于历史终结的意象直接来自马克思……马克思主义思想活现在福山的论点中以驳之"：塞缪尔·亨廷顿（Samuel Huntington），"没有出路——终结主义的错误"（No Exit—The Errors of Endism），《国家利益》，1989 年秋，第 9—10 页。

分单位。比较而言,柏拉图的三组合是最弱的;激情确实是其最脆弱点。这个词的原意是怒火(ire)——黑格尔在对《理想国》的评注里将其简单地翻译为 Zorn,① 而柏拉图自己说,婴儿和动物都有之:换言之,落空欲望的愤怒。然而,在人类三分法②的灵魂里,它作为实现的欲望被调入自己的位置——今天常常称之为"良心"(conscience)。这种置换到它自己反面排列使得柏拉图争辩说,与其说激情同欲望关系密切,还不如说同理性的关系密切,于是最终将其不是视为对己愤慨的良心,而是特意视为同他人对权力和荣誉(这可能会相当地冷酷)的争夺。③意义的合并(the conflation of meanings)——婴儿的发怒、自责、社会控制——如此显著使得这种合并非常短命。在希腊语中,thymos 是种有效的糊状混合物,其道德定义的不稳定性是缺乏意志的清晰概念。但其用法对柏拉图的语汇没有任何支持。对激情最著名的判断出自欧里庇得斯:美狄亚(Medea)对此俯首帖耳,她犯的毛病是因为她最后将激情说成是"人类最大罪恶的起因"④。柏拉图自己不怎么坚持这个概念,当他的后继

---

① W—19,第 120 页;LHP—2,伦敦 1894 年,第 105 页。

② 苏格拉底将个人的灵魂分为三种功能——理智、激情和欲望。柏拉图对人的灵魂所作的智慧、激情和欲望的三种区分相当于今人所说的知、意、情的区分。他对灵魂与身体、灵魂与德性的联系的探讨成为古代灵魂学说乃至近、现代心理学的不衰的主题。——译者注

③ 对于这些省略和颠倒,将《理想国》的第 439—441 页和第 581 页做一比较;"我们不是坚持激情部分一定要赢得权力、胜利和名声吗?"在福山阅读的背后是阿兰·布鲁姆(Allen Bloom)(适度的)努力将这些矛盾的用法大体凑到一起:《柏拉图的理想国》(The Republic of Plato)纽约,第 355—357、375—377 页。要想一览无遗地证明柏拉图在《理想国》的整个结构天衣无缝的一致,参见近来的里夫(C. D. C. Reeve)的普林斯顿 1988 年《哲学家国王》 (Philosopher—Kings)的诠释——它以分析哲学的每件工具加以粉饰。里夫将 thymos 解释为"精神部分的黑马",在较严肃的文体中称为"热望",天真地声称"愤怒基本上涵盖了信善":第 136—137 页。

④ 美狄亚(Medea),第 1078—1080 页:"我明白我要作什么恶,但是比我的推理还要强,它是人类最大罪恶的起因。"

者来激情时,它的语无伦次才分崩离析——亚里士多德同时将它用作政治规则和自由的源泉,轻率地将其说成一个野兽的突袭而不予考虑。① 当然,三分法中的灵魂在《理想国》里如此卓越而在以后又如此短暂的原因是它起源于柏拉图国家的结构,设计它是为了同这个结构中的哲学家、勇士和劳动者的层次相匹配。"当国家由三大阶层——生产者、执政者和护卫者——结合起来时,因此在灵魂中激情组成第三种成分'理性'的当然同盟。"② 当柏拉图在更有现实基调的《法律篇》修订自己的政治学说、其中提到政府依赖于财富的阶层等级时,激情失去了突出的地位,而灵魂也转向苏格拉底理性和欲望(reason and the appetites)的分法。

福山采用三分法的效果如何呢? 在他的构架中,激情的作用在一种意义上是同柏拉图所提倡的处处对立,然而它的外形又是多形态的。一方面,它是民主的引擎;另一方面,它又是向往至上的野心。它可代表一种个体自主性的自豪或一种集体一致性的文化;一种平等感或等级有效性。在这些变体中,基本的自相矛盾经常是成对的,其中自我既主张反对他人又相似他人。在限度内,福山使用前缀来区分二者——megalo;iso——但问题是这些复合词是否分享潜在的实质。自由的追求、产业的才能、社区的理想、意志的至上都显示同样高度的激情吗? 语义上的超负荷是剧烈的。为了证实它,福山诉诸黑格尔。"柏拉图的激情完全是黑格尔渴望公认的心理学中心。"③ 两者的接合点不是没有其逻辑性。像柏拉图一样,黑格尔同 1802 年至 1803 年的《伦理制度》中的意识理论相比较,使用了显然模

---

① 比较 1327b—1328a 的《政治篇》(Politics),直接引证柏拉图 1115a—1117a 的《尼各马可伦理学》(Nicomachean Ethics)。
② 《理想国》,第 441 页。
③ EHLM,第 165 页。

仿激情阶段的社会等级，依照《理想国》发展了国家学说。《百科全书》（Encyclopaeiia）的摘要说明，自我意识的运动，从欲望传到为公认斗争，在此委实同"荣誉"相联系，而后传到普遍自由的理性交互作用。① 相似性看起来很相似。但有两个重要的区别。作为定义人类不变性情所有组成部分的灵魂这种思想同黑格尔的背道而驰，黑格尔甚至不相信柏拉图——倾向于认为那只是他的生动的想像造成了这样的曲解。②《百科全书》中出现的灵魂只是意识缓慢的预兆——"灵魂只是意识的睡眠"③。当然，任何人性的概念，更直截了当地被柯耶夫拒绝，他——不像黑格尔——整体上对柏拉图的理想主义尤其是对他的精神学说非常尖刻。④ 取代名词化的灵魂，这个传统产生的是发展欲望、公认和自由的辩证法，在灵魂的独自历险中成为可理解的词组。这就是为什么意识现象学能够产生历史的哲学。换言之，欲望的萌动，通过主人的竞争和奴隶的工作，到现代自由的浮现是一个真正的串联（concatenation），其进程解释了

---

① W—10，第 432 章，第 221—222 页；HPM，第 172—173 页。
② W—19，第 30—31 页；LHP—2，第 21 页。
③ W—10，第 389 章，第 43 页；HPM，第 29 页。
④ 在他的三卷希腊哲学研究中，柯耶夫将柏拉图的心理学说视为无价值的认真思考：与他的理念学说毫无关系的，有益的或流行的观点同灵魂超然和自主这种自相矛盾主张的混合物，那种主张荒谬地否定人创造了技术和历史世界。《理想国》是对国家的反讽，标明国家与学院的距离。亚里士多德的心理学，作为幸免未遭柯耶夫攻击的羽毛丰满的自然主义，值得更多的注意。虽然亚里士多德起码同意人的能力可视作对满足（天生的）追求，而不是被动地作为神圣的恩赐，但是他的学说仍然是粗糙的人性生物学主义（biologism，认为生物学可解释有关人类的一切。——译者注）。它所服从的是种古代的行为主义，将主人与奴隶的辩证关系沦为种族的区分，没有顾及一个自由意识同另一个竞争的认同斗争。亚里士多德式的德行——fortiori 的柏拉图式 thymos——是一种生机论（vatalist，有机物的行为是由于，或至少一部分有由于一种生机，此种生机非物理或化学所能解释的。——译者注）的价值，或者正如柯耶夫讥讽的那样，只是一种兽医学范畴。在附和声中，他将《政治篇》论及希腊人部分看作养蜂工作，涉及野蛮人部分视为白蚁手册。《历史文选》第二卷，巴黎 1972 年，第 116—117、131—132、184、329—335、393 页。

世界历史的结构。不是黑格尔自己挑选的主观自由原则而是任何这种动态的概念超越了柏拉图。

那么，当福山把柏拉图的哲学要旨和黑格尔的绝对精神结合起来时发生了什么情况呢？由于人类的发展变成了其构成部分的三种力量相互影响的领域——持久而不同的力量，历史辩证法的最初逻辑解体了，这并非这一逻辑本身的错误。黑格尔阐述过，后来又被柯耶夫补充了的这一逻辑的统一性，被福山以抽象化为代价引进过来——仍然保留了其思辨性，更接近一个隐喻，而不是对历史记录的叙述。① 福山的叙述更详细、更广泛地论及了经验世界。但他叙述的目标一如既往：解释世界发展的逻辑规律。他这样做是否提供了一个和黑格尔一系列串联相同且更有根据的观点呢？只要认真看看福山有关世界历史的动力学说便可找到答案。福山这一理论的出发点是科学，因为只有科学为人类事物提供了明显的指导。换言之，理性至关重要。理性一旦以现代科学的面目随文艺复兴出现就决定性地改变了世界，解放了人的物欲要求，促进了技术进步，唤醒了人的精神需求，推动了民主运动的发展。这一顺序性，可以比做欧内斯特·盖尔纳关于现代性的解释，似乎相当清楚。但该观点刚一提出就被否定。科学"绝不应该被看作变化的最终原因"② ——因为科学本身也需要解

---

① 当然，甚至按它自己的条件，其主要弱点在于对劳动力的解释。从经验方面看，奴隶（不管如何广义地解释）凭自己的工作不断地改变了世界，也最终战胜了他们的主人而获得解放的说法，作为一种经济发展理论是不能令人信服的。柯耶夫似乎意识到了这一点，但结果是他对主仆辩证关系方面的解释不能前后一致。另一方面，劳动中的奴隶由于在自然界创造了一个特别人道的技术世界而改变了他生存于其中的世界……是奴隶通过劳动改变了这个世界，而奴隶主因为消费了奴隶的劳动而进化，奴隶主经历了历史，而不是创造了历史；其进化是被动的，就像自然界和动物物种一样。另一方面（下页）柯耶夫写道："毫无疑问，'穷人'得益于技术进步。但不是穷人，不是他们的需求或欲望，创造了技术进步。进步实现了，是被'富人'或'有权利的人'（甚至在社会主义国家）发起并刺激起来的。"ILH，第497—499页。这两种观点显然不一致。

② EHLM, p. 80.

释。促进科学发展的基本上总是欲望,是物质和安全的欲望。这似乎引出了一个和马克思观点相去不远的历史的经济学诠释。如果欲望是停滞的,那么又是什么原因使它能突然把理性应用到现代物理领域了呢?福山没有试图为此寻求答案,反而再次把他的重点转移到"经济人欲望背后的欲望"。在这一叙述中"人类历史的主动力"是"完全非经济动力,为得到人们公认而进行的奋斗"①。这里,福山援引了黑格尔的理论:发展的源泉是人们为声望而奋斗,这奋斗造成束缚,束缚使人工作进而改变了大自然。多次明显的交替之后,第一梯队退了下来,不是出于愿望,而是出于激情。

可以说,这是一个在元历史层面(meta-historical plane)相当流行的理论。这一理论并非得益于中东或远东、地中海或其他地区文明崛起前后的前现代经验主义理论。真正的宏观历史只是自工业革命萌芽。在该层面上,叙述——几乎总是精辟又生动——并没有说明依此产生的秩序。从福山自己的论述中可以清楚地看出,尽管经济朝更高水平的发展不是政治民主的充足条件,却是必要条件——反之推论则不成立:可能有长期显著成功的工业化——在"以市场为导向的权利主义"的南韩和中国台湾,经济增长速度最快。② 在这种不对称情况下,激情(thymos)的优先地位被推翻了。激情的热望(thymotic passion)推动历史前进的主张被搁置一边:重点落在关于即使经济现代化没有为之奠定教育基础,也不能把民主的发生归结为大众消费的到来的辩解上。原来的导向在不言中又受到了重视。精神饱满(spiritedness)实际上变成了残羹冷炙——需要把一个社会从繁荣带进议会的殿堂的残余力量,一旦安装就应接地的过剩电荷。

---

① EHLM, p. 136.
② Ibid., pp. 123—125、134.

换言之，对灵魂的本体论划分并没有生成连贯一致的历史顺序。从总的走向看，福山的叙述在精神的夸大其词的重要地位和欲望的实际重要地位之间摇摆不定。如果说在两者之间福山确有所沉思的话，那就是他提出，现代科学的诞生把人们的物欲从一直控制着历史发展的激情驱使（thymotic drive）中解放了出来——但对这些物欲如何首先刺激了科学发展的问题却又悬而未答。技术的导向和荣誉的奋斗仍是两个难以令人抉择的解释，关于二者之中孰重孰轻的问题是不可以前后矛盾的。在构思这篇文章时，福山的理论缺乏的正是这种前后一致性。也许重要的是，黑格尔历史哲学的中心问题在福山的理论中奇怪地变得无关紧要了。因为有一种感觉，即理智被放在了解释的一边，只是欲望产生的因素——这是和超越理智的精神相悖谬的。和柏拉图之间的对比也是相当明显的：柏拉图把激情（thymos）看作理智的同盟，而福山则把理性看作欲望的同盟。①其结果是，福山把考察问题的结果倾斜到合理的享乐主义和失控的忧虑之间刻板的二分法上。福山的理论正由此得出。

　　当然，他们关于"人类的暮年"紧张状态的判断意味着历史确实已进入预定的阶段。在其最初撰写的简短的文章中，福山的论点能驳倒大多数的反对观点。那么在其展开论述的书中，福山的观点又怎样呢？在其批评最初最集中的问题上，毫无疑问，福山的理论更充实了。福山关于国际主义的冷静而精辟的论述，他对超级大国"现实主义"迷信的批评，以及他对发达资本主义的轻松自得的看法，使他的文章给人留下了深刻的印象。但当他对这些问题展开论述时，其中的漏洞就不难发现了。因为他的论述结构有一个致命的弱点，这些弱点在他关于政治民主进步的论述和他关于资本主义繁荣的传播的预言二者之间的关系上。现实世

---

① EHLM, p. 372, 见柏拉图的《理想国》, p. 376。

界中，政治民主的洲际传播和资本主义繁荣的区域性基础之间有显著的差别。过去 20 年中，自由选举制度已经推广到了八亿五千万人口的地区；而进入发达资本主义国家行列的只限于不到七千万人口的地区——基本上只限于冷战时东亚的两大前沿国家和一些大城市。或许，福山正是由此得出了他关于"为争取人们的公认而奋斗比欲望的驱使"更重要的结论。但他这样做的结果是强化了"历史的终结"这一争论双方经验对比的不平衡。南韩和中国台湾是承受第三世界重负的两条纤细的臂膀。他们的榜样能随时扩大传播出去吗？巧合的是，福山本人也曾经对东亚的资本主义模式感到不安。在日本，且不说南韩和中国台湾，有真正的自由民主吗？既然日本保持定期选举和民权，在"仁慈的一党专制"统治下，日本"基本上是民主的"，"因为这是形式上的民主"①。但这里有一个明显的问题。日本历史上符合福山关于"民主决不可以从后门而入，而必须在特定条件下从为建设民主而进行的有意的政治决策中崛起"②的条件吗？日本确实有决策，但决策的做出是在华盛顿。当福山推测美国社会和家庭纽带联系的进一步削弱将极大地影响日本人对自由主义的信任，以致于在远东地区，"杂糅了技术统治唯理论和家长式权力统治主义理论的系统的反自由不民主的势力，将占领阵地"③——假使东亚资本主义运作已经建立在比西方更严格的社会制度和更少的政治干预基础之上时，他的忧虑就很明显了。这一思路真正说明的是世界资本主义民主样板内的根本矛盾。西方之外，建设高度技术的资本主义经济的成功范例还限于亚洲的一个地区——这个地区的政治文化极少和他的自由民主规范妥协。最重要的是，我们时代的两大革命的契合点似乎偏离了。

---

① EHLM, p. 241.
② Ibid., p. 220.
③ Ibid., p. 243.

福山这一论点的不当之处的意义在于它提出了这场争论的最大难题。他理论中最具说服力的世界巨变是苏联的解体和它在东欧的缓冲区（glacis）。没有这一全球的转折点，福山理论的其他部分——拉美国家民主的恢复、东亚出口率的上升、南非种族隔离政策的废除——将是散乱的片段。除了自由市场，再没有其他可行的经济发展出路，这个观点与其说是由于南韩资本主义的成功，倒不如说是因为苏联共产主义的失败。同样，自由民主的决定性的全面试用不是拉美或太平洋地区军事独裁政治的退役——这些地区传统上是尊重自由民主的，而是因为过去一向蔑视自由民主的《华沙条约》一方的官僚政府的投降。如果说历史的终结已经到来，那主要是因为社会主义的历史结束了。福山论点的直觉魅力在于，他觉得我们正通过前苏联的历史剧变目睹着一场剧变，这场剧变第一次在历史上显得不再有什么新鲜的内容了，一切好像都发生在一场巨梦中，只是梦中的一切在发生之前早已为人熟悉。显然，斯大林帝国崩溃的主要原因是它没有在和周围主要资本主义国家之间的生产力竞争中取胜——这是斯大林的对手们早在半个世纪前就已经预料到的结果。[①] 西方经济的顺利运行是摧垮苏联经济体制的一块磁石，它把苏联的统治者和被统治者先后吸引到自己的发展轨道上来。当然，自由资本主义的魅力也发挥了作用，特别是在那些受过良好教育的人和有权者之间的作用。但广义地讲，对大多数人而言，自由民主的魅力与其说在于它自身的正确性，倒不如说在于它是从国外获得的消费财富的伴随物。共产主义的失败给他们带来了自由民主，而且正在给他们带来资本主义。他们还能期望从中获得怎样的消

---

① "社会主义不能仅仅因为废除了剥削就证明是正确的；它必需向社会保证较高的经济，要比资本主义的保证切实。不能实现这一点，废除了剥削只不过是没有前途的戏剧插曲"：里昂·托洛茨基（Leon Trotsky），《被背叛的革命》，纽约 1945 年，第 78 页；该章标题是"劳动力生产的斗争"。

费水平呢？

提出这个问题是为了了解福山洞见的真正局限性。因为他为经济发展与合作组织以外的世界所设计的中国台湾和南韩的未来蓝图，不仅仅是回避了这一问题的可重复性——这一问题是可以具体回答的，尽管这不是一个靠局部引证就能解决的简单问题，而是一项更有挑战性的任务。进一步说，福山的理论犯了结构性错误。一两个政府能实现同一目标的事实并不意味着每一家政府都能实现这一目标——试图统一目标可能导致谁也实现不了这一目标。就连中国台湾的人均收入也只是美国人均收入的一半。即使大胆地假设中国台湾的经济增长速度在所有不发达国家已属正常现象，它们都在朝经济发展与合作组织规定的当今目标迈进——那么，第二、第三世界国家还有第一世界消费模式所需的物质条件么？显然没有。当今富有资本主义国家大多数市民欣赏的生活方式，希罗德（Harrod）称之为寡头政治财富，赫希（Hirseh）后来称之为等级财富，这种生活方式的存在——如一道美景——在于它只为少数人所有。如果世界上所有的人都拥有和北美以及西欧人同样数量的冰箱和汽车，我们的星球就变得无法居住了。在当今资本的全球生态环境中，少数人的特权需要以大多数人的痛苦作代价才能保证。目前，不到全球四分之一的人口占有世界收入的百分之八十五，而发达与落后地区收入的差距在过去50年内又进一步拉大了。① 欧洲与印度、中国人之间生活水平的差距仅1965年到1990年就从40∶1增加到了70∶1。80年代，8亿人——超出欧洲共同体、美国和日本人口的总和——还

---

① 区分资本主义"有机核心"（西北欧、北美、日本、澳大利亚），"神奇的经济"（意大利、西班牙、南韩、巴西）、共产主义国家和南半球其他国家的详细数据，见乔瓦尼·阿莱蒂（Giovani Arrighi）的论文《世界收入不平等和社会主义的未来》，《左派新观察189》（New Left Review189）1991年9—10月，39—65——我们时代的基本地图。艾尔玛·阿亚塔（Elmar Altvater）生动地描绘了权利财富在自然熵的生态背景下的普遍问题，《市场》，蒙斯特1991年。

在进一步贫穷化，1/3 的儿童在挨饿。① 如果所有的人都平均分享食物、每餐标准用不到美国动物所需标准热量一半的消费量计算，尚且不用改变其他物资的分配状况——这是一个算不上偏激的要求——地球就无法养活目前的人口了；如果美国的食物消费标准普及的话，地球上一半的人种会被灭绝——地球只能养活 25 亿人口。可是，在如此可怕的不平等情况下，臭氧层仍然在变薄，气温仍然在上升，核废料仍然在堆积，森林面积仍然在减少，动物物种仍然在灭绝。这是一个黑格尔绝对精神、人的内在自然迷失的场面。福山对此无话可说。理解世界市场将带来什么后果并抨击其时代的"经济乐观主义"的是库尔诺，这种"经济乐观主义"造成了掠夺有限的资源的威胁，它很可能谴责那些贫穷的人，而它掠夺的只能是后代人。②

如今，一代代人正以人类史上前所未有的速度在增长，全球人口在过去的 50 年中从 25 亿增长至 50 亿，到本世纪末很可能接近 100 亿。人口增长的 90% 将发生在贫穷国家，目前那里已经以每年 9000 万的速度在增长了。但并非所有的人都会留在这些地区。世界资本主义经济日趋紧密的全球一体化——现在首次显示出要囊括全球的趋势，和日益明显的财富的两极分化不断加大进入特权领域的压力。已经有 25 亿人因为对贫穷国家政治和经济的失望而从那儿逃亡。一批批潮水般的移民是全球经济两极分化、人们宁愿住在富裕国家的必然结果——以各种身份，即使是作劣等公民，哪怕只是为了他们最基本的利益和社会服务。既然不破坏生态环境就不可能在第三世界再产生一个第一世界，那就会有

---

① 《观察世界》，纽约 1992 年，第 4、176 页。
② 即使按照完全素食主义的饮食标准，接受平均分配食物的人口的最高限度可达到 60 亿，一个世纪多一点就可达到的数字。这些估计，参见克里斯平·蒂克尔爵士（Sir Crispin Tickell，英国玛格丽特·撒切尔执政时驻联合国大使）所作的令人担忧的调查，"生活的质量，谁的生活？什么生活？"（英国演讲协会，1991 年 8 月），一个大家不应怀疑他会夸大其词的作者。

越来越多的第二、第三世界的人移民到第一世界。由于移民跨越不同环境而产生的紧张与冲突很容易预料。预警的信号已经明显地在欧洲显示出来了。发达资本主义国家的经济，目前正为80年代的经济繁荣时财富的剧增和投机过度付出代价，却没有能恢复战后的利润水平——很可能在随着东西方隔阂的打破，为适应剧变而进行调整时发生新的动荡。

发达资本主义国家政治经济的调整，将不仅仅局限于经济机构和大都市的三人政治的公司。这将涉及北美国家、日本和欧盟。福山对此有所考虑，但这是一个极为沮丧的看法。他认为，仍然存在于幸运的自由资本主义《后历史》地区和仍陷在历史中的不幸地区之间的关系将不再紧密。这将导致三个轴心的冲突。石油供应必须保护；移民方向必须改变；先进技术——尤其是，但也不完全是军事力量——如果必要的话必须加以限制。北约比联合国安理会更胜任加强世界新秩序，实现这些目标的工作，这一点可以从制裁伊拉克时北约的一致团结得到证明。在激烈批评了基辛格式的"现实主义"概念之后，福山承认这样的政策建议与之相比没有什么不同。这一政策等于要建立边境巡逻制。由此看来冒险扩建核武器并没有给人们带来预期的轻松心情。被认为能摧毁所有后历史的重大进步基本上被忽略了——或许这和赞成富有国家和贫穷国家断绝所有关系的终极国家有激烈的冲突。但即使这一点得到肯定，福山处理不发达地区问题所开处方——由大国对其实行有利的监督和管理——不会改变，而且要迫切执行。这在任何情况下都是双方自觉自愿的。但是让大国集团独占大规模毁灭性武器，长期监管世界其他国家的想法是乌托邦式的。由五六个国家实行核垄断既没有道德基础也缺乏耐久力。在福山构筑的理论前提下，任何接受如此不公平方案的弱小的国家或新生强国都绝对没有机会：这一方案如何能使那些感觉自己在国际上只不过是奴隶的国家诚心接受呢？福山的推理逻辑以及目前的现实都证明了为争取核武器拥有权而战斗的必然性。而避免这种情况发生的惟一方法就是那些核大国自己放弃他们极为短暂的特权。只要这种迹象还没有出现，权利缺乏的问题就会日趋严重，实际占有事物的野蛮行为就会愈演愈烈，就像在最近要剥夺乌克兰（Ukraine）或哈萨克斯坦（Kazakhstan）的财富而不用跟俄罗斯或以色列打一声招呼，甚至不用任何道德谎言遮人耳目一样。任何和平联盟都不可能建立在这种目光短浅的理论基础之上。

但假如战争在历史范围内由于核武器扩张而令人难以置信地减少，那它将在历史之外以来世的形式出其不意地卷土重来。在最后一章里，福山一方面公开宣称核武器使富有国家之间的传统战争难以想像，一方面似乎又赞赏黑格尔关于战争将在历史结束之后继续存在的观点——他批评柯耶夫而维护相反的判断，并不厌其烦的讲战争作为集体联系纽带的救赎作用：甚至是精神冒险。① 这些思考和他关于"历史的终结"的描绘的政治逻辑性之间有太明显的不一致性，因此需要作出解释。福山的理论之所以会有如此结论性的转变在于他为最后的人类分析的出路选择。人类面前有两个选择——要么在工具国家的框架下追求有序的物资享乐，要么追求无度的激情野心：像尼采或边沁（Bentham）那样。书中缺少的是作为比当今选举制度更深层的集体自我表现结构的国家的概念。如今，民主的确比过去普及多了。但民主也很薄弱——似乎民主在世界范围内越切实可行，其积极意义就越小。美国就是一个很好的例子：美国有不到一半的市民参加选举，90%的国会会员得以连任，其办公经费以百万计。在日本，金钱仍有最大威力，而日本政党之间甚至没有象征性的轮流执政。在法国，国民

---

① EHLM，第331—332、391页；这些言论的异常之处更加明显，因为福山在论文中没有提到，却在书中给康德的永久的和平理论以足够的重要性。

大会已经被降到了无足轻重的地位。英国更甚,到了缺少一部成文宪法的地步。在波兰和匈牙利刚刚开始的民主中,对选举的冷漠和冷嘲热讽甚至超出了美国的水平——不到 1/4 的选民参加了最近的一些选举活动。福山没有表示在目前糟糕的情况下有任何突出进步的可能性。幻想不可能发生的战争,是对和平的政治性质方面变化希望渺茫的补偿。黑格尔关于另一种不是方便统治的工具而是一个互相关联的公社的化身的国家的幻想,已经随着自由的实现和理性至上一道成为过去——让对欲望的分析和对精神的夸大其词互相对抗。他的幻想作为对现代自由衰落的反应,其缺点就太明显了。这不仅是金钱的力量和国家内部选择余地减少的结果,而且是他们被国际市场和缺乏民主控制的宪法淘汰的结果。作为迄今为止惟一超越国家形式而向更高的集体统治过度的尝试,欧盟对于其成员国的人民来说,仍然不像自己的国家那样容易解释。但由于环境平衡无法维持,社会平等不能维护,核安全无法保证,所以如果找不到别的国际解决办法,人民主权论(popular sovereignty)① 不可能有新的精神。黑格尔提出的问题——贫穷、社团、战争——还没有消失,但解决问题的办法已经转到了另一方面。

不过,有一个区域在黑格尔关于事物的规律的理论中尚未涉及。在国家和民间社团的紧张情况下,家庭是完整和稳定的。而今,在富有的资本主义世界,家庭是变化最快的一层。在谈到美国的时候,福山提到了传统家庭模式的削弱问题,但这一点极少影响他关于世界发展的看法。事实上,这是大都市社会里为争取公平地位而进行最有力斗争的区域。过去 20 年中,妇女解放运动在法律、就业、风俗习惯、公共信仰等各方面的成就比任何其他社会运动都多。同时,这和真正的男女平等仍相去甚远,男女

---

① 选集,第二卷,特兰托 1965 年,第 207—208 页。

平等的最后情形目前还很难想像。另一方面，因为——不像过去的劳工运动——妇女解放运动并没有直接挑战社会的主要价值观念，即集体劳动资料的私人所有制，而是要求正式承诺个人的权利，所以固有的秩序已经难以在思想意识方面抵制这场运动。已经没有可以公开拒绝两性平等的体面的办法了——只有用逃避的权宜之计。而这些权宜之计也都没有考虑到时间的惰性力量——它比阶级划分有更长的历史。其结果是在当今富有资本主义国家可以说的话和可以做的事之间存在惊人的反差。但要保持两者之间的这种反差将不再容易。在妇女解放运动团体一向拥有最强实力的斯堪的那维亚地区，争取男女平等方面的成就十分辉煌，而推进阶级间平等斗争的成绩寥寥，这种结果绝非偶然。在这些地区，很可能是妇女解放运动症结的问题，即确保母性不是两性之间关系的经济障碍的社会措施，已经开始提到了政治议程表的最前端。假如这样的平等会出现的话，其中可能牵涉到的工作报酬和类型方面的结构剧变，也只能保证这是不可预料的、遥远的、未来的事。我们目前了解的资本主义在多大程度上能适应这一点还不清楚。不过正因为如此，缺了这一潮流，任何有关世纪的终结的说法都是不充分的。福山没有讨论实际上正引起大部分变化的平等权利的问题，而是把话题转移到了病毒的命运问题上——好像仅仅靠返回到荒谬（reductio ad absurdum）就可以解决一切。不同寻常的是，采取开玩笑的手法表明了作者对考虑不到的可能性的不安的意识。历史的终结可能会看到最后的人类，就像当今的历史正看着我们一样。愿意看到自己成为女性楷模的女人很可能会更少。

6. 社会主义？

这些都是福山理论中明显的缺陷。但是，要说他的这本著述更容易挑出毛病就因为它比当初那篇简洁的论文的内容更丰富而且更翔实的话,那批评者也同样负有责任。就福山的失误而言,还不足以说明福山在书中低估或忽略了自由资本主义控制下的世界秩序的缺陷。一定可以指出一条可信的解决办法,而且不用求助于对一些术语的不可预见的情况或变化的故作姿态。福山最初的观点是,资本主义民主是已经发现的自由的终极形式,它引导历史走向终结——不是因为资本主义民主解决了所有的问题,而是人们已经预先知道了解决问题的办法。这一点可以从北美、西欧和日本已经存在的社会模式看出来,对这些地区而言,第二、第三世界靠近这种社会模式也只是时间问题了。检验证明,这种解决问题的办法并不像宣传的那样可行或安全可靠。不过实际情况是,再没别的切实可行的办法了。福山的观点并不矫揉造作或令人难以置信,因为他借鉴了一个广为传播的说法,即苏联的解体已经说明资本主义民主是最终极的自由。历史的终结即社会主义的终结。

当然,共产主义世界的命运并非仅此一种。从蒙古的戈壁滩(Gobi)到亚的里亚海(Adriatic),仅在两年的时间里就垮台并随之埋葬了苏联的官僚政府,其处境一落千丈,这成了最引人注目的事件。第三国际的传统以毁灭而告终,它的西方对手却幸存下来。但第二国际的继承者们已经变得越来越穷困了。战后欧洲社会民主的历史成就是福利事业和饱满的就业率——最多是实行了部分国有化。所有这一切如今都已被淡忘或遗弃,没有替代品。另外,方向的迷失导致了权利的削弱。现在,社会主义民主在古老的欧洲的捍卫者(自20年代以来首次处于保守制度)的管理之下。与此同时,第三世界民主解放的动力大部分已经衰竭,从也门到安哥拉,带有社会主义色彩的争取民主的运动已经褪去了这层色彩。当今时代的象征是伦敦的美国总督应双方之邀为两支游击队作仲裁人,一支悔不该同情中国游击队,另一支悔不该同情阿尔巴尼亚人。20世纪任何挑战资本主义的政治潮流都没有民心或目标（compass）。目前普遍存在的混乱局面的原因，远比当前新闻标题中所写的——极权主义的恶劣行径、社会福利和安全的败坏、自欺欺人的错觉——更严重。社会主义的古典概念有四层含义，它们是历史规划、社会运动、政治目标和道德规范。超越资本主义的希望的客观基础是工业生产力的日益社会化，导致对工业生产力的私人拥有制——已经造成了阶段性的危机——在长时间内无法与经济发展的逻辑规律相适应。能确保向生产力的社会关系转变的主观因素是当代工业造就的集体劳动者，工人阶级，其自觉组织预示了即将到来的社会制度。该社会的主要机构是由其市民实行的社会生产的有意计划，自由合作生产者共同享有基本谋生手段。该社会秩序的重要价值是平等——不是严格的管制，而是在没有阶级之分的社会里实行按需分配、人尽其能。

如今，这些社会主义观念的所有要素受到了极大的怀疑。按马克思和卢森堡（Luxemburg）的理解，社会生产力的日益世俗化——即固定资产的日益增加和其间联系的日趋紧密要求实行集中管理——从工业革命起持续到二战之后的长期繁荣，在过去的20年中却开始倒退。从此，交通、通讯技术的进步以不断加快的节奏挤垮了加工生产业和自主企业。同时，在20世纪中期，在大都市国家社会地位已经得到很大提高的工业工人阶级，也从此在规模和社会凝聚力方面走下坡路。在全世界范围内，工业工人阶级的绝对数量也由于工业化在第三世界的普及而增加了。但由于全球人口的迅速增长，作为人类的一部分，其相对规模却在不断缩小。在被封锁或战争条件下，中央集权的计划经济不管是在共产主义社会还是在资本主义社会都取得了显著成绩。但在和平环境中，共产主义国家的行政命令体制证明无法解决日益复杂的经济形势下的合作问题，并造成了远远超出同时期市场体制承受力的浪费和不合理现象，这也是行将崩溃的最后征兆。自二战之后，平等本身至少是群众生活虚饰的价值，不管现实中如何被否认，现在普遍被认为是既不可能也不可期望的事。的确，按目前的常识，所有曾经构成社会主义信仰的思想都成了没有活力的东西。大生产已经被后福特主义（post-Fordism）超越。工人阶级成了对过去的淡淡的回忆。集体所有制是独裁和低效的保证。真正的平等是无法与自由和生产力相容的。

这种流行观点在多大程度上令人信服呢？从事实看，改变了社会主义信誉的所有客观变化都是模糊的。被理解为其自然集中的生产力社会化——工厂规模的扩大和地理位置的集中——无疑缓慢下来了。但从技术联合方面理解——一个统一生产线上多个生产单位之间的联系——这种社会化显然是大大地加速了。自给自足的生产体系随着多国公司的推广已经越来越少，形成了圣西门（Saint Simon）或马克思时代无法想像的全球互相依赖的网络。大机器生产条件下的手工业工人和矿业工人阶级的人数在富有资本主义国家大大减少，而且照目前的生产力和人口发展趋势，无产者决不可能在世界范围内获得数量上的优势。但在20世纪中期仍是世界人口中少数靠工资生活的人，由于第三世界农民阶级一步步离开土地，其数量也正在以前所未有的速度增加。中央集权计划的经济体制在前苏联就已经受到怀疑和摒弃。但在资本主义世界，公司在规模和分析范围方面空前复杂且具有挑战性——其运算公式可以长到绕地球转且时间需要不断延长。甚至到处被贬为阻碍经济进步的镣铐的平等，在此期间也被看作合法权益和习俗规范了。社会主义的源泉，像人们一向认为的那样，并没有枯竭。

但提出这个问题不需要保证他们将来会比以往更有影响。对不同于资本主义的社会主义的主要考验，是它能否在与处于历史胜利阶段的资本主义冲突时保持其解决问题的能力。在《共产党宣言》时代,穆勒(Mill)宣称,"如果需要在充满机遇的共产主义和到处是痛苦和不公正现象的当前社会体制之间作出选择的话,如果私有财产制必须作为其产物而与之并存,劳动力生产像我们看到的那样分配,它几乎和劳动力成反比——和从未参加过劳动的人之间的比率最高,和极少劳动的人之间的比率次之,以此类推,工作量越大,条件越差,其间比率就越小,直到最累的体力劳动甚至不能保证挣到糊口所需的工资;如果这和共产主义是我们所有选择的话,共产主义的所有困难,不管大小,相比之下都轻如尘埃"。但他指出,事实并非如此。因为"要把二者作对比,我们就必须拿处于最佳状态的共产主义和私有财产体制作比较,不是按目前的状态,而是对比其可能出现的状况。私有财产所有制在任何国家都还没有得到公正的审判。只有未来才能决定在这两种所有制体制各自的优势中,和人类自由及自觉性相符的因素存在于哪种体制之中"①。私有财产制度确实改变了,尽管和穆勒所设想的不大一样,而且对比的结果开始对这种制度有利。但正如穆勒提出的那样,问题仍然没有解决。因为情况已经和原来完全不一样了。那么社会主义得到公正审判了吗——我们有没有从最好处看待,而不是实事求是地看待社会主义了呢?这些变化可能远远超出了马克思的预料,就像资本主义的变化超出了穆勒的预料那样。但对将产生意义的这种可能性而言,人们要注意的不是这种乌托邦式的变化,而是下一个世纪世界的真正局势。社会主义能比资本主义更成功地应付这些问题的希望在哪里呢?

在思想上,左翼文化远没有因为苏联共产主义的崩溃或西方

---

① 选集,第二卷,特兰托 1965 年,第 207—208 页。

社会民主的停滞不前而烟消云散,只要看看《垮台之后》① 这本最近出版的优秀论文集就会明白。由此看来,社会主义传统的活力在很多方面仍将有所表现。在一系列重建社会主义传统的呼声中,有两种意见几乎如出一辙。斯大林独裁统治经验之外的社会主义和社会民主尾巴主义(Suivisme)既不代表市场的不可废除,也不代表对市场的不假思索的顺从。对主要生产资料的不同集体所有制形式——合作所有制、市政所有制、地方所有制、国家所有制——将结合在宏观经济平衡的群众监督下各种所有制之间进行市场交换的形式。这类观点中,黛安娜·埃尔森(Diane Elson)的阐述最引人注目,在大家熟悉的、关于日趋依赖信息的经济的出现,已经使不同于资本主义的所有制形式成为陈旧落伍的东西的观念方面扭转了局面,因为信息时代的经济要求废除商业机密的时代错误。这里,目标是市场社会化,这种社会化把权利移交到掌握对手技术和成本秘密的竞争中的企业生产者手中,并以确保基本收入来保证自由的家庭生活。② 社会化市场条件下的计划手段是多种多样的。但每一种都要求对银行系统实行中央控制。这种控制反过来——这是目前此类文献中的第二种主

---

① 罗宾·布莱克波恩(Robin Blackburn)编,《垮台之后——共产主义的失败和社会主义的未来》,伦敦1991年。对本书最重要的贡献中,哈伯马斯的论文"社会主义当今意味着什么?"特别有意思。该文写作时不带任何感情色彩,再次表明了作者对左翼的极大赞同,在政治格调上再次显示出他关于现代性的矛盾。此处他问,在共产主义崩溃,社会主义民主陷入僵局之后,左派是否"必须后撤到纯粹的道德观点上,把社会主义仅看作是一种理想,而在现存社会不需要任何客观的立足点——并回答说,这样做将是"扑灭社会主义的火花并将之降低为纯粹私人关系的概念"。但他也指出"自我纠正的动力不能在争论时不考虑道德问题而开动,不能从规范的角度推广这些利益",并"重新从道德方面考虑这个话题"。在寻求一统统治时不像从前那样明确,哈伯马斯为左翼列的日程表,仍然是可补救的,"以防止立宪民主的立宪结构失去活力",第37—38、43—45页。但随着世界贫穷和不安全的更广泛的问题在他的思绪中得到缓解,他的语气也改变了。

② "市场社会主义还是市场的社会化?",《左翼新观察172》,1988年11—12月,第3—44页。

要观点——应该对一种民主形式负责,该民主在形式上比其他任何资本主义类型提供的民主都明确:鼓励参加选举活动,减少代表与选民之间的隔阂,公开并调整执法程序,开辟更多的决策渠道,保证代表在性别和人数上的比例。按照这一思路提出的多种方案中,大卫·赫尔德(David Held)的高级民主模式是迄今为止说明最为详细的。① 当然,最后人们一致认为需要朝这一社会主义方向努力的社会力量中将不得不把更广泛的靠工资生活的民间团体包括进去,而不应像最初的设想那样仅仅包括工业劳动者。

任何不能接受第二、第三国际的历史经验的社会主义规划的重建,不管其特殊目的是什么,都是不可靠的。对待共产国际,今日的批判就像昨日的虔诚一样没用。任何试图从无(ex nihilo)开始重新建立或寻求1789(或1776)年原则保护的左翼文化,都将夭折。对现代社会主义运动的形式多样的政治和文化遗产的认真思考,揭示了很多被人们遗忘的财富和这场运动走过的许多错误之路——比人们习惯记忆更多的是和对社会主义的批评相关的错误。对未来社会主义可能遭遇的问题的最基本的考察,也应该是对社会主义主要传统的最高评价,当然也有很多意外的发现:罗宾·布莱克本(Robin Blackburn)为马克思经济政治遗产开据了一份清单。该清单的内容相当复杂②——关于十月革命中发生的状况,以及假如这次革命没有发生又会怎样,关于布尔什维克内部的不同派系,苏维埃经验面对的社会民主思想;关于资本主义之外任何可能的社会结构,当然这些结构都被他们低估了。作者重新建构的这张清单内,考茨基(Kautsy)和迈西斯

---

① 参见民主模式。剑桥1987年,第267—299页。
② 《世纪末:崩溃后的社会主义》,选自《垮台之后》——该文实践了它的那句名言,一条原则的自我批评能力和自我纠正能力像出发点一样重要,因为后者一定在不同方面是错误的或不恰当的。

(Mises)、哈耶克（Hayek）或托洛茨基（Trotsky）在批评那种认为有可能合理地引导现代经济无数交易的普遍智慧的观点时，比人们想像地更有共同语言。但社会和技术赖以进步的知识分散是和不负责任的私人管理这一前提相抵触的。此处，共产主义之后的社会主义思想被摆在了与其时代相符的规模之上。结果是使人们相信了真正的危机，也使人们相信改变目前世界秩序的困难。

因为对当今资本主义极为不利的因素是生态危机加之由此引起的社会两极分化。市场的力量也无法解决这些问题。受个人利益所需的驱使，市场力量的逻辑是不惜破坏环境以巩固自己的权力等级地位。在这一点上，有意的集体干预，如果有的话——奥地利理论拒绝接受的构成主义者排序法——将显得无可辩驳。在决定地球命运这一较高层次上，社会主义赞成的对生活的物质条件有意施行民主控制的古老观点不是在重新登上舞台吗？如果像大多数预言分析所坚持认为的那样，将会发生一场意义上和从前的工农业革命一样重大的环境革命的话，[①] 除了有意地——即有计划地去实现它以外——还能怎么办呢？除此之外，许多国家政府和国际机构已经勉强设定的目标还有哪些呢？这个问题的答案一方面是显而易见的；另一方面，在政治上又是模棱两可的。因为，问题的难点在于目前的社会主义经济对资本主义的最有利的批评同时也带来了比它尚未解决的问题更难的问题。计划经济最大的绊脚石是协调问题——像奥地利人理解的那样，在知识分散的条件下，计划经济不能和作为信息系统的市场调节物价相配。（当人们分析问题水平较低时所出现的积极性问题，或者说创业

[①] 环境革命的步伐将远比从前的运动快。农业革命大约1万年前开始，工业革命已经进行了两个世纪。但如果环境革命成功的话，它应该压缩在几十年内，拖泥带水地进行环境革命是不行的：莱斯特·布朗（Lester Brown）"发动环境革命"《1992年世界状况》，第174—175页。

精神匮乏的问题，可以看作是容易补救的问题。）只是有太多的决策性问题要处理，这是任何想像得出的计算方法都不能轻松应付的复杂问题。如果社会主义计划仅在国有经济这一层面就被难倒的话，那又怎么能应付全球经济那无法想像的复杂问题呢？生态平衡不是很可能通过在世界范围内决定不做什么或禁止做什么、而不仅仅是规定什么（如征收能源税或约业立法，这多少有些糟糕）而得到保护么？

这样的解决办法，在人们熟悉的资本主义框架下，也仍然是难以运行的。因为关键问题不仅是对生物领域的（越来越）严重的破坏，而且是敌对的国民经济在对生物领域的破坏中所扮演的角色。这些问题只能通过禁止或限额相结合的方法解决：即不仅仅要阻止，而且要分配数额——或计划。但分配数额不可避免的会引起平等的问题。应该根据什么原则在世界人民之间分配化石燃料的消费、核废料的生产、碳的释放、杀虫剂的使用量、森林的采伐？不管受到多大的压制，市场都已经无可作为了。世界极少数特权国家滥用世界财富和世界资源的破坏交织在一起，将阻碍人们共同解决许多随时可能发生的危险问题。社会主义意味着"计划"，不是为了它自己，而是为了公正。作为资本主义最让人信服的原理的奥地利经济理论自然严格排除了公正的概念，比排除计划概念时更严格。不过，恰恰是这两者的结合才是世界稳定所必需的。环境革命如果没有平等主义的责任感就不可能发生。

大致相似的矛盾在典型的制度下也时有发生。主要资本主义社会民主形式的衰弱日益明显。国家的执法机关以损害立法机关为代价获得了越来越大的权力。政策选择的余地越来越小，群众对其关心程度日益降低。最严重的是，影响市民福利的主要变化转移到了国际市场。在这些条件下，建设有效的超越国家的统治机构显然是国家失去主旨和权威的补救方法。西欧就朝这方面迈出了重要的一步。欧盟主要有基督教民主派创建,《罗马条约》（Treaty of Rome）是为欧洲大陆资本主义的健康发展而起草的。很多社会主义者过了很长时间才明白这是朝着和他们不同的目标长期进步的又一次机遇。如今，这种看法已经相当普遍。从任何现实主义的角度考虑，显然右翼的主要任务是以其对欧盟成员国的权威，在欧盟内促进真正的联合政府的完善。当然，这就要求有一个民主地授予权力的欧洲立法机构，而不是目前的影子内阁——这也是另一阵营的右翼诅咒左翼的机会。这样的联盟是可以和作为集体命运独裁者的、看不见的大手的、新强国抗衡的、集体意志的惟一形式。

但现实主义指出一种认识，经济越庞大，计划就越难，领土面积越大，人口越众多，就越是难以推行民主控制。美国，由于其无法的执法和瘫痪的立法，成了这一方面最生动的例子，俄罗斯可能是明天的榜样。规模倾向于提供由公民参与的经济形式。其原因部分在于空间和结构方面，它使中央政府和其选民之间的距离更远，促进了官僚自治。也因为它极大地增加了政治机构的开销，给由人数相对集中且极有头脑的人组成的小集团以过多的优势——因此形成了他们之间亲密的关系网和达成一致意见的充足条件——对分散的群众极为不利，因为他们对其自觉组织的社团缺乏较高的要求。当今通向更相对的民主的道路不是民族国家（nation state）；但其代价可能是很小的。社会主义者对资本主义的批评因此将遭遇许多类似目前正分析的问题，而且这些问题会更棘手，而社会主义规划正应该朝同样的水平发展。此处，辩证数据似乎颠倒过来了：资本主义矛盾没有解决，反而增加了社会主义的难题。

如果经济制度和政治制度果真如此的话，社会机构会是怎样的呢？古典的工业工人无产者在发达国家的绝对数量减少了，作为世界人口的一部分，其相对数量也减少了。同时，靠工资生活的工人的数量却大大的增加了,尽管还不是人类中的大多数。二战之后,全球社会最大的变化是女性在富有国家和在贫穷国家一样进入了工薪劳动大军之列。随着这一变化,反对资本主义专制命令的力量比仅限于男性的劳工运动高峰期还要强。移民也使得人口以上一个世纪以来最大的规模混杂起来。这些变化在多大程度上为重新开始社会主义规划提供了更现实的基础呢?即使是从最乐观的角度考虑,答案也是模棱两可的。因为,如果这些变化的主要影响是扩大了乐意接受不同社会秩序的社会力量,那它也会分散这些力量。即使是在大都市的工业工人阶层内部,他们之间的职业和文化相似性也不如以往。除了大都市工业工人阶级,每一方面的复杂性——收入、就业、性别、国籍、信仰等都增加了。当然,许多划分都是在过去做的。但古典劳工运动的主要支持力量相对单一:基本上是手工业工人,大多数是男性,且几乎都是欧洲人。朝鲜缝纫女工、赞比亚野外作业者、黎巴嫩银行职员、菲律宾海员、意大利秘书、苏联矿工、日本汽车制造业工人之间的差距比那些曾经被连接到第二国际统一战线的阶层之间的要大得多,尽管有不少人仍然就职于原来的公司。新的现实是,资本的国际流动和组织与劳动力的分散之间惊人的一致。资本主义的全球化没有把所有抵抗它的力量都集中到自己身上,而是分散并迂回包抄了它们。也许,最终迈克尔(Michael)追求的"间质突袭"(interstial surprise)——出其不意地打败所有对手的社会机构的创建——可能会出现。但目前,这种力量对比的不平衡现象还没有出现。其他社会体制下社会利益的增加总伴随着为该体制斗争的社会能力的降低。

所有这些难题都有一个共同的根源。反对资本主义的力量在社会主义力量最薄弱的层面也就最强大——那是在世界体系作为一个整体的层面上来说的。这种弱点从马克思和他的同时代人描绘的一个国家甚至是一个洲革命的最初希望时候就一直存在着。

但是随着 20 世纪的推移，原本以克服了民族障碍为骄傲的运动，由于资本文明的日趋国际化而日益落后于其锐意取代的社会制度，这不仅表现在其经济策略方面——随着多国公司的出现——而且随着北约和七大工业国的活动，也表现在政治调整方面。它和"社会主义阵营"的记录对比说明了一切。民族主义将继续像火花一样燎原到世界大部分地区，不仅仅在社会主义曾经占领的地区。但未来是属于超越了民族国家的力量。迄今为止，这些力量一直受制于资本——因为在过去的 50 年中，国际主义改变了立场。只要左翼势力还没有夺回原来的主动权，目前的社会体制就是安全的。

那么，这对社会主义会有什么影响呢？历史暗示了一系列理想的典型结果。这些结果或多或少限定了可能性范围。按照惯例，这些可以被看作是其未来的不同结果的范例。第一种可能性，是 20 世纪的社会主义经验将被未来的历史学家们看作是巴拉圭耶稣会实验之类的经验。这是曾经启发了启蒙运动的一章——孟德斯鸠和伏尔泰（Voltaire），罗伯逊（Roberston）和雷纳尔（Raynal）等都曾考虑过其意义。因为在 17 世纪初到 18 世纪 60 年代之间差不多有一个多世纪，耶稣会的先驱者们把瓜拉尼（Guarani）各个部落组织成位于普拉特（Plate）河上游他们管理之下的平等主义社区。在这些定居地，每一个印第安家庭都有权拥有一片属于自己的耕地，可以自行耕种，但大部分土地由集体耕种，这些土地被看作是由全体社员义务耕种的上帝的财产。耕种时，社员要唱赞歌。公共土地上劳动的果实分配给所有在这块土地上劳动的人，当然也保留一些给那些老弱病残的人和孤儿们。社区内有仓库、作坊、小工厂以及建筑美丽的城镇，但是没有货币。他们只把少量的剩余产品巴拉圭茶出口到布宜诺斯艾利斯，以换取他们所需的工业品。耶稣会会士们很注意对自己子民的教育，使其教义规定的义务适应当地信仰。还有兵役，瓜拉尼骑兵在其社区以外为西班牙国王作出了杰出的贡献。但西班牙军官不允许住在该社区内,任何商贩(除极个别指定的以外)不得进入该区,不允许教印第安人西班牙语,这些印第安人在教会的专制下用自己的语言接受命令和读书识字。

由于耶稣会完全不同于美国其他地方的对居民的奖惩办法,也由于其小心翼翼地避免和总督管辖的周围地区有任何联系,由于那里的相对富裕(传说中有些夸大其词),巴拉圭的耶稣会地区开始受到当地地主的仇视,引起了他们的贪欲,也引起了西班牙法庭的怀疑和妒忌。终于,一道突然命令,马德里方面把耶稣会从巴拉圭驱逐了出去。命令由总督严酷执行,且没有任何抵抗。耶稣会先驱者们遵从了来自罗马的命令。印第安人解除了武装,他们得到允诺说会保留他们的社区,并为他们开办一所盼望已久的大学。但耶稣会刚刚离去,他们的土地就被占领,城市被破坏,人民被驱散。如今,那曾赢得哲学家们景仰的经验所留下的只有少量美丽的教堂废墟,也许还有个别保留下来的地方习语。[①] 在欧洲,那些耶稣会会士们从新调整了目标并最终成了整个事件中最讨人喜欢的人。他们的名字受到尊敬,他们的事业被另一种文化吸收。19 世纪时,他们在巴拉圭的实验偶尔还得到浪漫社会主义者的哀悼,如坎宁安·格雷厄姆(Cunningham Grahame)、威廉·莫里斯(William Morris)的朋友,以及理性保守派的反对,如库尔诺。[②] 但在其后几代人的心目中,如果还有人记得这件事的话,它是一场古怪的历史运动——一种虚假的

[①] 雷纳尔(Raynal)的断言有一个现代的环节。在巴拉圭行动的仁慈的安全条件下,"也许从来没有人对人们做过这么多的善事,而有如此少的弊端",但瓜拉尼斯(Guaranis)人并没有抵制驱逐耶稣会,因为,他认为,他们在单一的生活模式下已经陷入了忧郁症的精神状态,他们丧失了许可(准许),骚乱,竞争或激情以及森林的自由:《历史哲学与政治》第四卷,日内瓦 1980 年,第 303—323 页。

[②] 最有趣的现代反思是梅里亚(Bartolemeu Melia)等人的著述,帕拉瓜尧斯(Paraguayos),1978 年 9 月,第 157—168 页。

社会建构，是和人类的天性相违背、注定要立即消亡的。同样，未来——甚至现在——历史学家们回顾19世纪建设社会主义的尝试时，可能会把它们看作是落后国家的一系列偏离常规的行为，在朝着他的目标前进时，会短暂的打扰历史的进程，在发达国家只会留下一些被吸收的痕迹。17世纪时，库尔诺就曾提到"社会主义插曲结束"之类的话，因为文明又开始朝自由资本主义长期发展。从这一进步的角度看，社会主义的最终命运将是被人遗忘。

第二种可能性是，现代社会主义的结果接近第一次反对君权神授的革命的结果。17世纪40年代英国王朝和主教被推翻，一支革命军队崛起并建立了共和国，激进思想风云而起。作为集体成就，其中最突出的是在平均派中兴起的第一个现代民主理论。他们的政治要求包括普遍的男性选举权、成文的宪法、明确的条款以保护群众的自由、每年一次的议员选举制度，不仅选举议员，而且选举军官和公务员。这种思想太超前了，其大多数要求迄今为止也没能实现，英国既不是共和国，也没有成文的宪法，没有权利议案，更别说每年选举议会议员和由选举产生的军官团体了。平均派的民主观点，作为英国内战期间全民总动员和军队总务委员会（Genera Council）实行士兵代表制度的产物，其影响并不比反抗君主制的军事斗争更持久。但内战期间平均派运动仍然是当时最引人注目的政治景观。其思想之所以会得到当时的历史学家们的青睐也就不足为奇了。

不过，平均派的历史遗产是什么呢？1660年英国君主制复辟，接下来的50年中，君主寡头稳坐其位，一直到工业革命。在这一发展过程中，英国共和国的大动荡在人们的记忆里早已淡忘。英联邦和为实现国家民主而奋斗的平等主义者都没有在英国的政治生活中留下持久的影响。帕特尼争论（The Putney Debates）直到19世纪末期才重新被人们提起，平等主义更是到了

20 世纪才得到重新审视。就像英国大革命没有留下重要宪法一样，平均派也没有留下传世的思想，也没有在以后的几代人中成为积极的影响力量。其原因主要不在于它政治上的失败，而在于此后所发生的文化方面的变革。因为，20 世纪中期大革命的影响仍深深地烙在宗教词汇中。内战引发了清教徒革命。清教徒革命的主要领袖和激进分子创建了虔诚者的英联邦，其思想仍然充满着圣经传说和新教教义。正是这一神学包装突然中断了这场大革命。天佑，当克伦威尔的军队大获全胜时是上帝保佑的象征，而到了共和国失败时又变成了上帝愤怒的明证，从而导致了典型的道德堕落。更深刻的是，随着礼貌文化和时髦信仰在下一世纪的日趋世俗化，这场大革命的宗教色彩显得越发不合时宜。

结果，英国大革命和它的法国历史继承者之间出现了长达 150 年的时间间隔。《人权宣言》，自由、平等、博爱的口号，客观上是《平均协议》（Leveller Agreement）的姊妹篇。但主观上二者之间很少或根本没有联系，因为此时全部的政治动荡的话语已经改变。如今，"革命"一词不管借助什么力量都已经很世俗了，的确，其主要内容是坚决反对神职。因此可以说，平均派的民主并没有遭到耶稣会平等运动那样的命运。一个世纪过去之后，与其相同的情况确实又出现了——且更强大、更猛烈、更持久，但改变了价值取向。在这一发展过程中，好的、旧有的缘由的思想表现为完全不同的词汇，有了不同的内涵和价值。如果这样的情况在 20 世纪末发生，社会主义的确会消失——但在以后的日子里，我们有望发现其典型的目标和价值观会以不同的形式出现并成为全世界接受的观点，在客观上和其前身有所联系，主观上却又没有联系。有些人可能想像某种生态主义能适合这一角色——抛弃它认为是社会主义宗教的因素，无产者的信仰，和对大自然的藐视，而重新拟订其主要观点的其他方面：最重要的是，对经济实践的有意识的集体控制，保证全人类平等的生活机会。

第三种可能性是，社会主义的发展轨迹和法国大革命造就的雅各宾派的发展轨迹十分相似。和平均派不同的是，雅各宾派不太强调个人自由，而长于国家建设——成功地夺取了政权，尽管掌权时间不长。他们的统治是持续了10年之久且震撼了整个欧洲的革命的最高峰。和从前的英国一样，法国大革命也没有产生持久的政治秩序，它也导致了复辟后的军事独裁。但这一次，旧秩序不得不从外部重新强加于这个国家，因为革命的影响太深远了：把全体欧洲人民都动员起来了，推动了思想的大进步，在整个欧洲范围内都有更广泛的策略影响。因此，法国大革命不仅仅是一个国家，而且是全世界的一件大事，将永远铭记在人民心中。在法国，因为其复辟是外在的，革命的影响不可能长期被压制。15年后，巴黎到处是壁垒和逃亡的政府。七月王朝持续的时间也不长，到1848年被革命火焰吞没。换言之，法国大革命奠定了日渐积累的革命传统，启发了一连串为实现1789年或1794年目标的运动——不仅在法国，而且在欧洲，甚至在欧洲以外的地区。

另一方面，这一革命传统很快发生了决定性的变化。因为由法国大革命资产阶级民主模式产生了不同的最终是相反的现代社会主义概念。在这一过程中，并没有发生平均派和雅各宾派之间那样的年代上的不连续性。社会主义思想的诞生和即将成为资本主义民主基础的社会民权论、法律面前，人人平等的世俗思想是一致的。巴贝夫（Babeuf）① 是第一个社会主义思想家，也是法国大革命期间的活动家之一。圣·西门（Saint Simon）是第一个社会主义的系统理论家、美国独立战争时的自愿兵，也是这次大革命的目击者，在法国复辟后发展了他的理论，作为对复辟的反

---

① 巴贝夫（1760—1797），法国大革命的早期政治鼓动家，空想共产主义者，秘密革命团体"平等会"领导者，1796年策划起义失败，后被处决。——译者注

抗。傅立叶（Fourier）在拿破仑手下发表了第一个公社（Phalansteries）计划。马克思本人也十分精通被他称之为"大革命"的文化遗产，并据此设计了无产阶级革命。因此，1848年革命爆发时，自然而然地产生了旧雅各宾派和新社会主义者，勒得律·罗兰（Ledru Rollin）和路易斯·勃朗（Louis Blanc）之间短暂的统一阵线。直到巴黎公社时，双方之间的联合依然存在。但正如库尔诺所言，只要看一眼那带有不祥征兆的红旗就明白这种亲密关系已经徒有其表，社会主义的确表明它是法国大革命的继承者，以及只有革命才能实现自由、平等、博爱。但这也是一次实实在在的突变，是和雅各宾派不同的运动，其目标是另一种社会，而不是罗伯斯庇尔（Robespierre）的美德共和国（Republic of Virtue），这要求他们和尊重私有财产的传统断绝关系，批评其对过去的认识，重新建构1789年的三位一体制，以及就只有在法国大革命之后随着现代工业的普及而产生的新的社会机构来一次赌博。

如果雅各宾派运动的范例是恰当的，那么社会主义也将发生一次剧变——伴随着同时出现的推进社会彻底变化的新运动，某些方面承认得益于社会主义，其他方面又激烈地批评并否认它与社会主义之间的关系。当然，这有些像女权主义在争取男女平等斗争中所扮演的角色。妇女解放运动的现代发轫可以追溯到第二国际时期，当时劳工运动的主要文章中提到了废除男女之间以及阶级之间的不平等现象。倍倍尔（Bebel）① 的《过去、现在与未来的女性》是德国关于社会民主题材的最受欢迎的著作——就像德·波伏娃（de Beauvoir）的《第二性》这本现代女权主义的最重要的作品（将从一个坚定的社会主义者的立场去撰写）

---

① 倍倍尔（1840—1913）：德国社会民主党和第二国际的创始者和领导者之一，因进行反军国这一的斗争，被捕入狱，同德国社会民主党内的修正主义进行过斗争。——译者注

一样。但要求选举权的人们和他们的继承者总表现出不同的历史传统，而且随着社会主义在20世纪日益不注重男女平等问题，二者之间的裂痕加深了。第二次女权主义浪潮的当前形式和社会主义传统有明显的不同。如果女权主义的第二次浪潮引起的社会变化相当小的话，和劳工运动未卜的前途相比较，真正的男女平等给资本主义经济、社会结构带来的影响却相当大。女权主义运动能否走到这一步，目前谁也说不准。但女权主义者可能辩解说，和前途未卜的劳工运动相比，可以自信地说，其事业已经走到了劳工运动的前面。

还有一种可能性，即社会主义的命运很可能和它的历史对手、自由主义的命运极为相近。如果现代自由主义的经济根源，如史密斯（Smith）和李嘉图（Ricardo）所说，是古典政治经济，并在复辟时代就已经变成了政治教条了的话，贡斯当（Constant）对此作过朴实的表述，二者直到19世纪中期的格莱斯顿（Gladstone）和加富尔（Cavour）时代才融合在一起，之后，作为自由贸易和法治的总纲，一个市场社会和一个有限的国家，其影响远远超出了拥有其名字的两个党派，自由主义成了欧洲大陆和美洲进步的主导思想。20世纪初，已经促进了可观的经济增长和国际和平，自由主义似乎又开始引导美好的时代（Belle Epoque）文明走向更大的繁荣和更宽松的民主。

自由主义从巅峰突然衰落下去。随着第一次世界大战的爆发，自由文明突然跌进了工业野蛮行为的深渊。当成千上万的人在帝国主义之间的杀伐中丧生时，在其最受尊敬的政治家和思想家的领导下，自由主义价值体系好像正致力于一次道德自杀。这次惨败导致的最大破坏之后，就是两次大战之间世界历史进入最低潮的毁灭性打击。如果第一次世界大战意味着立宪制国家的动摇，大萧条则预示了自由市场的破产。更糟糕的是当世界市场分裂为一个个经济独立的集团时，凡尔赛和黑色星期五的影响共同把纳粹推上了议会民主下的统治地位。20世纪最初的30年，对许多观察家来说，自由主义作为一支历史力量可能正从内部瓦解自己。

事实证明恰恰相反。在第二次世界大战的严峻考验下，自由主义得以明显的恢复。在反抗法西斯的斗争中，美国经济恢复了活力，盎格鲁—撒克逊国家恢复了名誉。随着和平的恢复，建立在全民选举原则基础上的自由民主首次在资本主义发达地区推广开来，并在美国的经济援助和政治监督下得以巩固。同时，世界资本主义经济的自由程度持续增加，而且由于按照黄金美元标准进行的国际自由贸易的复苏，长期的繁荣使整个经济发展与合作组织国家的经济迅速增长，财富空前积累。按任何历史标准，这都是一次惊人的双重意义的转变。现在，自由主义正盼望着（有相当规模的）第三次成就的到来，希望经济和政治模式在不太发达地区的渐渐传播。还几乎没有第三世界国家开始自由基础上的工业化，或开始作为真正的立宪制国家而起步。但一旦积累到一定阶段，政治民主和经济放宽就会在南半球挑选出来的地区显示其发展趋势。当然，这也就是福山理论的内容。

就其自身来说，社会主义只是在自由主义运动进入现代危机阶段才出现在世界舞台上的。当大多数自由思想家还沉浸在赫伯特·斯宾塞（Herbert Spencer）的兴奋之中，相信工业将在国家之间传播和平的时候，卢森堡、列宁和托洛茨基正预言将结束世纪末的帝国主义之间战争的爆发，也正是马克思主义预见了大萧条的可能性，是马克思主义者首先意识到了由此产生的法西斯后果。同时，正像马克思本人——以及追随他的俄国马克思主义者——也认为可能的那样，确实在俄国爆发了社会主义革命，创建了长期以来欧洲观察家认为可能成为20世纪第二大强国的共产主义国家。这个国家又是二战中击败欧洲法西斯的主要力量——欧洲法西斯的失败在亚洲爆发了第二次大革命的同时，为西方自由主义的历史恢复奠定了基础。

还没有哪次运动真正实现了它确立的目标,没有哪一种社会理论预见将会发生什么事情。要罗列马克思、卢森堡或列宁的错误言论或预言并非难事。这一阶段还没有其他理论体系——20世纪最初 30 年——在参与和成就两方面接近成功。另一方面,实践证明这些运动在时间面前有弱点——其自身的错误——就像从前的自由主义一样。在纳粹失败之前,斯大林政府已经在两次死亡率可以和第一次世界大战相比的恐怖运动中向农民开刀并发起了肃整运动。如果说从此它和自由主义之间道德、政治力量对比就开始失去了平衡的话,不久以后的经济对比也没有使东方占到西方的上风。30 年代,曾经保证了抵抗希特勒的胜利的苏联工业化风暴,在西方经济大萧条和经济停滞不前的情况下开始了。但 1950 年之后资本主义进入了历史上最繁荣的阶段,而且当 20 年后经济再度疲软时,其经济增长率也远远高于苏联。其时,苏联经济严重疲软,由于重新建立的官僚统治,整个社会一片瘫痪。另一方面,社会主义传统的社会民主分支,在一战时并没有对谋杀似的参战提出异议,也没有找到解决经济萧条的办法,二战之后在资本主义世界开始盛行,并倡导了福利制度,福利制度又使之比其美国或日本对手更人道。但是由于 80 年代变化了的经济条件,这些对手们也随着社会民主党渐渐失势或放弃原来的目标而陷入了危机。80 年代末,共产主义在各地陷入危机或崩溃,社会民主失却了方向。大体上,社会主义的潜力,即使加上那些不可靠的力量(也没有什么分量),对许多人来说就像 50 年前自由资本主义那样,枯竭了。

但如果自由的榜样与此有关的话,作为一场运动的社会主义的外在补救是不可排除的。自由主义,尽管有许多关于它的可怕预言,由于吸收了反对者已经淡漠了的东西——对宏观经济的国家监督,通过福利措施确保社会和平,把民主思想扩大到所有成年人之中——它得以复活了。共产主义试图用相似的方式通过引进法治和市场竞争机制实现现代化。结果是彻底的失败,起码苏联如此。目前俄罗斯资本主义在政治和文化上胜利了。另一方面,大规模财产的彻底私有化——即彻底的资本主义再生产以及伴随的社会结构——还有相当距离。这需要在艰苦的条件下自由主义史上前所未有的长期社会运作成就。这种成就所需的资源已经被监督强国过度开发,因为70年代显示出来的发达资本主义内在结构方面的问题还没有解决。利润率仍然不超过战后长期繁荣时的一半——且这一水平也只是因为大规模的信贷扩张才得以维持,也仅是推迟末日的到来罢了。经济发展与合作国家任何新的严重危机的出现,都将无法预料地改变整个东西方的政治走向。全球资本主义联系的日趋紧密,一定会把南半球贫穷和开发的巨大压力转到北半球身上。所有这些紧张状况都能为社会结构的重建制定新的日程表。如果这一日程表能有效的对这些紧张状况作出反映,社会主义就不可能通过再次的运动而成功,并凭借本身的权利维持其更平等、更有活力的社会纲领。

历史的相似性只是容易引起人们的联想罢了。但有时,这些相似性确实比预言更能给人带来收获。如果社会主义的命运准确地再现任何这样的相似性,那将是十分惊人的。但这些可能的未来可以分为这几种:被遗忘、改变价值取向、补救。每一种可能性都将凭知觉猜测哪一种更可能。耶稣会、平等主义者、雅各宾派、自由主义——这就是历史之镜中的人物。

(郭英剑　姚媛　任中棠　原学梅　译)